Steffen Hölldobler
Logik und Logikprogrammierung
Band 1: Grundlagen

KOLLEG SYNCHRON

Steffen Hölldobler

Logik und Logikprogrammierung

Band 1: Grundlagen

SYNCHRON
Wissenschaftsverlag der Autoren
Synchron Publishers
Heidelberg 2009

Bibliografische Information der Deutschen Bibliothek

Die Deutsche Bibliothek verzeichnet diese Publikation in der Deutschen
Nationalbibliografie; detaillierte bibliografische Daten sind im Internet über
http://dnb.ddb.de abrufbar.

© 2009 Synchron Wissenschaftsverlag der Autoren
Synchron Publishers GmbH, Heidelberg
www.synchron-publishers.com

Umschlaggestaltung: Reinhard Baumann, München
unter Verwendung des Logos des
European Master's Program in Computational Logic

Druck und Weiterverarbeitung: Strauss GmbH, Mörlenbach
Printed in Germany

ISBN 978-3-935025-84-3

Inhaltsverzeichnis

1	**Einleitung**	**1**
1.1	Die Idee	1
	1.1.1 Formalisierung	1
	1.1.2 Kalkülbildung	3
	1.1.3 Mechanisierung	3
1.2	Die Verbindung der Ideen	3
1.3	Der Beginn der Algorithmierung der Logik	6
1.4	Deduktionssysteme	8
1.5	Logikprogrammierung und Prolog	9
1.6	Die Verbreitung der Logik	11
1.7	Literaturhinweise	12
1.8	Gliederung des Buches	12
2	**Logikprogrammierung am Beispiel Prolog**	**15**
2.1	Logikprogrammierung mit einfachen Daten	18
	2.1.1 Einfache Anfragen	18
	2.1.2 Variable	19
	2.1.3 Konjunktive Anfragen	20
	2.1.4 Regeln	21
	2.1.5 Ableitungsbäume	21
	2.1.6 Tracing	25
	2.1.7 Rekursiv definierte Prädikate	27
2.2	Variablenumbenennung	30
2.3	Syntax	30

2.4   Komplexe Daten   32

   2.4.1   Listen   33

   2.4.2   Listenoperationen   35

   2.4.3   Operatoren   37

   2.4.4   Arithmetik   38

   2.4.5   Strukturprädikate   40

   2.4.6   Vergleich von Termen   44

   2.4.7   Unifikation von Termen   44

   2.4.8   Ein- und Ausgabe   48

   2.4.9   Laden von Prolog-Programmen   50

   2.4.10 Zugriff auf Prolog-Programme   50

   2.4.11 Mengenprädikatszeichen   52

2.5   Der Cut   53

2.6   Negation als Fehlschlag   57

2.7   Literaturhinweise   60

3 Aussagenlogik   61

3.1   Syntax   63

   3.1.1   Formeln   63

   3.1.2   Induktion und Rekursion   67

   3.1.3   Teilformeln   73

3.2   Semantik   74

   3.2.1   Die Struktur der Wahrheitswerte   76

   3.2.2   Interpretationen   77

   3.2.3   Wahrheitswertetabellen   80

   3.2.4   Modelle   83

   3.2.5   Logische Konsequenz   84

3.3   Äquivalenz und Normalformen   85

   3.3.1   Semantische Äquivalenz   86

   3.3.2   Negationsnormalform   90

   3.3.3   Klauselformen   92

   3.3.4   Eine Prolog Implementierung 102

3.4   Beweisverfahren 104

      3.4.1   Resolution 105

      3.4.2   Semantische Tableaus 114

      3.4.3   Der Kalkül des natürlichen Schließens 118

      3.4.4   Weitere Beweisverfahren und Kalküle 130

  3.5   Das Testen auf Erfüllbarkeit 140

      3.5.1   Systematische Suche mit DPLL 141

      3.5.2   Stochastische, lokale Suche 143

      3.5.3   Binäre Entscheidungsdiagramme 145

  3.6   Eigenschaften 149

      3.6.1   Der Endlichkeitssatz 149

      3.6.2   Korrektheits- und Vollständigkeitssätze 152

  3.7   Literaturhinweise 159

4 Prädikatenlogik   161

  4.1   Syntax 163

  4.2   Substitutionen 169

  4.3   Semantik 176

      4.3.1   Relationen und Funktionen 178

      4.3.2   Interpretationen 179

      4.3.3   Herbrand-Interpretationen 184

      4.3.4   Modelle für abgeschlossene Formeln 188

      4.3.5   Modelle für nicht abgeschlossene Formeln 189

  4.4   Äquivalenz und Normalformen 191

      4.4.1   Semantische Äquivalenz 191

      4.4.2   Pränexnormalform 194

      4.4.3   Skolem-Normalform 197

      4.4.4   Klauselform 203

  4.5   Unifikation 207

  4.6   Beweisverfahren 217

      4.6.1   Resolution 217

      4.6.2   Semantische Tableaus 225

      4.6.3   Der Kalkül des natürlichen Schließens 230

      4.6.4   Weitere Verfahren 233

4.7   Implementierungen von Beweisverfahren   238

    4.7.1   Prolog-Grundlagen   239

    4.7.2   Der Theorembeweiser leanTAP   241

    4.7.3   Der Theorembeweiser leanCoP   248

4.8   Eigenschaften   255

    4.8.1   Herbrand-Interpretationen   255

    4.8.2   Korrektheits- und Vollständigkeitssätze   260

    4.8.3   Der Endlichkeitssatz   271

    4.8.4   Der Unentscheidbarkeitssatz   273

4.9   Literaturhinweise   277

5   Grundlagen der Logikprogrammierung   **279**

5.1   Definite Programme   280

    5.1.1   Grundbegriffe   280

    5.1.2   Semantik   283

    5.1.3   Fixpunktsemantik   288

    5.1.4   SLD-Resolution   293

    5.1.5   Eigenschaften   297

5.2   Normale Programme   312

    5.2.1   Grundbegriffe   312

    5.2.2   Semantik   314

    5.2.3   SLDNF-Resolution   317

    5.2.4   Eigenschaften   320

5.3   Literaturhinweise   322

6   Ausblick   **325**

Literaturverzeichnis   **329**

Index   **335**

Vorbemerkung

Soll ich tatsächlich ein deutschsprachiges Lehrbuch zum Thema Logik und Logikprogrammierung schreiben? Diese Frage stellte ich mir, als ich vor gut zehn Jahren die Grundvorlesung Logik im ersten Semester der Informatik-Studiengänge meiner Fakultät übernommen habe. Gibt es nicht genügend sehr gute Bücher für diesen Zweck auf dem Markt?

Natürlich habe ich mir viele Lehrbücher angesehen. Keines hat mir so richtig gut gefallen. Das eine war mir viel zu sehr auf die mathematische Logik ausgerichtet, und die heute so wichtigen Aspekte der Algorithmierung der Logik waren ausgespart. Das andere war mir zu speziell auf die Theorie der Logikprogrammierung ausgerichtet; andere Themen, wie natürliches Schließen, das Tableauverfahren oder die Konnektionsmethode, wurden nicht erwähnt. Keines der Bücher integrierte eine Logikprogrammiersprache in der gewünschten Weise. Kurzum, ich wollte meinen Studentinnen und Studenten eine kompakte Einführung in die mathematischen Aspekte der Logik, die Algorithmierung der Logik und eine Logikprogrammiersprache geben, aber keines der deutschen Lehrbücher schien mir das Passende zu sein.

So fiel meine Wahl zuerst auf ein englischsprachiges Fachbuch, das mir als bester Kompromiss erschien. Zwar wurden dort bereits Kenntnisse in der Logikprogrammiersprache Prolog vorausgesetzt, aber sonst erfüllte das Buch meine Wünsche weitestgehend. Leider war es zwischenzeitlich vergriffen, und der Verlag plante damals keine Neuauflage; auch eine deutsche Übersetzung kam nicht zustande.

So sah ich nur einen Ausweg: Ich musste das entsprechende Lehrbuch selbst schreiben. Eine erste, primär für den Dresdner Kontext gedachte Version ging im Wintersemester 2000/2001 in Druck. Eine zweite, erweiterte Auflage erschien 2001. Diese erweiterte Fassung wandte sich an ein breiteres Fachpublikum und sollte über den Entstehungskontext hinaus seinen Nutzen für das Grundstudium in den Informatik-Studiengängen unter Beweis stellen. In einer dritten, durchgesehenen Auflage wurden einige kleinere Fehler korrigiert. Die jetzt vorliegende Neuausgabe ist vollständig überarbeitet: die Themenauswahl wurde ergänzt, einzelne Beweise wurden komplett überarbeitet, andere Beweise wurden ergänzt und umfangreiche Beispiele illustrieren jetzt die verschiedenen Techniken und Methoden.

Am Zustandekommen der vorliegenden Neuausgabe haben viele ihren Anteil. Ich bedanke mich bei allen, die an diesem Buch mitgearbeitet haben, sei es durch Hinweise auf Fehler, ungeschickte Formulierungen, fehlende Beispiele und Lücken, durch konkrete Verbesserungsvorschläge und Ergänzungen, durch die Entwicklung von Übungsaufgaben und Programmen oder durch redaktionelle Korrekturen. Nennen möchte ich da insbesondere Sebastian Bader, Peter Baumgartner, Wolfgang Bibel, Kai Brünnler, Paola Bruscoli, Norbert Fuchs, Axel Großmann, Alessio Guglielmi, Ursula Hans, Pascal Hitzler, Johann S. Koch, Martin Morgenthal, Tobias Pietzsch, Ari Saptawijaya, Oxana Sergejewa, Hans-Peter Störr, Lutz Straßburger, Matthias Wendt sowie viele Studentinnen und Studenten meiner Vorlesung. Mein besonderer Dank gilt Bertram Fronhöfer, der immer wieder akribisch meine Entwürfe studiert und unzählige Verbesserungsvorschläge gemacht hat.

Die vorliegende Ausgabe wird durch einen zweiten Band ergänzt, in dem wir eine umfangreiche Sammlung von Übungsaufgaben mit Musterlösungen zusammengestellt haben. Die von mir verwendeten Folien (pdf) inklusive ihrer Quellen (latex) sind über meine Internet-Seite abrufbar.

Dresden, im August 2009   Steffen Hölldobler

Kapitel 1

Einleitung

Die Logik und Logikprogrammierung, die wir heute in der Informatik und der Intellektik kennen, ist als Synthese aus den Versuchen der Formalisierung, der Kalkülisierung und der Mechanisierung menschlichen Schließens entstanden. Dieses erste Kapitel gibt einen kurzen Überblick über die historische Entwicklung der Logik von den ersten, im antiken Ägypten und Griechenland vorgetragenen Ideen, über die in der Neuzeit von Leibniz erstmals gesehenen Zusammenhänge bis zu heutigen Systemen. Natürlich gehe ich auch kurz auf die Struktur des vorliegenden Buches ein und gebe einen Überblick.

1.1 Die Idee

Die Logik, so wie wir sie hier verstehen wollen und wie sie im Englischen oft als „computational logic" bezeichnet wird, ist eine transdisziplinäre und technologische Disziplin. In ihr werden verschiedene Ideen und Techniken mit dem Ziel vereinigt, logisches Schließen zu modellieren und technisch zu realisieren. Die drei grundlegenden Ideen sind dabei die *Formalisierung*, die *Kalkülbildung* und die *Mechanisierung*.

1.1.1 Formalisierung

Die ersten Ideen zur Formalisierung gehen der Überlieferung nach auf Aristoteles († 322 v. Chr.) zurück. Der griechische Philosoph war davon überzeugt, dass sich Folgerungen allein aus der Form der beteiligten Sätze ziehen lassen und somit unabhängig von der Bedeutung der Sätze sind. Er führte die *Syllogismen* ein. Das sind formale Schlussfiguren der folgenden Art:

$$\frac{\begin{array}{c} SeP \\ PeQ \end{array}}{SeQ}$$

Dabei steht XeY für den Satz „Alle X sind Y". Die Schlussfigur selbst sagt dann aus, dass SeQ *logisch aus SeP und PeQ folgt*. Wenn wir nun annehmen, das Zeichen S stehe für *Buche*, P für *Baum* und Q für *Pflanze*, dann sagt die Schlussfigur nichts anderes aus als das Folgende: Da alle Buchen Bäume sind (SeP) und alle Bäume Pflanzen sind (PeQ) folgt logisch, dass alle Buchen Pflanzen sind (SeQ).

Wir wollen die Idee, dass sich Schlüsse allein aus der Form der beteiligten Sätze ziehen lassen, noch an einem etwas komplizierteren Beispiel verdeutlichen. Betrachten wir dazu die folgenden beiden Sätze: „*Sokrates ist ein Mensch*" und „*Alle Menschen sind sterblich*". Ich denke, jeder ist bereit auf Grund dieser beiden Aussagen auf „*Sokrates ist sterblich*" zu schließen. Um diesen Schluss zu formalisieren, bemerken wir zunächst, dass die Eigenschaften Mensch zu sein und sterblich zu sein, zwei einstellige Relationen sind, die wir im Folgenden mit *mensch* und *sterblich* bezeichnen wollen. Die erste Aussage ist nun einfach eine Instanz der Relation *mensch*, während die zweite Aussage ein universelles Konditional ist, das Menschen mit sterblichen Individuen in Beziehung setzt. Mit den eingeführten Bezeichnungen lässt sich das Beispiel jetzt zu

$$\frac{\begin{array}{l} mensch\,(sokrates) \\ (\texttt{füralle}\ X)\,(\texttt{wenn}\ mensch\,(X)\ \texttt{dann}\ sterblich\,(X)) \end{array}}{sterblich\,(sokrates)}$$

umschreiben. Dabei bezeichnen die Aussagen über dem Strich die Annahmen oder die Voraussetzung und die Aussage unter dem Strich die Konklusion des Schlusses, und X ist eine Variable. Da wir keine unnötig langen Sätze schreiben wollen, führen wir abkürzende Schreibweisen ein: m für *mensch*, s für *sokrates*, t für *sterblich*, $\forall$ für `füralle` und $\rightarrow$ für `wenn – dann`. Somit erhalten wir die folgende Schlussfigur:

$$\frac{\begin{array}{l} m(s) \\ (\forall X)\,(m(X) \rightarrow t(X)) \end{array}}{t(s)}$$

Wenn wir nun in der zweiten Aussage, d. h. in dem Konditional, jedes Vorkommen der Variablen X durch s ersetzen, dann ist die Bedingung $m(s)$ dieses Konditionals identisch zu der ersten Aussage. Aus diesem Grund ist es uns erlaubt, auf die Konklusion $t(s)$ des Konditionals zu schließen.

Man beachte dabei, dass wir in dem vorangegangenen Schluss keinerlei Wissen über Menschen, sterbliche Individuen oder Sokrates selbst verwendet haben. Die Schlussfigur ist auch dann noch gültig wenn wir für m, s und t andere

Bedeutungen zulassen, die die beiden Aussagen über dem Strich wahr machen. Zum Beispiel, wenn s für die natürliche Zahl 5, m für natürliche Zahlen und t für ganze Zahlen stehen, dann besagt die Schlussfigur das Folgende: Wenn 5 eine natürliche Zahl ist und alle natürlichen Zahlen auch ganze Zahlen sind, dann ist 5 auch eine ganze Zahl.

1.1.2 Kalkülbildung

Der griechische Geschichtsschreiber Herodot († 430 v. Chr.) berichtet bereits darüber, dass die antiken Ägypter mit Hilfe von Steinen rechneten. Griechen und Römer benutzten bereits den Abakus, der selbst heute noch in einigen Gegenden verwendet wird. Beides sind frühe Beispiele für *Kalküle*, d. h. Systeme von Regeln, deren Anwendung aus bestimmten Figuren bzw. Stellungen neue Figuren und Stellungen erzeugt.

1.1.3 Mechanisierung

Auch die Idee, Abläufe zu mechanisieren, lässt sich bis zu den antiken Ägyptern zurückverfolgen. Herodot beschreibt militärische Apparaturen, die von den Ägyptern als *mechanai* bezeichnet werden. Mit dem Beginn des 19. Jahrhunderts ist die Mechanisierung in nahezu alle Lebensbereiche des Menschen eingedrungen. Wurden zunächst vorwiegend manuelle Tätigkeiten vom Menschen auf Maschinen übertragen, so werden durch den Einsatz von Computern auch zunehmend geistige Tätigkeiten von Maschinen durchgeführt.

1.2 Die Verbindung der Ideen

Die Logik ist aus der Kombination der im vorangegangenen Abschnitt genannten Grundideen hervorgegangen. Der erste Ansatz zur Kombination von Formalisierung und Kalkülbildung findet sich bei René Descartes (1596–1650). Er entdeckte, dass sich die klassische Geometrie allein mit Hilfe algebraischer Methoden unter Benutzung eines Koordinatensystems und Gleichungen entwickeln lässt, und propagierte die Idee, dass formales Schließen nichts anderes als Rechnen ist. Thomas Hobbes (1588–1679) ging sogar noch etwas weiter. Für ihn war Denken nichts anderes als Rechnen. Diese Hypothese gilt auch heute noch als Arbeitsgrundlage für viele Wissenschaftler in der Intellektik, d. h. der Künstlichen Intelligenz und den Kognitionswissenschaften sowie den Neurowissenschaften.

Gottfried Wilhelm Leibniz (1646–1716) war der erste, von dem bekannt ist, dass er diese Hypothese realisieren wollte. Er schlug vor, eine universelle Sprache *lingua characteristica*, in der sich jede möglich wahre Aussage ausdrücken lässt, und einen Kalkül *calculus ratiocinator*, in dem Schlüsse in einer systematischen und mathematisch exakten Art und Weise unter Zuhilfenahme einer universellen Enzyklopädie gezogen werden können, zu entwickeln. Leibniz träumte von voll automatisierten Systemen, in die man das Für und Wider eines Streitgesprächs eingibt, und die dann die Lösung des Problems ausrechnen: *„Calculemus, rechnen wir es aus!"* Natürlich sind wir auch heute noch nicht so weit, trotzdem aber finden wir in Leibniz' Ansatz bereits alle Elemente eines intelligenten, wissensbasierten Systems: eine Sprache, in der wir unser Wissen aufschreiben können, eine Wissensbasis, in der das Wissen gespeichert ist, und einen Kalkül, in dem wir Schlüsse über unser Wissen ziehen können.

Den ersten Kalkül für die heute so genannte Aussagenlogik entwickelten Augustus de Morgan (1806–1871) und George Boole (1815–1864). Auf die Aussagenlogik, ihre Sprache und verschiedenen Kalküle wird in diesem Buch im Detail in Kapitel 3 eingegangen. Die Sprache der Aussagenlogik erlaubt es, einfache Aussagen zu machen und diese in Beziehung zu setzen. In ihr ist es aber nicht möglich, Funktionen, mehrstellige Relationen, sowie existentiell oder universell quantifizierte Aussagen zu machen. Dies ist erst in der Prädikatenlogik möglich, die von Gottlob Frege (1848–1925) in seiner berühmten *Begriffsschrift* entwickelt wurde. Die Prädikatenlogik ist schlichtweg *die* Logik. Sie ist universell in dem Sinn, dass sich in ihr alles darstellen lässt, was sich überhaupt in irgendeiner Logik oder einem anderen formalen System darstellen lässt.

Um 1900 hatte sich David Hilbert (1862–1943) zum Ziel gesetzt, eine logische Basis für die klassische Mathematik zu entwickeln, so dass die klassische Mathematik in einem logischen Kalkül axiomatisiert und formal behandelt werden kann. Alfred North Whitehead (1861–1947) und Bertrand Russell (1872–1970) gelang es, diese Basis zu finden. Sie ist in den berühmten *Principia Mathematica* (1910–1913) dargelegt.

Beim Arbeiten mit der Prädikatenlogik wurde schnell deutlich, dass neben dem formalen, syntaktischen Apparat unbedingt auch die Semantik, also die Bedeutung der einzelnen syntaktischen Konstrukte, mit betrachtet werden muss. Die mathematischen Konzepte einer Interpretation und einer Bedeutung einer Formel unter einer Interpretation wurden von Alfred Tarski (1902–1983) bis zum Jahr 1929 entwickelt. Es war nun möglich, Aussagen zu charakterisieren, die in einer gegebenen Interpretation wahr sind bzw. die unter allen Interpretationen wahr und somit *logisch* wahr sind. Der Begriff einer logischen Konsequenz konnte nun definiert werden: Ein Satz F folgt logisch aus einem Satz G genau dann, wenn es keine Interpretation gibt, die G wahr und F falsch macht.

Die Arbeiten von Frege und Tarski sind besonders deshalb so herausragend, weil es in ihnen zum ersten Mal gelungen ist, Syntax und Semantik einer formalen Sprache unabhängig voneinander und explizit zu entwickeln. Sie lieferten somit insbesondere auch die Grundlagen aller Programmiersprachen.

Mit gegebener Syntax und Semantik der Prädikatenlogik konnte man sich nun an die Beantwortung der folgenden fundamentalen Fragestellung machen: Ist es möglich, für alle Sätze F und G zu zeigen, dass F logisch aus G genau dann folgt, wenn F aus G syntaktisch folgt, d. h. formal ableitbar ist? Ein solches Vollständigkeitsresultat konnte in der Tat unabhängig voneinander von Kurt Gödel (1906–1978) und Jacques Herbrand (1908–1931) im Jahr 1930 bewiesen werden. Dieses Resultat ist deshalb so bedeutend, da die formale Ableitbarkeit eine semientscheidbare Eigenschaft ist: Es gibt einen Algorithmus, der, wenn F formal aus G ableitbar ist, dies entdeckt. Ist jedoch F aus G nicht formal ableitbar, dann kann dies nicht in jedem Fall entdeckt werden. Wir werden in diesem Buch detailliert auf die Prädikatenlogik in Kapitel 4 eingehen und dort auch das angesprochene Vollständigkeitsresultat beweisen und entsprechende Algorithmen entwickeln.

Erste Arbeiten zur Kombination von Kalkülbildung und Mechanisierung finden sich bei Raimundus Lullus (1232–1315). In seiner *ars magna* entwickelte er erste mechanische Apparaturen. Aufbauend auf den Syllogismen, mit denen alle Wahrheiten jedes Wissensgebiets erfasst werden sollen, sollten Urteile durch Berechnung aller möglichen Kombinationen der Grundprädikate eines Wissensgebiets möglich sein. Blaise Pascal (1623–1662) und Gottfried Wilhelm Leibniz (1646–1717) hatten die ersten Ideen zu mechanischen Rechengeräten. Dabei hat Blaise Pascal sogar schon solche Rechengeräte gebaut. Im Jahr 1869 baute Stanley Javins eine Maschine für die Auswertung Boole'scher Ausdrücke, die einer Registrierkasse aus der damaligen Zeit nicht unähnlich war. Die erste von einem Programm gesteuerte *analytical engine* wurde von Charles Babbage (1792–1871) entwickelt. Babbage selbst gelang es leider nicht, die notwendigen Mittel für den Bau dieser Maschine aufzutreiben. Erst später wurde die Maschine nach gebaut und es stellte sich heraus, dass sie tatsächlich wunderbar funktionierte.

Das Konzept einer berechenbaren Funktion wurde erstmals von Kurt Gödel im Jahr 1931 entwickelt, in dem er die primitiv rekursiven Funktionen formal definierte. Kurz darauf definierte er auch die Klasse der rekursiven Funktionen. Gödel benutzte die primitiv rekursiven Funktionen um nachzuweisen, dass es keinen Algorithmus geben kann, der für eine beliebige Formel der Prädikatenlogik in endlicher Zeit entscheiden kann, ob sie wahr oder falsch ist. Vergleichbare Resultate wurden unabhängig voneinander und in verschiedenen Formalismen von Alan Mathison Turing (1912–1954) und Alonzo Church (1903–1995) im Jahr 1936 bewiesen. Diese Ergebnisse sind aus zwei Gründen bedeutsam: Zum einen gab es jetzt zum ersten Mal eine mathematisch exakte Formulierung dessen, was überhaupt berechnet werden kann, und zum anderen zeigten sie, dass das weiter oben angesprochene Semientscheidungsverfahren das Beste ist, was wir erwarten dürfen. Die Arbeit von Alan Turing ist aber noch aus einem weiteren Grund bedeutsam. In ihr wurde die *Turing-Maschine* beschrieben, die in der Lage war, berechenbare Funktionen auch tatsächlich zu berechnen. Sie ist das abstrakte Maschinenmodell heutiger Computer.

Die Kombination aller drei Grundideen, Formalisierung, Kalkülbildung und Mechanisierung, kulminierte in der Entwicklung der ersten Computer. Aufbauend auf dem Konzept einer Turing-Maschine entwickelte John von Neumann (1903–1957) bis zum Jahr 1946 den von Neumann-Computer, nach dessen Bauplan fast alle heute verwendeten Computer prinzipiell aufgebaut sind. Unabhängig davon hatte Konrad Zuse (1910–1995) bereits 1939 seinen ersten Computer, die Z1, gebaut und anschließend weiterentwickelt. Die 1941 fertig gestellte Z3 entsprach bis auf ein wichtiges Detail genau dem von Neumann-Computer.

Obwohl Zuse die Z1 vor allem gebaut hatte, weil ihn die numerischen Berechnungen, die er als Baustatiker durchführen musste, langweilten, so erkannte er sehr schnell, dass Computer grundsätzlich mehr können als nur mit Zahlen zu rechnen. In seinem *Plankalkül* entwickelte er erste Ideen, wie Worte und Sätze in einem Computer dargestellt und manipuliert werden können.

Interessanterweise beschäftigte sich auch Turing bald mit der Frage, ob Computer denken können. Er schlug im Jahr 1950 vor, diese Frage mit Hilfe des *Turing-Tests* zu beantworten: Der Turing-Test ist ein Imitationsspiel mit drei Spielern: Spieler A ist eine männliche Person, Spieler B ist eine weibliche Person und Spieler C ist entweder weiblich oder männlich. Spieler C ist allein in einem Raum und kann seine Mitspieler A und B nicht sehen, sich aber unter Zuhilfenahme einer Schreibmaschine mit A und B verständigen und beliebige Fragen stellen. Das Szenario spielt im Jahr 1950! Die Aufgabe für Spieler C besteht nun darin, nach einer gewissen Zeit zu bestimmen, welcher seiner Mitspieler der weibliche und welcher der männliche ist. Was passiert, wenn das Spiel modifiziert wird, indem die weibliche Mitspielerin A durch einen Computer ersetzt wird? Wird sich dann die Erfolgsrate von Spieler C verändern? Übrigens war es für Turing keine ernsthafte Frage, ob Computer in der Lage sein werden zu denken. Er war fest davon überzeugt, dass dem so sein wird. Seine Arbeiten sind somit auch eine wichtige Grundlage für das Forschungsgebiet der Intellektik.

1.3   Der Beginn der Algorithmierung der Logik

Ausgestattet mit den ersten Computern und dem Vollständigkeitsresultat von Kurt Gödel und Jacques Herbrand, das den Zusammenhang zwischen logischer Konsequenz und Berechenbarkeit aufzeigte, begannen Anfang der 50er Jahre die ersten Arbeiten zur Algorithmierung der Logik. Martin Davis implementierte in Princeton das von Preßburger entwickelte Entscheidungsverfahren für eine prädikatenlogische Theorie der Addition ganzer Zahlen. In den Jahren 1955 und 1956 wurde eine besonders elegante Version des weiter oben genannten Semientscheidungsverfahrens unabhängig voneinander sowohl von Evert Willem Beth, von Kurt Schütte, als auch von Jaakko Hintikka vorgestellt: das *semantische Tableauverfahren*, das hier in den Kapiteln 3 und 4 detailliert beschrieben werden wird.

Diese ersten Programme litten massiv unter einer kombinatorischen Explosion der Laufzeit und des Speicherplatzes, die auftrat, wenn die betrachteten Sätze größer wurden. Die Algorithmen sind im Wesentlichen Suchverfahren mit dem Ziel, einen Beweis dafür zu finden, dass ein Satz F logisch aus dem Satz G folgt. Die dabei zu betrachtenden Alternativen, d. h. der Suchraum, wächst exponentiell mit der Länge der Sätze F und G. Man versuchte in der Folge, mit zwei verschiedenen Ideen dieser kombinatorischen Explosion zu begegnen: dem Einsatz von Heuristiken und der Suche nach besseren Algorithmen.

Der erste heuristische Theorembeweiser wurde von Herbert Simon und Alan Newell im Jahr 1956 vorgestellt. Dahinter stand die Idee, beim Durchsuchen des Suchraums nicht einfach alle Alternativen auszuprobieren, sondern sich, so wie ein Mensch dies auch tun würde, nur auf einige der Alternativen zu konzentrieren.

Kurze Zeit später entwickelten Paul C. Gilmore, Martin Davis und Hilary Putnam Theorembeweiser, die im Kern die von Jacques Herbrand bereits 1930 beschriebene *Eigenschaft B Methode* implementierten. Hierbei wurde versucht, einen bestimmten Grundbereich, das *Herbrand-Universum*, vollständig zu durchsuchen. Es zeigte sich schnell, dass auch diese Verfahren zu aufwändig sind.

Der Durchbruch gelang Anfang der 1960er Jahre. Von Jacques Herbrand 1930 schon im Rahmen der *Eigenschaft A Methode* beschrieben, entdeckte Dag Prawitz die Unifikation im Jahr 1960 wieder. Intuitiv gesprochen geht es bei der Unifikation darum, eine Substitution für die in zwei Ausdrücken vorkommenden Variablen zu finden, so dass die Ausdrücke nach Anwendung der Substitution identisch werden. Ein ganz einfaches Beispiel mag dies veranschaulichen. Betrachten wir die Ausdrücke $m(s)$ und $m(X)$ aus dem Beispiel des Abschnitts 1.1.1. In ihnen kommt als einzige Variable das X vor. Durch was müssen wir dieses X ersetzen, damit die beiden Ausdrücke identisch werden? Na klar, wir müssen X durch s ersetzen. Später werden wir sagen, die beiden Ausdrücke sind unter der Substitution $\{X \mapsto s\}$ unifizierbar. Auf die Unifikation werde ich detailliert in den Kapiteln 2 und 4 eingehen.

J. Alan Robinson gelang es in einer im Jahr 1965 publizierten Arbeit, die Unifikation in eine Inferenzregel einzubauen. Er nannte die neue Regel *Resolution*. Die Resolution ist eine Inferenzregel für den Computer. Sie war damals wesentlich mächtiger als alle anderen bekannten Methoden und erforderte einen deutlich höheren Rechenaufwand als dem menschlichen Vorgehen nachempfundene Inferenzregeln, wie sie beispielsweise von Gerhard Gentzen (1909–1945) im Kalkül des natürlichen Schließens bzw. des Sequenzenkalküls bereits im Jahr 1934 vorgeschlagen wurden. Die Idee, die Unifikation in eine Inferenzregel einzubauen, ist die Grundlage für praktisch alle Verfahren zur Mechanisierung der Prädikatenlogik. Sie war der Ausgangspunkt für eine stürmische Entwicklung mit dem Ziel, die Logik zu algorithmieren.

1.4 Deduktionssysteme

Die Resolution erzeugte eine enorme anfängliche Euphorie. Aber man erkannte sehr bald, dass die Resolution allein nicht ausreichend ist, um wirklich große deduktive Probleme zu lösen. Wieder entstanden zwei Hauptentwicklungslinien. Eine Gruppe versuchte, die Resolution und damit verwandte Verfahren weiterzuentwickeln und dadurch leistungsfähigere Deduktionssysteme zu bauen, eine andere Gruppe versuchte, durch intelligentere heuristische Verfahren die Deduktionssysteme zu verbessern.

Unter Leitung von Larry Wos am Argonne National Lab in den USA und Bernhard Meltzer an der University of Edinburgh in Schottland wurden eine Reihe von Verfeinerungen für die Resolution entwickelt, wodurch sich der Suchraum einschränken lässt, ohne die Vollständigkeit des Verfahrens an sich zu berühren. Auch wurde die Inferenzregel selbst untersucht. Im Vergleich zu einem vollständigen mathematischen Beweis eines Theorems ist ein einzelner Resolutionsschritt ein sehr kleiner Beweisschritt. Man versuchte, Varianten der Resolution zu finden, in denen größere Beweisschritte durch eine einzige Anwendung einer Inferenzregel modelliert werden können. Es stellte sich auch schnell heraus, dass es geschickt ist, bestimmte Theorien – wie etwa die Gleichheit – getrennt von allgemeinen Sätzen zu behandeln und direkt in die Unifikation einzubauen. Auch wurden neue graph- oder matrixorientierte Beweisverfahren entwickelt, wie beispielsweise das von Robert Kowalski vorgestellte Klauselgraphverfahren, das unabhängig von Peter Andrews von der Carnegie-Mellon University in Pittsburgh, USA, und Wolfgang Bibel von der TU München vorgeschlagenen Matrix- bzw. Konnektionsmethode oder die von S. Ju Maslow in der damaligen Sowjetunion vorangetriebene inverse Methode. In allen diesen Ansätzen ging es darum, eine bessere globale Sicht auf einen mechanisch geführten Beweis zu bekommen als dies mit der Resolution alleine möglich ist.

In der Zwischenzeit sind eine Vielzahl mechanischer Beweiser für die Prädikatenlogik entwickelt worden, und es würde den Rahmen dieser Einleitung sprengen, sie alle aufzählen zu wollen. Erwähnen möchte ich an dieser Stelle nur den am Argonne National Lab in den USA von William McCune entwickelten Theorembeweiser OTTER. Mit ihm gelang es 1996 ein offenes mathematisches Problem, die seit den 30er Jahren unbewiesene *Robbinsche Vermutung* mechanisch zu beweisen. Dazu musste gezeigt werden, dass aus drei bestimmten Gleichungen bereits alle Gesetze der Boole'schen Algebra folgen. Dieser Erfolg ist ein eindrucksvoller Beweis dafür, dass systematische, kombinatorische Suche, die geschickt organisiert und auf sehr leistungsfähigen Computern ausgeführt wird, sehr wohl in der Lage ist, Leistungen zu zeigen, wie sie Menschen üblicherweise vor allem auf Grund von Erfahrung, heuristischem Wissen und Assoziationen vollbringen.

Die Arbeiten an der zweiten Hauptentwicklungslinie basierten auf der Hypothese, dass es kein uniformes Beweisverfahren als Grundlage intelligenter Systeme geben kann, sondern dass vielmehr heuristisches, den Menschen imitierendes, prozedurales und assoziativ organisiertes Wissen notwendig ist, um intelligentes Verhalten maschinell zu erzeugen. Unter Leitung von Marvin Minsky vom Massachusetts Institute of Technology in Boston, USA, und Woody Bledsoe an der University of Texas in Austin, USA, entstanden auf dieser Grundlage eine Vielzahl intelligenter Systeme in eingeschränkten Diskursbereichen. Dies geschah in bewusstem Gegensatz zu dem von John McCarthy von der Stanford University, USA, angeführten logikbasierten Lager. Dort arbeitete man unter der Hypothese, dass das für intelligente Systeme unabdingbare Wissen deklarativ als Sätze in der Prädikatenlogik formuliert wird. Weiterhin sollte das mechanische Denken in Form von Ableitungen eines Deduktionssystems für die Prädikatenlogik erfolgen. Die Vertreter der beiden Hauptentwicklungslinien führten und führen einen jahrelangen, überaus fruchtbaren Wissenschaftsstreit.

Die bisher angesprochenen Deduktionssysteme sind genau genommen Systeme für die Logik erster Stufe, in der über Individuen quantifiziert werden kann. Viele Dinge lassen sich in einer Logik höherer Stufe, in der auch über Funktionen und Relationen quantifiziert werden kann, sehr viel kompakter und eleganter ausdrücken als in der Prädikatenlogik. Es verwundert daher nicht, dass die Suche nach Deduktionssysteme für höhere Logiken vorangetrieben wurde. Hier ist insbesondere der Name von Peter Andrews von der Carnegie-Mellon University in Pittsburgh, USA, zu nennen. Eine zweite Zielrichtung ist die Mechanisierung von Induktionsbeweisen, wie sie in der Mathematik und der Informatik sehr häufig geführt werden. Diese letzte Richtung ist insbesondere von Robert S. Boyer und J. Strother Moore von der University of Edinburgh in Schottland und später von der University of Texas in Austin, USA, vorangetrieben worden.

1.5 Logikprogrammierung und Prolog

Alain Colmerauer aus Grenoble in Frankreich erkannte sehr schnell die Möglichkeiten, die eine auf der Resolution basierte Methode der maschinellen Sprachverarbeitung bot. In der Zeit von 1963 bis 1971 entwickelte er verschiedene Systeme bis hin zum System Q, das später in Prolog umbenannt wurde. Aus formaler Sicht war dies ein auf *lineare* Resolutionsableitungen beschränktes System, in dem alle vorkommenden Sätze *Horn-Klauseln* waren. Robert Kowalski und D. Kuehner hatten zusammen an der University of Edinburgh in Schottland die *SL-Resolution* entwickelt, eine Verfeinerung der Resolution, die nur noch lineare Ableitungen erlaubt, effizient implementiert werden konnte und eine formale Basis für Prolog darstellte.

Im Jahr 1974 konnte Robert Kowalski erstmals eine prozedurale Interpretation für Prolog angeben. Es gelang ihm damit, Deduktion und Berechnung bzw. deklarative und prozedurale Programmierung zu vereinigen. Als ein Beispiel wollen wir die Horn-Klausel

$$bruder\text{-}von(X, Y) \leftarrow vater\text{-}von(Z, X) \wedge vater\text{-}von(Z, Y) \wedge m\ddot{a}nnlich(X)$$

betrachten. Sie lässt sich deklarativ von rechts nach links lesen als:

> *Wenn X männlich und Z sowohl der Vater von X als auch der Vater von Y ist, dann ist X der Bruder von Y.*

Sie lässt sich aber auch prozedural von links nach rechts lesen als:

> *Um zu zeigen, dass X der Bruder von Y ist, müssen wir zeigen, dass es ein Z gibt, so dass Z der Vater von X und der Vater von Y ist, und dass X männlich ist.*

Mit anderen Worten, während wir in der deklarativen Lesart ganz normale, der natürlichen Sprache nahe stehenden Sätze vor uns haben, erlaubt uns die prozedurale Lesart von dem *Prozedurkopf bruder-von(X, Y)* mit den *formalen Parametern X* und *Y* sowie dem *Prozedurrumpf*

$$vater\text{-}von(Z, X) \wedge vater\text{-}von(Z, Y) \wedge m\ddot{a}nnlich(X)$$

zu sprechen und damit eine Verbindung zu herkömmlichen Programmiersprachen herzustellen. Diese Dualität ermöglicht es, die Logik eines Problems von der Ablaufsteuerung zu trennen, die notwendig ist, um das Problem zu lösen und die entsprechenden Antworten zu berechnen. Robert Kowalski hat das sehr treffend durch die folgenden Gleichung ausgedrückt:

$$algorithm = logic + control.$$

Die Entwicklung einer formalen Grundlage von Prolog wurde unter anderen von Robert Hill, Marten van Emden, Robert Kowalski, Krzyzstof Apt und Keith Clark vorangetrieben. Sie wiesen in mehreren Aufsätzen die grundlegenden semantischen und syntaktischen Eigenschaften der Prädikatenlogik, beschränkt auf Horn-Formeln, nach. Diese sind:

- die Existenz eines kanonischen Diskursbereichs,

- die Existenz einer kleinsten und größten Modellsemantik,

- die Existenz einer kleinsten und größten Fixpunktsemantik,

- die Korrektheit und Vollständigkeit für erfolgreiche oder endlich fehlgeschlagene Ableitungen und

- die Korrektheit und partielle Vollständigkeit der Inferenzregel *Negation als Fehlschlag*.

Ich werde vieles davon in den Kapiteln 2 und 5 vorstellen.

Im Jahr 1977 wurde der erste Prolog-Compiler fertig gestellt. Mit ihm gelang der Nachweis, dass es sich bei Prolog um eine praktisch einsetzbare Sprache handelt. Die *Warren'sche abstrakte Maschine* ist auch heute noch das abstrakte Maschinenmodell vieler Implementierungen von Logikprogrammiersprachen.

Mitte der 80er Jahre hatte sich die Logikprogrammierung im Bereich Wissensrepräsentation und Wissensverarbeitung etabliert. Dabei profitierte die Sprache nicht unwesentlich von der Entscheidung, sie zur Basissprache des japanischen *Fifth Generation Projects* zu machen. Dort wurde die Logikprogrammierung nicht nur als Anwendungssprache eingesetzt, sondern sie war auch Maschinensprache für die Implementation der Betriebssysteme der entsprechenden Computer.

Im Jahr 1982 präsentierte Alain Colmerauer die Programmiersprache Prolog II, in der zum ersten Mal *Constraints* auftauchten. Die Idee dabei war, bestimmte Dinge nicht mehr explizit auszurechnen, sondern nur noch zu überprüfen, ob gewisse Bedingungen erfüllt waren. Zusätzlich wird ein *Constraint Solver* eingesetzt, der die Bedingungen vereinfacht und dabei Eigenschaften vorher definierter Diskursbereiche ausnutzt. Sei beispielsweise der Diskursbereich die Menge der natürlichen Zahlen. Betrachten wir den Satz:

$$(3 + X \geq 6) \wedge (X \leq 6).$$

In Prolog würde man jetzt nach allen Instanzen für die Variable X suchen, die die beiden Bedingungen $3 + X \geq 6$ und $X \leq 6$ erfüllt. Der Reihe nach wären dies: 3, 4, 5 und 6. Als Constraint aufgefasst, würde man den Satz zu

$$(X \geq 3) \wedge (X \leq 6)$$

vereinfachen und anschließend gar nichts mehr tun. Hier wäre die Antwort einfach: *Die gesuchte Zahl X liegt zwischen 3 und 6.* Heute gibt es eine Vielzahl spezieller Constraint Solver beispielsweise für endliche Mengen, Boole'sche Ausdrücke, ganze Zahlen, reelle Zahlen oder rationale Bäume, die schon in vielen industriellen Anwendungen erfolgreich eingesetzt wurden.

1.6   Die Verbreitung der Logik

Die Logik und die Logikprogrammierung sind heute aus den meisten Bereichen der Informatik und der Intellektik nicht mehr wegzudenken. Ich will hier nur einige Bereiche nennen, wie wir sie unter anderem in dem seit dem Jahr 2002 erscheinenden *Journal of Applied Logic* finden: *logic and algebraic programming, logic and natural language processing, automated inference systems and model checking, logic and rewriting, tactical theorem proving and proof planning, logic in meachnical and electrical engineering, logic for knowledge representation and the semantic web, mathematical logic, proof theory, algebraic methods in logic, applied non-classical logic, logic applied in mathematics, logic and neural*

*networks, non-monotonic logics and logics of change, type theory for theorem
proving systems, logic and learning, cognitive robotics: actions and causation,
logic and planning, logic and computational methods for scientific reasoning,
fuzzy logic, uncertainty and probability, logic and law, human reasoning, logic
and category theory, logic and physics.*

1.7 Literaturhinweise

Die Geschichte der Logik und der Logikprogrammierung wurde unter anderem
in [Sie87] und [Rob00] beschrieben. Einen sehr guten Überblick über die Geschichte des semantischen Tableauverfahrens und der Konnektionsmethode gibt
[Fur98]. In den genannten Arbeiten finden sich auch weiterführende Literaturhinweise zu den Originalaufsätzen, die hier nicht explizit zitiert wurden. Viele
dieser Originalaufsätze befinden sich in den Sammelbänden [vH77, SW83].

1.8 Gliederung des Buches

Das Buch wendet sich primär an Studentinnen und Studenten der Informatik
in den ersten beiden Studienjahren. Außer der Schulmathematik und einigen
ganz grundlegenden Begriffen der Informatik werden keine Voraussetzungen an
die Leserschaft gestellt.

In Kapitel 2 wird zunächst die Logikprogrammierung am Beispiel der Programmiersprache Prolog vorgestellt. Dabei liegt der Schwerpunkt vor allem auf den
deklarativen Aspekten der Programmierung. Das Ziel ist hierbei, vor allem die
Programmiersprache Prolog soweit zu präsentieren, dass die in den anschlie-
ßenden Kapiteln verwendeten Prolog-Programme verstanden werden können
und mit ihnen experimentiert werden kann. Es ist ausdrücklich nicht das Ziel,
hier eine umfassende Prolog-Ausbildung zu betreiben. Dazu muss auf weiterführende Vorlesungen bzw. weiterführende Literatur verwiesen werden. Alle
in diesem Buch dargestellten Prolog-Programme sind in dem frei verfügbaren
System SWI-Prolog[1] geschrieben und ausgetestet.

In Kapitel 3 wird auf die Aussagenlogik eingegangen. Die Sprache der Aussagenlogik ist dabei das erste Beispiel für eine strukturierte formale Sprache,
so wie sie überall in der Informatik zum Einsatz kommt. Ich beschreibe zuerst
die Syntax dieser Sprache, wobei ich mich zuallererst mit der Frage beschäftige,
wie Eigenschaften und Funktionen über strukturierten Objekten bewiesen bzw.
definiert werden können. Insbesondere werden die Prinzipien der strukturellen
Induktion und der strukturellen Rekursion vorgestellt. Anschließend wird eine
formale Semantik für die Sprache der Aussagenlogik entwickelt, die sich auf
der Struktur der Wahrheitswerte abstützt. Danach werden Formeln betrach-

---

[1] URL zum Zeitpunkt des Druckes: www.swi-prolog.org.

tet, die ein und dieselbe Bedeutung haben. Innerhalb einer solchen Gruppe von Formeln werden gewisse Normalformen ausgezeichnet. Dazu wird auch ein Algorithmus vorgestellt, der Formeln in ihre Normalform transformiert, sowie die Korrektheit, Vollständigkeit und die Terminierung des Algorithmus bewiesen.

Ein weiterer Schwerpunkt von Kapitel 3 ist die Entwicklung von Beweisverfahren, d. h. von automatischen Verfahren, mit denen sich Sätze der Aussagenlogik beweisen lassen. Insbesondere werde ich dabei auf das Resolutionsverfahren, die semantischen Tableaus und das natürliche Schließen eingehen, dabei aber auch andere Verfahren wie Hilbert-Systeme, die Konnektionsmethode oder den Sequenzenkalkül zumindest kurz skizzieren. Neben der reinen Präsentation dieser Verfahren sind ihre Eigenschaften von besonderer Bedeutung. Deshalb werde ich vor allem auf die Korrektheit und die Vollständigkeit der Verfahren eingehen. In einem weiteren Unterkapitel stelle ich drei Methoden vor, mit denen die Erfüllbarkeit einer aussagenlogischen Formel getestet werden kann: die systematische Suche, die lokale, stochastische Suche und die Suche mittels binärer Entscheidungsdiagramme. Hinweise auf weiterführende Literatur schließen das Kapitel ab.

In Kapitel 4 werden die im vorangegangenen Kapitel eingeführten Begriffe und Techniken für die Prädikatenlogik erweitert. Während in der Aussagenlogik lediglich Aussagen der Form *„Die Sonne scheint"* oder *„Der Hahn kräht auf dem Mist"* miteinander verknüpft werden können, ohne dass dabei die interne Struktur der Aussagen eine Rolle spielt, können in der Prädikatenlogik auch mehrstellige Relationen und Funktionen sowie existentiell und universell quantifizierte Aussagen formuliert werden. Die Prädikatenlogik ist universell in dem Sinn, dass sich alle auf einem Computer berechenbaren Funktionen in ihr ausdrücken lassen. Kapitel 4 folgt ansonsten der Gliederung von Kapitel 3. Es werden Syntax und Semantik der Prädikatenlogik vorgestellt, Normalformen berechnet, Beweisverfahren entwickelt und deren Eigenschaften bewiesen. Auch hier runden Literaturhinweise die Darstellung ab.

Jetzt können die formalen Grundlagen der Logikprogrammierung entwickelt werden. Dies ist der Inhalt von Kapitel 5. Konkret wird zwischen den Klassen der definiten und der normalen Programme unterschieden. Insbesondere die Klasse der definiten Programme zeichnet sich durch viele schöne Eigenschaften aus, die dazu führen, dass sich die in Kapitel 4 vorgestellten Beweisverfahren stark verfeinern und effizient implementieren lassen. Dazu werde ich insbesondere das Resolutionsverfahren verfeinern und dessen Eigenschaften nachweisen.

Im abschließenden Kapitel 6 gebe ich noch einen knappen Ausblick auf einige weiterführende Fragestellungen und Arbeitsbereiche, die der Sache nach hierher gehören, deren ausführliche Behandlung jedoch den Rahmen der vorliegenden Darstellung gesprengt hätte.

Zum Abschluss der Einleitung verweise ich noch auf Tabelle 1.1, die einen Überblick über die gebräuchlichsten der verwendeten notationellen Abkürzungen gibt.

a, b	Konstanten bzw. nullstellige Funktionssymbole aus $\mathcal{F}$
f, g	Funktionssymbole aus $\mathcal{F}$
i, j, k, l, m, n	Indizes aus $\mathbb{N}$
p, q, r	Relationssymbole aus $\mathcal{R}$
s, t	Terme aus $\mathcal{T}(\mathcal{F}, \mathcal{V})$
A	Atom
C	Klausel
F, G, H	Formel
I	Interpretation $(\mathcal{D}, \cdot^I)$
L	Literal
W, X, Y, Z	Variable aus $\mathcal{V}$
$\mathcal{D}$	nicht leere Menge, Grundbereich einer Interpretation
$\mathcal{F}$	Menge von Funktionssymbolen
$\mathcal{G}$	Menge von Formeln
$\mathcal{L}(\mathcal{R})$	Menge der aussagenlogischen Formeln über $\mathcal{R}$
$\mathcal{L}(\mathcal{R}, \mathcal{F}, \mathcal{V})$	Menge der prädikatenlogischen Formeln über $\mathcal{R}$, $\mathcal{F}$, $\mathcal{V}$
$\mathcal{R}$	Menge von Relationssymbolen
$\mathcal{R}_F$	Menge der in F vorkommenden aussagenlogischen Variablen
$\mathcal{S}_F$	Menge der Teilformeln von F
$\mathcal{T}(\mathcal{F})$	Menge der abgeschlossenen Terme über $\mathcal{F}$
$\mathcal{T}(\mathcal{F}, \mathcal{V})$	Menge der Terme über $\mathcal{F}$ und $\mathcal{V}$
$\mathcal{U}$	Unifikationsproblem
$\mathcal{V}$	Menge von Variablen
$\mathcal{W}$	Menge der Wahrheitswerte $\{\bot, \top\}$
$\mathcal{Z}$	Variablenzuordnung
ε	leere Substitution
$\sigma, \theta, \lambda, \mu$	Substitutionen
$\mathsf{pos}(F)$	Menge der Positionen in F

Tabelle 1.1: Notationelle Vereinbarungen: Wenn im jeweiligen Kontext nichts anderes ausgesagt wird, dann bezeichnet a eine Konstante, f ein Funktionssymbol, u. s. w. Alle Zeichen können indiziert sein.

Kapitel 2

Logikprogrammierung am Beispiel Prolog

Die bekannteste Logikprogrammiersprache ist ohne Zweifel Prolog. In diesem Kapitel werden anhand von einfachen Beispielen die wesentlichen Datenstrukturen und Paradigmen dieser Programmiersprache eingeführt. Dabei ist es nicht das Ziel, alle ausgefeilten Programmiertechniken vorzustellen. Vielmehr soll der Leser in die Lage versetzt werden, die in den folgenden Kapiteln in Prolog präsentierten Algorithmen verstehen und ablaufen lassen zu können. Dabei wird der Schwerpunkt auf den deklarativen *Aspekten von Prolog liegen, ohne die* prozeduralen *Aspekte völlig zu vernachlässigen. Die formalen Grundlagen der Logikprogrammierung können erst entwickelt werden, nachdem in Kapitel 4 die Prädikatenlogik eingeführt sein wird. Das ist der Grund, warum sich die Darstellung in diesem Kapitel im Wesentlichen auf die Programmierung selbst beschränkt, während die Grundlagen dann in Kapitel 5 behandelt werden.*

Prolog ist eine Programmiersprache. Es ist eine sehr hohe Programmiersprache, die sich gegenüber anderen Programmiersprachen vor allem durch zwei sehr mächtige Konzepte auszeichnet: die Verwendung von *logischen Variablen* und das *Backtracking*. Niemand muss erschrecken, wenn er oder sie diese Begriffe noch nicht versteht. Wir werden im Laufe dieses Buches detailliert darauf eingehen. Aber abgesehen von diesen beiden Konzepten ist Prolog eine ganz normale Programmiersprache.

Wer schon gewohnt ist, in C, Pascal, Java oder Modula-2 zu programmieren, wird sich ein wenig über die Syntax wundern. Aber das muss einen ja nicht stören. Zumal zumindest bei den einfachen Prolog-Programmen, die wir in diesem Kapitel betrachten werden, die Bedeutung der Programme beim ersten Lesen unmittelbar klar werden sollte. Viele dieser Prolog-Programme sind *deklarativ*. Man beschreibt in einem Programm einfach einen Sachverhalt und kümmert sich nicht darum, wie das dahinter stehende System ein Problem löst. Das Prolog-System macht das für einen. Leider lassen sich so nicht alle Probleme effizient lösen, und deshalb gibt es auch in Prolog einige Konstrukte, deren Bedeutung man sich nur klar machen kann, wenn man das Programm ablaufen lässt. Auch solche *prozeduralen* Aspekte werden wir in diesem Kapitel kennen lernen.

Beginnen wollen wir in Abschnitt 2.1 mit einem einfachen Beispiel. Es handelt sich dabei um eine Folge von Tupeln verschiedener Relationen. Dies ist bereits ein Programm, an welches wir Anfragen stellen können. Wir werden dieses Programm und die Anfragen Schritt für Schritt erweitern, uns über die Rolle der Variablen in Prolog Gedanken machen sowie komplexe Anfragen und rekursiv definierte Relationen kennen lernen. Damit dies alles nicht sofort zu kompliziert wird, werden wir uns in diesem Abschnitt auf eine sehr einfache Datenstruktur einschränken: wir lassen nur eine Menge von Konstantensymbolen zu. Konstantensymbole sind Namen für Objekte aus dem jeweiligen Problembereich. In der Literatur wird deshalb dafür auch häufig der Name *Datenlogik* gebraucht. Natürlich interessiert uns auch, wie das Prolog-System die Antwort auf eine Anfrage generiert. Dazu werden wir *Ableitungsbäume* betrachten und uns mit dem *Tracing* und dem *Backtracking* vertraut machen.

In Abschnitt 2.2 beschäftigen wir uns mit einem sehr wichtigen Thema, der automatischen Umbenennung von Variablen. Die dahinter stehende Idee ist einfach: Wenn in zwei verschiedenen Prozeduren eines Programms die gleichen Variablenbezeichner vorkommen, dann haben die beiden Bezeichner nichts miteinander zu tun. Dies gilt auch, wenn eine Prozedur mehrfach aufgerufen wird. Am einfachsten unterscheidet man Variablenbezeichner, wenn man jeder Variable jeweils einen neuen Index mitgibt. Genau das macht das Prolog-System.

Bis dahin haben wir Prolog-Programme nur informell angesprochen. Die formale Syntax von Prolog wird in Abschnitt 2.3 eingeführt. Es ist nicht volles Prolog, das wir hier betrachten werden. Manche Besonderheit verstehen wir erst später. Ich halte es deshalb für besser, diese hier noch nicht zu erwähnen, sondern erst in Abschnitt 2.6 die Syntax noch einmal zu erweitern.

In Abschnitt 2.4 werden dann komplexe Datenstrukturen eingeführt. Dies sind *Terme* und, als ein Spezialfall davon, *Listen*. Wir werden verschiedene Listenoperationen definieren und uns an Beispielen deren Wirkung veranschaulichen. Selbstverständlich kann man in Prolog auch alle üblichen arithmetischen Rechenoperationen durchführen. Daneben gibt es eine Reihe vordefinierter Funktionen, mit denen Terme aufgebaut, analysiert und zerlegt werden können. Die wichtigste dieser vordefinierten Funktionen ist die *Unifikation*. Wir werden sie detailliert studieren und verschiedene Unifikationsalgorithmen kennen lernen. Zum Abschluss dieses Kapitels werden noch rudimentäre Funktionen zur Ein-

und Ausgabe, zum Zugriff auf Prolog-Programme sowie zur Manipulation von Mengen vorgestellt.

Da die bei der Beantwortung einer Anfrage an ein Prolog-Programm, d.h. bei einem Aufruf eines Prolog-Programms, generierten Ableitungsbäume unter Umständen sehr groß werden können, möchte man dem Programmierer eine gewisse Kontrolle über die Art und Weise geben, wie diese Ableitungsbäume durchlaufen werden. Das am häufigsten verwendete Hilfsmittel ist der *Cut*, der in Abschnitt 2.5 vorgestellt wird. Der Cut ist aber nur mit großer Vorsicht zu verwenden, da ein unbedarfter Einsatz falsche Antworten generieren kann.

In Abschnitt 2.6 dreht sich dann alles um die Frage, wie negative Anfragen an ein Prolog-Programm behandelt werden. Dies geschieht mit Hilfe der *Negation als Fehlschlag*. Eine negative Anfrage wie beispielsweise die Frage, ob Fritz nicht der Vater von Maria ist, wird dann verneint, wenn es gelingt nachzuweisen, dass Fritz der Vater von Maria ist. Umgekehrt, wenn der Nachweis, dass Fritz der Vater von Maria ist, misslingt, dann wird daraus geschlossen, dass Fritz nicht der Vater von Maria ist. Auch die Negation als Fehlschlag ist mit Bedacht einzusetzen, da sie sonst unerwünschte Ergebnisse liefert.

Der abschließende Abschnitt 2.7 enthält einen Überblick über begleitende und weiterführende Literatur.

Das gesamte Kapitel ist eine informelle Einführung. Auch wenn wir in ihm beispielsweise die Datenstruktur Liste kennen lernen werden, so werden wir diese Struktur nicht in aller Ausführlichkeit betrachten. Wir werden keine mathematische Charakterisierung angeben, nicht alle Operationen, die auf Listen definierbar sind, diskutieren und auch nicht umfangreiche Anwendungen präsentieren. Formale Definitionen werden in den Kapiteln 3 bis 5 gegeben, und wir werden dort gegebenenfalls immer wieder auf Kapitel 2 zurückverweisen. Auch empfehle ich allen Leserinnen und Lesern dringend, ein Prolog-Handbuch zu konsultieren, in dem sie mehr Details zu den in Prolog vordefinierten Systemprädikaten finden. Alle in diesem Buch diskutierten Programme sind in SWI-Prolog 3.3 [Wie00] geschrieben und ausgetestet worden.

2.1   Logikprogrammierung mit einfachen Daten

Als ein erstes einfaches Beispiel wollen wir eine kleine Familie betrachten, über die wir die folgenden Fakten in Erfahrung bringen konnten:

```
maennlich(paul).       % Paul ist männlich
maennlich(fritz).      % Fritz ist männlich
maennlich(steffen).    % Steffen ist männlich
maennlich(robert).     % Robert ist männlich

weiblich(karin).       % Karin ist weiblich
weiblich(lisa).        % Lisa ist weiblich
weiblich(maria).       % Maria ist weiblich
weiblich(sina).        % Sina ist weiblich

vater(steffen,paul).   % Steffen ist der Vater von Paul
vater(fritz,karin).    % Fritz ist der Vater von Karin
vater(steffen,lisa).   % Steffen ist der Vater von Lisa
vater(paul,maria).     % Paul ist der Vater von Maria

mutter(karin,maria).   % Karin ist die Mutter von Maria
mutter(sina,paul).     % Sina ist die Mutter von Paul
```

Der Inhalt jeder Zeile bis hin zum Punkt und einschließlich des Punktes wird *Programmklausel* genannt. Der Text nach dem Prozentzeichen ist ein *Kommentar*, der helfen soll, die Programmklausel zu verstehen. paul, fritz usw. sind *Konstantensymbole* und stehen für Individuen oder Objekte. maennlich, weiblich usw. sind *Relations-* oder *Prädikatssymbole* und stehen für Relationen bzw. Eigenschaften zwischen Individuen. Prädikatssymbole können Argumente haben, die dann in Klammern stehen und durch Kommas getrennt sind. Man beachte, dass alle Konstanten- und Relationssymbole mit kleinen Buchstaben des Alphabets beginnen. Die hier betrachteten Programmklauseln sind alle *Fakten*, da sie ohne Bedingungen wahr sind. Die Folge der Programmklauseln ist ein *Prolog-Programm*.

2.1.1   Einfache Anfragen

Wir können ein solches Programm als Datenbank auffassen und möchten dann natürlich *Anfragen* an eine solche Datenbank richten. Bevor wir das tun können, müssen wir zuerst jedoch die Datei laden, in der das Programm abgespeichert ist. Sei beispielsweise familien.pl der Name dieser Datei, dann geschieht dies durch die Anfrage:

?- consult(familien).

Jetzt können wir loslegen und beispielsweise fragen, ob Fritz männlich ist.

Anfragen in Prolog beginnen immer mit der Zeichenreihe ?− und schließen mit einem Punkt ab. Deshalb bietet uns ein zeilenorientiertes Prolog-System automatisch zu Beginn einer Zeile immer ein ?− an, so dass wir nur noch den eigentlichen Text der Anfrage eingeben müssen. Unsere konkrete Anfrage hat die folgende Form:

$$? - \texttt{maennlich(fritz)}.$$

Prolog antwortet darauf mit `Yes` und bietet uns in der nächsten Zeile sofort wieder ?− an. Die Antwort ist korrekt, denn in der Datenbank befindet sich ja genau ein Fakt `maennlich(fritz)`. Wir wollen in diesem Fall auch davon sprechen, dass `maennlich(fritz)` eine *wahre Aussage* ist. Auf die Anfrage:

$$? - \texttt{weiblich(lena)}.$$

hingegen antwortet das System mit `No`, da sich kein Fakt `weiblich(lena)` in der Datenbank finden lässt. Diese negative Antwort wurde also vom Prolog-System erzeugt, da es ihm nicht möglich war nachzuweisen, dass Lena weiblich ist. Diese Vorgehensweise ist unter dem Namen *Negation als Fehlschlag* bekannt und wird Abschnitt 2.6 detailliert besprochen. Man beachte, dass die negative Antwort `No` nicht bedeutet, dass Lena nicht weiblich ist. Insbesondere können wir auch aus der negativen Antwort nicht darauf schließen, dass Lena männlich ist. Unser einfaches Prolog-Programm sagt nichts über etwaige Beziehungen zwischen den Relationen, männlich und weiblich zu sein, aus. Das System selbst weiß das auch nicht.

Sind alle unsere Anfragen beantwortet worden und wir wollen das Prolog-System wieder verlassen, dann geschieht dies durch die Anfrage:

$$? - \texttt{halt}.$$

2.1.2 Variable

Mit der im vorangegangenen Abschnitt 2.1.1 dargestellten Art der Anfrage können wir nun alle Fakten der Datenbank abfragen. Aber wir können noch viel mehr. Beispielsweise könnte uns interessieren, wer der Vater von Lisa ist. Um diese Anfrage formalisieren zu können, brauchen wir das Konzept einer *Variablen*. Variable stehen stellvertretend für bis dato unbekannte Individuen. Um sie in Prolog von Konstantensymbolen und Prädikatssymbolen syntaktisch unterscheiden zu können beginnen Variable immer mit einem großen Buchstaben oder mit einem Unterstrich. Die konkrete Anfrage lautet nun:

$$? - \texttt{vater(Wer,lisa)}.$$

und wird durch das Prolog-System mit `Wer = steffen` beantwortet. Hier bietet das System nicht sofort wieder ?− in einer neuen Zeile an, sondern erst nachdem die Eingabetaste gedrückt wurde. Wie kommt das System auf diese Antwort? Dazu durchsucht es das Prolog-Programm von oben nach unten, bis es einen Fakt in der Datenbank und ein Konstantensymbol – wir sprechen auch oft von einem *Wert* – für die Variable `Wer` findet, so dass der Fakt und die Anfrage, in der die Variable durch das entsprechende Konstantensymbol ersetzt wurde, identisch sind. Konkret ist hier das System bei dem dritten Eintrag (von oben) für `vater` und der Ersetzung von `Wer` durch `steffen` erfolgreich. Diese gefundene Ersetzung oder *Substitution* für die in der Anfrage vorkommende Variable wird dann als Antwort ausgegeben. Wir wollen deshalb hier von einer *Antwortsubstitution* sprechen.

In dem gerade diskutierten Beispiel gibt es nur eine Möglichkeit, der Variablen einen Wert zuzuweisen. Dies muss aber nicht immer so sein. Wenn wir uns beispielsweise für die Kinder von Steffen interessieren, dann können wir das als Anfrage:

$$?-\texttt{vater}(\texttt{steffen},\texttt{Kind}).$$

in Prolog formulieren. Das System antwortet mit `Kind = paul` und wartet auf eine weitere Eingabe. Durch Eingabe eines Semikolons können wir jetzt das System auffordern, nach weiteren Antwortsubstitutionen zu suchen. Das System antwortet darauf mit `Kind = lisa`. Eine weitere Eingabe eines Semikolons erzeugt dann die Antwort `No` und das System bietet in einer neuen Zeile wieder `?-` an. Was ist geschehen? Die Anfrage nach den Kindern von Steffen wurde wie gehabt beantwortet, indem die Datenbank von oben nach unten durchsucht wurde. Die erste Antwortsubstitution wurde gefunden, als Prolog auf den ersten Eintrag (von oben) der Relation `vater` traf. Durch Eingabe des Semikolons wurde das System aufgefordert, von dieser Stelle aus nach weiteren Lösungen zu suchen. In der Tat fand es dann mit dem dritten Eintrag (von oben gesehen) der Relation `vater` eine weitere. Durch die erneute Eingabe eines Semikolons wurde das System aufgefordert, weitere Lösungen zu suchen. Da es aber keine solche mehr gab, antwortete das System mit `No`.

2.1.3 Konjunktive Anfragen

Bisher konnten wir nur nach in der Datenbank explizit abgespeicherten Relationen fragen. Aber durch die Konjunktion einfacher Anfragen kann die Ausdrucksmächtigkeit erhöht werden. Beispielsweise könnte uns interessieren, ob Steffen ein Kind hat, das weiblich ist. Diese Anfrage kann in Prolog als:

$$?-\texttt{vater}(\texttt{steffen},\texttt{Kind}),\ \texttt{weiblich}(\texttt{Kind}).$$

formalisiert werden. Dabei werden die Anfragen `?-vater(steffen,Kind).` und `?-weiblich(Kind).` durch ein Komma miteinander kombiniert, wobei das Komma die konjunktive Verknüpfung der beiden Anfragen symbolisiert. Auf diese Anfrage antwortet das System mit `Kind = lisa`.

Wie kommt das Prolog-System darauf? Wir haben zuvor schon gesehen, dass die erste der beiden Anfragen zwei mögliche Antworten hat, nämlich `Kind = paul` und `Kind = lisa`. Sobald die erste der möglichen Antworten generiert ist, versucht das System, den zweiten Teil der Anfrage zu beantworten, wobei darin jetzt die Variable `Kind` durch `paul` ersetzt werden muss. Die Anfrage ?− `weiblich(paul)`. schlägt aber fehl. In diesem Moment beginnt das System automatisch, nach weiteren Lösungen für die erste Anfrage zu suchen. Wir sprechen hier von *Backtracking*, da die erste Lösung `Kind = paul` verworfen wird und nach weiteren Lösungen gesucht wird. Der erste Teil der Anfrage hat eine weitere Antwort, nämlich `Kind = lisa`. Erneut wird versucht, den zweiten Teil der Anfrage zu beantworten, wobei jetzt die Variable `Kind` durch das Konstantensymbol `lisa` ersetzt wurde. Die Anfrage ?− `weiblich(lisa)`. wird positiv beantwortet und damit auch die Gesamtanfrage.

2.1.4 Regeln

Im letzten Unterabschnitt hatten wir nach den Töchtern von Steffen gefragt. Die Relation „Tochter" ist aber in der bisher betrachteten Datenbank überhaupt nicht explizit, sondern nur implizit vorhanden. Dies können wir ändern, indem wir das Prolog-Programm vom Beginn des Abschnitts 2.1 wie folgt erweitern:

```
tochter(Y, X)  :−  vater(X, Y),      % Y ist Tochter von X
                   weiblich(Y).      % wenn X der Vater von Y
                                     % und Y weiblich ist.
```

Dies ist eine *Regel* mit *Kopf* oder *Konklusion* `tochter(Y, X)` und *Rumpf* oder *Bedingung* `vater(X, Y)`, `weiblich(Y)`. Die Zeichenreihe „ :− " trennt Kopf und Rumpf und wird als „wenn" gelesen. Wir können nun Anfragen wie

$$?- \texttt{tochter(Kind, steffen)}.$$

stellen und erhalten wie erwartet die Antwort `Kind = lisa`.

2.1.5 Ableitungsbäume

Das letzte Beispiel wollen wir benutzen, um ein grafisches Hilfsmittel kennen zu lernen, das die Vorgehensweise des Prolog-Systems illustriert. Abbildung 2.1 zeigt den *Ableitungsbaum* für die Anfrage ?− `tochter(Kind, steffen)`. Die Knoten des Ableitungsbaums sind markiert mit Anfragen oder den Symbolen `e` und `f`. Dabei markiert `e` eine erfolgreiche Ableitung und `f` eine fehlge-schlagene Ableitung. In letzterem Fall wurde unter dem Symbol `f` noch die Ursache des Fehlschlags, zum Beispiel `paul ≠ karin`, vermerkt. Die Kanten des Ableitungsbaums sind mit den Substitutionen, die in den einzelnen Ableitungsschritten berechnet wurden, markiert. Wenn die Substitution leer ist, dann wurde die Substitution der besseren Darstellung wegen weggelassen.

Der Ableitungsbaum wird vom Prolog-System von links nach rechts durchlaufen, genauer gesagt, er wird von links nach rechts durch das Prolog-System

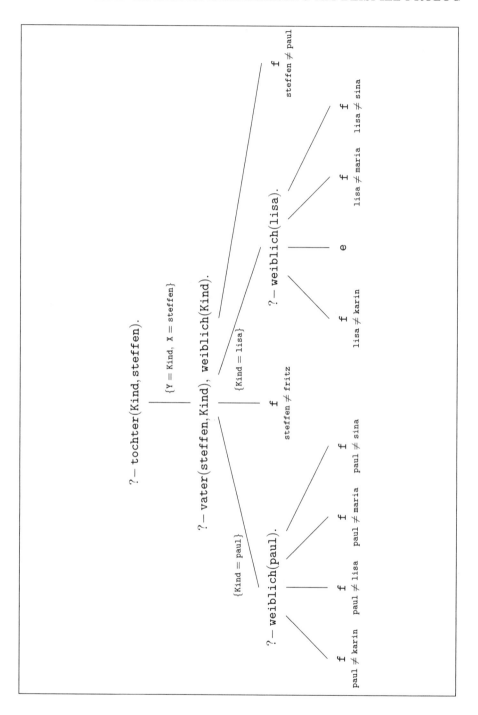

Abbildung 2.1: Eine vollständige Darstellung des Ableitungsbaums für die Anfrage ?− tochter(Kind, steffen).

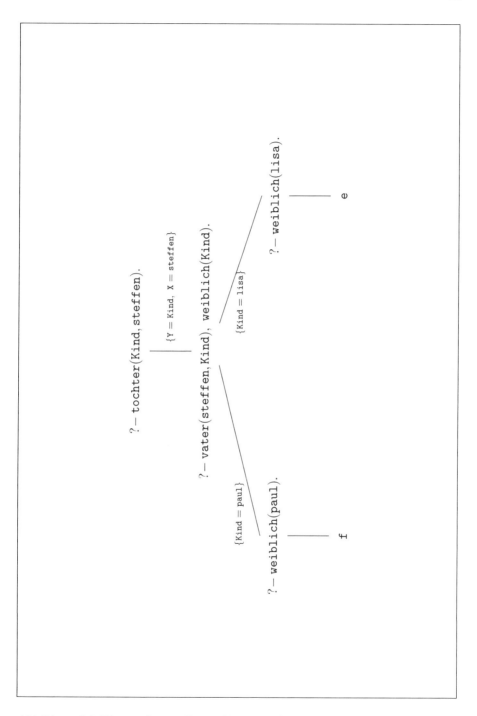

Abbildung 2.2: Eine verkürzte Darstellung des Ableitungsbaums für die Anfrage ?− tochter(Kind, steffen).

inkrementell aufgebaut. Das System beginnt mit der initialen Anfrage:

$$?- \texttt{tochter(Kind, steffen)}.$$

mit der die Wurzel des Baumes markiert ist. Im Prolog-Programm befindet sich nur eine Regel, deren Kopf mit dem Prädikatszeichen `tochter` beginnt. Der Kopf `tochter(Y, X)` ist identisch mit der Anfrage `tochter(Kind, steffen)`, wenn die Variable `Y` durch `Kind` und die Variable `X` durch `steffen` ersetzt wird. Dies wird durch die Substitution {`Y = Kind`, `X = steffen`} im Ableitungsbaum notiert. Da nach Durchführung dieser Ersetzung die initiale Anfrage und der Kopf der Regel identisch sind, können wir die initiale Anfrage durch den Rumpf der Regel ersetzen, wobei natürlich die berechnete Substitution auch auf den Rumpf angewendet werden muss. Somit erhalten wir die neue Anfrage:

$$?- \texttt{vater(steffen, Kind), weiblich(Kind)}.$$

mit der der einzige Nachfolger der Wurzel des Ableitungsbaums markiert ist.

Das Prolog-System versucht nun, diese neue Anfrage zu beantworten und beginnt dazu mit dem ersten *Teilziel* `vater(steffen, Kind)`. Wie zuvor bereits geschildert, durchsucht es dazu das Prolog-Programm von oben nach unten, bis es die erste Regel oder den ersten Fakt findet, die bzw. der mit dem Prädikatszeichen `vater` beginnt. In dem vorliegenden Fall findet das System den Fakt `vater(steffen, paul)`. Durch Ersetzung der Variablen `Kind` durch `paul` werden Teilziel und Fakt syntaktisch identisch. Das erste Teilziel ist also gelöst, und das System wendet sich dem verbleibenden Teilziel `weiblich(Kind)` zu. Da `Kind` durch `paul` ersetzt wurde, muss es jetzt noch die Anfrage:

$$?- \texttt{weiblich(paul)}.$$

positiv beantworten.

Dazu durchsucht es erneut das Prolog-Programm von oben nach unten, bis es die erste Regel oder den ersten Fakt findet, die bzw. das mit dem Prädikatszeichen `weiblich` beginnt. Die erste so gefundene Programmklausel ist das Fakt `weiblich(karin)`. Da `paul` und `karin` zwei verschiedene Konstanten sind, schlägt die Suche an dieser Stelle zunächst einmal fehl. Im Ableitungsbaum ist dies mit `f` und der Anmerkung `paul` $\neq$ `karin` notiert.

Bis jetzt hat das System den linken Ast des Ableitungsbaums durchsucht und dort keine positive Antwort auf die initiale Anfrage gefunden. Glücklicherweise gibt es aber noch Alternativen, die das System noch nicht betrachtet hat. Die erste dieser Alternativen ist das zweite Fakt für `weiblich` in unserem Programm. Aber auch dieser Versuch schlägt fehl, da `paul` $\neq$ `lisa` ist. Auch die dritte und die vierte Alternative, die Anfrage `?- weiblich(paul)`. positiv zu beantworten, schlägt fehl. Was tun?

Wenn wir im Ableitungsbaum weiter zurückgehen, dann sehen wir, dass es noch weitere drei Alternativen gibt, das erste Teilziel `vater(steffen, Kind)` zu erfüllen, die mit den anderen drei Fakten für `vater` korrespondieren. Die zweite Alternative schlägt zwar wegen `steffen` ≠ `fritz` ebenfalls fehl, aber bei der dritten ist das System erfolgreich und generiert die neue Anfrage:

$$?- \texttt{weiblich(lisa)}.$$

Diese neue Anfrage kann im ersten Versuch wegen `lisa` ≠ `karin` noch nicht positiv beantwortet werden, wohl aber im zweiten Versuch. Aus diesem Grund ist der entsprechende Knoten im Ableitungsbaum mit `e` markiert. Das System erzeugt nun die Antwortsubstitution {`Kind = lisa`}. Diese kann aus den Markierungen der Kanten, die von dem mit `e` markierten Knoten auf direktem Weg zurück zur Wurzel führen, abgeleitet werden.

Durch Eingabe eines Semikolons wird das System veranlasst, auch noch den restlichen Ableitungsbaum zu betrachten bzw. zu generieren. In diesem Fall finden sich aber keine weiteren positiven Lösungen.

Es gibt eine Reihe von Programmiertechniken, mit denen sich das Durchlaufen eines Ableitungsbaums effizienter implementieren lässt. Dazu gehört beispielsweise, dass auf Fakten mittels der Hashing-Technik direkt zugegriffen wird. Dabei erfolgt eine Indizierung über das erste Argument. Ohne hier auf Details eingehen zu wollen, bedeutet dies, dass bei einer Anfrage ?- `weiblich(lisa)`. direkt auf den passenden Fakt `weiblich(lisa)`. zugegriffen wird und die übrigen Alternativen überhaupt nicht berücksichtigt werden. Auf diese Techniken kann ich hier leider nicht eingehen. Sie sind in der in Abschnitt 2.7 angegebenen weiterführenden Literatur beschrieben. Lediglich bei der Darstellung von Ableitungsbäumen wollen wir Verkürzungen zulassen, indem wir nur noch solche Fakten darstellen, mit denen eine Anfrage erfolgreich beantwortet wird. Der entsprechend verkürzte Ableitungsbaum ist in Abbildung 2.2 dargestellt.

2.1.6 Tracing

Den Ableitungsbaum einer Anfrage an ein Prolog-Programm muss der Benutzer nun nicht unbedingt von Hand entwickeln, vielmehr bietet ein Prolog-System dazu verschiedene Werkzeuge an, die den Benutzer unterstützen sollen. Eines davon ist das *Tracing*. Dazu wird ein in Abbildung 2.3 gezeigtes *Box-Modell* verwendet. Für jedes Prädikatszeichen wird eine solche Box mit zwei Eingängen und zwei Ausgängen generiert. Die Ein- bzw. Ausgänge haben die folgende Bedeutung:

Call	Das Prädikat wird das erste Mal aufgerufen.
Exit	Das Prädikat war erfolgreich.
Fail	Das Prädikat schlug fehl.
Redo	Das Prädikat wird durch Backtracking erneut aufgerufen.

Bei konjunktiven Anfragen mit den Prädikatszeichen p_1 und p_2 werden die Box-Modelle für p_1 und p_2 einfach zusammengehängt, wie es in Abbildung 2.4 dargestellt ist.

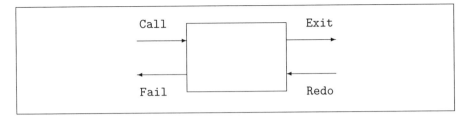

Abbildung 2.3: Das Box-Modell eines Prädikatszeichens.

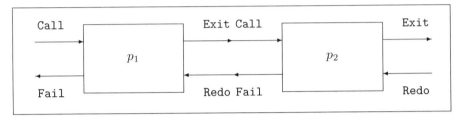

Abbildung 2.4: Das Box-Modell für eine konjunktive Anfrage mit den Prädikatszeichen p_1 und p_2.

Die meisten Prolog-Systeme beruhen auf dem Box-Modell. Allerdings werden vom System nur noch die Ein- und Ausgänge einer Box, nicht aber die Box selbst in einer *Spur* dargestellt. Der Zusammenhang zwischen der Spur der Anfrage

$$? - \text{tochter}(\text{Kind}, \text{steffen}).$$

und dem in Abbildung 2.1 dargestellten Ableitungsbaum wird unmittelbar, wenn wir die vom System erzeugte Spur betrachten:

```
Call :  tochter( _G345, steffen)
Call :  vater(steffen, _G345)
Exit :  vater(steffen, paul)
Call :  weiblich(paul)
Fail :  weiblich(paul)
Redo :  vater(steffen, _G345)
Exit :  vater(steffen, lisa)
Call :  weiblich(lisa)
Exit :  weiblich(lisa)
Exit :  tochter(lisa, steffen)
```

Dabei ist _G345 eine vom System generierte Variable, die mit der Variablen Kind identifiziert wird.

Natürlich muss dem System zuvor gesagt werden, dass es eine Spur anzeigen soll. Das geschieht mit der Anfrage:

$$? - \texttt{trace}.$$

Diese Anfrage ist immer erfolgreich. Als Seiteneffekt wird das Tracing eingeschaltet. Das Tracing wird mit der Anfrage

$$? - \texttt{nodebug}.$$

wieder ausgeschaltet.

2.1.7 Rekursiv definierte Prädikate

Die bisher definierten Prädikate, wie beispielsweise die Relationen Tochter, Autor, Programmierer oder Logiker (siehe Übungsaufgaben 2–1, 2–2 und 2–3), sind direkt über anderen bekannten Relationen definiert. Letztendlich sind sie über den explizit gegebenen Relationen der betrachteten Fakten definiert. Es ist aber so nicht möglich, Relationen zu definieren, die eine beliebig lange Kette von Beziehungen involvieren. Um dies zu verdeutlichen, betrachten wir erneut das einfache Programm vom Beginn des Abschnitts 2.1 und erweitern es um die folgenden Programmklauseln:

```
elternteil(E,Kind)  :-  vater(E,Kind).
elternteil(E,Kind)  :-  mutter(E,Kind).
% E ist Elternteil von Kind,
% wenn E entweder Vater oder die Mutter von Kind ist.
```

Relationen wie Großmutter oder Onkel lassen sich unmittelbar als Regeln definieren (siehe Übungsaufgabe 2–4). Wie aber sollen wir die Relation Vorfahre definieren? Wir könnten wie folgt verfahren:

```
vorfahre(Alt,Jung)  :-  elternteil(Alt,Jung).        % Eltern
vorfahre(Alt,Jung)  :-  elternteil(Alt,X),           % Großeltern
                        elternteil(X,Jung).
vorfahre(Alt,Jung)  :-  elternteil(Alt,X),           % Urgroßeltern
                        elternteil(X,Y),
                        elternteil(Y,Jung).
...
```

Allerdings müssten wir so für jede Generation eine eigene Programmklausel definieren. Um dies zu vermeiden, definieren wir die Relation Vorfahre *rekursiv*. Die nächsten Vorfahren einer Person sind deren Eltern. Alle übrigen Vorfahren sind die Eltern näherer Vorfahren. Dies können wir in Prolog folgendermaßen ausdrücken:

```
vorfahre(Alt,Jung)  :-  elternteil(Alt,Jung).
vorfahre(Alt,Jung)  :-  elternteil(Alt,X), vorfahre(X,Jung).
```

Die Anfrage, ob Steffen ein Vorfahre von Maria ist,

$$? - \mathtt{vorfahre(steffen, maria)}.$$

führt zu der Spur:

```
Call :  vorfahre(steffen, maria)
Call :  elternteil(steffen, maria)
Call :  vater(steffen, maria)
Fail :  vater(steffen, maria)
Redo :  elternteil(steffen, maria)
Call :  mutter(steffen, maria)
Fail :  mutter(steffen, maria)
Fail :  elternteil(steffen, maria)
Redo :  vorfahre(steffen, maria)
Call :  elternteil(steffen, _L168)
Call :  vater(steffen, _L168)
Exit :  vater(steffen, paul)
Exit :  elternteil(steffen, paul)
Call :  vorfahre(paul, maria)
Call :  elternteil(paul, maria)
Call :  vater(paul, maria)
Exit :  vater(paul, maria)
Exit :  elternteil(paul, maria)
Exit :  vorfahre(paul, maria)
Exit :  vorfahre(steffen, maria)
```

und somit zur positiven Antwort Yes. Der Leser möge sich durch weiteres Austesten dieses Programms davon überzeugen, dass die Definition der Relation Vorfahre korrekt ist. Siehe dazu auch Übungsaufgabe 2–5.

Im Allgemeinen besteht die Definition eines rekursiven Prädikats aus einer oder mehreren Programmklauseln, die die elementaren Fälle abdecken und nicht von dem Prädikat selbst abhängen, sowie aus einer oder mehreren Programmklauseln, die die allgemeinen Fälle abdecken und die von dem Prädikat selbst wieder abhängen. Dabei sollten in einem Prolog-Programm die Programmklauseln, die die elementaren Fälle abdecken, immer vor den Programmklauseln stehen, die die allgemeinen Fälle behandeln. Die Begründung dafür liegt in der Tatsache, dass das Prolog-System ein Programm von oben nach unten durchläuft.[1] Durch diese Anordnung wird sichergestellt, dass das System immer versucht, die elementaren Fälle zuerst zu behandeln und die Rekursion dadurch zu beenden. Eine andere Reihenfolge der Programmklauseln verändert den Ableitungsbaum.

---

[1] Diese Darstellung ist etwas vereinfacht. Tatsächlich verwenden alle modernen Implementierung von Prolog Indizierungstechniken (häufig unter Verwendung des führenden Funktors des ersten Arguments in einem Fakt bzw. im Kopf einer Regel) zur schnellen Identifizierung relevanter Klauseln.

Dies kann zu unerwünschten Effekten führen, wie wir im nächsten Abschnitt sehen werden.

Auch eine Veränderung der Folge der Anfragen im Rumpf einer Programmklausel kann zu einem veränderten Ableitungsbaum und in der Folge zu Nichtterminierung führen. Betrachten wir dazu die Anfrage:

$$? - \texttt{vorfahre(maria, X)}.$$

Man sieht leicht, dass aufgrund der im Programm genannten Fakten Maria keine Nachfahren hat. In der Tat beantwortet das Prolog-System diese Anfrage auch mit `No`. Wenn wir jetzt aber in der zweiten Programmklausel für `vorfahre` die Aufrufe `elternteil(Alt, X)` und `vorfahre(X, Jung)` miteinander vertauschen:

```
vorfahre1(Alt, Jung)  :-  elternteil(Alt, Jung).
vorfahre1(Alt, Jung)  :-  vorfahre1(X, Jung), elternteil(Alt, X).
```

dann führt die Anfrage:

$$? - \texttt{vorfahre1(maria, X)}.$$

zu einer potentiell unendlich langen Berechnung und zu einem Speicherüberlauf im Prolog-System. Dieser Überlauf führt zu der Antwort:

$$[\texttt{WARNING} : \texttt{Out of local stack}].$$

Die Anfrage *terminiert* nicht. Warum ist das so? Der interessierte Leser sollte versuchen, den Ableitungsbaum für die Anfrage

$$? - \texttt{vorfahre1(maria, X)}.$$

zu generieren. Er wird sehen, dass dieser Baum jetzt einen unendlich langen Ast enthält (siehe Übungsaufgabe 2–6).

Diese Beispiele zeigen, dass in einem Ableitungsbaum unendliche Äste vorkommen können. Da Prolog einen Ableitungsbaum immer von links nach rechts durchsucht bzw. aufbaut, kann es nur Lösungen finden, die sich links vor dem ersten unendlichen Ast befinden. Lösungen, die rechts vom ersten unendlichen Ast im Ableitungsbaum liegen, werden nicht gefunden. In der Übungsaufgabe 2–7, Frage 1, haben wir ein Beispiel für eine Anfrage betrachtet, die negativ beantwortet wurde. Der dazugehörige Ableitungsbaum ist endlich, und alle von der Wurzel ausgehenden Pfade enden in einem mit `f` bewerteten Knoten. Dies ist kein Zufall. Eine Anfrage wird immer dann negativ beantwortet, wenn der Ableitungsbaum endlich ist und alle von der Wurzel ausgehenden Pfade in einem mit `f` markierten Knoten enden. Sobald ein Ableitungsbaum einen unendlichen Ast enthält, kann das Prolog-System die Antwort `No` nicht mehr erzeugen. Wir werden darauf noch einmal ausführlich in Abschnitt 2.6 eingehen.

2.2   Variablenumbenennung

Wir haben bisher die Frage nach dem *Geltungsbereich* einer Variablen ignoriert. In einer Programmklausel wie beispielsweise:

```
vorfahre(Alt, Jung)  :-  elternteil(Alt, Jung).
```

kommen die Variablen `Alt` und `Jung` mehrfach vor. Implizit sind wir davon ausgegangen, dass die verschiedenen Vorkommen eines Variablenbezeichners Instanzen ein und derselben Variable sind. Wenn also im Kopf der Regel das Vorkommen der Variablen `Alt` durch `steffen` ersetzt würde, dann würde damit auch das Vorkommen der Variablen `Alt` im Rumpf der Regel durch `steffen` ersetzt.

Die in der obigen Regel vorkommenden Variablen `Alt` und `Jung` haben aber nichts mit den gleichnamigen Variablen, die in der Regel:

```
vorfahre(Alt, Jung)  :-  elternteil(Alt, X), vorfahre(X, Jung).
```

vorkommen, zu tun. Dies lässt sich auch leicht an dem im letzten Abschnitt gezeigten Tracing für die Anfrage:

```
?- vorfahre(steffen, maria).
```

erkennen. Beide Regeln wurden benutzt. Bei der zweiten Regel wurde `Alt` an `steffen`, und bei der ersten Regel wurde `Alt` an `paul` gebunden.

Mit anderen Worten, der *Geltungsbereich* einer Variablen erstreckt sich immer nur auf die Programmklausel oder die Anfrage, in der die Variable vorkommt. Gleichnamige Variable, die in verschiedenen Programmklauseln oder in einer Programmklausel und einer Anfrage vorkommen, sind verschieden.

Man könnte auf die Idee kommen, einen Programmierer zu zwingen, in jeder Programmklausel und in jeder Anfrage unterschiedliche Variablenbezeichner zu verwenden. Dies würde das Problem der Namenskonflikte aber nicht lösen, sobald rekursiv definierte Prädikate eine Rolle spielen oder sobald eine Regel mehrfach genutzt würde. Da ist es besser zu vereinbaren, dass, wann immer eine Programmklausel verwendet wird, zuvor alle in der Programmklausel vorkommenden Variablen umbenannt werden müssen. Dies kann beispielsweise dadurch geschehen, dass jede Variable `X` mit einem Index i versehen und zu `X_i` umbenannt wird. Sodann sollte der Index um eins erhöht werden. Prolog-Systeme, die diese Umbenennung automatisch durchführen, verwenden meist eine weniger intuitive, dafür aber effizientere Methode und benennen die Variablen zu `_i` um.

2.3   Syntax

In den bisher diskutierten Programmbeispielen kamen nur Konstantensymbole, Variable und Prädikatszeichen vor. Die Syntax von Prolog ist jedoch reichhaltiger, und ich will sie in diesem Kapitel vorstellen. Ein Blick in die Literatur deutet aber auf ein kleines Problem hin. Obwohl sich die Programmiersprache Prolog aus der Logik heraus entwickelt hat, sind die in Prolog-Büchern und in Logik-Büchern verwendeten Begriffe unterschiedlich. Ein Atom in Prolog ist dummerweise eben nicht ein Atom in der Logik, und ein Prolog-Term ist nicht ein Term in der Logik. Was tun? Es gibt zwei Möglichkeiten: Entweder verwende ich hier in diesem Buch eine einheitliche Notation, bin dann aber inkonsistent mit der sonstigen Literatur, oder ich verwende hier die Notation, wie sie in der Literatur üblich ist, muss dann aber meinen Lesern eine Überlagerung bestimmter Begriffe zumuten. Ich habe mich für die zweite Alternative entschieden, da ich konsistent mit der sonstigen Literatur bleiben möchte.

Die grundlegende Datenstruktur von Prolog ist der Term.

- *Terme* sind Konstantensymbole, Variable oder zusammengesetzte Terme.

- *Konstantensymbole* sind Atome oder Zahlen. Sie bezeichnen Individuen.

- *Atome* sind Folgen von alphanumerischen Zeichen, die mit einem kleinen Buchstaben beginnen (zum Beispiel `a`, `a12`, `steffen`), eine Folge von Sonderzeichen (zum Beispiel `[]`) oder eine Folge von Zeichen in einfachen Anführungszeichen (z.B. `'Schule ist aus'`).[2]

- *Zahlen* sind ganze Zahlen (z.B. 1, -2) oder reelle Zahlen (zum Beispiel 1.7, -3.14).

- *Variable* sind Folgen von alphanumerischen Zeichen, die mit einem großen Buchstaben oder mit `_` beginnen (zum Beispiel `X`, `Y4w_13`, `_G124`). Sie bezeichnen noch unspezifizierte Individuen.

- *Zusammengesetzte Terme* sind Zeichenreihen der Form `f(t1,...,tn)` und bestehen aus einem *Funktor* `f/n` und $n \geq 1$ Termen `t1,...,tn`. Die Terme `t1,...,tn` werden auch *Argumente* genannt. Ein Funktor `f/n` ist definiert durch seinen *Namen* `f` und seine *Stelligkeit* `n`. Funktoren mit gleichen Namen aber verschiedenen Stelligkeiten werden als verschieden betrachtet. Funktoren bezeichnen Relationen oder Funktionen. Beispiele für zusammengesetzte Terme sind `f(a12, X, 1.7)` oder `f(a, f(1.3, []))`.

Es ist manchmal hilfreich, Terme grafisch als Bäume darzustellen. In dieser Darstellung wird jedes Konstantensymbol durch einen mit dem entsprechenden Symbol markierten Knoten dargestellt. Ein zusammengesetzter Term der Form `f(t1,...,tn)` wird durch einen mit `f` markierten Knoten dargestellt, der `n` Nachfolger hat. Somit erhalten wir beispielsweise für den zusammengesetzten Term `f(a, f(1.3, []))` den in Abbildung 2.5 gezeigten Baum.

---

[2] Es gibt einzelne Ausnahmen: Manche Folgen von Sonderzeichen sind vordefiniert (siehe dazu [Wie00]).

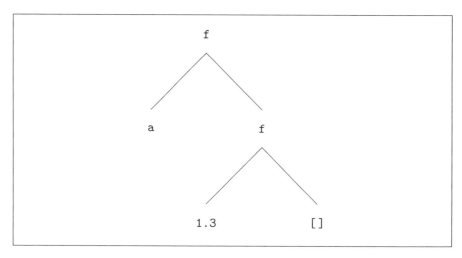

Abbildung 2.5: Die Darstellung des zusammengesetzten Terms f(a, f(1.3, [ ]))
als Baum.

Ein *Prolog-Programm* ist eine Folge von Programmklauseln.

- Eine *Programmklausel* ist eine Zeichenreihe der Form t : − t1, . . . , tn.,
  wobei t, t1, . . . , tn Atome oder zusammengesetzte Terme sind mit
  n ≥ 0. Dabei wird t oft als *Kopf* und t1, . . . , tn als *Rumpf* der Programmklausel bezeichnet.

- Wenn n = 0 ist, dann wird die Zeichenreihe : − weggelassen, und wir
  schreiben t. als Abkürzung. Programmklauseln dieser Form heißen *Fakten*.

- Programmklauseln, für die n > 0 gilt, heißen *Regeln*.

Prolog-Programme werden durch Anfragen aufgerufen.

- Eine *Anfrage* oder *Ziel* ist eine Zeichenreihe der Form ? − t1, . . . , tn.,
  wobei die t1, . . . , tn Atome oder zusammengesetzte Terme sind mit
  n ≥ 0. Die t1, . . . , tn werden häufig auch als *Teilziele* bezeichnet.

- Wenn n = 0 ist, dann wollen wir von einer *leeren Anfrage* oder einem
  leeren Ziel sprechen. Eine leere Anfrage ist immer erfüllt.

2.4   Komplexe Daten

In den Beispielen des Abschnitts 2.1 waren die Argumente von Funktoren immer nur Konstantensymbole oder Variable. Laut der im Abschnitt 2.3 gege-

benen formalen Syntax dürfen aber auch zusammengesetzte Terme auf Argumentpositionen stehen. Wir wollen uns in diesem Abschnitt einige Beispiele mit in diesem Sinne komplexen Daten ansehen.

Beginnen wollen wir mit einer einfachen Erweiterung der Familiendatenbank aus Abschnitt 2.1. Wir wollen zu jeder Person ihr Geburtsdatum abspeichern. Dazu benötigen wir ein Prädikatszeichen `person/2` und einen Funktor `geb/3`:

```
person(lisa, geb(3, 12, 1910)).      % L. wurde am 3.12.1910 geboren
person(maria, geb(1, 10, 1990)).     % M. wurde am 1.10.1990 geboren
person(steffen, geb(4, 5, 1919)).    % S. wurde am 4.5.1919 geboren
```

Weitere Fakten können Sie selbst ergänzen. Unter Verwendung des Geburtsdatums können wir jetzt die Gruppe der Rentner definieren. Der Einfachheit halber wollen wir annehmen, dass wir uns heute im Jahr 2008 befinden.

```
rentner(X)  :−  person(X, geb(T, M, J)),    % Frauen werden mit
                weiblich(X),                % 60 in den Ruhestand
                J < 1948.                   % versetzt,
rentner(X)  :−  person(X, geb(T, M, J)),    % Männer erst
                maennlich(X),               % mit 65
                J < 1943.
```

Wenn wir Funktoren so verwenden, dann ist dies im Wesentlichen nur eine andere Schreibweise. Wir hätten das Prädikatszeichen `person` ja auch als vierstellig definieren und auf den Funktor `geb/3` ganz verzichten können. So richtig spannend werden Funktoren aber erst, wenn wir mit ihnen rekursive strukturierte Objekte, wie beispielsweise Listen, definieren.

2.4.1 Listen

In der Logikprogrammierung spielt die Datenstruktur der Listen eine besondere Rolle. Eine Liste ist eine beliebig lange, geordnete Menge von Elementen. Die Elemente selbst sind Terme und können insbesondere auch wieder Listen sein. Eine solche Struktur ist sehr allgemein und auch weit verbreitet. Beispielsweise ist ein Satz in einer Sprache nichts anderes als ein Liste von Worten.

Formal kann eine Liste von Termen wie folgt definiert werden. Sei [] ein Atom und ./2 ein Funktor.

- Das Atom [] ist eine *Liste*.

- Wenn K ein Term und R eine Liste ist, dann ist .(K, R) eine *Liste*.

[] wird oft auch als *leere Liste*, K als *Kopf* und R als *Rest* der Liste .(K, R) bezeichnet. Eine Liste ist also ein spezieller Term. Natürlich lassen sich Listen auch als Bäume darstellen. Beispielsweise erhält man die Baumdarstellung der Liste $.(a, .(1.3, []))$, indem man in Abbildung 2.5 jedes Vorkommen von f durch . ersetzt.

Wird eine Liste unter Verwendung des Konstantensymbols $[]$ und des Funktors $./2$ geschrieben, dann spricht man von einer Liste in *Punktnotation*. In vielen Fällen, beispielsweise wenn eine Liste aus den sieben Elementen $1, \ldots, 7$ besteht, dann ist die Punktnotation

$$.(1, .(2, .(3, .(4, .(5, .(6, .(7, [])))))))).$$

wenig elegant und umständlich. Deshalb wird meist eine abkürzende Schreibweise, die *Listennotation*, verwendet. Ein Term der Form

$$.(\mathsf{t1}, .(\mathsf{t2}, .(\ldots (\mathsf{tn}, \mathsf{t}) \ldots)))$$

wird dabei mit

$$[\mathsf{t1}, \mathsf{t2}, \ldots, \mathsf{tn} | \mathsf{t}]$$

abgekürzt. Wenn t identisch zur leeren Liste $[]$ ist, dann kann dieser Ausdruck noch weiter zu

$$[\mathsf{t1}, \mathsf{t2}, \ldots, \mathsf{tn}]$$

verkürzt werden. Somit sind beispielsweise $[1]$, $[\mathsf{X}, 2]$, $[1|\mathsf{X}]$, $[\mathsf{Kopf}|\mathsf{Rest}]$, $[[\mathsf{a}, \mathsf{b}], \mathsf{c}]$, $[1, 2, [\mathsf{b}|\mathsf{Y}]]$ und $[1, 2, 3|\mathsf{Y}]$ korrekte Ausdrücke in Listennotation (siehe Übungsaufgabe 2–8).

Die zuvor gegebene rekursive Definition der Listen kann als Prolog-Programm wie folgt repräsentiert werden:

```
liste([]).                            % [] ist eine Liste.
liste([Kopf|Rest])  :-  liste(Rest).  % [Kopf|Rest] ist eine Liste,
                                      % wenn Rest eine Liste ist.
```

In der zweiten Programmklausel für liste fällt auf, dass die Variable Kopf nur einmal vorkommt. Selbst wenn diese Variable beim Aufruf von liste einen Wert zugewiesen bekommt, so wird dieser Wert nicht weiter transportiert, da die Variable Kopf sonst nicht vorkommt. Im Gegensatz dazu betrachten wir die Variable Rest. Wird ihr beim Aufruf von liste ein Wert zugewiesen, dann wird dieser Wert in den Rumpf der Programmklausel weiter transportiert und das dortige Vorkommen von Rest durch den entsprechenden Wert ersetzt. Mit anderen Worten, die Variable Kopf spielt lediglich die Rolle eines Platzhalters. Solche Platzhalter können vom System effizienter behandelt werden, wenn der Programmierer dies dem System anzeigt. Dies geschieht unter Verwendung der anonymen Variable _, durch die Kopf ersetzt wird. Jede Variable, die mit einem Unterstrich beginnt, wird *anonyme Variable* genannt. Beispiele sind _ und _G235. Sollte in einer Programmklausel die Variable _ mehrfach vorkommen, dann bezeichnet jedes Vorkommen von _ eine andere anonyme Variable. Ein Beispiel für eine solche Programmklausel ist der Fakt p(_, _).

2.4.2 Listenoperationen

Die Datenstruktur einer Liste von Termen wäre allein wenig interessant, wenn es nicht auch eine Reihe von Operationen geben würde, mit denen Listen manipuliert werden können. Wir werden in diesem Abschnitt die Operationen member, append und naive_reverse kennen lernen. Mit member kann getestet werden, welche Elemente sich in einer Liste befinden, mit append können zwei Listen aneinander gehängt werden, und mit naive_reverse kann eine Liste gedreht werden. Wie in der Literatur üblich, habe ich englische Funktornamen gewählt.

Die grundlegende Form von Listen-verarbeitenden Programmen haben wir bei der rekursiven Definition von liste gesehen. Dort wurden zwei Programmklauseln verwendet. Die erste behandelte den Basisfall der leeren Liste. Die zweite behandelte den rekursiven Fall, in dem eine Liste mit Kopf und Rest betrachtet wurde. Eine weitere Möglichkeit besteht darin, im Basisfall den Kopf einer Liste und im rekursiven Fall den Rest einer Liste zu behandeln. Beide Schemas werden wir in der Folge verwenden.

Das Prädikatszeichen member/2 Hat man eine Liste, dann möchte man manchmal gern wissen, welche Elemente in dieser Liste vorkommen. Dies leistet das folgende Prolog-Programm:

$$\text{member}(X, [X \mid \_]).$$
$$\text{member}(X, [\_ \mid \text{Rest}]) \; :- \; \text{member}(X, \text{Rest}).$$

Es spezifiziert, dass X ein Element einer Liste ist, wenn X entweder der Kopf der Liste ist oder in deren Rumpf vorkommt.

Einige Beispielanwendungen mögen helfen, das Programm besser zu verstehen.

$$? - \text{member}(b, [a, b, c]).$$
Yes

$$? - \text{member}([1, 2], [a, [1, 2]]).$$
Yes

$$? - \text{member}(d, [a, b, c]).$$
No

$$? - \text{member}(Y, [a, b, c]).$$
Y = a ;
Y = b ;
Y = c ;
No

```
?− member(a, L).
L = [a|_G249] ;
L = [_G248, a|_G252] ;
L = [_G248, _G251, a|_G255]
```

In den ersten drei Beispielen wird danach gefragt, ob ganz konkrete Terme in den jeweiligen Listen vorkommen. Das vierte Beispiel beantwortet die Frage, welche Elemente in der gegebenen Liste vorkommen. Im letzten Beispiel haben wir danach gefragt, wie eine Liste aussehen muss, in der das Element a vorkommt. Darauf antwortete das System, dass dies entweder eine Liste ist, in der a an erster Stelle oder an zweiter oder dritter usw. Stelle vorkommt.

Das Prädikatszeichen append/3   In vielen Anwendungen kann es erforderlich sein, dass zwei Listen aneinander gehängt werden müssen. Dies leistet das folgende Prolog-Programm:

```
append([ ], L, L).
append([Kopf|Rest], L, [Kopf|Rest1])   :−   append(Rest, L, Rest1).
```

Der Basisfall ist einfach: Werden die leere Liste [] und eine Liste L aneinander gehängt, so erhalten wir die Liste L. Der rekursive Fall ist etwas komplizierter: Wird eine Liste mit Kopf Kopf und Rest Rest mit einer Liste L verknüpft, dann besteht die so erhaltene Liste aus dem Kopf Kopf und dem Rest Rest1, wobei die Liste Rest1 durch aneinander hängen der Listen Rest und L entsteht.

Auch hier mögen einige Beispiele helfen, das Programm besser zu verstehen. Sie zeigen auch, wie vielfältig das Programm verwendet werden kann.

```
?− append([a, b], [c, d, e], X).
X = [a, b, c, d, e]

?− append([a, b], Y, [a, b, c, d, e]).
Y = [c, d, e]

?− append(X, Y, [a, b, c]).
X = [ ] Y = [a, b, c] ;
X = [a] Y = [b, c] ;
X = [a, b] Y = [c] ;
X = [a, b, c] Y = [ ] ;
No

?− append(X, [Y|Z], [a, b, c]).
X = [ ] Y = a Z = [b, c] ;
X = [a] Y = b Z = [c] ;
X = [a, b] Y = c Z = [] ;
No
```

Bei der ersten Anfrage wurde nach der Liste X gefragt, die durch aneinander hängen von [a, b] und [c, d, e] entsteht. Im zweiten Beispiel wurde gefragt, welche Liste Y an [a, b] angehängt werden muss, um die Liste [a, b, c, d, e] zu erhalten. Bei der dritten Anfrage wurde nach möglichen Zerlegungen X und Y einer Liste [a, b, c] gefragt. Schließlich wurde aus der Liste [a, b, c] ein Element Y ausgewählt und die Restlisten X und Z berechnet.

Das Prädikatszeichen naive_reverse/2   Als letzte Operation auf Listen wollen wir hier das Umdrehen einer Liste diskutieren. Dies leistet das Programm:

```
naive_reverse([], []).
naive_reverse([Kopf|Rest], X) :-
        naive_reverse(Rest, Y), append(Y, [Kopf], X).
```

wenn wir die Programmklauseln für append noch hinzufügen. Der Basisfall ist wieder einfach: Durch Umdrehen der leeren Liste erhalten wir wieder die leere Liste. Der rekursive Fall ist etwas komplizierter: Durch Umdrehen einer Liste mit Kopf Kopf und Rest Rest erhalten wir die Liste X, wenn wir zunächst durch Umdrehen der Liste Rest die Liste Y erhalten haben und anschließend die Liste X durch aneinander Hängen von Y und [Kopf] erhalten haben.

Die folgenden Beispiele zeigen, dass mit dem Programm für naive_reverse sowohl Listen gedreht, als auch gedrehte Listen zurückgedreht werden können.

$$? - \texttt{naive\_reverse}([a, b, c], L).$$
$$L = [c, b, a]$$

$$? - \texttt{naive\_reverse}(L, [1, 2, 3]).$$
$$L = [3, 2, 1]$$

Was ist naiv an dieser Art des Drehens von Listen? Eine Antwort auf diese Frage erhält man, wenn man die generierten Ableitungsbäume von Anfragen an naive_reverse betrachtet und die Listen etwas länger wählt. In Übungsaufgabe 2–9 werden Sie ein weitaus effizienteres Programm zum Drehen von Listen kennen lernen. Aber zuvor sollten Sie Prolog noch besser kennen lernen.

2.4.3 Operatoren

Nach der in Abschnitt 2.3 festgelegten Syntax müssen Funktoren immer am Anfang eines zusammengesetzten Terms stehen. Wenn wir zwei Zahlen miteinander vergleichen wollen, dann schreiben wir einfach $< (3, 5)$. Dies ist im Prinzip völlig ausreichend, aber wenig gebräuchlich und auch wenig elegant. Viel lieber würden wir $3 < 5$ schreiben. Diese Schreibweise wird ermöglicht, wenn $<$ als *Operator* definiert wird. In diesem Abschnitt werden wir kennen lernen, wie so etwas in Prolog geht.

Einstellige (oder *unäre*) Operatoren f/1 können neben der herkömmlichen Präfixnotation f(t) als *Präfix-* f t oder *Postfixoperator* t f geschrieben werden, wobei t ein beliebiger Term ist. Zweistellige (oder *binäre*) Operatoren g/2 können neben der herkömmlichen Präfixnotation g(t1, t2) als *Infixoperatoren* t1 g t2 geschrieben werden, wobei t1 und t2 beliebige Terme sind.

Alle Operatoren, die in Präfix-, Postfix- oder Infixschreibweise verwendet werden sollen, müssen in Prolog deklariert werden. Dabei muss auch eine Präzedenzhierarchie zwischen den Operatoren festgelegt werden, und es muss spezifiziert werden, ob die Operatoren assoziativ sein sollen. Beides zusammen erlaubt eine sparsame Verwendung von Klammern, so wie wir das beispielsweise von der Mathematik gewöhnt sind. Operatoren werden in Prolog unter Verwendung des Systemprädikatszeichens op/3 deklariert. Als Beispiel deklarieren wir den Operator + durch:

$$: - op(500, yfx, +).$$

Die Zahl 500 gibt die *Präzedenzzahl* des Operators + an, die bei Verwendung mehrerer Operatoren von Bedeutung ist. Dabei spezifiziert eine kleinere Präzedenzzahl eine höhere Priorität. Durch yfx wird festgelegt, dass der hier deklarierte Operator + ein linksassoziativer Infixoperator ist. Prolog bietet folgende Möglichkeiten zur Deklaration der Assoziativität von Operatoren an:

Einstellige Operatoren:	fx	Präfix	nicht assoziativ
	fy	Präfix	rechtsassoziativ
	xf	Postfix	nicht assoziativ
	yf	Postfix	linksassoziativ
Zweistellige Operatoren:	xfx	Infix	nicht assoziativ
	yfx	Infix	linksassoziativ
	xfy	Infix	rechtsassoziativ

Da + linksassoziativ deklariert war, ist es erlaubt, an Stelle von (3 + 5) + X jetzt 3 + 5 + X zu schreiben.

Viele, insbesondere die in der Mathematik gebräuchlichen Operatoren, beispielsweise +, −, ∗, /, >, < und so weiter, sind bereits in Prolog definiert. Aber selbstverständlich kann ein Programmierer eigene Operatoren deklarieren, um die Lesbarkeit eines Programms zu verbessern oder um Klammern zu sparen.

2.4.4 Arithmetik

Grundsätzlich lassen sich alle arithmetischen Funktionen und Relationen in Prolog implementieren. Dies wäre aber unpraktisch und wenig effizient, zumal diese Funktionen und Relationen zum großen Teil ja bereits in der Hardware eines Computer realisiert werden. Um dies auszunutzen, bietet Prolog das vordefinierte *Systemprädikatszeichen* is/2 an, mit dem arithmetische Ausdrücke berechnet werden können. Dabei sind *arithmetische Ausdrücke* solche Terme, die ausschließlich aus Zahlen, Variablen und den mathematischen Operatoren aufgebaut sind.

Der Operator `is/2` Formal ist `is/2` ein zweistelliger Infixoperator der Form `ls is rs`. Dabei darf die linke Seite `ls` entweder eine Variable oder eine Zahl sein, und die rechte Seite `rs` muss ein arithmetischer Ausdruck sein. Beim Aufruf eines Teilziels `ls is rs` wird zunächst die rechte Seite `rs` ausgewertet, wenn sie grundinstanziiert ist. Ein Term ist *grundinstanziiert*, wenn in ihm keine Variablen vorkommen. Ist `rs` nicht grundinstanziiert, dann erzeugt das System eine Fehlermeldung. Nehmen wir also an, die Auswertung von `rs` ergäbe den Wert `w`. Wenn nun `ls` eine Variable ist, dann wird `ls` der Wert `w` zugewiesen und die Anfrage terminiert erfolgreich. Wenn `ls` eine Zahl ist, dann wird `ls` mit `w` verglichen. Sind die beiden Zahlen identisch, dann terminiert die Anfrage erfolgreich, ansonsten schlägt sie fehl.

Die folgenden Beispiele helfen, die Wirkung des Operators zu verstehen:

```
?- 56 is 7 * 8.
Yes

?- 58 is 7 * 8.
No

?- X is 7 * 8.
X = 56

?- 56 is X * 8.
[WARNING : Arguments are not sufficiently instantiated]
```

Vergleichsoperatoren Natürlich sind in Prolog auch die in der Mathematik üblichen zweistelligen Vergleichsoperatoren vordefiniert. Diese sind $=:=/2$ (Gleichheit), $=\backslash=/2$ (Ungleichheit), $</2$ (kleiner), $>/2$ (größer), $=</2$ (kleiner oder gleich) und $>=/2$ (größer oder gleich). Ein Teilziel der Form `ls =:= rs` wird ausgewertet, indem zuerst `ls` und `rs` ausgewertet werden, sofern sie beide grundinstanziiert sind, und anschließend wird der entsprechende Operator angewendet. In diesem Fall wird auf Gleichheit getestet. Entsprechendes gilt auch für die anderen Operatoren.

Auch hier mögen einige Beispiele helfen, die Auswertung der Vergleichsoperatoren besser zu verstehen.

```
?- 4 * 12 =:= 100 - (60 - 8).
Yes

?- 17 < 3 * 4.
No
```

```
?− X = \= 5.
[WARNING : Arguments are not sufficiently instantiated]

?− X =:= X.
[WARNING : Arguments are not sufficiently instantiated]

?− X =:= Y.
[WARNING : Arguments are not sufficiently instantiated]

?− X =:= 3.
[WARNING : Arguments are not sufficiently instantiated]
```

Wir wollen diesen Unterabschnitt mit einem kleinen Beispiel abschließen und stellen uns dazu die Aufgabe, ein Prolog-Programm anzugeben, das die Länge einer Liste berechnet. Dazu müssen wir ein rekursives Prädikat `length/2` definieren, das die folgende Berechnung implementiert. Im Basisfall, d. h. wenn die leere Liste [] vorliegt, dann ist deren Länge 0. Im rekursiven Fall, d. h. wenn eine Liste mit Kopf `Kopf` und Rest `Rest` vorliegt, dann ist deren Länge 1 plus die Länge der Liste `Rest`. In Prolog lässt sich das unmittelbar spezifizieren:

```
length([], 0).
length([Kopf|Rest], X)   :−   length(Rest, Y), X is Y + 1.
```

Auch hier sollen einige Beispiele helfen, das Programm besser zu verstehen:

$$?- \text{length}([a, b, [c, d]], Z).$$
$$Z = 3.$$

$$?- \text{length}(Z, 3).$$
$$Z = [\_\text{G248}, \_\text{G251}, \_\text{G254}]$$

Das zweite Beispiel zeigt, dass wir auch nach einer Liste fragen können, die die Länge drei hat. Man beachte, dass die beiden Ziele im Rumpf der zweiten Programmklausel für `length` nicht vertauscht werden dürfen, da sonst die Variable `Y` beim Auswerten des Funktors `is` nicht grundinstanziiert ist.

2.4.5   Strukturprädikate

Jedes Prolog-System stellt eine ganze Reihe von Strukturprädikaten zur Verfügung, um damit Untersuchungen an Termen durchführen zu können. Einige davon sollen hier erwähnt und diskutiert werden. Zur übersichtlicheren Darstellung werden die Systemprädikate in zwei Gruppen aufgeteilt. In der einen werden die Prädikate zusammengefasst, die den Typ eines Terms bestimmen. In der anderen Gruppe finden sich die Prädikate, die Terme analysieren, zerlegen und zusammensetzen.

Typbestimmung Terme können auf Grund ihrer Syntax in verschiedene Klassen unterteilt werden (siehe Abbildung 2.6). Als einzige Besonderheit gegenüber Abschnitt 2.3 wurden hier noch die Konstantensymbole und die zusammengesetzten Terme zu einer Klasse *Nicht-Variable* zusammengefasst. Für jede dieser Klassen gibt es ein Prädikat, das testet, ob ein gegebener Term in dieser Klasse ist.

var(X)	X ist eine (uninstanziierte) Variable.
nonvar(X)	X ist keine Variable.
atomic(X)	X ist ein Konstantensymbol.
atom(X)	X ist ein Atom.
number(X)	X ist eine Zahl.
integer(X)	X ist eine ganze Zahl.
float(X)	X ist eine Gleitkommazahl.
compound(X)	X ist ein zusammengesetzter Term.

Stellvertretend für diese Systemprädikatssymbole sei hier compound/1 anhand einiger Beispiele demonstriert:

$$? - compound(f(a, b)).$$
Yes

$$? - compound(a).$$
No

$$? - compound(X).$$
No

Wenn das Argument von compound ein zusammengesetzter Term ist, dann wird die Anfrage erfolgreich beantwortet, sonst schlägt sie fehl.

Bei allen Prädikaten hängt die Antwort davon ab, welchen Wert die Variable X zum Zeitpunkt des Aufrufs hat. Dazu betrachten wir noch einmal das Programm aus Abschnitt 2.1:

$$? - var(X), mutter(X, Y).$$
Yes

$$? - mutter(X, Y), var(X).$$
No

In der ersten Anfrage ist X beim Aufruf des ersten Teilziels nicht instanziiert. Das Teilziel wird erfolgreich abgearbeitet. Bei der zweiten Anfrage wird bei der Abarbeitung des ersten Teilziels die Variable X instanziiert. Als Folge davon schlägt das zweite Teilziel fehl.

Analyse und Synthese von Termen Vor allem zusammengesetzte Terme können weiter analysiert, zerlegt bzw. aus ihren Bestandteilen wieder zusam-

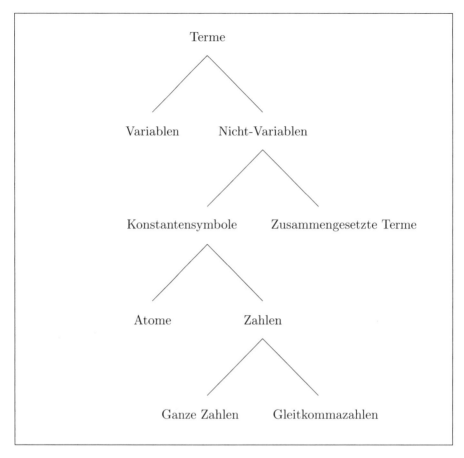

Abbildung 2.6: Eine Klassenhierarchie der Prolog-Terme.

mengesetzt werden. Wir werden hier drei Systemprädikate kennen lernen, die zusammengesetzte Terme zerlegen und umgekehrt auch aus ihren Bestandteilen wieder zusammensetzen können.

- Das Systemprädikatszeichen `functor/3` ermöglicht es, den führenden Funktor eines gegebenen Terms sowie dessen Stelligkeit zu bestimmen bzw. umgekehrt einen Term aus gegebenen Funktor und gegebener Stelligkeit zu konstruieren:

$$?- \mathtt{functor}(\mathtt{f}(\mathtt{a}, \mathtt{b}), \mathtt{X}, \mathtt{Y}).$$
$$\mathtt{X} = \mathtt{f} \quad \mathtt{Y} = 2$$

$$?- \mathtt{functor}(\mathtt{a}, \mathtt{X}, \mathtt{Y}).$$
$$\mathtt{X} = \mathtt{a} \quad \mathtt{Y} = 0$$

$$?- \texttt{functor}(X, g, 3).$$
$$X = g(\_G268, \_G269, \_G270)$$

Das zweite Beispiel zeigt, dass hier Atome als nullstellige Funktoren aufgefasst werden. Im dritten Beispiel wurde nach einem Term gesucht, von dem bekannt war, dass der führende Funktor den Namen g hat und dreistellig ist.

- Das Systemprädikatszeichen arg/3 ermöglicht es, auf die Argumente eines zusammengesetzten Terms zuzugreifen.

$$?- \texttt{arg}(2, \texttt{append}([a, b], [c, d, e], X), Y).$$
$$X = \_G308 \quad Y = [c, d, e]$$

$$?- \texttt{arg}(1, \texttt{append}([a, b], [c, d, e], X), [a, b]).$$
$$X = \_G332$$

$$?- \texttt{arg}(1, \texttt{append}([a, b], [c, d, e], X), []).$$
$$\textsf{No}$$

$$?- \texttt{arg}(1, \texttt{append}(X, [c, d, e], Y), [a, b]).$$
$$X = [a, b] \quad Y = \_G302$$

Im ersten Beispiel wird nach dem zweiten Argument des mit append beginnenden Terms gefragt. Dabei wird append selbst nicht ausgeführt. Die Variable X wird aus den in Abschnitt 2.1.2 genannten Gründen durch eine systeminterne Variable ersetzt. Im zweiten und dritten Beispiel wird danach gefragt, ob das erste Argument des mit append beginnenden Terms identisch zur Liste [a, b] bzw. zur leeren Liste [] ist. Das letzte Beispiel zeigt, dass man arg auch benutzen kann, um bis dahin nicht instanziierte Argumente eines zusammengesetzten Terms, hier die Variable X, zu ersetzen.

- Der Systemoperator =.. /2 verwandelt einen Term in eine Liste, deren Kopf der führende Funktorname und deren Rest die Argumente des Terms sind, bzw. umgekehrt eine Liste in einen Term. Dieser Operator ist als Infixoperator vordefiniert und wird üblicherweise „*univ*" ausgesprochen.

$$?- \texttt{length}([a, b, c], X) =.. Y.$$
$$X = \_G247 \quad Y = [\texttt{length}, [a, b, c], \_G247]$$

$$?- X =.. [\texttt{member}, 3, [1, 2, 3]].$$
$$X = \texttt{member}(3, [1, 2, 3])$$

Im ersten Beispiel wird der zusammengesetzte Term length([a, b, c], X) in eine Liste verwandelt. Im zweiten Beispiel ist es genau umgekehrt: Aus einer Liste wird ein zusammengesetzter Term erzeugt.

2.4.6   Vergleich von Termen

Es ist manchmal notwendig, von zwei Termen festzustellen, ob sie syntaktisch identisch sind. Zwei Terme sind syntaktisch identisch, wenn die Terme als Zeichenreihe aufgefasst identisch sind. Diesen Test implementiert der vordefinierte Infixoperator $==/2$.

$$?- \mathtt{append}([\mathtt{a},\mathtt{b}],[\mathtt{c},\mathtt{d},\mathtt{e}],\mathtt{X}) == \mathtt{append}([\mathtt{a},\mathtt{b}],[\mathtt{c},\mathtt{d},\mathtt{e}],\mathtt{X}).$$
$$\mathtt{X} = {\_}\mathtt{G416}$$

$$?- \mathtt{append}([\mathtt{a},\mathtt{b}],[\mathtt{c},\mathtt{d},\mathtt{e}],\mathtt{X}) == \mathtt{append}([\mathtt{a},\mathtt{b}],[\mathtt{c},\mathtt{d},\mathtt{e}],\mathtt{Y}).$$
$$\mathtt{No}$$

Die erste Anfrage wird positiv beantwortet, da die links und rechts von $==$ stehenden Zeichenreihen identisch sind. Die zweite Anfrage wird negativ beantwortet, da die Variablen X und Y verschieden sind.

Oft möchte man auch feststellen, dass zwei Terme syntaktisch verschieden sind. Das leistet der vordefinierte Infixoperator $\backslash ==/2$.

$$?- \mathtt{append}([\mathtt{a},\mathtt{b}],[\mathtt{c},\mathtt{d},\mathtt{e}],\mathtt{X}) \backslash == \mathtt{append}([\mathtt{a},\mathtt{b}],[\mathtt{c},\mathtt{d},\mathtt{e}],\mathtt{Y}).$$
$$\mathtt{X} = {\_}\mathtt{G422} \quad \mathtt{Y} = {\_}\mathtt{G441}$$

$$?- \mathtt{append}([\mathtt{a},\mathtt{b}],[\mathtt{c},\mathtt{d},\mathtt{e}],\mathtt{X}) \backslash == \mathtt{append}([\mathtt{a},\mathtt{b}],[\mathtt{c},\mathtt{d},\mathtt{e}],\mathtt{X}).$$
$$\mathtt{No}$$

2.4.7   Unifikation von Termen

Wir haben bis jetzt eine ganze Reihe von Eigenschaften der Logikprogrammierung bzw. von Prolog kennen gelernt, uns dabei aber um ein ganz zentrales Thema irgendwie gedrückt: die Unifikation von Termen. Ein *Unifikationsproblem* wird durch zwei Terme s und t beschrieben und ist die Frage, ob es eine Ersetzung (oder *Substitution*) der in s und t vorkommenden Variablen gibt, so dass die entsprechenden Instanzen von s und t syntaktisch identisch sind. Gibt es eine solche Substitution, dann sind s und t *unifizierbar*.

Der Systemoperator $=/2$ In Prolog kann ein Unifikationsproblem mit Hilfe des vordefinierten Infixoperators $=/2$ explizit formuliert und gelöst werden. Wir wollen uns einige Beispiele ansehen, um die Unifikation von Termen besser zu verstehen.

$$?- \mathtt{f}(\mathtt{X}) = \mathtt{f}(\mathtt{a}).$$
$$\mathtt{X} = \mathtt{a}$$

$$?- \mathtt{g}(\mathtt{X},\mathtt{a}) = \mathtt{g}(\mathtt{b},\mathtt{Y}).$$
$$\mathtt{X} = \mathtt{b} \quad \mathtt{Y} = \mathtt{a}$$

$$?- X = Y.$$
$$X = \_G129 \quad Y = \_G129$$

$$?- g(X, X) = g(Y, [a, b]).$$
$$X = [a, b] \quad Y = [a, b]$$

Im ersten Beispiel wird die einzig vorkommende Variable X durch a ersetzt. Das zweite Beispiel zeigt, dass Variablen sowohl auf der linken wie auch auf der rechten Seite des Operators $=/2$ vorkommen können. Im dritten Beispiel sehen wir, dass Variable auch durch Variable ersetzt werden können. Daneben dürfen Variable auch mehrfach vorkommen, wie das letzte Beispiel zeigt.

Man beachte, dass es einen feinen, aber wichtigen Unterschied zwischen $=/2$ und $==/2$ gibt. Mittels $==/2$ werden zwei Terme auf syntaktische Gleichheit hin überprüft. Mittel $=/2$ wird versucht, die in den Termen vorkommenden Variablen so zu ersetzen, dass die entsprechenden Instanzen syntaktisch gleich werden.

$$?- g(X, b) == g(a, Y).$$
$$No$$

$$?- g(X, b) = g(a, Y).$$
$$X = a \quad Y = b$$

Bindungen und Substitutionen Bei einem erfolgreichen Aufruf des Operators $=/2$ antwortet das Prolog-System jedes Mal mit der Angabe der Ersetzungen, die durchgeführt wurden. Einzelne Zeichenreihen der Form X = a werden üblicherweise *Bindungen* genannt. Eine Menge von Bindungen ist eine *Substitution*. Der Sonderfall einer leeren Menge von Bindungen wird *leere Substitution* genannt. Beispielsweise wird das aus den Termen g(X, X) und g(Y, [a, b]) bestehende Unifikationsproblem durch die Substitution $\{X = [a, b], Y = [a, b]\}$ gelöst.

Fehlschlagende Unifikationsprobleme Natürlich haben nicht alle Unifikationsprobleme eine Lösung.

$$?- f(X) = g(Y, a).$$
$$No$$

$$?- f(X) = f(X, Y).$$
$$No$$

Im ersten Fall sind die beiden führenden Funktoren f und g verschieden, während im zweiten Fall die führenden Funktoren zwar identisch sind, aber verschiedene Stelligkeit haben. Es gibt noch eine Klasse von Unifikationsproblemen, die keine Lösung haben. Solche Probleme bestehen aus einer Variablen und einem zusammengesetzten Term, in dem diese Variable vorkommt:

$$?- \mathtt{X} = \mathtt{f(X)}.$$

Hier spricht man von einem *Occurs-Check Problem*. Wir werden uns später diesem Problem zuwenden und gehen im Moment einfach davon aus, dass wir nur Terme betrachten, in denen keine Occurs-Check Probleme auftauchen. In der Tat ignoriert auch $=/2$ dieses Problem.

Ein Unifikationsalgorithmus ohne Occurs-Check   Auch wenn der Systemoperator $=/2$ die Unifikation ohne Occurs-Check realisiert, so wollen wir doch zum besseren Verständnis einen Unifikationsalgorithmus ohne Occurs-Check explizit angeben. Dabei werden wir $=/2$ nur dann verwenden, wenn wir explizit wissen, dass mindestens eine Seite einer Gleichung $\mathtt{ls} = \mathtt{rs}$ eine Variable ist. Das hat den Vorteil, dass wir uns nicht explizit um das Erzeugen von Bindungen kümmern müssen, sondern diese Aufgabe weiterhin dem System überlassen.

Wir definieren in der Folge rekursiv ein Prädikat $\mathtt{unify(X,Y)}$, das die Terme X und Y unifiziert, so sie denn unifizierbar sind.

$$\mathtt{unify(X,Y)} :- \mathtt{var(X)}, \mathtt{X} = \mathtt{Y}.$$
$$\mathtt{unify(X,Y)} :- \mathtt{nonvar(X)}, \mathtt{var(Y)}, \mathtt{Y} = \mathtt{X}.$$
$$\mathtt{unify(X,Y)} :-$$
$$\mathtt{nonvar(X)}, \mathtt{nonvar(Y)},$$
$$\mathtt{X} =.. [\mathtt{F} \mid \mathtt{L1}], \mathtt{Y} =.. [\mathtt{F} \mid \mathtt{L2}], \mathtt{unify\_list(L1,L2)}.$$

In der Definition von $\mathtt{unify/2}$ werden zwei Grundfälle unterschieden, nämlich ob X eine Variable ist, bzw., wenn dies nicht der Fall ist, ob Y eine Variable ist. In beiden Fällen wird unmittelbar eine Bindung generiert, wobei ein mögliches Occurs-Check Problem ignoriert wird. Wenn sowohl X als auch Y keine Variablen sind, dann erzeugt das Programm unter Verwendung des Systemoperators $=../2$ sowohl aus X als auch Y jeweils eine Liste bestehend aus führenden Funktor und den Argumenten. Wenn die beiden Terme unifizierbar sind, dann muss der jeweils führende Funktor identisch sein. Dies ist der Grund, warum im dritten und vierten Teilziel der letzten Programmklausel für $\mathtt{unify}$ jeweils die Variable F auftaucht. Das Prädikat $\mathtt{unify\_list/2}$ unifiziert die so entstandenen Listen:

$$\mathtt{unify\_list([\,],[\,])}.$$
$$\mathtt{unify\_list([X1 \mid L1],[X2 \mid L2])} :-$$
$$\mathtt{unify(X1,X2)}, \mathtt{unify\_list(L1,L2)}.$$

Ein Unifikationsalgorithmus mit Occurs-Check   Bis jetzt sind wir davon ausgegangen, dass bei Unifikationsproblemen kein Occurs-Check Problem auftaucht. Wenn wir das Unifikationsproblem bestehend aus den Termen X und f(X) betrachten, dann fällt unmittelbar auf, dass es keinen endlichen Wert für X geben kann, so dass die beiden Terme nach Ersetzung syntaktisch identisch sind. Der zweite Term hat immer ein führendes f mehr. Von einem Unifikationsalgorithmus, der alle Unifikationsprobleme korrekt löst, würden wir erwarten, dass er auch dieses Problem mit No beantwortet. $=/2$ und unify/2 tun dies aber leider nicht, da sie Occurs-Check Probleme ignorieren. Letzteres hat durchaus seinen Sinn, haben doch Untersuchungen gezeigt, dass in weit über 95% aller praktischen Anwendungen keine Occurs-Check Probleme auftauchen und sich diese Unifikationsprobleme ohne Occurs-Check oftmals deutlich schneller lösen lassen.

Trotzdem hätte man für die verbleibenden restlichen 5% gern einen Unifikationsalgorithmus, der auch mit Occurs-Check Problemen fertig wird. Dazu verändern wir die Definition für unify/2 wie folgt:

```
unify_with_occurs_check(X,Y) :- var(X), X == Y.
unify_with_occurs_check(X,Y) :-
        var(X), not_occurs_in(X,Y), X = Y.
unify_with_occurs_check(X,Y) :-
        var(Y), nonvar(X), not_occurs_in(Y,X), Y = X.
unify_with_occurs_check(X,Y) :-
        nonvar(X), nonvar(Y), X =.. [F | L1], Y =.. [F | L2],
        unify_list_with_occurs_check(L1,L2).
```

Im ersten Fall sind X und Y unifizierbar, wenn X eine Variable und Y syntaktisch identisch zu X ist. Eine Bindung wird nicht generiert. Im zweiten Fall sind X und Y unifizierbar, wenn X eine Variable ist, die in Y nicht vorkommt. Dann wird X an Y gebunden. Im dritten Fall sind X und Y unifizierbar, wenn Y eine Variable ist, die nicht in X vorkommt. Damit sich die verschiedenen Fälle wechselseitig unterscheiden, wird zusätzlich gefordert, dass X keine Variable ist. Dann wird Y an X gebunden. Im vierten Fall sind X und Y unifizierbar, wenn sie beide komplexe Terme mit identischem Funktor sind und die jeweiligen Argumente simultan unifizierbar sind.

Selbstverständlich muss auch die Definition für unify_list/2 entsprechend erweitert werden:

```
unify_list_with_occurs_check([],[]).
unify_list_with_occurs_check([X1 | L1],[X2 | L2]) :-
        unify_with_occurs_check(X1,X2),
        unify_list_with_occurs_check(L1,L2).
```

Bevor eine Bindung generiert wird, wird erst noch ausgeschlossen, dass die zu bindende Variable in dem entsprechenden Term vorkommt. Dies geschieht mit Hilfe des Prädikatszeichens not_occurs_in/2. Eine Variable X kommt nicht in einem Term Y vor, wenn Y eine von X verschiedene Variable ist oder wenn X nicht in einem Teilterm von Y vorkommt. Die Teilterme analysieren wir unter Verwendung des Systemoperators $=../2$.

```
not_occurs_in(X, Y) :- var(Y), X \== Y.
not_occurs_in(X, Y) :-
        nonvar(Y), Y =.. [F | L], not_occurs_in_list(X, L).
```

Das Nichtvorkommen einer Variablen X in einer Liste L wird mit Hilfe des Prädikatszeichens not_occurs_in_list/2 überprüft. X kommt nicht in L vor, wenn L die leere Liste ist oder wenn X in keinem Element von L vorkommt.

```
not_occurs_in_list(X, []).
not_occurs_in_list(X, [Kopf | Rest]) :-
        not_occurs_in(X, Kopf), not_occurs_in_list(X, Rest).
```

Stellt man jetzt die Anfrage, ob die Variable X und der Term f(X) unifizierbar sind, dann verneint dies das System.

```
?- unify_with_occurs_check(X, f(X)).
No
```

```
?- unify_with_occurs_check(X, X).
X = _G306
```

In den meisten Prolog-Systemen muss unify_with_occurs_check/2 nicht extra definiert zu werden, vielmehr ist es als Systemprädikat bereits vordefiniert.

2.4.8   Ein- und Ausgabe

Bisher war es nur möglich, mit einem Programm zu kommunizieren, indem man es aufgerufen hat bzw. indem das Programm eine Ausgabe erzeugt hat. Natürliche möchte man auch gern während des Programmlaufs mit einem Programm kommunizieren oder von Dateien lesen bzw. in Dateien schreiben. Dies alles wird von jedem Prolog-System unterstützt. In dieser Einführung wollen wir uns jedoch auf drei ganz rudimentäre Operationen beschränken, nämlich das Schreiben eines Terms in das aktuelle Ausgabemedium, das Lesen eines Terms von dem aktuellen Eingabemedium, das Erzeugen eines Zeilenvorschubs und das Schreiben von Leerzeichen. Für alle übrigen Operationen verweise ich auf das aktuelle Handbuch Ihres Prolog-Systems.

Das Systemprädikatszeichen write/1   Mit dem Aufruf write(X) wird der Term X in das aktuelle Ausgabemedium, meist den Bildschirm, geschrieben. Operatordefinitionen werden dabei berücksichtigt, d. h. ein als infix deklarierter Operator wird auch infix in das aktuelle Ausgabemedium geschrieben.

$$?- \mathtt{write}(3+4).$$
$$3+4$$
$$\mathtt{Yes}$$

Ein Teilziel wie `write`$(3+4)$ wird beim ersten Aufruf genauso ausgewertet wie jedes andere Teilziel auch. Es ist erfolgreich, angedeutet durch das `Yes`, erzeugt aber einen Seiteneffekt, nämlich das Schreiben von $3+4$. Was passiert, wenn eine solche Anfrage ein Teil einer konjunktiven Anfrage ist, die fehlschlägt?

$$?- \mathtt{write}(3+4), \mathtt{length}([\,], 1).$$
$$\mathtt{No}$$
$$3+4$$

Die Anfrage schlägt fehl, da die Länge der leeren Liste 0 und nicht 1 ist. Trotzdem wird die Ausgabe $3+4$ erzeugt, da `write`$(3+4)$ vor `length`$([\,], 1)$ in der Anfrage steht und deshalb zuerst ausgeführt wird. `write/1` gelingt auch nur einmal. Es wird beim Backtracking übersprungen.

Das Systemprädikatszeichen `read/1`   Mit dem Aufruf `read(X)` wird ein Term vom aktuellen Eingabemedium, meist der Tastatur, gelesen und mit der Variablen `X` unifiziert.

$$?- \mathtt{read(X)}.$$
$$|: \ \mathtt{f(a)}.$$
$$\mathtt{X = f(a)}$$
$$\mathtt{Yes}$$

$$?- \mathtt{read(X)}.$$
$$|: \ \mathtt{f(a}.$$
$$[\mathtt{WARNING : Syntax\ error : ...}]$$
$$\mathtt{No}$$

Die Ausführung von `read(X)` veranlasst das System, die Zeichenreihe `|:` auf den Bildschirm zu schreiben. Anschließend erwartet es eine Eingabe des Benutzers, die bei zeilenorientierter Eingabe mit einem Punkt abgeschlossen werden muss. Das zweite Beispiel zeigt, dass bei der Ausführung von `read/1` automatisch eine Syntaxüberprüfung durchgeführt wird. Ist die eingelesene Zeichenreihe kein Term, dann erzeugt das System eine Fehlermeldung und die Anfrage schlägt fehl. Wie `write/1` gelingt auch `read/1` nur einmal. Es wird beim Backtracking übersprungen.

Das Systemprädikatszeichen `nl/0`   Das Ausführen eines Teilziels `nl` verursacht einen Zeilenvorschub.

Das Systemprädikat tab/1   Ein Ausführen eines Teilziels tab(N) verursacht, dass N Leerzeichen geschrieben werden. N muss zum Zeitpunkt des Aufrufs eine positive ganze Zahl sein.

2.4.9   Laden von Prolog-Programmen

Prolog-Programme können mit Hilfe des Systemprädikatszeichens consult/1 eingelesen werden. Bei einem Aufruf consult(X) muss X ein Dateiname oder eine Liste von Dateinamen sein. Die Programmklauseln der entsprechenden Dateien werden den schon vorhandenen hinzugefügt. Programmklauseln für bereits existierende Prädikatszeichen werden überschrieben.

2.4.10   Zugriff auf Prolog-Programme

Es gibt eine Reihe von Anwendungen, in denen man ein gegebenes Prolog-Programm während der Abarbeitung verändern möchte. Will man beispielsweise einen Prolog-Compiler in Prolog selbst schreiben, dann muss man auf Prolog-Programme zugreifen können. Dazu stellt jedes Prolog-System eine Reihe von vordefinierten Prädikatszeichen zur Verfügung, von denen hier einige präsentiert werden.

Die Systemprädikatszeichen assert/1 **und** asserta/1   Das Ausführen einer Anfrage assert(X) führt dazu, dass die Programmklausel X dem aktuellen Programm hinzugefügt wird und zwar am Ende der Definitionen für das führende Prädikatszeichen von X. Ein einfaches Beispiel mag dies verdeutlichen. Betrachten wir das Programm:

maennlich(steffen).

Es besteht nur aus einer einzigen Programmklausel. Stellen wir jetzt die Anfrage:

?− assert(maennlich(fritz)).

dann verändert sich dieses Programm zu:

maennlich(steffen).
maennlich(fritz).

Möchte man Regeln mit mehreren Teilzielen im Rumpf einlesen, dann müssen die Regeln geklammert werden:

?− assert((tochter(X,Y) :− mutter(X,Y), weiblich(X))).

Ohne die zusätzlichen Klammern würde durch das die Teilziele im Rumpf der Regel trennende Komma assert/2 aufgerufen, das ebenfalls vordefiniert ist (siehe [Wie00]).

Man kann die Programmklauseln aber auch am Anfang einfügen. Dies geschieht mit Hilfe des Systemprädikatszeichens `asserta`. Betrachten wir erneut das oben diskutierte Programm und stellen die Anfrage:

$$? - \mathtt{asserta(maennlich(paul))}.$$

Dann verändert sich dieses Programm zu:

```
maennlich(paul).
maennlich(steffen).
maennlich(fritz).
```

Die Systemprädikatszeichen `retract/1` und `retractall/1` Wenn man Programmklauseln zu einem Programm hinzufügen kann, dann überrascht es nicht, dass man auch Programmklauseln aus einem Programm entfernen kann. Die Ausführung der Anfrage `retract(X)` bewirkt, dass im aktuellen Programm die erste Programmklausel entfernt wird, die mit `X` unifiziert werden kann. Führen wir beispielsweise

$$? - \mathtt{retract(maennlich(X))}.$$

aus und nehmen an, dass das zuletzt diskutierte Programm das aktuelle ist, dann bewirkt dieser Aufruf, dass der Fakt `maennlich(paul)` gestrichen wird.

Man kann auch mehrere Programmklauseln auf einmal entfernen. Die Ausführung der Anfrage `retractall(X)` bewirkt, dass alle Klauseln des aktuellen Programms, deren Kopf mit `X` unifizierbar ist, aus dem Programm gestrichen werden. Beispielsweise liefert die Anfrage

$$? - \mathtt{retractall(maennlich(X))}, \mathtt{maennlich(Y)}.$$

die Antwort `No`.

Das Systemprädikatszeichen `clause/2` Mit Hilfe des Systemprädikatszeichens `clause/2` können wir auf einzelne Programmklauseln des aktuellen Programms zugreifen. Eine Anfrage `clause(X, Y)` ist erfolgreich, wenn `X` mit dem Kopf und `Y` mit dem Rumpf einer Programmklausel unifiziert werden kann. Dabei wird die erste Programmklausel gewählt, die diese Eigenschaften besitzt. Ist die Programmklausel ein Fakt, dann wird der Rumpf als `true` angesehen. Dabei ist `true/0` ein Systemprädikatszeichen, das immer erfolgreich ausgeführt werden kann. Ein Beispiel verdeutlicht dies. Erinnern wir uns an das Programm für `member`:

```
member(X, [X | _]).
member(X, [_ | Rest])  :-  member(X, Rest).
```

und betrachten die folgende Beispielanfrage:

```
?- clause(member(Y, L), Z).
Y = _G351 L = [_G351 | _G489] Z = true ;
Y = _G351 L = [_G491 | _G492] Z = member(_G351, _G492) ;
No
```

Wir erkennen, dass `clause/2` beim Backtracking alle Programmklauseln betrachtet.

2.4.11   Mengenprädikatszeichen

Anfragen an ein Prolog-Programm liefern genau eine Antwort bzw. Antwort-substitution. Weitere Antwortsubstitutionen müssen explizit durch Eingabe eines Semikolons abgefordert werden. Dies ist in manchen Fällen sehr umständlich und unerwünscht. Betrachten wir dazu noch einmal die kleine Familiendatenbank aus Abschnitt 2.1. Wenn man nun nach der Menge aller Männer fragt, dann wird diese Menge aus mathematischer Sicht durch

$$\{\mathtt{X} \mid \mathtt{maennlich(X)}\}$$

umfassend beschrieben. Im konkreten Fall kann diese Menge auch explizit als

$$\{\mathtt{paul,\ fritz,\ steffen,\ robert}\}$$

angegeben werden. Prolog bietet mehrere vordefinierte Prädikatszeichen an, solche Mengen auszurechnen. Allerdings werden Mengen in Prolog nicht unmittelbar unterstützt. Vielmehr werden sie durch Listen repräsentiert.

Das Systemprädikatszeichen `bagof/3`   Ein Aufruf von `bagof(X, Y, Z)` bewirkt, dass in der Liste `Z` die Folge der Instanzen des Terms `X` aufgelistet wird, für die das Ziel `Y` erfolgreich beantwortet wird. Betrachten wir dazu die angesprochene Familiendatenbank:

```
?- assert(maennlich(steffen)), bagof(X, maennlich(X), L).
X = _G529 L = [paul, fritz, steffen, robert, steffen]
```

Durch das erste Teilziel wird der Datenbank der Fakt `maennlich(steffen)`. hinzugefügt. Der anschließende Aufruf an `bagof/3` führt nun dazu, dass das Ziel `maennlich(X)` insgesamt fünfmal erfolgreich ist und zu den fünf Antworten führt, die in `L` aufgeführt sind. Dabei taucht `steffen` doppelt auf, da im Programm ja auch der Fakt `maennlich(steffen)`. doppelt vorkommt.

Kommen bei einem Aufruf `bagof(X, Y, Z)` in `Y` Variablen vor, die nicht auch in `X` vorkommen, dann kann es zu einem Backtracking in Abhängigkeit dieser

Variablen kommen. Das lässt sich am besten an einem Beispiel erkennen.

$$?-\texttt{bagof}([\texttt{V},\texttt{W}],\texttt{mutter}(\texttt{V},\texttt{W}),\texttt{L}).$$
$$\texttt{V} = \_\texttt{G381} \quad \texttt{W} = \_\texttt{G384} \quad \texttt{L} = [[\texttt{karin},\texttt{maria}],[\texttt{sina},\texttt{paul}]]$$

$$?-\texttt{bagof}(\texttt{V},\texttt{mutter}(\texttt{V},\texttt{W}),\texttt{L}).$$
$$\texttt{V} = \_\texttt{G357} \quad \texttt{W} = \texttt{maria} \quad \texttt{L} = [\texttt{karin}] \quad ;$$
$$\texttt{V} = \_\texttt{G357} \quad \texttt{W} = \texttt{paul} \quad \texttt{L} = [\texttt{sina}]$$

Die erste Anfrage erzeugt alle gültigen Tupel der Relation `mutter`. Bei der zweiten Anfrage wird zunächst die Variable `W` durch `maria` ersetzt und anschließend `bagof` ausgewertet. Backtracking findet dann die Alternative `paul` für `W`.

Das Systemprädikatszeichen `setof/3` Ein Aufruf `setof(X, Y, Z)` führt zu dem gleichen Verhalten wie ein Aufruf von `bagof(X, Y, Z)`, nur werden in der Liste `Z` Duplikate entfernt und die Elemente sortiert.

$$?-\texttt{assert}(\texttt{maennlich}(\texttt{steffen})),\texttt{setof}(\texttt{X},\texttt{maennlich}(\texttt{X}),\texttt{L}).$$
$$\texttt{X} = \_\texttt{G529} \quad \texttt{L} = [\texttt{fritz},\texttt{paul},\texttt{robert},\texttt{steffen}]$$

`setof` berechnet also eine Menge, `bagof` eine Multimenge.[3]

2.5 Der Cut

Wir haben in Abschnitt 2.1.5 gesehen, dass Prolog auf der Suche nach einer Lösung für eine Anfrage den dazugehörigen Ableitungsbaum von links nach rechts gegebenenfalls vollständig durchsucht. Dieses Verhalten ist manchmal nicht erwünscht. Prolog-Systeme bieten deshalb das Systemprädikatszeichen `!/0`, den *Cut*, an, mit dem sich das Verhalten beeinflussen lässt. Richtig eingesetzt hilft der *Cut* die Effizienz zu erhöhen. Falsch eingesetzt führt der *Cut* dazu, dass vorhandene Lösungen im Ableitungsbaum verloren gehen und dadurch unter Umständen Anfragen falsch beantwortet werden.

---

[3] Eine *Multimenge* ist eine Erweiterung des Konzepts der Menge, in der Elemente auch mehrfach vorkommen können. So sind die beiden Objekte $\{a,b,c\}$ und $\{a,b,b,c\}$ als Menge betrachtet identisch, aber als Multimenge betrachtet verschieden. Um in der Folge Multimengen und Mengen unterscheiden zu können, notiere ich Multimengen in der Form $\dot{\{}a,b,c\dot{\}}$. Über Multimengen lassen sich die über Mengen üblichen Operationen wie Vereinigung oder Durchschnitt ebenso definieren, nur muss eben die Anzahl der Vorkommen eines Elements berücksichtigt werden. So ist beispielsweise $\{a,b,c\} \cup \{a,b,b,c\} = \{a,b,c\}$, wenn wir mit Mengen rechnen, aber $\dot{\{}a,b,c\dot{\}} \mathbin{\dot{\cup}} \dot{\{}a,b,b,c\dot{\}} = \dot{\{}a,a,b,b,b,c,c\dot{\}}$, wenn wir mit Multimengen rechnen. Dabei habe ich die Multimengenvereinigung zur Unterscheidung von der Mengenvereinigung mit $\dot{\cup}/2$ notiert.

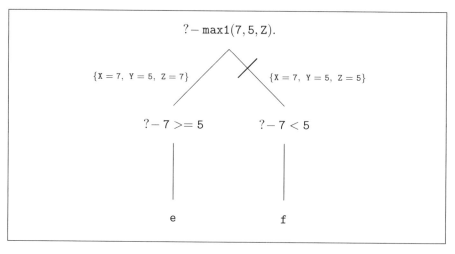

Abbildung 2.7: Der Ableitungsbaum von $?-\mathtt{max1}(7,5,Z)$. Die fette Linie zeigt die Stelle, an der der rechte Ast abgeschnitten werden könnte.

Stellen wir uns die Aufgabe, ein Prolog-Programm zu schreiben, das das Maximum zweier Zahlen berechnet.

$$\mathtt{max1}(X,Y,X) \quad :- \quad X >= Y.$$
$$\mathtt{max1}(X,Y,Y) \quad :- \quad X < Y.$$

Der Aufruf

$$?-\mathtt{max1}(7,5,Z).$$

wird korrekt mit $Z = 7$ beantwortet. Der dazugehörige Ableitungsbaum ist in Abbildung 2.7 dargestellt. Nun sagt uns die Mathematik, dass immer nur eines der Ziele $X >= Y$ und $Y < X$ wahr sein kann. Mit anderen Worten, sobald im linken Ast des Ableitungsbaum der mit e markierte Knoten erreicht ist, wissen wir, dass der rechte Ast keine Lösung mehr enthält. Wenn wir dies dem System mitteilen könnten, dann bräuchte es beim Backtracking den rechten Ast gar nicht mehr betrachten. Am liebsten würden wir den rechten Ast abschneiden, so wie dies durch die fette Linie in Abbildung 2.7 angedeutet ist.

Mit dem Cut teilt der Programmierer dem System mit, dass ein oder mehrere Äste des Suchbaums abgeschnitten werden. Ein Aufruf von !/0 ist immer erfolgreich, hat aber gegebenenfalls das Abschneiden von Ästen des Suchbaums als Nebeneffekt. Was genau passiert, wenn !/0 ausgeführt wird, verdeutlicht das folgende Beispiel. Wir wollen die Anfrage $?-\mathtt{p}.$ beantworten und rufen dazu die Programmklausel

$$\mathtt{p} \quad :- \quad \mathtt{p1},\ldots,\mathtt{pi},!,\mathtt{pi}+1,\ldots,\mathtt{pn}.$$

auf. Wir nehmen an, dass alle Teilziele $\mathtt{p1},\ldots,\mathtt{pi}$ erfolgreich ausgewertet wurden. Auch der Cut selbst ist erfolgreich. Beim Ausführen des Cuts aber werden alle übrigen von den mit $?-\text{p.}$, $?-\text{p1}\ldots,\text{pi},!,\text{pi}+1,\ldots,\text{pn.}$ bis $?-\text{pi},!,\text{pi}+1,\ldots,\text{pn.}$ markierten Knoten im Ableitungsbaum ausgehenden Äste abgeschnitten. Als Folge davon werden beim Backtracking Alternativen für die Teilziele p, p1 bis pi nicht mehr betrachtet.

Die Beschreibung im letzten Paragraphen geht von einem vollständig konstruierten Ableitungsbaum aus. Das habe ich bewusst so gemacht, da das Konzept eines Cuts so besser verstanden werden kann. In einem Prolog-System wird dieser Ableitungsbaum aber erst während der Suche aufgebaut. Wenn also Äste gegebenenfalls wieder abgeschnitten werden müssen, dann ist es viel geschickter, diese Äste gar nicht erst zu erzeugen. Genau das macht ein Prolog-System. Beim Aufruf eines Teilziels, für das es mehrere Alternativen zur Lösung gibt, wird vom System der linke Ast aufgebaut, die übrigen Äste aber nicht. Natürlich muss sich das System merken, dass es noch Alternativen gibt. Es markiert dazu das Teilziel mit einem *Backtracking-Punkt*, zu dem es beim Backtracking zurückkehrt. Soll nun ein Ast, der einer nicht untersuchten Alternative entspricht, abgeschnitten werden, dann streicht das System einfach den entsprechenden Backtracking-Punkt.

Unter Zuhilfenahme des Cuts können wir jetzt das Programm zur Berechnung des Maximums zweier Zahlen umschreiben:

```
max2(X, Y, X)   :−   X >= Y, !.
max2(X, Y, Y)   :−   X < Y, !.
```

Der Cut in der zweiten Programmklausel ist streng genommen gar nicht notwendig, er wurde lediglich aus Symmetriegründen gesetzt. Durch Austesten lässt sich leicht feststellen, dass max1/3 und max2/3 die gleichen Lösungen generieren. Das gilt sogar dann, wenn beispielsweise das erste Argument eine Variable ist und das zweite und dritte Argument Zahlen sind. Solche Cuts werden auch *grüne Cuts* genannt.

Beim weiteren Betrachten des Programms für max2/3 könnte man auf die Idee kommen, der Vergleichstest im Rumpf der zweiten Programmklausel sei überflüssig, da wir bei Ausführung des Vergleichs schon wissen, dass X kleiner als Y ist.

```
max3(X, Y, X)   :−   X >= Y, !.
max3(X, Y, Y).
```

Beim Austesten des Programms von max3/3 zeigt sich schnell, dass alles gut geht, solange die ersten beiden Argumente Zahlen sind und das dritte Argument eine Variable ist. Der Aufruf

$$?-\text{max3}(6, 3, 3).$$

führt aber – zunächst überraschend – zu der Antwort Yes, während

$$?-\text{max2}(6, 3, 3).$$

ein No liefert. Das Program von max3/3 ist schlichtweg falsch, es leistet nicht das Gewünschte. Den Fehler sieht man sehr schnell, wenn man das Tracing betrachtet.

Durch Entfernen des Cuts aus dem Programm von max3/3 erhalten wir:

$$\text{max4}(X, Y, X) \quad :- \quad X >= Y.$$
$$\text{max4}(X, Y, Y).$$

Beim Austesten dieses Programms erlebt man weitere Überraschungen:

$$? - \text{max4}(6, 3, Z).$$
$$Z = 6 \; ;$$
$$Z = 3$$

Die zweite Lösung wird von max3/3 nicht generiert. Die Programme von max3/3 und max4/3 unterscheiden sich also hinsichtlich ihrer Lösungen. Der im Programm von max3/3 gesetzte Cut hat im Vergleich zum Programm von max4/3 Lösungen entfernt. Solche Cuts heißen auch *rote Cuts*.

Wie sieht denn nun ein Prolog-Programm für die Berechnung des Maximums zweier Zahlen aus, das korrekt ist, bei dessen Abarbeitung keine Äste im Suchbaum unnötig durchsucht und trotzdem alle Lösungen generiert werden? Wir wollen des weiteren vereinbaren, dass die ersten beiden Argumente immer Zahlen sind, während das dritte Argument entweder eine Variable oder eine Zahl ist. Ein solches Programm erhält man bei Berücksichtigung der folgenden Grundsätze:

- *Setzen Sie einen Cut sobald Sie wissen, dass dies die richtige Programmklausel ist – nicht später, aber auch nicht früher.*

- *Verzögern Sie Ausgabe-Unifikationen bis nach dem Cut.*

$$\text{max5}(X, Y, Z) \quad :- \quad X >= Y, \; !, \; Z = X.$$
$$\text{max5}(X, Y, Y).$$

Hier erhalten wir die folgenden Antworten:

$$? - \text{max5}(6, 3, Z).$$
$$Z = 6 \; ;$$
$$\text{No}$$

$$? - \text{max5}(6, 3, 3).$$
$$\text{No}$$

Der Cut ist umstritten, da er zum einen die Lösungsmenge verändern kann und zum anderen meist nur durch Analyse der Programmabläufe verstanden werden kann. Letzteres nennen wir *prozedural*. Trotzdem wird der Cut aus Effizienzgründen häufig verwendet.

2.6 Negation als Fehlschlag

In allen bisher betrachteten Prolog-Programmen konnten wir im Rumpf einer Programmklausel nur nach positiven Dingen fragen. So konnten wir fragen, ob ein Element X in der Liste Rest vorkommt. Wir konnten aber nicht fragen, ob z.B. die 1 in der Liste $[2,3,4]$ nicht vorkommt. Rein theoretisch ist das keine Beschränkung. Alle berechenbaren Funktionen lassen sich als Prolog-Programme, so wie sie in Abschnitt 2.3 definiert wurden, darstellen. Nur ist das nicht immer sehr geschickt und auch nicht immer effizient. Wir wollen in diesem Abschnitt die Syntax von Prolog-Programmen erweitern und in Anfragen sowie in den Rümpfen von Programmklauseln negierte Teilziele der Form \+ ti zulassen, wobei ti ein Atom oder ein zusammengesetzter Term ist. Formal ist \+ /1 ein vordefinierter Operator, der häufig *not* ausgesprochen wird.[4]

Mit der so erweiterten Syntax können wir beispielsweise die Anfrage

$$?- \text{\textbackslash+ vater(fritz, maria)}.$$

an die im Abschnitt 2.1 vorgestellte Familiendatenbank stellen. Wie erwartet, antwortet das System mit Yes, während es die Anfrage

$$?- \text{\textbackslash+ vater(fritz, karin)}.$$

mit No beantwortet. Aber wie hat das Prolog-System diese Antworten generiert?

Wann immer das Prolog-System beim Beantworten einer Anfrage auf ein Teilziel \+ ti stößt, versucht es, in einer Art Nebenrechnung zuerst die Anfrage

$$?- \text{ti}.$$

zu lösen. Gelingt dies, dann schlägt das Teilziel \+ ti fehl. Schlägt jedoch die Anfrage ti fehl, dann wird das Teilziel \+ ti positiv beantwortet. Das oben diskutierte Teilziel \+ vater(fritz, maria) wird also dadurch beantwortet, dass das System zunächst die Anfrage

$$?- \text{vater(fritz, maria)}.$$

zu lösen versucht. Da dies fehlschlägt, wird das ursprüngliche Teilziel mit Yes beantwortet. Das Teilziel \+ vater(fritz, karin) wird dadurch beantwortet, dass das System zunächst die Anfrage

$$?- \text{vater(fritz, karin)}.$$

zu lösen versucht. Da dies gelingt, wird das ursprüngliche Teilziel mit No beantwortet. Diese Vorgehensweise hat dem Verfahren den Namen *Negation als*

---

[4] In vielen Prolog-Systemen ist aus Kompatibilitätsgrunden zusätzlich noch der alte Operator not/1 vorhanden, der genau die gleiche Wirkung wie \+ hat.

Fehlschlag gegeben. Eine negierte Anfrage wird positiv beantwortet, wenn die Anfrage selbst fehlschlägt.

Die Negation als Fehlschlag lässt sich leicht implementieren. Dazu benötigen wir das Systemprädikatszeichen `fail/0`. Das Teilziel `fail/0` schlägt immer fehl. Außerdem müssen wir erneut die Syntax von Prolog erweitern und Variable als Teilziele in Anfragen und den Rümpfen von Programmklauseln zulassen. Jetzt können wir definieren:

```
\+ X   :- X, !, fail.
\+ X.
```

Im Rumpf der ersten Programmklausel wird zunächst versucht, das Teilziel X zu lösen. Wenn dies gelingt, dann wird der Cut ausgeführt, wodurch die durch die zweite Programmklausel definierte Alternative abgeschnitten wird. Anschließend sorgt die Ausführung von `fail/0` dafür, dass die ursprüngliche Anfrage \+ X fehlschlägt. Schlägt jedoch das Teilziel X im Rumpf der ersten Programmklausel fehl, dann bewirkt das Backtracking die Verwendung der zweiten Programmklausel. Letztere ist aber immer erfolgreich.

Die Negation als Fehlschlag entspricht aber nicht der klassischen Negation, so wie wir sie von der Logik her kennen und wie sie im Kapitel 3 auch eingeführt werden wird. Dass die Negation als Fehlschlag mit einer gewissen Vorsicht zu genießen ist, kann man sich an einem einfachen Beispiel verdeutlichen. Angenommen, wir wollen die Regel spezifizieren, dass ein Schulbus einen Bahnübergang im Ort X dann überqueren darf, wenn gerade kein Zug durch X fährt. Eine erste Lösung scheint

```
cross(X)  :- \+ train(X).
```

zu sein.[5] Diese Programmklausel erlaubt unter Verwendung von Negation als Fehlschlag, dass der Schulbus den Bahnübergang in Arnsdorf überquert, wenn wir nur wissen, dass gerade ein Zug durch Radeberg fährt:

```
train(radeberg).
```

Wenn dies das einzige Fakt zu `train/1` ist, wir also überhaupt keine Informationen darüber haben, ob gerade ein Zug durch Arnsdorf fährt, dann ist eine Anfrage

```
?- cross(arnsdorf).
```

erfolgreich. Das kann aber so nicht gewollt sein. Hier brauchen wir die klassische Negation. Ein Zug muss nachweislich abwesend sein, damit der Schulbus den Bahnübergang überqueren darf.

Die Negation als Fehlschlag kann auch dann zu überraschenden bzw. unerwünschten Ergebnissen führen, wenn das negierte Teilziel zum Zeitpunkt seiner

---

[5] Zur Vereinfachung des Beispiels wollen wir Zeitpunkte bzw. Zeitintervalle nicht explizit formulieren.

Abarbeitung nicht grundinstanziiert ist. Ein Beispiel mag dies verdeutlichen. Angenommen wir stellen an die Familiendatenbank aus Abschnitt 2.1 die Anfrage, ob es ein Kind gibt, dessen Vater nicht `fritz` ist. Diese Anfrage scheint in Prolog als

$$? - \backslash + \ \texttt{vater}(\texttt{fritz}, \texttt{X}).$$

formulierbar. Überraschenderweise antwortet das System mit `No`. Dabei zeigt ein Blick in die Datenbank, dass `paul`, `lisa` und `maria` nicht `fritz` als Vater haben. Wir wollen dabei voraussetzen, dass `fritz` eine andere Person bezeichnet als beispielsweise `steffen` oder `paul`. Trotzdem verhält sich das Prolog-System korrekt bezüglich der Definition von $\backslash+$. Bei Beantwortung der Anfrage

$$? - \texttt{vater}(\texttt{fritz}, \texttt{X}).$$

sucht es nach Instanzen für die Variable `X`, so dass `fritz` der Vater von `X` ist. Eine solche Instanz findet es auch (`X` = `karin`). Das ist aber gar nicht das, was wir ursprünglich wollten. Wir wollten ja, dass das System nach Instanzen für `X` sucht, so dass `fritz` *nicht* der Vater von `X` ist.

Das letzte Beispiel lehrt uns zwei Dinge: Erstens, ein Programmierer sollte sicher stellen, dass ein negiertes Teilziel zum Zeitpunkt seiner Abarbeitung grundinstanziiert ist, d. h. in ihm keine Variablen mehr vorkommen. Zweitens, die Negation als Fehlschlag ist vor allem deshalb so schwer zu verstehen, da sie allein durch das Systemverhalten – wir sagen auch *prozedural* – definiert ist, es aber eine vom System unabhängige – wir sagen auch *deklarative* – Bedeutung nicht gibt bzw. nicht unmittelbar zu geben scheint. Wir werden darauf in Kapitel 5 noch näher eingehen.

Zum Abschluss dieses Abschnitts möchte ich noch eine typische Anwendung der Negation als Fehlschlag in Verbindung mit dem Cut vorstellen, nämlich zur Implementierung von Kontrollstrukturen und hier insbesondere von bedingten Anweisungen. Ohne Cut erhalten wir:

$$
\begin{aligned}
ite(\texttt{X}, \texttt{Y}, \texttt{Z}) \quad &:- \quad \texttt{X}, \texttt{Y}. \\
ite(\texttt{X}, \texttt{Y}, \texttt{Z}) \quad &:- \quad \backslash+ \texttt{X}, \texttt{Z}.
\end{aligned}
$$

Wenn der Nachweis der Bedingung `X` sehr aufwendig ist, dann können wir die Abfrage $\backslash+ \texttt{X}$ im Rumpf der zweiten Programmklausel einsparen, wenn wir einen Cut setzen:

$$
\begin{aligned}
ite(\texttt{X}, \texttt{Y}, \texttt{Z}) \quad &:- \quad \texttt{X}, !, \texttt{Y}. \\
ite(\texttt{X}, \texttt{Y}, \texttt{Z}) \quad &:- \quad \texttt{Z}.
\end{aligned}
$$

Aber Vorsicht, dies ist ein roter Cut (siehe Übungsaufgabe 2–10).

2.7   Literaturhinweise

Wie bereits in der Einführung dieses Kapitels bemerkt, empfehle ich dringend, ein Prolog-Handbuch zu konsultieren. Die hier verwendeten Programme sind alle in SWI-Prolog 3.3 [Wie00] geschrieben.

Viele der Systemprädikatszeichen sind ausführlich in [CM81] beschrieben. Obwohl das Buch schon relativ alt ist, ist es immer noch ein Standardwerk des Programmierens in Prolog. Für Prolog gibt es inzwischen auch einen ISO-Standard, der in [DEDC96] beschrieben ist.

Es gibt in der Zwischenzeit eine Vielzahl von Büchern, die sich mit Prolog beschäftigen. Ohne einen Anspruch auf Vollständigkeit möchte ich hier [Hog90, NM95, SS86, O'K91] erwähnen. Gute deutsche Einführungen finden sich auch in [Fuc90, Fuc97, Han87, KB86]. Leser, die insbesondere an Anwendungen innerhalb der Intellektik interessiert sind, seien auf [Bra87, Sho94] verwiesen. [PS87] ist ein sehr schönes Buch, in dem parallel in Prolog und die automatische Sprachverarbeitung eingeführt wird.

Kapitel 3

Aussagenlogik

Viele der einer Logik zugrunde liegenden Begriffe und Techniken können vergleichsweise einfach an Hand der Aussagenlogik eingeführt und illustriert werden. Gleichzeitig ist die Aussagenlogik jedoch schon ausdrucksstark genug, um viele in der Welt auftretende Probleme darin ausdrücken zu können und mit einem dazu gegebenen Kalkül lösen zu lassen.

Was ist eine Logik? Drei Dinge braucht man dazu: ein Alphabet, das die erlaubten Zeichen festlegt, eine Sprache, d. h. die Menge der zulässigen Aussagen, und eine logische Konsequenzrelation, mit der Folgerungen aus einer Menge von Aussagen gezogen werden können.

In der Syntax werden Alphabet und Sprache einer Logik festgelegt. Diese werden wir für die Aussagenlogik im Abschnitt 3.1 definieren. Wir werden sehen, dass die Sprache der Aussagenlogik eine unendliche Menge von Aussagen ist, die nach bestimmten Gesetzmäßigkeiten gebildet werden. Aussagen sind also strukturierte Objekte. Wir stellen uns dann zwei Aufgaben. Wie können wir nachweisen, dass eine unendliche Menge strukturierter Objekte bestimmte Eigenschaften hat, und wie können wir Funktionen über strukturierten Objekten definieren? Zur Beantwortung dieser Fragen benötigen wir die Prinzipien der strukturellen Induktion und der strukturellen Rekursion, die beide in Abschnitt 3.1 eingeführt werden. Diese Prinzipien lassen sich auf alle ähnlich definierten strukturierten Objekte – wie sie beispielsweise in jeder Programmiersprache auftauchen – unmittelbar übertragen.

Was können wir mit Aussagen der Aussagenlogik anfangen? Bis jetzt sind das einfach nur strukturierte Objekte wie beispielsweise die Aussage $((p \land q) \to q)$. Welche Bedeutung hat eine solche Aussage? Im einfachsten Fall, und den betrachten wir hier, soll eine solche Aussage wahr oder falsch sein. Mit anderen Worten, wir müssen eine Semantik für die Sprache der Aussagenlogik festlegen. Dies geschieht in Abschnitt 3.2. Dazu müssen wir zunächst die mathematische

Struktur der Wahrheitswerte definieren. Wir werden dann Interpretationen als Funktionen definieren, die jeder Aussage einen Wahrheitswert zuweisen. Besonders interessieren uns dabei Interpretationen, unter denen eine Aussage bzw. eine Menge von Aussagen wahr ist. Solche Interpretationen werden wir als Modelle bezeichnen.

Die logische Konsequenzrelation legt nun eine Beziehung zwischen einer Menge $\mathcal{G}$ von Aussagen und einer Aussage F derart fest, dass jedes Modell für $\mathcal{G}$ auch ein Modell für F sein muss. Betrachten wir als kleines, natürlich sprachliches Beispiel die Menge $\mathcal{G}$, die aus den folgenden beiden Aussagen besteht: „*wenn die Sonne scheint, dann gehen wir an den Strand*" und „*die Sonne scheint*". Wenn diese beiden Aussagen wahr sind, dann ist auch notwendigerweise die Aussage „*wir gehen an den Strand*" wahr. Er ist eine logische Konsequenz aus $\mathcal{G}$. Das ist sicher ein sehr einfaches Beispiel, aber auch komplexe Fragestellungen lassen sich als logische Konsequenzen formulieren. Sei beispielsweise $\mathcal{G}$ die Spezifikation eines Chips und F die Aussage $3 + 4 = 7$. Dann soll F eine logische Konsequenz aus $\mathcal{G}$ sein. Mit anderen Worten, der Chip soll richtig addieren können. Da es enorm kostspielig ist, wenn nach Produktionsstart eventuelle Rechenfehler auftauchen, werden heute in der Chip-Industrie enorme Anstrengungen unternommen, solche Fehler im Vorfeld auszuschließen. Mit anderen Worten, die logischen Konsequenzen einer Spezifikation sollen bereits im Vorfeld bestimmt werden.

Wir wollen also die logische Konsequenzrelation ausrechnen. Dies ist von Hand einfach zu müßig. Was liegt näher, als dazu einen Computer einsetzen zu wollen? Es zeigte sich schnell, dass es unter Umständen geschickter ist, die betrachteten Aussagen zuerst in eine Normalform zu transformieren und dann diese Normalformen zu betrachten. Entsprechende Transformationen werden in Abschnitt 3.3 vorgestellt. Natürlich muss sichergestellt werden, dass bei einer Transformation die Bedeutung einer Aussage unverändert bleibt. Aussage und transformierte Aussage müssen semantisch äquivalent sein. Zum Abschluss des Abschnitts 3.3 werden wir einen Algorithmus kennen lernen, der jede Aussage in ihre Klauselform transformiert. Dabei werden zwei Schwerpunkte auf den folgenden Fragen liegen: Macht der Algorithmus tatsächlich das, was wir uns von ihm wünschen, d. h. ist er korrekt, und terminiert der Algorithmus? Zur Beantwortung dieser beiden Fragen werde ich zwei Techniken vorstellen, die auch in der Programmierung große Bedeutung haben: ein Induktionsprinzip für Schleifen und ein Beweisprinzip für die Terminierung von Programmen. Zum Abschluss gebe ich dann noch eine Implementierung des Algorithmus in Prolog an.

Nach diesen Vorarbeiten können wir uns dann in Abschnitt 3.4 daran machen, maschinelle Verfahren zu entwickeln, die die logische Konsequenzrelation ausrechnen bzw. automatisch Beweise führen. Ich werde zwei Verfahren vorstellen, die hier besonders wichtig sind, nämlich das Resolutions- und das Tableauverfahren. Daneben präsentiere ich aber auch noch das Verfahren des natürlichen Schließens, das zwar maschinell nicht effizient anwendbar ist, aber für

einen Menschen gut lesbare und verständliche Beweise erzeugt; Resolutions-
und Tableauverfahren tun das nämlich nicht. Eine kurze Darstellung weiterer
Beweisverfahren rundet Abschnitt 3.4 ab.

Bis jetzt habe ich vor allem die logische Konsequenzrelation betrachtet. Für
die Informatik und ihre Anwendungen ist aber auch Frage interessant, ob eine
Aussage bzw. eine Menge von Aussagen ein Modell hat. Wenn dies der Fall ist,
dann wollen wir die Aussage bzw. die Menge von Aussagen erfüllbar nennen.
In Abschnitt 3.5 werde ich kurz auf verschiedene Verfahren zum Testen auf
Erfüllbarkeit eingehen: die systematische Suche, die stochastische, lokale Suche
und die Suche mittels binärer Entscheidungsdiagramme.

In Abschnitt 3.6 werde ich einige Eigenschaften der Aussagenlogik und der in
Abschnitt 3.4 vorgestellten Verfahren beweisen. Das sind zum einen der Endlichkeitssatz und zum anderen der Korrektheits- und Vollständigkeitssatz für
das aussagenlogische Resolutionsverfahren. Einige Literaturhinweise schließen
das Kapitel ab.

3.1 Syntax

3.1.1 Formeln

Wie jeder natürlichen Sprache, so liegt auch jeder formalen Sprache ein Alphabet zugrunde, aus die Aussagen der Sprache geformt werden können.

Definition 3.1 *Ein* Alphabet Σ *ist eine endliche oder abzählbar unendlichen
Menge. Die Elemente dieser Menge werden* Zeichen *genannt. Ohne Beschränkung der Allgemeinheit nehmen wir an, dass* $\Lambda \notin \Sigma$.

Beispiele für Alphabete sind

$$\Sigma = \{1,2\}, \ \Sigma = \{p_i \mid i \in \mathbb{N}\}, \ \Sigma = \{p_i \mid i \in \mathbb{N}\} \cup \{\neg, \wedge, \vee, \rightarrow, \leftrightarrow, (,)\}$$

oder das Alphabet der deutschen Sprache. In manchen Anwendungen werden
Alphabete auf endliche, nicht-leere Mengen beschränkt. Wir werden später sehen, dass wir in der Logik abzählbar unendliche Alphabete benötigen. Wenn ein
Alphabet leer ist, dann kann man damit in einer Anwendung meist nicht allzu
viel tun. Es ist aber an dieser Stelle nicht notwendig, nicht-leere Alphabete zu
fordern.

Über einem Alphabet können wir jetzt Wörter bilden. Informell gesprochen
sind Wörter endliche Folgen von Elementen des Alphabets. Formal sind sie wie
folgt definiert:

Definition 3.2 *Sei* Σ *ein Alphabet. Die Menge der* Wörter *(oder* Zeichenreihen*) über* Σ *wird mit* Σ^* *bezeichnet und ist die kleinste Menge, die die
folgenden Bedingungen erfüllt:*

1. $\Lambda \in \Sigma^*$.

2. *Wenn* $w \in \Sigma^*$ *und* $a \in \Sigma$ *ist, dann ist* $aw \in \Sigma^*$.

Λ *wird* leeres Wort *oder* leere Zeichenreihe *genannt.*

So erhalten wir für $\Sigma = \{1, 2\}$ die Menge

$$\Sigma^* = \{\Lambda, \ 1\Lambda, \ 2\Lambda, \ 11\Lambda, \ 12\Lambda, \ 21\Lambda, \ 22\Lambda, \ 111\Lambda, \ \dots \}.$$

Da Λ das leere Wort bezeichnet, wird Λ bei der Angabe von nicht-leeren Wörtern meist weggelassen und wir erhalten:

$$\Sigma^* = \{\Lambda, \ 1, \ 2, \ 11, \ 12, \ 21, \ 22, \ 111, \ \dots \}.$$

Streng genommen muss noch nachgewiesen werden, dass es eine kleinste Menge, die die zwei in Definition 3.2 genannten Bedingungen erfüllt, überhaupt gibt. Dabei werden Mengen bezüglich der Teilmengenrelation verglichen. Eine Menge, die die zwei in Definition 3.2 genannten Eigenschaften erfüllt, ist dann die kleinste Menge, wenn es keine echte Teilmenge gibt, die ebenfalls diese Eigenschaften erfüllt. Offensichtlich gibt es Mengen, die alle Bedingungen erfüllen. Offensichtlich erfüllt auch der Durchschnitt zweier Mengen, die diese Bedingungen erfüllen, wiederum diese Bedingungen. Die kleinste Menge ist der Durchschnitt aller Mengen, die die Bedingungen erfüllen.

Als Beispiel betrachten wir erneut $\Sigma = \{1, 2\}$. Das oben genannte Σ^* erfüllt die beiden Bedingungen in Definition 3.2. Das gilt auch für

$$\Pi = \{\Lambda, 1, \ 2, \ \diamondsuit, \ 11, \ 12, \ 1\diamondsuit, \ 21, \ 22, \ 2\diamondsuit, \ 111, \ \dots \}.$$

Hier wurde einfach ein weiteres Wort $\diamondsuit$ sowie alle Wörter, die zur Erfüllung der zweiten Bedingung in Definition 3.2 notwendig sind, zu Σ^* hinzugefügt. Man beachte, dass $\Sigma^* \subset \Pi$ ist. Folglich ist Π nicht die kleinste Menge, die die in Definition 3.2 genannten Bedingungen erfüllt.

Wenden wir uns jetzt dem Alphabet der Aussagenlogik zu. So genannte *aussagenlogische Variable* bezeichnen einfache Aussagen wie beispielsweise „*die Kuh ist lila*" oder „*der Hahn kräht auf dem Mist*", wobei die interne Struktur einer solchen Aussage im Moment nicht weiter analysiert werden soll. Einfache Aussagen können mit Hilfe von *Junktoren* zu komplexeren Aussagen verknüpft werden. Solche Junktoren entsprechen etwa der Negation, der Konjunktion, der Disjunktion, der Implikation oder der Äquivalenz einer oder mehrerer Aussagen. Beispiele dafür sind:

„*die Kuh ist nicht lila*" (Negation),
„*die Kuh ist lila und der Hahn kräht auf dem Mist*" (Konjunktion),
„*die Kuh ist lila oder der Hahn kräht auf dem Mist*" (Disjunktion),
„*Wenn die Kuh lila ist, dann kräht der Hahn auf dem Mist*" (Implikation),
„*die Kuh ist genau dann lila, wenn der Hahn auf dem Mist kräht*"
(Äquivalenz).

Junktoren werden als ○/n notiert, wobei ○ der Junktor selbst ist und die nachgestellte Ziffer n die Stelligkeit des Junktors angibt. Daneben gibt es als Sonderzeichen die Klammern.

Definition 3.3 *Ein* Alphabet *der Aussagenlogik besteht aus der Vereinigung der folgenden, disjunkten Mengen:*

- *eine (abzählbar) unendlichen Menge $\mathcal{R} = \{p_1, \ p_2, \ \ldots\}$ von aussagenlogischen Variablen,*

- *die Menge $\{\neg/1, \ \wedge/2, \ \vee/2, \ \rightarrow/2, \ \leftrightarrow/2\}$ von Junktoren und*

- *die Menge $\{(, \ )\}$ der Sonderzeichen.*

In der Literatur werden aussagenlogische Variablen auch häufig *0-stellige Relationssymbole* genannt. Der Einfachheit halber werden anstelle von p_1, p_2, ... auch andere Buchstaben wie q oder r zur Bezeichnung von aussagenlogischen Variablen verwendet. Ebenso werden Indexe manchmal weggelassen. Auch ist es durchaus üblich, einfach nur die Indexe, d. h. von 0 verschiedene natürliche Zahlen, als aussagenlogische Variablen zu verwenden. Verschiedene Alphabete der Aussagenlogik unterscheiden sich gemäß dieser Definition lediglich in der Menge $\mathcal{R}$ der aussagenlogischen Variablen. Es ist daher gebräuchlich anstelle des gesamten Alphabets nur $\mathcal{R}$ anzugeben.

Gemäß Definition 3.2 können wir jetzt Wörter über einem Alphabet der Aussagenlogik bilden. In einer Sprache über einem Alphabet Σ sind aber üblicherweise nicht alle Wörter aus Σ^* auch erlaubt. So sind in der deutschen Sprache Wörter wie „gehen" oder „schlafen" erlaubt, während es Wörter wie „gheen" oder „schlfn" nicht sind (auch wenn sie in Karikaturen oder Werbung manchmal verwendet werden). Eine Sprache über einem Alphabet Σ ist in der Regel eine Teilmenge von Σ^*. Diese Teilmenge wird durch bestimmte Regeln festgelegt. Im Deutschen stehen die Wörter explizit im Duden. Darüber hinaus gibt es Bildungsregeln, die besagen, dass wir beispielsweise an das Wort „gehen" ein „d" anhängen dürfen und damit ein neues Wort erhalten, bzw., die uns sagen, wie wir aus Wörtern Sätze bilden. Das ist in der Aussagenlogik nicht anders, wobei die erlaubten Sätze hier üblicherweise Formeln genannt werden.

Definition 3.4 *Eine* aussagenlogische atomare Formel, *auch kurz* Atom *genannt, ist eine aussagenlogische Variable.*

Definition 3.5 *Sei $\mathcal{R}$ eine Menge aussagenlogischer Variablen. Die Menge der* aussagenlogischen Formeln *ist die kleinste Menge $\mathcal{L}(\mathcal{R})$ von Zeichenreihen über $\mathcal{R} \cup \{\neg, \wedge, \vee, \rightarrow, \leftrightarrow, (,)\}$, die die folgenden Eigenschaften erfüllt:*

1. *Wenn F eine atomare Formel ist, dann ist $F \in \mathcal{L}(\mathcal{R})$.*

2. *Wenn $F \in \mathcal{L}(\mathcal{R})$, dann ist $\neg F \in \mathcal{L}(\mathcal{R})$.*

3. *Wenn* $\circ$ *ein binärer Junktor ist und* F, $G \in \mathcal{L}(\mathcal{R})$,
   dann ist $(F \circ G) \in \mathcal{L}(\mathcal{R})$.

Beispiele für Formeln sind p_1, $\neg p_2$ und $\neg((p_1 \rightarrow p_2) \vee p_1)$. Keine Formeln sind hingegen $p_1 p_2$, $p_1 \wedge p_2$ oder $(\neg p_1)$, obwohl auch dies Zeichenreihen über dem Alphabet der Aussagenlogik sind (siehe auch Übungsaufgabe 3–1).

Auch hier muss noch nachgewiesen werden, dass es eine kleinste Menge, die die drei in Definition 3.5 genannten Bedingungen erfüllt, überhaupt gibt. Offensichtlich gibt es Mengen, die die drei Bedingungen erfüllen. Ein Beispiel dafür ist die Menge aller Zeichenreihen über dem Alphabet der Aussagenlogik. Offensichtlich erfüllt auch der Durchschnitt zweier Mengen, die diese Bedingungen erfüllen, wiederum diese Bedingungen. Die kleinste Menge ist wiederum der Durchschnitt aller Mengen, die die Bedingungen erfüllen (siehe Übungsaufgabe 3–2). Betrachten Sie dazu die folgende Menge von Zeichenreihen:

$$\{p_1,\ p_2,\ \ldots,\ \diamond,\ \neg p_1,\ \neg p_2,\ \ldots,\ \neg\diamond,\ (p_1 \wedge p_1),\ (p_1 \wedge p_2),\ \ldots,\ (p_1 \wedge \diamond),\ \ldots\}.$$

Sie erfüllt die drei in Definition 3.5 genannten Bedingungen, ist aber nicht minimal, da in ihr die Zeichenreihen $\diamond$, $\neg\diamond$, $(p_1 \wedge \diamond)$ etc. vorkommen.

In der Folge bezeichnet A (möglicherweise indiziert) ein Atom; weiterhin bezeichnen F, G und H (möglicherweise indiziert) immer aussagenlogische Formeln; $\mathcal{G}$ bezeichnet eine Menge aussagenlogischer Formeln, sofern nichts anderes ausgesagt ist.

Die Definitionen 3.3 bis 3.5 mögen auf den ersten Blick seltsam aussehen. Auf den zweiten Blick sollte jedoch schnell klar werden, dass wir gewöhnt sind, mit ähnlich definierten Begriffen zu arbeiten. Betrachten wir dazu einmal die aus der Schule bekannten *arithmetischen Ausdrücke*. Auch sie werden über einem Alphabet definiert, das beispielsweise aus der Menge der rationalen Zahlen $\mathbb{Q}$, den Operatoren $+/2$, $-/2$, $\div/2$ und $\times/2$ sowie den Sonderzeichen „(" und „)" besteht. Darauf aufbauend können wir jetzt die Menge der arithmetischen Ausdrücke definieren. Dies ist die kleinste Menge von Zeichenreihen, die die folgenden Bedingungen erfüllt:

1. Wenn T eine rationale Zahl ist, dann ist T ein arithmetischer Ausdruck.

2. Wenn $\circ/2$ ein Operator ist und T_1, T_2 arithmetische Ausdrücke sind, dann ist auch $(T_1 \circ T_2)$ ein arithmetischer Ausdruck.

Somit erhalten wir arithmetische Ausdrücke wie beispielsweise $\frac{19}{3}$, $(3+5)$ oder $(\frac{3}{2} \div (3 \times 17))$. Wenn wir diese Definition mit den Definitionen 3.3 bis 3.5 vergleichen, dann entsprechen die rationalen Zahlen den aussagenlogischen Variablen (und damit den Atomen), die Operatoren den Junktoren, und die arithmetischen Ausdrücke selbst den aussagenlogischen Formeln. Abschließend sei hier noch bemerkt, dass es auch im Bereich der Arithmetik einstellige Operatoren gibt, wie beispielsweise die Fakultät oder das Quadrat einer rationalen Zahl.

Ein weiteres Beispiel ist die Menge der *natürlichen Zahlen* in Nachfolgerdarstellung. Das zugrunde liegende Alphabet besteht in diesem Fall aus dem Zeichen 0, einem einstelligen Operator $s/1$ sowie den Sonderzeichen „(" und „)". Darauf aufbauend können wir jetzt die Menge der natürlichen Zahlen definieren. Dies ist die kleinste Menge von Zeichenreihen, die die folgenden Bedingungen erfüllt:

1. 0 ist eine natürliche Zahl.

2. Wenn N eine natürliche Zahl ist, dann ist auch $s(N)$ eine natürliche Zahl.

Somit erhalten wir natürliche Zahlen wie beispielsweise 0, $s(0)$, $s(s(0))$ usw.

Als letztes Beispiel sei hier auf die Menge der Listen in Prolog verwiesen, die in Abschnitt 2.4.1 bereits nach dem hier eingeführten Prinzip definiert wurde. So sind beispielsweise die Zeichenreihen $[\,]$, $.(1, [\,])$ und $.([\,], [\,])$ Listen.

3.1.2 Induktion und Rekursion

Kehren wir nun zurück zu der Menge der aussagenlogischen Formeln. Dies ist eine Menge strukturierter Objekte über dem Alphabet der Aussagenlogik. Um Eigenschaften[1] von Formeln nachweisen oder Funktionen über Formeln definieren zu können, werden verschiedene Techniken benötigt, die als strukturelle Induktion bzw. strukturelle Rekursion bekannt sind.

Satz 3.6 Prinzip der strukturellen Induktion: *Jede aussagenlogische Formel besitzt eine Eigenschaft E, wenn folgende Bedingungen erfüllt sind:*

1. Induktionsanfang: *Jedes Atom besitzt die Eigenschaft E.*

2. Induktionsschritte:

   Wenn F die Eigenschaft E besitzt, dann besitzt auch ¬F die Eigenschaft E.

   Wenn ○/2 ein Junktor ist und F und G die Eigenschaft E besitzen, dann besitzt auch (F ○ G) die Eigenschaft E.

Beweis Sei $\mathcal{E}$ die Menge aller aussagenlogischen Formeln, die die Eigenschaft E erfüllen. Wegen des Induktionsanfangs und der Induktionsschritte erfüllt $\mathcal{E}$ die drei Bedingungen der Definition 3.5. Da die Menge $\mathcal{L}(\mathcal{R})$ der aussagenlogischen Formeln die kleinste Menge ist, die diese Bedingungen erfüllt, muss $\mathcal{L}(\mathcal{R}) \subseteq \mathcal{E}$ gelten. Wegen $\mathcal{E} \subseteq \mathcal{L}(\mathcal{R})$ muss $\mathcal{E} = \mathcal{L}(\mathcal{R})$ sein. □

---

[1] Wir werden später sehen, dass Eigenschaften in der Regel prädikatenlogische Formeln mit einer frei vorkommenden Variablen sind.

Bezeichne E beispielsweise die Eigenschaft „*die Anzahl der in einer aussa-genlogischen Formel vorkommenden öffnenden Klammern ist identisch zu der Anzahl der in dieser Formel vorkommenden schließenden Klammern*". Um zu zeigen, dass alle Formeln diese Eigenschaft haben, genügt es, den Induktions-anfang und die Induktionsschritte nachzuweisen. Eine Anwendung von Satz 3.6 liefert dann das gewünschte Ergebnis. Der Induktionsanfang folgt unmittelbar aus der Tatsache, dass in Atomen überhaupt keine Klammern vorkommen. Im ersten Induktionsschritt können wir annehmen, dass E für die Formel F gilt. Da eine Klammer in $\neg F$ genau dann vorkommt, wenn diese auch in F vorkommt, gilt E auch für $\neg F$. Im zweiten Induktionsschritt können wir an-nehmen, dass E für F und G gilt. Sei i die Anzahl der öffnenden bzw. schließenden Klammern in F und j die Anzahl der öffnenden bzw. schlie-ßenden Klammern in G. Offensichlich gibt es dann in $(F \circ G)$ genau $i+j+1$ öffnende und schließende Klammern, wodurch nachgewiesen ist, dass E auch für $(F \circ G)$ gilt.

Wir haben das Prinzip der strukturellen Induktion für aussagenlogische For-meln bewiesen. Es lässt sich jedoch einfach auf andere strukturierte Objekte übertragen, die rekursiv definiert sind bzw. rekursiv definiert werden können. Angenommen, wir wollen eine Eigenschaft über Listen von Termen nachwei-sen, wobei Listen so wie in Abschnitt 2.4.1 definiert sind. Das entsprechende Induktionsprinzip lautet dann wie folgt: Jede Liste besitzt eine Eigenschaft E, wenn folgende Bedingungen erfüllt sind:

1. Induktionsanfang: *Die leere Liste* [] *besitzt die Eigenschaft E.*

2. Induktionsschritt: *Wenn* K *ein Term ist und die Liste* R *die Eigenschaft E besitzt, dann besitzt auch* .(K, R) *die Eigenschaft E.*

Auf diese Weise lässt sich beispielsweise zeigen, dass jede Liste die Zeichenreihe „ [] " enthält (siehe Übungsaufgabe 3–3).

Ebenso können wir das Prinzip der strukturellen Induktion für natürliche Zah-len in Nachfolgerdarstellung definieren. Jede natürliche Zahl besitzt die Eigen-schaft E, wenn die folgenden Bedingungen erfüllt sind:

1. Induktionsanfang: *Die* 0 *besitzt die Eigenschaft E.*

2. Induktionsschritt: *Wenn N eine natürliche Zahl ist und die Eigenschaft E besitzt, dann besitzt auch $s(N)$ die Eigenschaft E.*

Auf diese Weise lässt sich beispielsweise zeigen, dass jede natürliche Zahl kleiner oder gleich ihrem Quadrat ist (siehe Übungsaufgabe 3–4).

Abschließend betrachten wir noch das Prinzip der strukturellen Induktion für Wörter über einem Alphabet Σ. Jedes Wort aus Σ^* besitzt die Eigenschaft E, wenn die folgenden Bedingungen erfüllt sind:

1. Induktionsanfang: Λ *besitzt die Eigenschaft* E.

2. Induktionsschritt: *Wenn* $w \in \Sigma^*$ *die Eigenschaft* E *besitzt und* $a \in \Sigma$, *dann besitzt auch* aw *die Eigenschaft* E.

So können wir beispielsweise für $\Sigma = \{1, 2\}$ nachweisen, dass für alle $w \in \Sigma^*$ gilt: In w kommt die Ziffer 3 nicht vor (siehe Übungsaufgabe 3–5).

Kommen wir jetzt zu der Frage, wie wir Funktionen über einer Menge von strukturierten Objekten definieren können. Wie können wir beispielsweise die Anzahl der in einer Formel vorkommenden binären Junktoren bestimmen? Wie können wir die Anzahl der Vorkommen von Atomen in einer Formel bestimmen? Dazu hilft uns das folgende Prinzip:

Satz 3.7 Prinzip der strukturellen Rekursion: *Sei* $\mathcal{M}$ *eine beliebige Menge. Weiterhin seien die folgenden sechs Funktionen gegeben:*

$$\text{foo}_{\mathcal{R}} : \mathcal{R} \to \mathcal{M},$$
$$\text{foo}_{\neg} : \mathcal{M} \to \mathcal{M},$$
$$\text{foo}_{\circ} : \mathcal{M} \times \mathcal{M} \to \mathcal{M} \text{ für } \circ \in \{\wedge,\ \vee,\ \to,\ \leftrightarrow\}.$$

Dann gibt es genau eine Funktion $\text{foo} : \mathcal{L}(\mathcal{R}) \to \mathcal{M}$, *die die folgenden Bedingungen erfüllt:*

1. Rekursionsanfang: $\text{foo}(A) = \text{foo}_{\mathcal{R}}(A)$ *für alle* $A \in \mathcal{R}$.

2. Rekursionsschritte:
   $\text{foo}(\neg G) = \text{foo}_{\neg}(\text{foo}(G))$ *für alle* $G \in \mathcal{L}(\mathcal{R})$.
   $\text{foo}((G_1 \circ G_2)) = \text{foo}_{\circ}(\text{foo}(G_1), \text{foo}(G_2))$ *für alle* $G_1, G_2 \in \mathcal{L}(\mathcal{R})$.

In vielen Anwendungen wird auf die explizite Angabe der Menge $\mathcal{M}$ sowie der Funktionen $\text{foo}_{\mathcal{R}}$, $\text{foo}_{\neg}$ und $\text{foo}_{\circ}$ verzichtet. Häufig wird das Prinzip auch nur informell wie folgt eingeführt: Es genau eine über $\mathcal{L}(\mathcal{R})$ definierte Funktion foo gibt, die die folgenden Bedingungen erfüllt:

1. *Rekursionsanfang*: Der Wert von foo ist für Atome explizit definiert.

2. *Rekursionsschritte*:

   Der Wert von foo für $\neg F$ ist nur in Abhängigkeit des Wertes von foo für F definiert.

   Der Wert von foo für $(F \circ G)$ ist nur in Abhängigkeit der Werte von foo für F und G definiert.

Mittels Satz 3.7 können wir jetzt die oben gestellten Fragen beantworten. Sei

$$\mathsf{foo}_1(F) = \begin{cases} 0 & \text{wenn } F \text{ ein Atom ist,} \\ \mathsf{foo}_1(F) & \text{wenn } F \text{ von der Form } \neg G \text{ ist,} \\ \mathsf{foo}_1(G_1) + \mathsf{foo}_1(G_2) + 1 & \text{wenn } F \text{ von der Form } (G_1 \circ G_2) \text{ ist.} \end{cases}$$

$\mathsf{foo}_1/1$ berechnet die Anzahl der in einer Formel vorkommenden binären Junktoren. Beispielsweise gilt:

$$\mathsf{foo}_1(p_1) = 0, \ \mathsf{foo}_1(\neg p_1) = 0, \ \mathsf{foo}_1(\neg((p_1 \to p_2) \vee p_1)) = 2.$$

Betrachten wir jetzt:

$$\mathsf{foo}_2(F) = \begin{cases} 1 & \text{wenn } F \text{ ein Atom ist,} \\ \mathsf{foo}_2(G) & \text{wenn } F \text{ von der Form } \neg G \text{ ist,} \\ \mathsf{foo}_2(G_1) + \mathsf{foo}_2(G_2) & \text{wenn } F \text{ von der Form } (G_1 \circ G_2) \text{ ist.} \end{cases}$$

$\mathsf{foo}_2/1$ berechnet die Anzahl der Vorkommen von Atomen in einer Formel. Wir finden beispielsweise, dass $\mathsf{foo}_2(p_1) = 1$, $\mathsf{foo}_2(\neg p_1) = 1$ und $\mathsf{foo}_2(\neg(p_1 \vee p_1)) = 2$ ist. Das letzte Beispiel verdeutlicht insbesondere auch, dass foo_2 tatsächlich die Vorkommen von Atomen zählt.

Ein weiteres Beispiel ist:

$$\mathsf{foo}_3(F) = \begin{cases} F & \text{wenn } F \text{ ein Atom ist,} \\ \neg \mathsf{foo}_3(G) & \text{wenn } F \text{ von der Form } \neg G \text{ ist,} \\ \mathsf{foo}_3(G_1) \circ \mathsf{foo}_3(G_2) & \text{wenn } F \text{ von der Form } (G_1 \circ G_2) \text{ ist.} \end{cases}$$

foo_3 eliminiert die in F vorkommenden Klammern:

$$\mathsf{foo}_3((\neg(p_1 \wedge p_2) \to p_3)) = \neg p_1 \wedge p_2 \to p_3.$$

Als letztes Beispiel betrachten wir:

$$\mathsf{pos}(F) = \{\Lambda\} \cup \begin{cases} \emptyset & \text{wenn } F \text{ ein Atom ist,} \\ \{1\pi \mid \pi \in \mathsf{pos}(G)\} & \text{wenn } F \text{ von der Form } \neg G \text{ ist,} \\ \{1\pi_1 \mid \pi_1 \in \mathsf{pos}(G_1)\} \cup \{2\pi_2 \mid \pi_2 \in \mathsf{pos}(G_2)\} \\ & \text{wenn } F \text{ von der Form } (G_1 \circ G_2) \text{ ist.} \end{cases}$$

$\mathsf{pos}(F)$ wird häufig die Menge der *Positionen* oder *Vorkommen* in F genannt. So erhalten wir beispielsweise:

$$\begin{aligned} \mathsf{pos}(p_1) &= \{\Lambda\}, \\ \mathsf{pos}(\neg p_1) &= \{\Lambda, \ 1\}, \\ \mathsf{pos}(\neg\neg p_1) &= \{\Lambda, \ 1, \ 11\}, \\ \mathsf{pos}((p_1 \vee p_2)) &= \{\Lambda, \ 1, \ 2\}, \\ \mathsf{pos}(((p_1 \vee \neg p_2) \to (p_3 \wedge p_4))) &= \{\Lambda, \ 1, \ 11, \ 12, \ 121, \ 2, \ 21, \ 22\} \end{aligned}$$

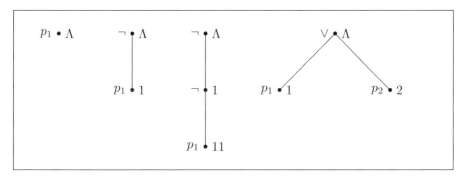

Abbildung 3.1: Die Baumdarstellung der Formeln p_1, $\neg p_1$, $\neg\neg p_1$ und $(p_1 \vee p_2)$ mit Angabe der zugehörigen Positionen.

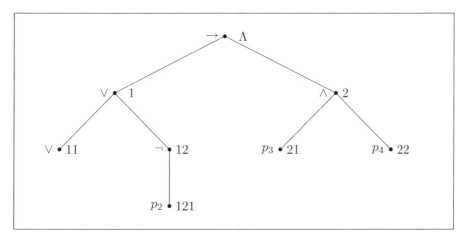

Abbildung 3.2: Die Baumdarstellung der Formel $((p_1 \vee \neg p_2) \to (p_3 \wedge p_4))$ mit Angabe der zugehörigen Positionen.

Die Bedeutung der Positionen in einer Formel F lässt sich gut an der Baumdarstellung von F verdeutlichen. Baumdarstellungen von Prolog-Termen haben wir bereits in Abbildung 2.5 betrachtet. Auf die gleiche Art und Weise lassen sich Formeln als Bäume darstellen. Die Abbildungen 3.1 und 3.2 zeigen verschiedene Formeln in Baumdarstellung und geben für jeden Knoten im Baum die zugehörige Position an.

Wir haben das Prinzip der strukturellen Rekursion für aussagenlogische Formeln angegeben. Es lässt sich aber einfach auf andere strukturierte Objekte übertragen. Betrachten wir dazu erneut die in Abschnitt 2.4.1 definierten Listen von Termen. Das entsprechende Rekursionsprinzip lautet wie folgt: Es gibt genau eine über der Menge der Listen von Termen definierte Funktion foo, die die folgenden Bedingungen erfüllt:

1. Rekursionsanfang: *Der Wert von* foo *ist für die leere Liste* [] *explizit definiert.*

2. Rekursionsschritt: *Der Wert von* foo *für* .(K, R) *ist nur in Abhängigkeit des Wertes von* foo *für* R *definiert.*

Wir können diese Definition nun dafür benutzen, eine Funktion laenge/1 über Listen von Termen zu definieren:

$$\text{laenge}(X) = \begin{cases} 0 & \text{wenn } X \text{ die leere Liste } [\,] \text{ ist,} \\ \text{laenge}(R) + 1 & \text{wenn } X \text{ von der Form } .(K, R) \text{ ist.} \end{cases}$$

Vergleichen Sie diese mathematisch exakte Definition jetzt mit dem auf Seite 40 spezifizierten Programm für `length/2` (siehe Übungsaufgabe 3–6).

Auch für natürliche Zahlen lässt sich das Prinzip der strukturellen Rekursion definieren. Es gibt genau eine über der Menge der natürlichen Zahlen in Nachfolgerdarstellung definierte Funktion foo, welche die folgenden Bedingungen erfüllt:

1. Rekursionsanfang: *Der Wert von* foo *für* 0 *ist explizit definiert.*

2. Rekursionsschritt: *Der Wert von* foo *für* $s(N)$ *ist nur in Abhängigkeit des Wertes von* foo *von* N *definiert.*

Wir können jetzt eine Funktion $+2/1$ über natürlichen Zahlen definieren, die zu jeder Zahl die 2 addiert:

$$+2(N) = \begin{cases} s(s(0)) & \text{wenn } N = 0 \text{ ist,} \\ s(+2(N')) & \text{wenn } N \text{ von der Form } s(N') \text{ ist.} \end{cases}$$

Somit finden wir beispielsweise, dass $+2(0) = s(s(0))$ und $+2(s(s(0))) = s(s(s(s(0))))$ ist. Als weiteres Beispiel betrachten wir die Fakultät $!/1$, die üblicherweise postfix geschrieben wird:

$$N! = \begin{cases} s(0) & \text{wenn } N = 0 \text{ ist,} \\ N \times N'! & \text{wenn } N \text{ von der Form } s(N') \text{ ist,} \end{cases}$$

wobei $!/1$ stärker bindet als $\times/2$. Dem interessierten Leser empfehle ich, die Funktionen $+2/1$ und $!/2$ in Prolog zu implementieren.

Zum Abschluss betrachten wir erneut Zeichenreihen über einem Alphabet Σ. Es gibt genau eine über Σ^* definierte Funktion foo, die die folgenden Bedingungen erfüllt:

1. Rekursionsanfang: *Der Wert von* foo *für* Λ *ist explizit definiert.*

2. Rekursionsschritt: *Der Wert von* foo *für* $aw \in \Sigma^*$ *ist ausschließlich in Abhängigkeit des Wertes von* foo *für* w *definiert.*

So können wir beispielsweise die Länge einer Zeichenreihe wie folgt definieren:

$$\mathsf{laenge}(w) = \left\{ \begin{array}{ll} 0 & \text{wenn } w = \Lambda \text{ ist,} \\ 1 + \mathsf{laenge}(w') & \text{wenn } w \text{ von der Form } aw' \text{ ist.} \end{array} \right.$$

3.1.3 Teilformeln

Zum Ende dieses Abschnitts will ich noch den Begriff einer Teilformel einführen, der in der Folge des öfteren verwendet wird. Informell gesprochen ist eine Teilformel einer aussagenlogischen Formel F eine in F vorkommenden Zeichenreihe, die selbst aussagenlogische Formel ist.

Definition 3.8 *Sei* $F \in \mathcal{L}(\mathcal{R})$ *eine aussagenlogische Formel. Die Menge der Teilformeln von* F *ist die kleinste Formelmenge* $\mathcal{S}_F$, *die die folgenden Bedingungen erfüllt:*

1. *$F \in \mathcal{S}_F$.*

2. *Wenn $\neg G \in \mathcal{S}_F$ ist, dann ist auch $G \in \mathcal{S}_F$.*

3. *Wenn $(G_1 \circ G_2) \in \mathcal{S}_F$ ist, dann sind auch G_1, $G_2 \in \mathcal{S}_F$.*

Die Menge $\mathcal{R}_F$ *der in* F *vorkommenden Variablen ist* $\mathcal{S}_F \cap \mathcal{R}$. *$G$ heißt* Teilformel *von* F, *wenn es in* $\mathcal{S}_F$ *enthalten ist.*

In Übungsaufgabe 3–7 wird gezeigt, dass es eine solche kleinste Menge überhaupt gibt. Als Beispiel sei F die Formel $\neg((p_1 \rightarrow p_2) \vee p_1)$. Somit ergibt sich

$$\mathcal{S}_F = \{\neg((p_1 \rightarrow p_2) \vee p_1), \ ((p_1 \rightarrow p_2) \vee p_1), \ (p_1 \rightarrow p_2), \ p_1, \ p_2\}$$

(siehe auch Übungsaufgabe 3–8) und $\mathcal{R}_F = \{p_1, p_2\}$. Betrachten Sie dagegen die Formelmenge

$$\{\neg((p_1 \rightarrow p_2) \vee p_1), \ ((p_1 \rightarrow p_2) \vee p_1), \ (p_1 \rightarrow p_2), \ p_1, \ p_2, (p_3 \vee p_2), \ p_3\}.$$

Diese Formelmenge erfüllt die drei in Definition 3.8 genannten Bedingungen. Sie aber nicht die kleinste Menge, die diese Bedingungen enthält, da sie $\mathcal{S}_F$ als echte Teilmenge enthält. Man beachte auch, dass die Formelmenge

$$\{\neg((p_1 \rightarrow p_2) \vee p_1), \ ((p_1 \rightarrow p_2) \vee p_1), \ (p_1 \rightarrow p_2), \ p_1, \ p_2, (p_3 \vee p_2)\}$$

die dritte der in Definition 3.8 explizit genannten Bedingungen nicht erfüllt.

Zum Abschluss dieses Abschnitts ist eine Bemerkung zur vollständigen Klammerung aussagenlogischer Formeln angebracht. Arithmetische Ausdrücke sind in der Praxis nicht vollständig geklammert und wir schreiben häufig $14 \div 2 + 5 \times 3$

anstelle von $((14 \div 2) + (5 \times 3))$. Das können wir deshalb tun, weil wir uns auf die Regel „*Punkt vor Strich*" geeinigt haben, die besagt, dass die Operatoren $\times/2$ und $\div/2$ stärken binden als $+/2$ und $-/2$. Solche Bindungsregeln sind in der Logik durchaus auch gebräuchlich, nur gibt es hier keinen weltweiten Standard, sondern jeder Autor legt das so fest, wie er oder sie es am besten findet. Ich habe mich daher entschlossen, keine Bindungsregeln einzuführen und Formeln bis auf weiteres vollständig zu klammern. Jedoch werden wir später sehen, dass die Junktoren $\wedge/2$ und $\vee/2$ assoziativ und kommutativ sind. Vergleichbar zu $3 + 7 + 5 + 8$ anstelle von $(((3+7)+5)+8)$ wird es dann erlaubt sein, $\langle p_1, p_2, p_3, p_4 \rangle$ anstelle von $(((p_1 \wedge p_2) \wedge p_3) \wedge p_4)$ sowie $[p_1, p_2, p_3, p_4]$ anstelle von $(((p_1 \vee p_2) \vee p_3) \vee p_4)$ zu schreiben.

Bis jetzt wurde eine formale Sprache definiert, deren Elemente die Formeln der Aussagenlogik sind. Demnach ist beispielsweise die Zeichenreihe

$$((p \wedge (p \to q)) \to q)$$

eine Formel. Aber was bedeutet diese Formel? Wofür steht sie? Im Gegensatz zu vielen Programmiersprachen war die Logik von Beginn an darauf ausgerichtet, einen engen Zusammenhang zwischen Formeln und deren Bedeutung, also zwischen Syntax und Semantik, herzustellen. Es wird sich zeigen, dass die Bedeutung einer Formel ganz allein von der Struktur der Formel abhängt.

3.2   Semantik

Atome sind die einfachsten Aussagen in der Aussagenlogik. Welche Bedeutung kann ihnen zukommen? Erinnern wir uns an die Aussage „*die Kuh ist lila*" vom Beginn des letzten Abschnitts 3.1. Im einfachsten Fall, den wir hier betrachten wollen, kann die Aussage entweder wahr oder falsch sein. Eine andere Möglichkeit, beispielsweise ein „*weiß nicht*", wollen wir nicht zulassen. Aus diesem Grund spricht man auch von einer *zweiwertigen* Logik. Atome und auch komplexere Formeln werden folglich als wahr oder falsch interpretiert.

Bevor der Begriff der Interpretation für aussagenlogische Formeln formal definiert wird, wollen wir uns zunächst noch einmal den arithmetischen Ausdrücken zuwenden. Welche Bedeutung oder welchen Wert hat der Ausdruck $(3 \times (18 \div 6) + 7)$? Die meisten Leser werden sofort antworten: 16. Aber wie kommt man darauf? Wie kann ein Computer das ausrechnen? Tippen Sie die Zeichenreihe in einen Editor Ihrer Wahl ein. Kann der Editor den Wert der Zeichenreihe bestimmen? Im Allgemeinen kann er das nicht.

Streng formal ist $(3 \times (18 \div 6) + 7)$ eine Zeichenreihe über dem Alphabet $\Sigma = \mathbb{Q} \cup \{+, -, \times, \div, (,)\}$. Um den Wert eines arithmetischen Ausdrucks berechnen zu können, müssen wir eine Funktion definieren, die jedem arithmetischen Ausdruck eine rationale Zahl zuweist. Eine solche Funktion können wir rekursiv über den Aufbau der arithmetischen Ausdrücke definieren. Allerdings müssen wir uns zuerst die rationalen Zahlen und die darauf definierten Funktionen noch etwas genauer ansehen.

Eine Struktur besteht aus einer Menge von Individuen und einer Menge darauf definierter Funktionen. Hier wollen wir die Menge der rationalen Zahlen betrachten. Darauf sind eine ganze Reihe von Funktionen definiert, so zum Beispiel:

- Addition $+^* : \mathbb{Q}^2 \to \mathbb{Q}$,

- Subtraktion $-^* : \mathbb{Q}^2 \to \mathbb{Q}$,

- Multiplikation $\times^* : \mathbb{Q}^2 \to \mathbb{Q}$,

- Division $\div^* : \mathbb{Q} \times \mathbb{Q} \setminus \{0\} \to \mathbb{Q}$.

Man beachte, dass es einen Unterschied zwischen dem Operator $+/2$ und der Funktion $+^*/2$ gibt. $+/2$ ist ein Zeichen aus Σ, während $+^*/2$ eine mathematische Funktion ist, die zwei rationalen Zahlen eine rationale Zahl zuweist. Gleiches gilt für die Operatoren bzw. Zeichen $-/2$, $\times/2$, $\div/2$ und die Funktionen $-^*/2$, $\times^*/2$, $\div^*/2$.

Wir können jetzt eine Funktion $\cdot^I$ rekursiv definieren, die jedem arithmetischen Ausdruck einen Wert wie folgt zuweist: Sei T ein arithmetischer Ausdruck.

$$[T]^I = \begin{cases} T & \text{wenn } T \in \mathbb{Q}, \\ [T_1]^I \circ^* [T_2]^I & \text{wenn } T \text{ von der Form } (T_1 \circ T_2) \text{ mit} \\ & \circ \in \{+/2,\ -/2,\ \times/2,\ \div/2\} \text{ ist.} \end{cases}$$

Somit erhalten wir:

$$\begin{aligned} [((3 \times (18 \div 6)) + 7)]^I \quad &- \quad ([(3 \times (18 \div 6))]^I +^* [7]^I) \\ &= \quad (([3]^I \times^* [(18 \div 6)]^I) +^* 7) \\ &= \quad ((3 \times^* ([18]^I \div^* [6]^I)) +^* 7) \\ &= \quad ((3 \times^* (18 \div^* 6)) +^* 7) \\ &= \quad 16. \end{aligned}$$

Man beachte erneut den Unterschied zwischen $((3 \times (18 \div 6)) + 7)$ und $((3 \times^* (18 \div^* 6)) +^* 7)$. Ersteres ist eine Zeichenreihe aus Σ^*. Letzteres ist ein Ausdruck, der die Anwendung mehrere Funktionen auf bestimmte rationale Zahlen beschreibt; er kann – beispielsweise von einem Taschenrechner – ausgewertet werden und wir erhalten – sofern der Taschenrechner keinen Fehler macht – die 16 als Wert.

Kommen wir noch einmal kurz auf den oben genannten Editor zurück. Was müssten wir dem Editor mitteilen, damit er arithmetische Ausdrücke auswerten kann? Zum einen müssen wir ihm sagen, was die Struktur der rationalen Zahlen ist und wie die genannten Funktionen darauf definiert sind. Zum anderen müssen wir ihm die soeben definierte Funktion $\cdot^I$ mitteilen. In einem Computer oder einem Taschenrechner ist dieses Wissen tatsächlich vorhanden. So werden rationale Zahlen (bis zu einer gewissen Größe) sowie die darauf definierten Funktionen beispielsweise häufig in einem mathematischen Co-Prozessor repräsentiert bzw. berechnet. Die hier gemachte explizite Unterscheidung zwischen $\circ/2$ und $\circ^*/2$, $\circ \in \{+, -, \times, \div\}$, wird in der Praxis meist aufgehoben und man verwendet $\circ/2$ sowohl als Zeichen als auch als Funktion. Ich möchte aber aus didaktischen Gründen diese Unterscheidung hier nicht aufheben.

Nach diesen Vorbetrachtungen können wir uns jetzt der Semantik logischer Ausdrücke zuwenden und diskutieren zunächst die Struktur der Wahrheitswerte.

3.2.1   Die Struktur der Wahrheitswerte

Wie oben erwähnt besteht eine Struktur aus einer Menge von Individuen und einer Menge darauf definierter Funktionen. Die *Menge der Wahrheitswerte* $\mathcal{W}$ ist die Menge $\{\top, \bot\}$. Dabei steht $\top$ für wahr und $\bot$ für falsch. Über dieser Menge können eine Reihe von Funktionen definiert werden.

Es gibt vier verschiedene einstellige Funktionen vom Typ $\mathcal{W} \to \mathcal{W}$, von denen uns hier nur die *Negation* $\neg^*$ interessiert, für die gilt: $\neg^*(\top) = \bot$ und $\neg^*(\bot) = \top$. Die anderen drei Funktionen sind die Identität sowie die konstanten Funktionen, die jeden Wahrheitswert auf $\top$ bzw. $\bot$ abbilden.

Es gibt 16 verschiedene binäre Funktionen vom Typ $\mathcal{W} \times \mathcal{W} \to \mathcal{W}$, die in Abbildung 3.3 dargestellt sind. $\wedge^*/2$ ist die *Konjunktion*, $\vee^*/2$ die *Disjunktion*, $\to^*/2$ die *Implikation*, $\uparrow^*/2$ das so genannte NAND, $\downarrow^*/2$ das so genannte NOR und $\leftrightarrow^* /2$ die *Äquivalenz*. Einige dieser Funktionen gibt es auch noch negiert bzw. mit vertauschten Operanden. Die übrigen binären Funktion werden hier keine weitere Rolle spielen und sind nur der Vollständigkeit wegen genannt. Es sind die binären konstanten Funktion, ($\top\!\!\top^*/2$ bzw. $\bot\!\!\bot^*/2$), die Projektion auf das erste Argument ($\nearrow^* /2$), die Negation der Projektion auf das erste Argument ($\not\!\nearrow^* /2$), die Projektion auf das zweite Argument ($\searrow^* /2$) und die Negation der Projektion auf das zweite Argument ($\not\!\searrow^* /2$).

Nicht alle einstelligen und zweistelligen Funktionen über der Menge $\mathcal{W}$ der Wahrheitswerte werden unbedingt benötigt. Beispielsweise ist $(w_1 \to^* w_2)$ identisch zu $(\neg^* w_1 \vee^* w_2)$ für $w_1, w_2 \in \mathcal{W}$. In diesem Buch werden vor allem die Negation, Konjunktion, Disjunktion, Implikation und die Äquivalenz verwendet.

Bevor wir uns aber der Interpretation von aussagenlogischen Formeln zuwenden, wollen wir noch einmal kurz über die Implikation reflektieren. Informell gesprochen steht $(p \to q)$ für die Aussage p impliziert q bzw. wenn p, dann q. Aber ist es nicht seltsam, dass eine solche Aussage auch dann wahr sein soll, wenn p falsch ist? Im täglichen Leben erwartet man doch im Allgemeinen, dass eine solche Aussage nur dann sinnvoll ist, wenn man weiß, dass p

w_1	w_2	$\wedge^*$	$\vee^*$	$\rightarrow^*$	$\leftarrow^*$	$\uparrow^*$	$\downarrow^*$	$\not\rightarrow^*$	$\not\leftarrow^*$
$\top$	$\top$	$\top$	$\top$	$\top$	$\top$	$\bot$	$\bot$	$\bot$	$\bot$
$\top$	$\bot$	$\bot$	$\top$	$\bot$	$\top$	$\top$	$\bot$	$\top$	$\bot$
$\bot$	$\top$	$\bot$	$\top$	$\top$	$\bot$	$\top$	$\bot$	$\bot$	$\top$
$\bot$	$\bot$	$\bot$	$\bot$	$\top$	$\top$	$\top$	$\top$	$\bot$	$\bot$

w_1	w_2	$\leftrightarrow^*$	$\not\leftrightarrow^*$	$\top^*$	$\bot^*$	$\nearrow^*$	$\not\nearrow^*$	$\searrow^*$	$\not\searrow^*$
$\top$	$\top$	$\top$	$\bot$	$\top$	$\bot$	$\top$	$\bot$	$\top$	$\bot$
$\top$	$\bot$	$\bot$	$\top$	$\top$	$\bot$	$\top$	$\bot$	$\bot$	$\top$
$\bot$	$\top$	$\bot$	$\top$	$\top$	$\bot$	$\bot$	$\top$	$\top$	$\bot$
$\bot$	$\bot$	$\top$	$\bot$	$\top$	$\bot$	$\bot$	$\top$	$\bot$	$\top$

Abbildung 3.3: Die 16 verschiedenen binären Funktionen über der Menge $\mathcal{W}$ der Wahrheitswerte.

wahr ist. Im täglichen Leben mag das in der Tat so sein, mathematisch gesehen ist dies aber problematisch. Betrachten wir dazu die folgende Aussage: wenn eine beliebige natürliche Zahl n ungerade ist, dann ist auch $n + 2$ ungerade. Diese Aussage scheint korrekt zu sein. Aber was passiert, wenn wir nun n den Wert 2 zuweisen. Dann steht da: 2 ist ungerade impliziert 4 ist ungerade. Dies klingt in der Tat merkwürdig. Trotzdem sollten wir diese Aussage als wahr annehmen, da sie eine Instanz einer wahren allgemeineren Aussage ist.

3.2.2 Interpretationen

Wir können nun formal eine Semantik für die Sprache der Aussagenlogik angeben, indem wir jeder Formel einen Wahrheitswert zuordnen.

Definition 3.9 *Eine (aussagenlogische) Interpretation $I = (\mathcal{W}, \cdot^I)$ besteht aus der Menge $\mathcal{W}$ der Wahrheitswerte und einer Abbildung $\cdot^I : \mathcal{L}(\mathcal{R}) \to \mathcal{W}$, die die folgenden Bedingungen erfüllt:*

$$[F]^I = \begin{cases} \neg^*[G]^I & \text{wenn } F \text{ von der Form } \neg G \text{ ist,} \\ ([G_1]^I \circ^* [G_2]^I) & \text{wenn } F \text{ von der Form } (G_1 \circ G_2) \text{ ist.} \end{cases}$$

Mit anderen Worten, aussagenlogische Variable werden als Wahrheitswerte und die Junktoren werden als die entsprechenden Funktionen über $\mathcal{W}$ interpretiert. Ansonsten werden keine weiteren Bedingungen an eine Interpretation gestellt. In der Tat unterscheiden sich verschiedene Interpretationen nur durch die Belegung der aussagenlogischen Variablen. Die Umkehrung gilt auch: Betrachten wir dazu die aussagenlogischen Variablen $p_1, \ldots, p_n$. Sobald die Belegung dieser

Variablen feststeht, ist auch die Interpretation jeder aussagenlogischen Formel, die nur die Variablen $p_1, \ldots, p_n$ enthält, eindeutig bestimmt.

Proposition 3.10 *Für jede Abbildung $g : \mathcal{R} \to \mathcal{W}$ gibt es genau eine Interpretation $I = (\mathcal{W}, \cdot^I)$, so dass für alle aussagenlogischen Variablen $A \in \mathcal{R}$ gilt: $g(A) = [A]^I$.*[2]

Beweis Sei $g : \mathcal{R} \to \mathcal{W}$ gegeben. Wir konstruieren:

$$[F]^I = \begin{cases} g(F) & \text{wenn } F \in \mathcal{R}, \\ \neg^* [G]^I & \text{wenn } F \text{ von der Form } \neg G \text{ ist}, \\ ([G_1]^I \circ^* [G_2]^I) & \text{wenn } F \text{ von der Form } (G_1 \circ G_2) \text{ ist}. \end{cases}$$

Nach Konstruktion gilt für alle $A \in \mathcal{R}$: $g(A) = [A]^I$. Nach Satz 3.7 ist $I = (\mathcal{W}, \cdot^I)$ eindeutig bestimmt und bildet alle $F \in \mathcal{L}(\mathcal{R})$ auf einen Wahrheitswert ab. Folglich ist I eine eindeutig bestimmte Interpretation. $\qquad\qquad\square$

Proposition 3.10 erlaubt eine elegante Repräsentation von Interpretationen: Es genügt die Angabe, auf welche Wahrheitswerte die aussagenlogischen Variablen abgebildet werden. Als Beispiel betrachten wir eine Funktion g, welche die aussagenlogische Variable p_1 auf $\top$ und alle anderen aussagenlogische Variablen auf $\bot$ abbildet. Nach Proposition 3.10 gibt es genau eine Interpretation $I = (\mathcal{W}, \cdot^I)$ mit $[p_1]^I = \top$ und $[A]^I = \bot$ für alle $A \in \mathcal{R} \setminus \{p_1\}$. Für die Formel $((p_1 \wedge (p_1 \to p_2)) \to p_2)$ ergibt sich dann:

$$\begin{aligned} [((p_1 \wedge (p_1 \to p_2)) \to p_2)]^I &= [((p_1 \wedge (p_1 \to p_2))]^I \to^* [p_2]^I) \\ &= (([p_1]^I \wedge^* [(p_1 \to p_2)]^I) \to^* [p_2]^I) \\ &= (([p_1]^I \wedge^* ([p_1]^I \to^* [p_2]^I)) \to^* [p_2]^I) \\ &= ((\top \wedge^* (\top \to^* \bot)) \to^* \bot) \\ &= ((\top \wedge^* \bot) \to^* \bot) \\ &= (\bot \to^* \bot) \\ &= \top. \end{aligned}$$

Interpretation können sogar noch kompakter dargestellt werden: Es reicht aus, sich für eine Interpretation I diejenigen aussagenlogischen Variablen zu merken, die durch I auf $\top$ abgebildet werden. Mit anderen Worten, eine Interpretation $I = (\mathcal{W}, \cdot^I)$ kann durch $\{A \mid [A]^I = \top\}$ repräsentiert werden. Es ist durchaus üblich, diese Repräsentation von I selbst wieder mit I zu bezeichnen. Sei beispielsweise $\mathcal{R} = \{p_i \mid i \in \mathbb{N}^+\}$ und $I = \{p_2, p_3, p_5\}$. Dann gilt:

$$[p_i]^I = \begin{cases} \top & \text{wenn } i \in \{2, 3, 5\}, \\ \bot & \text{sonst}. \end{cases}$$

---

[2] Mir ist keine formale Definition bekannt, die festlegt, wann eine Aussage *Proposition* und wann sie *Satz* genannt wird. Hier ist eine Proposition eine Art Hilfsaussage, die unmittelbar aus den Definitionen folgt, während ein Satz eine Aussage ist, deren Beweis aufwändiger ist.

Diese Repräsentation hat auch den Vorteil, dass wir die Repräsentationen verschiedener Interpretationen durch Mengenoperationen miteinander verknüpfen bzw. vergleichen können. Betrachten wir die Formel $F = ((p_1 \lor \neg p_2) \land p_3)$ und die Interpretationen $I_1 = \{p_1, p_2, p_3\}$ und $I_2 = \{p_1, p_3, p_4\}$. Es lässt sich leicht nachrechnen, dass $[F]^{I_1} = [F]^{I_2} = \top$ gilt. Man beachte auch, dass $I_3 = \{p_1, p_2, p_3\} \cap \{p_1, p_3, p_4\} = \{p_1, p_3\}$ wieder eine Menge aussagenlogischer Variablen und somit die Repräsentation einer Interpretation ist. In diesem Beispiel gilt auch $[F]^{I_3} = \top$.[3] Wir können also Repräsentationen von Interpretationen schneiden. Darauf werde ich insbesondere in Kapitel 5 zurückkommen.

Betrachten wir erneut $F = ((p_1 \lor \neg p_2) \land p_3)$ und die Interpretationen $I_2 = \{p_1, p_3, p_4\}$ und $I_3 = \{p_1, p_3\}$. Beide bilden F auf wahr ab. Offensichtlich spielt dabei die Interpretation der aussagenlogischen Variablen p_4 keine Rolle. Letzteres gilt für alle aussagenlogischen Variablen, die nicht in F vorkommen:

Proposition 3.11 *Sei* $F \in \mathcal{L}(\mathcal{R})$ *und seien* $I = (\mathcal{W}, \cdot^I)$ *und* $I' = (\mathcal{W}, \cdot^{I'})$ *zwei Interpretationen. Wenn für alle aussagenlogischen Variablen* $A \in \mathcal{R}_F$ *die Gleichung* $[A]^I = [A]^{I'}$ *gilt, dann gilt auch* $[F]^I = [F]^{I'}$.

Der Beweis dieser Proposition kann mittels Induktion über den Aufbau der aussagenlogischen Formeln geführt werden (siehe Übungsaufgabe 3–9). Man kann auch leicht nachweisen, dass sich Proposition 3.11 von einer Formel F auf eine Menge $\mathcal{G}$ von Formeln erweitern lässt.

Sei F ein Formel. Wir können auf der Menge der Interpretationen einen Äquivalenzrelation $\simeq_F$ wie folgt definieren: $I \simeq_F I'$ genau dann, wenn für alle $A \in \mathcal{R}_F$ gilt: $[A]^I = [A]^{I'}$. Für unser oben diskutiertes Beispiel $F = ((p_1 \lor \neg p_2) \land p_3)$ gilt dann: $I_2 = \{p_1, p_3, p_4\} \simeq_F \{p_1, p_3\} = I_3$, während $I_1 = \{p_1, p_2, p_3\} \not\simeq_F \{p_1, p_3, p_4\} = I_2$. Wie man leicht sieht, gibt es für eine Formel F, in der n aussagenlogische Variable vorkommen, d. h. für die $|\mathcal{R}_F| = n$ gilt,[4] genau 2^n verschiedene Äquivalenzklassen bzgl. $\simeq_F$. Die in einer Äquivalenzklasse liegenden Interpretationen unterscheiden sich lediglich in der Interpretation der in $\mathcal{R} \setminus \mathcal{R}_F$ vorkommenden Variablen. Als Repräsentant einer Äquivalenzklasse wähle ich in der Regel die Interpretation, die alle in $\mathcal{R} \setminus \mathcal{R}_F$ vorkommenden aussagenlogischen Variablen auf falsch abbildet. In der Folge betrachte ich als Interpretationen für eine gegebene Formel F nur noch die Repräsentanten der Äquivalenzklassen bzgl. $\simeq_F$.

Zur weiteren notationellen Vereinfachung schreiben wir im weiteren häufig F^I anstelle von $[F]^I$. Noch eine Bemerkung zur Notation: Wie zuvor bei der Interpretation arithmetischer Ausdrücken habe ich sehr sauber zwischen Junktoren $\neg$, $\land$, ... in der Sprache der Aussagenlogik und Funktionen $\neg^*$, $\land^*$, ... über der Menge der Wahrheitswerte unterschieden. Junktoren und Funktionen haben erst einmal auch nichts miteinander zu tun. Junktoren sind syntaktische

---

[3] Nicht immer ist der Durchschnitt zweier Modelle für eine Formel F wieder eine Modell für F; siehe Proposition 5.7 sowie die sich daran anschließende Diskussion auf Seite 286.

[4] $|\mathcal{M}|$ bezeichnet die Kardinalität der Menge $\mathcal{M}$.

Objekte. Wenn ich auf der Tastatur meines Computer die Zeichenreihe $(p \wedge \neg p)$ eintippe, dann hat der Computer erst einmal keine Ahnung, was ich damit meine. Für den Computer ist das nur eine Zeichenreihe und nicht mehr. Wenn ich aber die mathematische Funktion $\wedge^*$ mit den Argumenten $\bot$ und $\top$ aufrufe, dann erhalte ich $\bot$ als Wert. Erst die Interpretation stellt einen Zusammenhang zwischen Junktoren und Funktionen, also zwischen $\neg$ und $\neg^*$, $\wedge$ und $\wedge^*$, und so weiter, her. Da wir hier $\neg$ immer als $\neg^*$, $\wedge$ immer als $\wedge^*$, und so weiter, interpretieren, spricht man häufig auch von einer *Standardinterpretation*. Auch verzichten viele Autoren auf eine saubere Trennung zwischen Junktoren und Funktionen, indem sie Funktionen und Junktoren gleich bezeichnen und das „ * " einfach weglassen.

Definition 3.12 *Sei F eine aussagenlogische Formel.*

- *F heißt* erfüllbar, *wenn es eine Interpretation $I = (\mathcal{W}, \cdot^I)$ mit $F^I = \top$ gibt.*

- *F heißt* allgemeingültig *(oder F ist eine* Tautologie*), wenn für alle Interpretationen $I = (\mathcal{W}, \cdot^I)$ gilt: $F^I = \top$.*

- *F heißt* widerlegbar, *wenn es eine Interpretation $I = (\mathcal{W}, \cdot^I)$ mit $F^I = \bot$ gibt.*

- *F heißt* unerfüllbar, *wenn für alle Interpretationen $I = (\mathcal{W}, \cdot^I)$ gilt: $F^I = \bot$.*

Betrachten wir zum Beispiel die aussagenlogische Formel $F = (p \vee q)$. Sie ist erfüllbar, da für jede Interpretation I mit $p^I = \top$ gilt:

$$F^I = (p^I \vee^* q^I) = (\top \vee^* q^I) = \top.$$

Aber F ist gleichzeitig widerlegbar, da für jede Interpretation I' mit $p^{I'} = q^{I'} = \bot$ gilt:
$$F^{I'} = (p^{I'} \vee^* q^{I'}) = (\bot \vee^* \bot) = \bot.$$

3.2.3   Wahrheitswertetabellen

Die Formel $G = ((p \wedge (p \rightarrow q)) \rightarrow q)$ ist allgemeingültig. Um dies nachzuweisen, müssen alle Interpretationen betrachtet werden. Da in dem Alphabet der Aussagenlogik unendlich viele aussagenlogische Variable vorkommen und eine Interpretation eindeutig durch die Belegung der aussagenlogischen Variablen charakterisiert ist, gibt es unendlich viele Interpretationen. Müssen wir tatsächlich alle diese Interpretationen betrachten, um entscheiden zu können, ob G allgemeingültig ist? Glücklicherweise nicht. Wie wir zuvor in Proposition 3.11 gesehen haben, hängt der Wahrheitswert, den eine Formel G durch eine

Interpretation I zugewiesen bekommt, ausschließlich von den Wahrheitswerten ab, die I den in G vorkommenden aussagenlogischen Variablen zuweist. In dem Beispiel sind dies die Variablen p und q. Da wir eine zweiwertige Logik betrachten, gibt es also $2^2 = 4$ verschiedene Interpretationen I für G, für die wir nachweisen müssen, dass $G^I = \top$ gilt. Der Leser bzw. die Leserin möge sich selbst davon überzeugen, dass dies in unserem Beispiel für jede der vier Interpretationen gilt. Somit ist G in der Tat allgemeingültig. Man spricht in diesem Zusammenhang auch oft von einem Anlegen bzw. Ausrechnen einer *Wahrheitswertetabelle* für G. Dieses Verfahren ist in Abbildung 3.4 genauer beschrieben.

Als Beispiel betrachten wir die aussagenlogische Formel $F = ((p \lor \neg q) \land r)$. Zum Anlegen einer Wahrheitswertetabelle für F führen wir die folgenden Schritte aus:

1. $m = |\mathcal{S}_F| = |\{((p \lor \neg q) \land r),\ (p \lor \neg q),\ p,\ \neg q,\ q,\ r\}| = 6$.

2. $n = |\mathcal{R}_F| = |\{p, q, r\}| = 3$.

3. Mit $2^3 = 8$ erhalten wir die folgende Tabelle:

	p	q	r	$\neg q$	$(p \lor \neg q)$	$((p \lor \neg q) \land r)$
1						
2						
3						
4						
5						
6						
7						
8						

4. Nach Ausfüllen der ersten $n = 3$ Spalten erhalten wir:

	p	q	r	$\neg q$	$(p \lor \neg q)$	$((p \lor \neg q) \land r)$
1	$\top$	$\top$	$\top$			
2	$\bot$	$\top$	$\top$			
3	$\top$	$\bot$	$\top$			
4	$\bot$	$\bot$	$\top$			
5	$\top$	$\top$	$\bot$			
6	$\bot$	$\top$	$\bot$			
7	$\top$	$\bot$	$\bot$			
8	$\bot$	$\bot$	$\bot$			

1. Sei $m = |\mathcal{S}_F|$ die Anzahl der Teilformeln von F.

2. Sei $n = |\mathcal{R}_F|$ die Anzahl der aussagenlogischen Variablen, die in F vorkommen.

3. Lege eine Tabelle mit 2^n Zeilen und m Spalten an.
   Markiere die ersten n Spalten durch die n in F vorkommenden aussagenlogischen Variablen und die letzte Spalte durch F.
   Markiere die übrigen Spalten mit den sonstigen Teilformeln von F.

4. Fülle die ersten n Spalten mit $\top$ und $\bot$ wie folgt aus:
   In der ersten Spalte stehen abwechselnd $\top\bot\top\bot\ldots$,
   in der zweiten Spalte stehen abwechselnd $\top\top\bot\bot\ldots$,
   in der dritten Spalte stehen abwechselnd $\top\top\top\top\bot\bot\bot\bot\ldots$, usw.

5. Berechne die Werte in den restlichen Spalten unter Verwendung der bekannten Funktionen über der Menge der Wahrheitswerte.

Abbildung 3.4: Das Anlegen einer Wahrheitswertetabelle $T(F)$ für eine aussagenlogische Formel F.

5. Nach Ausfüllen der restlichen Spalten erhalten wir:

	p	q	r	$\neg q$	$(p \vee \neg q)$	$((p \vee \neg q) \wedge r)$
1	$\top$	$\top$	$\top$	$\bot$	$\top$	$\top$
2	$\bot$	$\top$	$\top$	$\bot$	$\bot$	$\top$
3	$\top$	$\bot$	$\top$	$\top$	$\top$	$\top$
4	$\bot$	$\bot$	$\top$	$\top$	$\top$	$\top$
5	$\top$	$\top$	$\bot$	$\bot$	$\top$	$\top$
6	$\bot$	$\top$	$\bot$	$\bot$	$\bot$	$\bot$
7	$\top$	$\bot$	$\bot$	$\top$	$\top$	$\top$
8	$\bot$	$\bot$	$\bot$	$\top$	$\top$	$\top$

Mit einer solchen Wahrheitswertetabelle $T(F)$ lassen sich nun die Fragen nach der Erfüllbarkeit, Allgemeingültigkeit, Widerlegbarkeit und Unerfüllbarkeit einer aussagenlogischen Formel F entscheiden:

- F ist genau dann erfüllbar, wenn $T(F)$ eine Zeile mit $\top$ in der letzten Spalte enthält.

- F ist genau dann allgemeingültig, wenn in allen Zeilen in $T(F)$ der Wahrheitswert $\top$ in der letzten Spalte steht.

- F ist genau dann widerlegbar, wenn $T(F)$ eine Zeile mit $\bot$ in der letzten Spalte enthält.

- F ist genau dann unerfüllbar, wenn in allen Zeilen in $T(F)$ der Wahrheitswert $\bot$ in der letzten Spalte steht.

Streng genommen müssen diese Aussagen alle bewiesen werden (siehe Übungsaufgabe 3–10).

3.2.4 Modelle

In der Folge wollen wir bei gegebener Formel F Interpretationen auszeichnen, die F auf den Wahrheitswert $\top$ abbilden.

Definition 3.13 *Eine Interpretation $I = (\mathcal{W}, \cdot^I)$ heißt* Modell *für eine aussagenlogische Formel F, symbolisch $I \models F$, wenn $F^I = \top$ gilt.*

Wir wollen noch weitere notationelle Abkürzungen einführen: Wenn die Interpretation I kein Modell für die Formel F ist, d. h. wenn $F^I = \bot$, dann schreiben wir $I \not\models F$. Wenn alle Interpretationen Modelle für F sind, d. h. wenn F allgemeingültig ist, dann schreiben wir $\models F$.

Die Begriffe erfüllbar, allgemeingültig, widerlegbar und unerfüllbar sind nicht unabhängig voneinander. Als ein Beispiel dafür mag der folgende Satz gelten.

Satz 3.14 *Eine aussagenlogische Formel F ist genau dann allgemeingültig ($\models F$), wenn $\neg F$ unerfüllbar ist.*

Beweis $\models F$ gdw.[5]   alle Interpretationen sind Modelle für F
           gdw.   keine Interpretation ist Modell für $\neg F$
           gdw. $\neg F$ ist unerfüllbar.   □

Dieser Satz wird später von großer Bedeutung sein, denn viele rechnergestützten Verfahren zum Nachweis der Allgemeingültigkeit einer Formel F negieren diese Formel und zeigen dann, dass $\neg F$ unerfüllbar ist.

Es ist manchmal natürlicher, an Stelle von einer Konjunktion von Formeln, von einer Menge von Formeln zu sprechen. Mit diesem Verständnis lassen sich Begriffe wie Erfüllbarkeit und Modell unmittelbar auf Mengen von Formeln erweitern.

Definition 3.15 *Sei $\mathcal{G}$ eine Menge aussagenlogischer Formeln.*

- *Eine Interpretation I heißt* Modell *für $\mathcal{G}$, symbolisch $I \models \mathcal{G}$, wenn I Modell für alle $F \in \mathcal{G}$ ist.*

- *$\mathcal{G}$ ist* erfüllbar, *wenn es ein Modell für $\mathcal{G}$ gibt.*

---

[5] gdw. ist eine Abkürzung für „genau dann, wenn".

- $\mathcal{G}$ ist unerfüllbar, *wenn es kein Modell für* $\mathcal{G}$ *gibt.*

- $\mathcal{G}$ ist widerlegbar, *wenn es eine Interpretation gibt, die kein Modell für* $\mathcal{G}$ *ist.*

- $\mathcal{G}$ ist allgemeingültig, *wenn alle Interpretation auch Modelle für* $\mathcal{G}$ *sind.*

3.2.5 Logische Konsequenz

Der zentrale Begriff einer Logik ist die logische Konsequenz. Betrachten wir die Aussage „*wenn A, dann B*". Wenn nun „*A*" wahr ist, dann können wir aufgrund der Aussage schließen, dass auch „*B*" wahr sein muss. Dieser Schluss ist völlig unabhängig davon, was „*A*" und „*B*" tatsächlich bedeutet. „*A*" könnte für „*Peter kauft ein Auto*" und „*B*" für „*Peter muss bezahlen*" stehen. Für die gezogene Schlussfolgerung ist dies völlig unerheblich. Sie erfolgt allein aufgrund der syntaktischen Struktur.

Definition 3.16 *Eine aussagenlogische Formel* F *ist genau dann eine* (aussagenlogische) Konsequenz *einer Menge aussagenlogischer Formeln* $\mathcal{G}$, *symbolisch* $\mathcal{G} \models F$, *wenn für jede Interpretation* I *gilt: wenn* I *Modell für* $\mathcal{G}$ *ist, dann ist* I *auch Modell für* F.

Wenn die aussagenlogische Variable p die Aussage „*A*" und q die Aussage „*B*" repräsentiert, dann lässt sich die Aussage „*wenn A, dann B*" als Implikation $(p \rightarrow q)$ darstellen. Nehmen wir weiterhin an, dass „*A*" in der Tat gilt, was wir durch p repräsentieren. Wir können leicht entscheiden, ob $\{p, (p \rightarrow q)\} \models q$ gilt: Wir müssen nur alle Interpretationen betrachten, die sowohl p als auch $(p \rightarrow q)$ wahr machen und dann überprüfen, ob diese Interpretationen auch Modelle für q sind. Dies können wir tun, indem wir eine Tabelle wie folgt anlegen:

p	q	$(p \rightarrow q)$
$\top$	$\top$	$\top$
$\bot$	$\top$	$\top$
$\top$	$\bot$	$\bot$
$\bot$	$\bot$	$\top$

Anhand dieser Tabelle können wir jetzt überprüfen, ob alle Interpretationen, die Modell für p und Modell für $(p \rightarrow q)$ sind, auch Modell für q sind. In diesem Beispiel bildet lediglich die Interpretation $\{p, q\}$ sowohl p als auch $(p \rightarrow q)$ auf $\top$ ab. Da $q \in \{p, q\}$ ist, bildet diese Interpretation auch q auf $\top$ ab. Ergo gilt: $\{p, p \rightarrow q\} \models q$.

Betrachten wir als zweites Beispiel die Frage, ob $\{(p \vee q)\} \models q$ gilt. Auch hier legen wir wieder eine entsprechende Tabelle an:

p	q	$(p \vee q)$
$\top$	$\top$	$\top$
$\bot$	$\top$	$\top$
$\top$	$\bot$	$\top$
$\bot$	$\bot$	$\bot$

Die Interpretationen $\{p, q\}$, $\{q\}$ und $\{p\}$ sind Modell für $(p \vee q)$. Aber eine davon, nämlich $\{p\}$, ist kein Modell für q. Somit gilt $\{(p \vee q)\} \models q$ nicht.

Als letztes Beispiel betrachten wir die Frage, ob $\{(p \wedge \neg p)\} \models q$ gilt. Wir legen eine entsprechende Tabelle an:

p	q	$\neg p$	$(p \wedge \neg p)$
$\top$	$\top$	$\bot$	$\bot$
$\bot$	$\top$	$\top$	$\bot$
$\top$	$\bot$	$\bot$	$\bot$
$\bot$	$\top$	$\top$	$\bot$

In diesem Beispiel gibt es keine Interpretation, die $(p \wedge \neg p)$ auf $\top$ abbildet. Gemäß Definition 3.16 folgt q logisch aus $\{(p \wedge \neg p)\}$, wenn für jede Interpretation I gilt: wenn I Modell für $\{(p \wedge \neg p)\}$ ist, dann ist I Modell für q. Die Aussage „*wenn I Modell für $\{(p \wedge \neg p)\}$ ist, dann ist I Modell für q*" ist eine Implikation, deren Vorbedingung „*I ist Modell für $\{(p \wedge \neg p)\}$*" immer falsch ist. Nach unserer Definition der Implikation $\rightarrow^*$ über der Menge der Wahrheitswerte ist in diesem Fall die Implikation selbst immer wahr. Somit ist q eine logische Konsequenz aus $\{(p \wedge \neg p)\}$. In der Tat kann man aus einer unerfüllbaren Menge von Formeln auf alles schließen.

Es gibt einen engen Zusammenhang zwischen dem Begriff der logischen Konsequenz und der Allgemeingültigkeit:

Satz 3.17 *Seien F, F_1, ..., F_n aussagenlogische Formeln. $\{F_1, \ldots, F_n\} \models F$ gilt genau dann, wenn $\models ((\ldots(F_1 \wedge F_2) \wedge \ldots \wedge F_n) \rightarrow F)$ gilt.*

Zum Beweis sei auf Übungsaufgabe 3–11 verwiesen. Bezogen auf das oben genannte Beispiel besagt dieser Satz, dass es, um $\{p, (p \rightarrow q)\} \models q$ zu zeigen, ausreicht, die Allgemeingültigkeit von $((p \wedge (p \rightarrow q)) \rightarrow q)$ nachzuweisen.

3.3 Äquivalenz und Normalformen

In einer Sprache gibt es meistens viele verschiedene Möglichkeiten, um ein und denselben Sachverhalt auszudrücken. Das ist in der Sprache der Logik nicht anders. Beispielsweise gibt es auf der Basis der gegebenen Semantik keinen Grund die Formeln $\neg\neg F$ und F zu unterscheiden. Sie werden unter jeder Interpretation gleich ausgewertet. Solche Formelpaare wollen wir im nächsten Abschnitt näher betrachten.

Des Weiteren werden wir in einer Klasse von Formeln, die alle dieselbe Bedeutung haben, bestimmte Formen auszeichnen. Diese Formen heißen Normalformen, und wir werden Algorithmen kennen lernen, die Formeln in eine Normalform mit gleicher Bedeutung transformieren.

3.3.1   Semantische Äquivalenz

Wir betrachten hier zunächst Formeln, die unter allen Interpretationen gleich ausgewertet werden.

Definition 3.18 *Zwei aussagenlogische Formeln F und G heißen* semantisch äquivalent, *symbolisch $F \equiv G$, wenn für alle Interpretationen I gilt: $I \models F$ gilt genau dann, wenn $I \models G$ gilt.*

Offensichtlich ist $\equiv\;/2$ eine Äquivalenzrelation, da $\equiv$ sowohl reflexiv, symmetrisch und transitiv ist, d. h. es gilt für alle Formeln F, G und H:

$$
\begin{array}{ll}
F \equiv F & \textit{Reflexivität} \\
\text{wenn } F \equiv G, \text{ dann } G \equiv F & \textit{Symmetrie} \\
\text{wenn } F \equiv G \text{ und } G \equiv H, \text{ dann } F \equiv H & \textit{Transitivität}
\end{array}
$$

Die drei Eigenschaften lassen sich leicht nachweisen (siehe Übungsaufgabe 3–12).

Satz 3.19 *Seien F, G und H aussagenlogische Formeln. Es gelten die folgenden Äquivalenzen:*

$$
\begin{array}{rcll}
(F \wedge F) & \equiv & F & \\
(F \vee F) & \equiv & F & \textit{Idempotenz} \\[6pt]
(F \wedge G) & \equiv & (G \wedge F) & \\
(F \vee G) & \equiv & (G \vee F) & \textit{Kommutativität} \\[6pt]
((F \wedge G) \wedge H) & \equiv & (F \wedge (G \wedge H)) & \\
((F \vee G) \vee H) & \equiv & (F \vee (G \vee H)) & \textit{Assoziativität} \\[6pt]
((F \wedge G) \vee F) & \equiv & F & \\
((F \vee G) \wedge F) & \equiv & F & \textit{Absorption} \\[6pt]
(F \wedge (G \vee H)) & \equiv & ((F \wedge G) \vee (F \wedge H)) & \\
(F \vee (G \wedge H)) & \equiv & ((F \vee G) \wedge (F \vee H)) & \textit{Distributivität} \\[6pt]
\neg\neg F & \equiv & F & \textit{Doppelte Negation}
\end{array}
$$

$$
\begin{aligned}
\neg(F \wedge G) &\equiv (\neg F \vee \neg G) \\
\neg(F \vee G) &\equiv (\neg F \wedge \neg G) && \textit{de Morgan} \\[2mm]
(F \vee G) &\equiv F, \;\; \textit{wenn } F \textit{ allgemeingültig} \\
(F \wedge G) &\equiv G, \;\; \textit{wenn } F \textit{ allgemeingültig} && \textit{Tautologie} \\
(F \vee G) &\equiv G, \;\; \textit{wenn } F \textit{ unerfüllbar} \\
(F \wedge G) &\equiv F, \;\; \textit{wenn } F \textit{ unerfüllbar} && \textit{Unerfüllbarkeit} \\[2mm]
(F \leftrightarrow G) &\equiv ((F \wedge G) \vee (\neg G \wedge \neg F)) && \textit{Äquivalenz} \\[2mm]
(F \rightarrow G) &\equiv (\neg F \vee G) && \textit{Implikation}
\end{aligned}
$$

Alle Äquivalenzen können leicht nachgerechnet werden, indem man die jeweiligen Modelle betrachtet. Für die Implikation wollen wir das hier tun:

F	G	$(F \rightarrow G)$
$\top$	$\top$	$\top$
$\bot$	$\top$	$\top$
$\top$	$\bot$	$\bot$
$\bot$	$\top$	$\top$

F	G	$\neg F$	$(\neg F \vee G)$
$\top$	$\top$	$\bot$	$\top$
$\bot$	$\top$	$\top$	$\top$
$\top$	$\bot$	$\bot$	$\bot$
$\bot$	$\top$	$\top$	$\top$

Wie man durch einen Vergleich der jeweils letzten Spalten sofort sieht, haben die Formeln $(F \rightarrow G)$ und $(\neg F \vee G)$ die gleichen Modelle. In Übungsaufgabe 3–13 wird der Leser aufgefordert, auch die restlichen Äquivalenzen zu beweisen.

Kehren wir für einen Moment noch einmal zu den arithmetischen Ausdrücken zurück und betrachten den Ausdruck $(3 + (7 \times 8))$. Darin können wir den Teilausdruck (7×8) durch 56 ersetzen, da (7×8) und 56 die gleiche Bedeutung haben. Intuitiv sollte es auch möglich sein, dass wir eine Teilformel G einer Formel F durch eine zu G semantisch äquivalente Formel H ersetzen, ohne dass sich die Bedeutung von F ändert. So erhalten wir beispielsweise aus der Formel $F = (p_1 \wedge (p_2 \rightarrow p_3))$ die Formel $F' = (p_1 \wedge (\neg p_2 \vee p_3))$ indem wir die Teilformel $(p_2 \rightarrow p_3)$ in F durch $(\neg p_2 \vee p_3)$ ersetzen. Es lässt sich leicht nachrechnen, dass in diesem Fall $F \equiv F'$ gilt. Aber gilt das auch für alle Formeln und alle möglichen Ersetzungen?

Bevor wir uns dieser Frage zuwenden, müssen wir noch ein kleines technisches Problem lösen. Wenn wir in einer Formel F eine Teilformel G durch H ersetzen wollen und G mehrfach in F vorkommt, dann ist nicht unmittelbar klar, welches Vorkommen von G in F ersetzt werden soll. Betrachten wir dazu die Formel $((p_1 \wedge (p_2 \rightarrow p_3)) \rightarrow (p_2 \rightarrow p_3))$. Darin gibt es zwei Vorkommen von $(p_2 \rightarrow p_3)$. Welches davon meinen wir? Um diese Frage beantworten zu können, führe ich zunächst den Begriff einer Position und dann den Begriff einer Teilformel an einer Position ein.

Definition 3.20 *Sei* F *eine Formel. Die Menge der* Positionen *in* F *ist* $\mathsf{pos}(F)$.

Definition 3.21 *Die* Teilformel von F *an der Position* $\pi \in \mathsf{pos}(F)$, *symbolisch* $F\lceil\pi\rceil$, *ist wie folgt definiert:*

1. $F\lceil\Lambda\rceil = F$.

2. $F\lceil 1\pi\rceil = G\lceil\pi\rceil$, *wenn* F *von der Form* $\neg G$ *ist.*

3. $F\lceil i\pi\rceil = G_i\lceil\pi\rceil$, *wenn* F *von der Form* $(G_1 \circ G_2)$ *und* $i \in \{1,2\}$ *ist.*

Betrachten wir zur Veranschaulichung erneut die Formel

$$F = ((p_1 \wedge (p_2 \to p_3)) \to (p_2 \to p_3)).$$

Die Menge der Positionen in F ist

$$\mathsf{pos}(F) = \{\Lambda,\ 1,\ 11,\ 12,\ 121,\ 122,\ 2,\ 21,\ 22\}.$$

Die Teilformel $(p_2 \to p_3)$ kommt an den Positionen 12 und 2 vor.

Definition 3.22 *Sei* F *eine Formel. Die* Ersetzung der Teilformel von F *an der Position* $\pi \in \mathsf{pos}(F)$ *durch* H, *symbolisch* $F\lceil\pi \mapsto H\rceil$, *ist wie folgt definiert:*

1. $F\lceil\Lambda \mapsto H\rceil = H$,

2. $F\lceil 1\pi \mapsto H\rceil = \neg(G\lceil\pi \mapsto H\rceil)$, *wenn* F *von der Form* $\neg G$ *ist.*

3. $F\lceil 1\pi \mapsto H\rceil = (G_1\lceil\pi \mapsto H\rceil \circ G_2)$,
   wenn F *von der Form* $(G_1 \circ G_2)$ *ist.*

4. $F\lceil 2\pi \mapsto H\rceil = (G_1 \circ G_2\lceil\pi \mapsto H\rceil)$,
   wenn F *von der Form* $(G_1 \circ G_2)$ *ist.*

Als Beispiel erhalten wir:

$$\begin{aligned}
&((p_1 \wedge (p_2 \to p_3)) \to (p_2 \to p_3))\lceil 12 \mapsto (\neg p_2 \vee p_3)\rceil \\
&= ((p_1 \wedge (p_2 \to p_3))\lceil 2 \mapsto (\neg p_2 \vee p_3)\rceil \to (p_2 \to p_3)) \\
&= ((p_1 \wedge (p_2 \to p_3)\lceil\Lambda \mapsto (\neg p_2 \vee p_3)\rceil) \to (p_2 \to p_3)) \\
&= ((p_1 \wedge (\neg p_2 \vee p_3)) \to (p_2 \to p_3)).
\end{aligned}$$

Dagegen gilt:

$$\begin{aligned}
&((p_1 \wedge (p_2 \to p_3)) \to (p_2 \to p_3))\lceil 2 \mapsto (\neg p_2 \vee p_3)\rceil \\
&= ((p_1 \wedge (p_2 \to p_3)) \to (p_2 \to p_3)\lceil\Lambda \mapsto (\neg p_2 \vee p_3)\rceil) \\
&= ((p_1 \wedge (p_2 \to p_3)) \to (\neg p_2 \vee p_3)).
\end{aligned}$$

Im ersten Fall wurde das erste, im zweiten Fall das zweite Vorkommen von $(p_2 \to p_3)$ in F ersetzt.

Mit Hilfe dieser Begriffe können wir jetzt einen Satz beweisen, der besagt, dass sich die Bedeutung einer Formel nicht ändert, wenn in ihr eine Teilformel durch eine semantisch äquivalente Formel ersetzt wird.

Satz 3.23 *(Ersetzungstheorem) Seien F, G und H Formeln, $\pi \in \mathsf{pos}(F)$, $F\lceil\pi\rceil = G$ und $G \equiv H$. Dann gilt: $F \equiv F\lceil\pi \mapsto H\rceil$.*

Beweis Ich beweise die Aussage mittels struktureller Induktion über den Aufbau von Positionen.

Induktionsanfang: Sei $\pi = \Lambda$. In diesem Fall gilt $F = F\lceil\Lambda\rceil = G$ und $F\lceil\Lambda \mapsto H\rceil = H$. Wegen $G \equiv H$ folgt die Aussage unmittelbar.

Induktionshypothese: Die Aussage gelte für π'.

Induktionsschritt: Sei $\pi = i\pi'$ mit $i \in \{1,2\}$. Wir unterscheiden zwei Fälle in Abhängigkeit von i:

1. Sei $i = 1$. Da $\pi = 1\pi' \in \mathsf{pos}(F)$, muss F von der Form $\neg F'$ oder von der Form $(G_1 \circ G_2)$ sein. Wir unterscheiden erneut zwei Fälle:

   (a) Sei $F = \neg F'$. Wir finden

   $$F\lceil 1\pi' \mapsto H\rceil = (\neg F')\lceil 1\pi' \mapsto H\rceil = \neg(F'\lceil\pi' \mapsto H\rceil).$$

   Aufgrund der Induktionshypothese (IH) gilt: $F' \equiv F'\lceil\pi' \mapsto H\rceil$. Damit gilt für alle Interpretationen I:

   $$
   \begin{aligned}
   [F]^I &= [\neg F']^I && \text{aktueller Fall} \\
   &= \neg^*[F']^I && \text{Def } I \\
   &= \neg^*[F'\lceil\pi' \mapsto H\rceil]^I && \text{IH und Def } \equiv \\
   &= [\neg(F'\lceil\pi' \mapsto H\rceil)]^I && \text{Def } I \\
   &= [(\neg F')\lceil 1\pi' \mapsto H\rceil]^I && \text{Def Ersetzung} \\
   &= [F\lceil 1\pi' \mapsto H\rceil]^I && \text{aktueller Fall}
   \end{aligned}
   $$

   Somit gilt auch $F \equiv F\lceil 1\pi' \mapsto H\rceil$, was zu beweisen war.

   (b) Sei $F = (G_1 \circ G_2)$. Dieser Fall folgt analog zu dem ersten.

2. Sei $i = 2$. Dieser Fall folgt ebenfalls analog. □

Übungsaufgabe 3–14 lädt zur Ausarbeitung der Fälle 1.(b) und 2. ein.

In Definition 3.22 und Satz 3.23 haben wir jeweils gefordert, dass $\pi \in \mathsf{pos}(F)$ für gegebene Formel F ist. Zur Vereinfachung ist es manchmal geschickt, diese Bedingung fallen zu lassen und stattdessen festzulegen, dass $F\lceil\pi \mapsto H\rceil = F$

wenn $\pi \notin \mathsf{pos}(F)$. Offensichtlich gilt das Ersetzungstheorem auch für diese Erweiterung.

Es ist häufig aus dem Kontext ersichtlich, welche Teilformel G in F durch H ersetzt werden soll. Sei $\pi \in \mathsf{pos}(F)$ mit $F\lceil\pi\rceil = G$. Dann ist es oftmals einfacher $F\lceil G \mapsto H\rceil$ anstelle von $F\lceil\pi \mapsto H\rceil$ zu schreiben.

Das Ersetzungstheorem erlaubt, jedes Vorkommen von $(F \to G)$ und jedes Vorkommen von $(F \leftrightarrow G)$ in einer Formel, durch die in Satz 3.19 genannten, semantisch äquivalenten Formeln $(\neg F \vee G)$ bzw. $((F \wedge G) \vee (\neg F \wedge \neg G))$ zu ersetzen. Bei der Ersetzung von $(F \leftrightarrow G)$ fällt auf, dass die ersetzende Formel $((F \wedge G) \vee (\neg G \wedge \neg F))$ doppelt so lang ist wie $(F \leftrightarrow G)$. Wenn nun in F und G der Junktor „$\leftrightarrow$" vorkommt und wir diese Vorkommen rekursiv ersetzen, dann kann dies zu einer im schlechtesten Fall exponentiell längeren Formel führen (siehe Übungsaufgabe 3–15). Dieses exponentielle Aufblähen kann durch geeignete andere Techniken verhindert werden, auf die ich hier im Folgenden kurz eingehen will.

Sei F eine Formel, $G \in \mathcal{S}_F$ eine Teilformel von F und $p \notin \mathcal{R}_F$ eine Variable, die in F nicht vorkommt. Die Idee ist nun F durch $(F\lceil G \mapsto p\rceil \wedge (p \leftrightarrow G))$ zu ersetzen. p spielt dabei die Rolle eines Namens oder einer Abkürzung für G. Die Formel $(p \leftrightarrow G)$ wird dabei als *Definition* für p aufgefasst. Daher wird eine solche Ersetzung häufig auch als *definitorische Transformation* bezeichnet. Wie man leicht sieht gilt:

$$F \not\equiv (F\lceil G \mapsto p\rceil \wedge (p \leftrightarrow G)).$$

Dazu reicht es aus die Formel $F = q$ zu betrachten. Hier finden wir:

$$q \not\equiv (p \wedge (p \leftrightarrow q)),$$

da die Interpretation $\{q\}$ zwar ein Modell für q, aber kein Modell für $(p \wedge (p \leftrightarrow q))$ ist. Auf der anderen Seite finden wir, dass F genau dann erfüllbar ist, wenn $(F\lceil G \mapsto p\rceil \wedge (p \leftrightarrow G))$ erfüllbar ist (siehe Übungsaufgabe 3–16). In der Tat sind in unserem Beispiel die Formeln q und $(p \wedge (p \leftrightarrow q))$ erfüllbar, da $\{q\} \models q$ und $\{p, q\} \models (p \wedge (p \leftrightarrow q))$ gelten. Daneben kann durch definitorische Transformationen das oben erwähnte exponentielle Aufblähen verhindert werden (siehe Übungsaufgabe 3–17). Weitere Details zu definitorische Transformation findet man in [Ede85].

Im Folgenden wollen wir ohne Beschränkung der Allgemeinheit davon ausgehen, dass die Formeln der Aussagenlogik neben der Negation nur noch mit Hilfe der binären Junktoren $\wedge$ und $\vee$ aufgebaut sind.

3.3.2   Negationsnormalform

Als zweite Anwendung des Ersetzungstheorems betrachten wir die Transformation einer Formel in semantisch äquivalente ausgezeichnete Formen. Wir werden in der Folge verschiedene solcher Formen kennen lernen. Beginnen wollen wir mit der Negationsnormalform.

Definition 3.24 *Eine aussagenlogische Formel* F *ist in* Negationsnormalform, *wenn alle in* F *vorkommenden Negationszeichen* $\neg$ *unmittelbar vor aussagenlogischen Variablen stehen.*

Beispielsweise ist die Formel $(\neg r \wedge (\neg p \wedge q))$ in Negationsnormalform, während dies für die Formel $\neg(r \vee \neg(\neg p \wedge q))$ nicht gilt: die ersten beiden in dieser Formel vorkommenden Negationszeichen stehen nicht unmittelbar vor aussagenlogischen Variablen.

Proposition 3.25 *Es gibt einen Algorithmus, der jede Formel in eine semantisch äquivalente Formel in Negationsnormalform transformiert.*

Ich werde diese Proposition nicht formal beweisen, sondern nur die zugrunde liegende Idee illustrieren. Ein formaler Beweis ist ähnlich zu dem später dargestellten Beweis von Satz 3.28. Die Idee des Beweises ist wie folgt: Gegeben sei eine aussagenlogische Formel F. Wenn F bereits in Negationsnormalform ist, dann sind wir fertig. Anderenfalls muss in F eine Teilformel der Form $\neg G$ vorkommen, wobei G selbst keine aussagenlogische Variable ist ($G \notin \mathcal{R}$). Wir unterscheiden mehrere Fälle.

- Wenn $\neg G = \neg\neg H$, dann ersetze $\neg G$ durch H.

- Wenn $\neg G = \neg(G_1 \wedge G_2)$, dann ersetze $\neg G$ durch $(\neg G_1 \vee \neg G_2)$.

- Wenn $\neg G = \neg(G_1 \vee G_2)$, dann ersetze $\neg G$ durch $(\neg G_1 \wedge \neg G_2)$.

Jede der Ersetzungen wird durch die Sätze 3.19 und 3.23 sanktioniert. Im ersten Fall wird das Gesetz der doppelten Verneinung, im zweiten und dritten Fall werden jeweils de Morgan'sche Gesetze im Rahmen des Ersetzungstheorems angewandt. Als Beispiel betrachten wir wieder die Formel $\neg(r \vee \neg(\neg p \wedge q))$. Wir erhalten die folgende Negationsnormalform, wobei jeweils die ersetzten Teilformeln unterstrichen dargestellt sind und die verwendete Äquivalenzbeziehung genannt ist:

$$
\begin{aligned}
\underline{\neg(r \vee \neg(\neg p \wedge q))} &\equiv (\neg r \wedge \underline{\neg\neg(\neg p \wedge q)}) && \text{de Morgan} \\
&\equiv (\neg r \wedge \overline{(\neg p \wedge q)}) && \text{doppelte Negation}
\end{aligned}
\tag{3.1}
$$

Mit anderen Worten, Negationszeichen werden solange nach innen geschoben, bis sie entweder eliminiert werden können oder unmittelbar vor aussagenlogischen Variablen stehen.

Der Algorithmus besteht aus einer einzigen Schleife, die solange durchlaufen werden muss, bis die Formel in Negationsnormalform ist. Innerhalb der Schleife

$$\frac{\neg\neg H}{H} \qquad \frac{\neg(G_1 \wedge G_2)}{(\neg G_1 \vee \neg G_2)} \qquad \frac{\neg(G_1 \vee G_2)}{(\neg G_1 \wedge \neg G_2)}$$

Abbildung 3.5: Die Regeln des Algorithmus, der Formeln in Negationsnormal-form transformiert. Oberhalb des Striches steht jeweils die Bedingung, unter-halb des Striches die Konklusion der Regel.

wird eine der anwendbaren Regeln ausgeführt. Algorithmen dieser Art werden wir in der Folge noch häufiger kennen lernen. Ich will deshalb eine abkürzen-de Schreibweise für die Ersetzungsregeln einführen, wie sie in Abbildung 3.5 dargestellt ist. Eine Regel ist auf eine Formel F anwendbar, wenn in F eine Teilformel vorkommt, die die Form der Bedingung der Regel hat. Betrachten wir beispielsweise die Formel $F = (\neg r \wedge \neg\neg(\neg p \wedge q))$. In ihr kommt die Teil-formel $\neg\neg(\neg p \wedge q)$ vor, die die Form $\neg\neg H$ hat. Letzteres stellen wir dadurch fest, dass wir eine Ersetzung für H suchen, so dass $\neg\neg(\neg p \wedge q)$ und $\neg\neg H$ syntaktisch gleich werden. Dies ist genau dann der Fall, wenn wir H durch $(\neg p \wedge q)$ ersetzen. Sodann wenden wir die Regel an, in dem wir in F die Teil-formel $\neg\neg(\neg p \wedge q)$ durch die entsprechende Instanz von H, in diesem Fall also durch $(\neg p \wedge q)$, ersetzen.

Man beachte, dass wir in (3.1) auch andere Teilformeln auswählen können:

$$
\begin{aligned}
\neg(r \vee \underline{\neg(\neg p \wedge q)}) \quad &\equiv \quad \neg(r \vee (\underline{\neg\neg p} \vee \neg q)) & \text{de Morgan} \\
&\equiv \quad \underline{\neg(r \vee (p \vee \neg q))} & \text{doppelte Negation} \\
&\equiv \quad (\neg r \wedge \overline{\neg(p \vee \neg q)}) & \text{de Morgan} \\
&\equiv \quad (\neg r \wedge (\neg p \wedge \underline{\neg\neg q})) & \text{de Morgan} \\
&\equiv \quad (\neg r \wedge (\neg p \wedge \overline{q})) & \text{doppelte Verneinung}
\end{aligned}
$$

Der skizzierte Algorithmus ist nicht-deterministisch, d. h. er macht keine Aus-sage darüber, welche der anwendbaren Regeln tatsächlich ausgeführt werden sollen. Es ist in diesem Fall egal, welche Regel tatsächlich ausgeführt wird. Am Ende wird immer die gleiche Negationsnormalform generiert. Deshalb spricht man hier auch von einem *don't care* Nichtdeterminismus im Gegensatz zu ei-nem *don't know* Nichtdeterminismus. Bei letzterem spannen die verschiedenen anwendbaren Regeln einen Suchraum auf, der gegebenenfalls komplett durch-sucht werden muss, um das richtige Ergebnis zu finden.

3.3.3 Klauselformen

Wir wenden uns jetzt zwei weiteren ausgezeichneten Normalformen zu, die die Grundlage für mehrere automatische Verfahren zum Nachweis der Allgemein-gültigkeit oder Unerfüllbarkeit einer Formel sind. Dazu müssen wir zuerst den Begriff eines Literals einführen.

Definition 3.26 *Ein* Literal *ist eine aussagenlogische Variable oder eine negierte aussagenlogische Variable. Dabei wird eine aussagenlogische Variable auch* positives Literal *und eine negierte aussagenlogische Variable auch negatives Literal genannt.*

In der Folge bezeichne L (möglicherweise indiziert) ein Literal.

Da nach Satz 3.19 die Konjunktion und die Disjunktion sowohl assoziativ als auch kommutativ sind, können wir in geschachtelten Konjunktionen bzw. Disjunktionen die Klammern weglassen. Zur weiteren notationellen Vereinfachung wollen wir im Folgenden lieber

$$[F_1, \ldots, F_n] \quad \text{statt} \quad (\ldots((F_1 \vee F_2) \vee F_3) \vee \ldots \vee F_n) \quad \text{und}$$
$$\langle F_1, \ldots, F_n \rangle \quad \text{statt} \quad (\ldots((F_1 \wedge F_2) \wedge F_3) \wedge \ldots \wedge F_n)$$

schreiben, wobei $n > 0$ ist. Formeln der Form $[F_1, \ldots, F_n]$ heißen *verallgemeinerte Disjunktion* und Formeln der Form $\langle F_1, \ldots, F_n \rangle$ heißen *verallgemeinerte Konjunktion*. Dabei wollen wir die Formeln $F_1, \ldots, F_n$ *Elemente* der verallgemeinerten Disjunktion bzw. Konjunktion nennen. Man beachte, dass in verallgemeinerten Konjunktionen und verallgemeinerten Disjunktionen die Reihenfolge der Elemente keine Rolle spielt. Man beachte weiterhin, dass $[F_1] = F_1 = \langle F_1 \rangle$.

Was hindert uns daran, auch verallgemeinerte Disjunktionen und Konjunktionen mit $n = 0$ zuzulassen, also Zeichenreihen der Form $[\,]$ und $\langle \rangle$? In diesem Fall wollen wir von der *leeren* verallgemeinerten Disjunktion bzw. Konjunktion sprechen.[6] Wir legen fest, dass alle Interpretationen $[\,]$ auf $\bot$ und $\langle \rangle$ auf $\top$ abbilden. $[\,]$ ist damit semantisch äquivalent zu jeder unerfüllbaren Formel, also beispielsweise zu $(p \wedge \neg p)$, während $\langle \rangle$ semantisch äquivalent zu jeder allgemeingültigen Formel ist, also beispielsweise zu $(p \vee \neg p)$. Somit gelten insbesondere auch die folgenden semantischen Äquivalenzen:

$$F \vee [\,] \quad \equiv \quad F$$
$$F \wedge \langle \rangle \quad \equiv \quad F$$
$$\neg [\,] \quad \equiv \quad \langle \rangle$$
$$\neg \langle \rangle \quad \equiv \quad [\,]$$

Die ersten beiden Äquivalenzen folgen unmittelbar aus den Unerfüllbarkeits- bzw. Tautologiegesetzen in Satz 3.19.

Nach diesen Bemerkungen wollen wir in der Folge immer verallgemeinerte Disjunktionen und Konjunktionen mit $n \geq 0$ betrachten.

Definition 3.27 *Eine* Klausel *ist eine verallgemeinerte Disjunktion* $[L_1, \ldots, L_n]$, $n \geq 0$, *wobei jedes* L_i, $1 \leq i \leq n$, *ein Literal ist. Eine duale* Klausel *ist eine verallgemeinerte Konjunktion* $\langle L_1, \ldots, L_n \rangle$, $n \geq 0$, *wobei*

---

[6] Die Zeichenreihe $[\,]$ wird verwendet, um sowohl die leere Liste als auch die leere verallgemeinerte Disjunktion zu bezeichnen. Aus dem Kontext wird jeweils eindeutig hervorgehen, was mit $[\,]$ gemeint ist.

jedes L_i, $1 \leq i \leq n$, *ein Literal ist. Eine Formel ist genau dann in* konjunktiver Normalform *oder in* Klauselform, *wenn sie von der Form* $\langle C_1, \ldots, C_m \rangle$, $m \geq 0$, *ist und jedes* C_j, $1 \leq j \leq m$, *eine Klausel ist. Eine Formel ist genau dann in* disjunktiver Normalform *oder in* dualer Klauselform, *wenn sie von der Form* $[C_1, \ldots, C_m]$, $m \geq 0$, *ist und jedes* C_j, $1 \leq j \leq m$, *eine duale Klausel ist.*

Beispielsweise sind $[p_1, p_2, p_3]$, $[p, \neg q]$ und $[q]$ Klauseln und somit ist

$$\langle [p_1, p_2, p_3], \ [p, \neg q], \ [q] \rangle$$

eine Formel in konjunktiver Normalform. Wenn bei einer Klausel $n = 0$ ist, dann wollen wir von einer *leeren* Klausel sprechen. Wenn bei einer Formel in Klauselform $m = 0$ ist, dann wollen wir von einer *leeren* Klauselform sprechen. Dagegen sind $\langle p, \neg q \rangle$ und $\langle q \rangle$ duale Klauseln, und $[\langle p, \neg q \rangle, \ \langle q \rangle]$ ist eine Formel in dualer Klauselform.

Es ist durchaus üblich, die in einer Klausel vorkommenden Literale als *Elemente* der Klausel sowie die in einer Formel in Klauselform vorkommenden Klauseln als *Elemente* der Formel zu bezeichnen. Ich werde das in diesem Buch auch so tun. Dem entsprechend werden manchmal Klauseln auch als (endliche) Menge von Literalen und Formeln in Klauselform als (endliche) Mengen von Klauseln eingeführt. Analoges gilt für duale Klauseln und Formeln in dualer Klauselform. Es gibt jedoch einen kleinen Unterschied zwischen einer Menge von Literalen und einer verallgemeinerten Disjunktion von Literalen: Während in einer Menge ein Literal L höchstens einmal vorkommt, sind $[L, L]$ oder $[L, L, L]$ sehr wohl verschiedene verallgemeinerte Disjunktionen.

Wir werden uns in der Folge vor allem mit Klauseln und Formeln in Klauselform beschäftigen und bzgl. der Diskussion dualer Klauseln und Formeln in dualer Klauselform auf die Übungsaufgaben verweisen. Zur notationellen Vereinfachung wird deshalb hier festgelegt, dass C (möglicherweise indiziert) zukünftig eine Klausel bezeichnet, sofern im Text nichts anderes festgelegt wird.

An dieser Stelle sei ein erster Hinweis auf einen Zusammenhang zwischen Klauseln in der Logik und Programmklauseln in Prolog gegeben. Dazu betrachten wir eine Klausel, in der genau ein positives Literal vorkommt, also beispielsweise die Klausel

$$[p_1, \ \neg p_2, \ \neg p_3]. \tag{3.2}$$

Die Klausel (3.2) ist eine Abkürzung für

$$((p_1 \vee \neg p_2) \vee \neg p_3). \tag{3.3}$$

Gemäß des Ersetzungstheorems 3.23 unter Verwendung des Assoziativgesetzes für die Disjunktion ist (3.3) semantisch äquivalent zu

$$(p_1 \vee (\neg p_2 \vee \neg p_3)).$$

In dieser Formel können wir das „ $\neg$ " ausklammern, und zwar erneut gemäß dem Ersetzungstheorem unter Verwendung des entsprechenden de Morgan'schen Gesetzes, und erhalten so

$$(p_1 \vee \neg(p_2 \wedge p_3)).$$

Durch Einführung des Implikationszeichens (hier von rechts nach links geschrieben) wird daraus

$$(p_1 \leftarrow (p_2 \wedge p_3)). \tag{3.4}$$

Wenn wir jetzt (3.4) mit

$$\texttt{p}_1 \;:\!-\; \texttt{p}_2, \texttt{p}_3.$$

vergleichen, dann sehen wir unmittelbar, dass Klauseln, in denen genau ein positives Literal vorkommt, nichts anderes als Programmklauseln in Prolog sind, und umgekehrt.

Betrachten wir nun eine Klausel, in der ausschließlich negative Literale vorkommen, also beispielsweise die Klausel

$$[\neg p_1, \ \neg p_2]. \tag{3.5}$$

Die Klausel (3.5) ist eine Abkürzung für

$$(\neg p_1 \vee \neg p_2).$$

Auch hier können wir „ $\neg$ " ausklammern und erhalten so

$$\neg(p_1 \wedge p_2). \tag{3.6}$$

Gemäß dem Gesetz der Unerfüllbarkeit (siehe Satz 3.19) ist (3.6) semantisch äquivalent zu

$$([\,] \vee \ \neg(p_1 \wedge p_2)).$$

Erneut können wir die Implikation einführen und erhalten so

$$([\,] \leftarrow (p_1 \wedge p_2)). \tag{3.7}$$

Wenn wir jetzt (3.7) mit

$$?\!-\; \texttt{p}_1, \texttt{p}_2.$$

vergleichen, dann sehen wir unmittelbar, dass Klauseln, in denen ausschließlich negative Literale vorkommen, nichts anderes als Anfragen in Prolog sind, und umgekehrt.

Nach diesen Betrachtungen zum Zusammenhang zwischen Klauselform und Logikprogrammierung kehren wir jetzt zu den Normalformen zurück. Die spezielle Struktur der Normalformen erlaubt in bestimmten Fällen, den Formeln gewisse Eigenschaften sehr schnell zuzuweisen: Sobald eine, in einer Formel F in konjunktiver Normalform vorkommende Klausel unerfüllbar ist, ist F selbst

unerfüllbar. Wann aber ist eine Klausel unerfüllbar? Da eine Klausel eine verallgemeinerte Disjunktion ist, gibt es nur eine Möglichkeit: Die Klausel muss leer
sein. So ist beispielsweise die Formel $\langle [p, \neg q], [q], [\,] \rangle$ unerfüllbar. Aus ähnlichen
Überlegungen folgt: Sobald eine in einer Formel F in disjunktiver Normalform
vorkommende duale Klausel allgemeingültig ist, ist F selbst allgemeingültig.
Lediglich die leere duale Klausel ist allgemeingültig.

Satz 3.28

1. *Es gibt einen Algorithmus, der jede Formel in eine semantisch äquivalente*
   Formel in Klauselform transformiert.

2. *Es gibt einen Algorithmus, der jede Formel in eine semantisch äquivalente*
   Formel in dualer Klauselform transformiert.

Ich werde den Satz für 1. beweisen und verweise für 2. auf Übungsaufgabe 3–18.
Der Beweis selbst ist umfangreich und umfasst drei Schritte:

(i) Wir müssen den Algorithmus spezifizieren.

(ii) Wir müssen zeigen, dass der Algorithmus *korrekt* ist, d. h. wenn er bei
     gegebener Eingabe F die Ausgabe G generiert, dann muss G in Klau-
     selform sein und $F \equiv G$ muss gelten.

(iii) Wir müssen zeigen, dass der Algorithmus *terminiert*, d. h. bei gegebener
      Eingabe F nach endlich vielen Schritten anhält.

Wenden wir uns zunächst Schritt (i) zu. Der Algorithmus zur Transformation in
konjunktive Normalform ist in Abbildung 3.6 spezifiziert. Dabei ist eine Regel
der Form $\frac{D}{D'}$ *anwendbar* auf K, wenn K eine Instanz von D ist. Bei Anwendung der Regel wird K durch die entsprechende Instanz von D' ersetzt. Eine
Regel der Form $\frac{D}{D_1 | D_2}$ ist *anwendbar* auf K, wenn K eine Instanz von D ist.
Bei Anwendung der Regel wird H durch zwei Disjunktionen ersetzt: Die erste
erhält man aus H indem das Vorkommen von K durch die entsprechende
Instanz von D_1 ersetzt wird; die zweite erhält man aus H indem das Vorkommen von K durch die entsprechende Instanz von D_1 ersetzt wird. Einige
Beispiel sollen helfen, die Regeln zu verstehen.

Betrachten wir dazu die Formel

$$G = \langle [\neg p],\ [\neg\neg(p \wedge q)] \rangle.$$

Mit $H = [\neg\neg(p \wedge q)]$ finden wir ein Element von G, das keine Klausel ist.
Mit $K = \neg\neg(p \wedge q)$ finden wir ein Element von H, das kein Literal ist. Die
erste Regel des Algorithmus zur Transformation einer Formel in konjunktive
Normalform ist anwendbar. Ihre Anwendung liefert

$$G' = \langle [\neg p],\ [(p \wedge q)] \rangle.$$

Eingabe Eine aussagenlogische Formel F.
Ausgabe Eine zu F semantisch äquivalente Formel in konjunktiver
           Normalform.

$G := \langle [F] \rangle$.
Solange G nicht in konjunktiver Normalform ist tue das Folgende:
   Wähle ein Element H aus G, das keine Klausel ist.
   Wähle ein Element K aus H, das kein Literal ist.
   Wende diejenige der folgenden Regeln an, die anwendbar ist.

$$\frac{\neg\neg D}{D} \qquad \frac{(D_1 \wedge D_2)}{D_1 \mid D_2} \qquad \frac{\neg(D_1 \wedge D_2)}{\neg D_1, \neg D_2} \qquad \frac{(D_1 \vee D_2)}{D_1, D_2} \qquad \frac{\neg(D_1 \vee D_2)}{\neg D_1 \mid \neg D_2}$$

Abbildung 3.6: Ein nicht-deterministischer Algorithmus zur Transformation einer Formel in konjunktive Normalform.

Man beachte, dass $G \equiv G'$ gilt, was unmittelbar aus dem Ersetzungstheorem 3.23 unter Verwendung des Gesetzes der doppelten Verneinung folgt.

Betrachten wir jetzt die Formel

$$G = \langle [p, \ \neg s], \ [p, \ (\neg q \vee \neg r), \ s] \rangle.$$

Mit $H = [p, \ (\neg q \vee \neg r), \ s]$ finden wir ein Element von G, das keine Klausel ist. Mit $K = (\neg q \vee \neg r)$ finden wir ein Element von H, das kein Literal ist. Die vierte Regel des Algorithmus zur Transformation einer Formel in konjunktive Normalform ist anwendbar. Ihre Anwendung liefert

$$G' - \langle [p, \ \ s], \ [p, \ \neg q, \ \neg r, \ s] \rangle.$$

Man beachte, dass $G \equiv G'$ gilt: Wegen des Ersetzungstheorems genügt es zu zeigen, dass $[p, \ (\neg q \vee \neg r), \ s]$ und $[p, \ \neg q, \ \neg r, \ s]$ semantisch äquivalent sind. $[p, \ (\neg q \vee \neg r), \ s]$ ist eine Abkürzung für $((p \vee (\neg q \vee \neg r)) \vee s)$. Wegen des Ersetzungstheorems unter Verwendung der Assoziativität der Disjunktion ist letztere Formel äquivalent zu der Formel $(((p \vee \neg q) \vee \neg r) \vee s)$, die wiederum durch $[p, \ \neg q, \ \neg r, \ s]$ abgekürzt wird.

Betrachten wir jetzt die Formel

$$G = \langle [p, \ \neg s], \ [p, \ \neg(q \wedge r), \ s] \rangle.$$

Mit $H = [p, \ \neg(q \wedge r), \ s]$ finden wir ein Element von G, das keine Klausel ist. Mit $K = \neg(q \wedge r)$ finden wir ein Element von H, das kein Literal ist. Die dritte Regel des Algorithmus zur Transformation einer Formel in konjunktive Normalform ist anwendbar. Ihre Anwendung liefert

$$G' = \langle [p, \ \neg s], \ [p, \ \neg q, \ \neg r, \ s] \rangle.$$

Auch hier gilt $G \equiv G'$. Dazu können wir genau so wie im letzten Beispiel argumentieren, nur muss das Ersetzungstheorem unter Verwendung des de Morgan'schen Gesetzes für die Disjunktion zusätzlich angewendet werden um $\neg(q \wedge r)$ durch $(\neg q \vee \neg r)$ ersetzen zu können.

Als weiteres Beispiel betrachten wir

$$G = \langle [\neg p], \ [(p \wedge q), \ r] \rangle.$$

Mit $H = [(p \wedge q), \ r]$ finden wir ein Element von G, das keine Klausel ist. Mit $K = (p \wedge q)$ finden wir ein Element von H, das kein Literal ist. Die zweite Regel des Algorithmus zur Transformation einer Formel in konjunktive Normalform ist anwendbar. Ihre Anwendung liefert

$$G' = \langle [\neg p], \ [p, \ r], \ [q, \ r] \rangle.$$

Auch hier gilt $G \equiv G'$, d. h. wenn wir die Abkürzungen beseitigen und die Assoziativität der Konjunktion ausnutzen:

$$(\neg p \wedge ((p \wedge q) \vee r)) \equiv (\neg p \wedge ((p \vee r) \wedge (q \vee r))).$$

Wegen des Ersetzungstheorems genügt es zu zeigen, dass

$$((p \wedge q) \vee r)) \equiv ((p \vee r) \wedge (q \vee r))$$

gilt. Letzteres ist aber nichts anderes als eine Instanz des Gesetzes der Distributivität der Disjunktion über die Konjunktion, und die gilt nach Satz 3.19.

Die fünfte Regel des Algorithmus zur Transformation einer Formel in konjunktive Normalform entspricht der zweiten Regel, nur dass zusätzlich das entsprechende de Morgan'sche Gesetz angewendet wird, um das führende Negationszeichen nach innen zu schieben und damit die Disjunktion in eine Konjunktion zu verwandeln.

Bisher haben wir nur die einzelnen Regeln diskutiert. Um nun den gesamten Algorithmus zu illustrieren betrachten wir die Formel

$$F = \neg(p \vee (\neg(p \wedge q) \wedge \neg r)).$$

Die Anwendung des Algorithmus ermöglicht die folgende Transformation, wobei das jeweils ausgewählte Element E unterstrichen ist.

$$
\begin{array}{r}
\langle [\underline{\neg(p \vee (\neg(p \wedge q) \wedge \neg r))}] \rangle \\
\langle [\neg p], \ [\underline{\neg(\neg(p \wedge q) \wedge \neg r)}] \rangle \\
\langle [\neg p], \ [\underline{\neg\neg(p \wedge q)}, \neg\neg r] \rangle \\
\langle [\neg p], \ [\underline{(p \wedge q)}, \ \underline{\neg\neg r}] \rangle \\
\langle [\neg p], \ [(p \wedge q), \ r] \rangle \\
\langle [\neg p], \ [p, \ r], \ [q, \ r] \rangle
\end{array}
\qquad (3.8)
$$

Bevor wir uns den Schritten (ii) und (iii) im Beweis von Satz 3.28(1.) zuwenden, wollen wir zunächst die Ersetzungsregeln des Algorithmus etwas genauer ansehen und eine ihrer Eigenschaften beweisen. Dies geschieht im folgenden Lemma.[7]

Lemma 3.29 *Wenn die aussagenlogische Formel G eine verallgemeinerte Konjunktion von verallgemeinerten Disjunktionen ist und G' aus G durch die Anwendung einer der in Abbildung 3.6 dargestellten Ersetzungsregel erhalten wurde, dann ist G' eine verallgemeinerte Konjunktion von verallgemeinerten Disjunktionen und es gilt $G \equiv G'$.*

Beweis Der Beweis folgt unmittelbar als Verallgemeinerung der oben diskutierten Beispiele für die Anwendung der einzelnen Regeln (siehe Übungsaufgabe 3–19). □

Kommen wir nun zu Schritt (ii) im Beweis von Satz 3.28(1.). Die Korrektheit eines Algorithmus, der im Wesentlichen aus eine Schleife besteht, lässt sich häufig unter Verwendung eines bestimmten Induktionsprinzips beweisen. Dazu benötigen wir den Begriff einer Schleifeninvariante. Eine *Schleifeninvariante* für eine Schleife W ist eine Aussage E mit der folgenden Eigenschaft: Wenn E wahr ist, dann ist E auch nach dem einmaligen Ausführen des Rumpfes von W wahr. Der Wahrheitswert von E ändert sich also durch einen Schleifendurchlauf nicht; er ist invariant.

Satz 3.30 *(Induktionsprinzip für Schleifen) Wenn eine Aussage E vor dem Eintritt in eine Schleife W wahr und eine Schleifeninvariante für W ist, dann ist E auch nach Verlassen von W wahr (so W verlassen wird).*

Diesen Satz will ich hier nicht beweisen, sondern verweise auf die Literatur (zum Beispiel [GS98]). Mit seiner Hilfe können wir jetzt die Korrektheit des in Abbildung 3.6 dargestellten Algorithmus zur Transformation in konjunktive Normalform beweisen. Sei F die gegebene aussagenlogische Formel und sei E die folgende Aussage: *G ist eine verallgemeinerte Konjunktion von verallgemeinerten Disjunktion und es gilt $F \equiv G$*. Der Algorithmus definiert G anfangs als $\langle [F] \rangle$. Da $F \equiv \langle [F] \rangle$ gilt, ist E vor Eintritt in die Schleife wahr. Lemma 3.29 sagt aus, dass E eine Invariante für die Schleife des Algorithmus ist. Nach Satz 3.30 gilt E auch nach Verlassen der Schleife. Mit anderen Worten, wenn der Algorithmus terminiert, dann ist die betrachtete Formel eine verallgemeinerte Konjunktion von verallgemeinerten Disjunktionen und äquivalent zur Eingabeformel F. Er terminiert aber nur, wenn lediglich Literale in den Disjunktionen vorkommen. Also muss die Ausgabeformel in konjunktiver

---

[7] Ein Lemma ist eine Hilfsaussage, die uns hilft, den Beweis eines Satzes besser zu strukturieren.

Normalform sein. Somit haben wir ein erstes Beispiel für die Verifikation eines Programms gesehen, weitere werden in diesem Buch noch folgen.

Wenden wir uns jetzt Schritt (iii) im Beweis von Satz 3.28(1.) zu, d. h. dem Nachweis der Terminierung des Algorithmus zur Transformation in konjunktive Normalform. Der Algorithmus selbst ist nicht deterministisch. Verschiedene Aufrufe mit derselben Eingabeformel können zu verschiedenen Ausführungsfolgen führen. Was genau wollen wir unter der Terminierung eines nichtdeterministischen Algorithmus eigentlich verstehen? In der Literatur werden zwei verschiedene Terminierungsbegriffe unterschieden. Unter einer *schwachen Terminierung* wollen wir verstehen, dass es mindestens eine Art gibt, den Algorithmus auszuführen, die zur Terminierung des Algorithmus führt. Mit anderen Worten, wenn wir bei jeder nicht deterministischen Entscheidung die richtige Wahl treffen, dann terminiert der Algorithmus. Unter einer *starken Terminierung* wollen wir verstehen, dass der Algorithmus unabhängig davon terminiert, welche Wahl wir bei den nicht-deterministischen Entscheidungen treffen. Die starke Terminierung korrespondiert also zu einem *don't care* Nichtdeterminismus, während die schwache Terminierung einem *don't know* Nichtdeterminismus entspricht. Natürlich hat man lieber Algorithmen, für die sich eine starke Terminierung beweisen lässt. Aber leider gibt es Probleme, von denen man zeigen kann, dass solche Algorithmen nicht existieren können. Im vorliegenden Fall haben wir es aber mit einem nicht-deterministischen Algorithmus zu tun, der stark terminierend ist. Dies werde ich in der Folge formal zeigen. Dazu benötigen wir die nachfolgende Definition.

Definition 3.31 *Die Funktion* rng, *Rang genannt, bildet jede aussagenlogische Formel* $H \in \mathcal{L}(\mathcal{R})$ *auf eine natürliche Zahlen wie folgt ab:*

$$
rng(H) = \begin{cases}
0 & \text{wenn } H \text{ ein Literal ist,} \\
rng(F) + 1 & \text{wenn } H \text{ von der Form } \neg\neg F \text{ ist,} \\
rng(F) + rng(G) + 1 & \text{wenn } H \text{ von der Form } (F \wedge G) \\
& \text{oder } (F \vee G) \text{ ist,} \\
rng(\neg F) + rng(\neg G) + 1 & \text{wenn } H \text{ von der Form } \neg(F \wedge G) \\
& \text{oder } \neg(F \vee G) \text{ ist.}
\end{cases}
$$

So gilt beispielsweise:

$$
\begin{aligned}
rng(\neg(p \wedge (\neg(p \vee q) \vee \neg r))) &= rng(\neg p) + rng(\neg(\neg(p \vee q) \vee \neg r)) + 1 \\
&= 0 + rng(\neg\neg(p \vee q)) + rng(\neg\neg r) + 1 + 1 \\
&= rng((p \vee q)) + 1 + rng(r) + 1 + 1 + 1 \\
&= rng(p) + rng(q) + 1 + 1 + 0 + 1 + 1 + 1 \\
&= 0 + 0 + 1 + 1 + 1 + 1 + 1 \\
&= 5.
\end{aligned}
$$

Wir führen auch den Begriff einer Multimenge ein: Eine *Multimenge* ist vergleichbar zu einer Menge, aber die einzelnen Element dürfen mehrfach in einer

Multimenge vorkommen. Beispielsweise ist $\dot{\{}1,1,2,2,2,3\dot{\}}$ eine Multimenge
natürlicher Zahlen, in der die Ziffer 1 zweimal, 2 dreimal, 3 einmal und alle
weiteren natürlichen Zahlen 0-mal vorkommen. Man kann sich eine Multimenge natürlicher Zahlen gut als Korb vorstellen, in dem mit Ziffern markierte
Kugeln liegen, wobei verschiedene Kugeln mit der gleichen Ziffer markiert sein
können. Über Multimengen natürlicher Zahlen lässt sich eine binäre Relation
$\succ/2$ wie folgt definieren: $M_1 \succ M_2$ gilt genau dann, wenn M_2 aus M_1 hervorgeht, indem ein Vorkommen einer Zahl n aus M_1 gestrichen und durch eine
endliche Anzahl von Zahlen, die alle kleiner als n sind, ersetzt wird. Beispiels-
weise ist $\dot{\{}1,1,2,2,2,3\dot{\}} \succ \dot{\{}1,1,1,1,2,2,2,2\dot{\}}$.[8] Hier wurde die Ziffer 3 durch
zweimal 1 und einmal 2 ersetzt. Es ist leicht zu sehen, dass es über endli-
chen Multimengen natürlicher Zahlen keine unendlich lange Folge $(M_i \mid i \geq 0)$
mit $M_0 \succ M_1 \succ \dots$ geben kann. Irgendwann einmal treffen wir auf ein M_j,
in dem nur noch die Ziffer 0 (eventuell mehrfach) vorkommt. Für dieses M_j
gibt es keine kleinere Multimenge bezüglich $\succ/2$. Ein formaler Beweis dieser
Beobachtung wurde in [DM79] geführt.

Mit jeder verallgemeinerten Konjunktion von verallgemeinerten Disjunktionen

$$G = \langle [H_{11}, \dots, H_{1n_1}], \dots, [H_{m1}, \dots, H_{mn_m}] \rangle$$

können wir eine Multimenge natürlicher Zahlen

$$\mathsf{msn}(G) = \dot{\{} \sum_{j=1}^{n_1} \mathsf{rng}(H_{1j}), \dots, \sum_{j=1}^{n_m} \mathsf{rng}(H_{mj}) \dot{\}}$$

assoziieren. Es ist einfach nachzuweisen, dass bei jedem Durchlauf durch die
Schleife des in Abbildung 3.6 dargestellten Algorithmus die jeweils assoziierten
Multimengen kleiner bezüglich $\succ/2$ werden (siehe Übungsaufgabe 3–20). Für
das in (3.8) gezeigte Beispiel erhalten wir

$$\dot{\{}5\dot{\}} \succ \dot{\{}0,4\dot{\}} \succ \dot{\{}0,3\dot{\}} \succ \dot{\{}0,2\dot{\}} \succ \dot{\{}0,1\dot{\}} \succ \dot{\{}0,0,0\dot{\}}.$$

Man beachte, dass mit jeder Formel F in Klauselform eine Multimenge as-
soziiert ist, in der nur die Ziffer 0 vorkommt, dass wenn F aus n Klauseln
besteht, dann die Ziffer 0 genau n mal in der assoziierten Multimenge vorkommt, und dass nur Formeln in Klauselform diese Eigenschaft besitzen. Die
Abbruchbedingung der Schleife korrespondiert also genau mit dem kleinsten
Element der absteigenden Folge von Multimengen. Diese Abbruchbedingung
muss erreicht werden, da es keine unendlich absteigenden Folgen von Multimengen natürlicher Zahlen bezüglich $\succ/2$ gibt.

Zum Abschluss dieses Abschnitts sei noch vermerkt, dass es eine Reihe weiterer
Normalformen gibt, die für bestimmte Anwendungen große Bedeutung erlangt
haben. Eine der bekanntesten Normalformen ist die *if-then-else Normalform*,
mit der sich aussagenlogische Formeln als *binäre Entscheidungsbäume* darstellen lassen (siehe Abschnitt 3.4.4).

---

[8] $\succ/2$ ist nicht transitiv und damit auch keine Ordnungsrelation.

3.3.4 Eine Prolog Implementierung

Wir wollen den im letzten Abschnitt spezifizierten Algorithmus zur Transformation in konjunktive Normalform in Prolog implementieren. Ausgangspunkt waren Formeln, in denen nur die Negation, die Konjunktion und die Disjunktion als Junktoren vorkamen. Um Formeln auch in Prolog in der gewohnten Weise schreiben zu können, definieren wir zunächst Operatoren für diese Junktoren (siehe auch Übungsaufgabe 3–21).

$$
\begin{array}{lll}
:- & \text{op}(140, \text{fy}, \text{neg}). & \% \ \texttt{Negation} \\
:- & \text{op}(160, \text{yfx}, \text{and}). & \% \ \texttt{Konjunktion} \\
:- & \text{op}(160, \text{yfx}, \text{or}). & \% \ \texttt{Disjunktion}
\end{array}
$$

Somit wird aus der Formel $\neg(p \lor (\neg(p \land q) \land \neg r))$ der Prolog-Term

```
neg (p or (neg (p and q) and neg r)).
```

Der Algorithmus selbst wird mittels des Systemprädikats `clauseform/2` aufgerufen, das wie folgt definiert ist.

```
clauseform(F, G)  :-  transform([[F]], G).
```

`G` ist die Klauselform der zu transformierenden Formel `F`, wenn `G` durch Anwendung der Transformationsregeln aus `[[F]]` hervorgeht. Dabei ist `[[F]]` die Prolog-Darstellung für eine verallgemeinerte Konjunktion von verallgemeinerten Disjunktionen und entspricht damit $\langle [F] \rangle$ aus Abbildung 3.6, d. h. sowohl die verallgemeinerte Konjunktion als auch die verallgemeinerte Disjunktion werden hier in Prolog als Liste implementiert.

Mittels `transform/2` werden auf eine Formel `X` solange einzelne Transformationsschritte angewendet, wie dies möglich ist. Das Ergebnis wird an `Y` gebunden.

```
transform(X, Y) :- singlestep(X, Z), !, transform(Z, Y).
transform(X, X).
```

Die Reihenfolge der Programmklauseln ist dabei wichtig. Erst nachdem keine Transformationsregel mehr angewendet werden kann, wird der Fakt aufgerufen.

Bevor wir `singlestep/2` definieren können, benötigen wir eine Reihe von Hilfsprädikaten. Als erstes wollen wir die in Abbildung 3.6 dargestellten Transformationsregeln in drei Gruppen zusammenfassen. Die erste Regel bildet die Gruppe der Negation. Die zweite und die fünfte Regel bilden die Gruppe der Konjunktionen, da $\neg(G_1 \lor G_2)$ semantisch äquivalent zu $(\neg G_1 \land \neg G_2)$ ist und $(G_1 \land G_2)$ und $\neg(G_1 \lor G_2)$ von den Transformationsregeln analog behandelt werden. Aus analogen Gründen bilden die dritte und die vierte Regel die Gruppe der Disjunktionen. Für jede dieser Gruppen führen wir ein Prädikat ein, mit dessen Hilfe getestet wird, ob eine Regel aus den Gruppen anwendbar ist.

```
negation(neg neg _).

conjunction(_ and _).
conjunction(neg (_ or _)).

disjunction(_ or _).
disjunction(neg (_ and _)).
```

Haben wir eine anwendbare Regel gefunden, dann müssen wir angeben, wodurch eine Formel ersetzt wird. Dies geschieht mit Hilfe der Prädikatssymbol `component/2` und `components/3`. Diese Prädikate definieren also die eigentlichen Transformationsregeln.

```
component(neg neg X, X).
components(X and Y, X, Y).
components(neg (X or Y), neg X, neg Y).
components(X or Y, X, Y).
components(neg (X and Y), neg X, neg Y).
```

Eine Formel, die keine Klausel ist bzw. kein Literal ist, muss ersetzt werden. Da wir eine Listenrepräsentation für verallgemeinerte Disjunktionen und Konjunktionen gewählt haben, bedeutet dies, dass wir ein Element in einer Liste ersetzen müssen. Der erste Schritt dabei ist, das Element aus der Liste zu entfernen. Da die Disjunktion und die Konjunktion idempotent sind (siehe Satz 3.19), können wir gleich alle Vorkommen eines Elements aus einer Liste entfernen. Das leistet `remove/2`.

```
remove(_, [], []).
remove(X, [X | Rest], Y) :- remove(X, Rest, Y).
remove(X, [Kopf | Rest], [Kopf | Y]) :- X \== Kopf, remove(X, Rest, Y).
```

Wir sind jetzt in der Lage, `singlestep/2` zu definieren. Zur Erinnerung, mittels `singlestep/2` soll ein einzelner Transformationsschritt ausgeführt werden. Der in Abbildung 3.6 dargestellte Algorithmus beinhaltet zwei nicht deterministische Entscheidungen, nämlich die Wahl des Elements H aus der verallgemeinerten Konjunktion G und die Wahl des Elements K aus der verallgemeinerten Disjunktion H. Da wir hier sowohl verallgemeinerte Konjunktionen wie auch verallgemeinerte Disjunktionen als Listen darstellen, laufen wir jeweils von vorne nach hinten solange durch die entsprechenden Listen bis wir ein entsprechendes Element gefunden haben. Anschließend wenden wir die entsprechende Transformationsregel an. Für jede dieser Gruppen gibt es eine entsprechende Programmklausel.

```
singlestep([H | Rest], Z)  :−
       member(K, H), negation(K), component(K, Y),
       remove(K, H, T), N = [Y | T], Z = [N | Rest].
singlestep([H | Rest], Z)  :−
       member(K, H), disjunction(K), components(K, Y1, Y2),
       remove(K, H, T), N = [Y1, Y2 | T], Z = [N | Rest].
singlestep([H | Rest], Z)  :−
       member(K, H), conjunction(K), components(K, Y1, Y2),
       remove(K, H, T), N1 = [Y1 | T], N2 = [Y2 | T], Z = [N1, N2 | Rest].
```

Dabei ist `member/2` wie in Abschnitt 2.4.2 definiert. Bis jetzt wurde nur das erste Element der verallgemeinerten Konjunktion durchsucht. Natürlich müssen auch noch die restlichen Elemente betrachtet werden. Dies geschieht im abschließenden rekursiven Fall von `singlestep/2`:

```
singlestep([Kopf | Rest], [Kopf | X])  :− singlestep(Rest, X).
```

Wir können den Algorithmus jetzt aufrufen.

```
?− clauseform(neg (p or (neg (p and q) and negr)), G).
G = [[neg p], [p, r], [q, r]]
```

Der interessierte Leser ist aufgerufen, den Algorithmus mit anderen Beispieleingaben auszuprobieren (siehe auch Übungsaufgaben 3–22 und 3–23).

3.4 Beweisverfahren

Nachdem wir uns im letzten Abschnitt mit Äquivalenzen und Normalformen beschäftigt haben, wollen wir jetzt zu der Frage kommen, wie wir einen Computer möglichst geschickt einsetzen können, um logische Konsequenzen auszurechnen. Wir erinnern uns, dass eine aussagenlogische Formel F eine logische Konsequenz aus einer Menge von Formeln $\{F_1, \ldots, F_n\}$ genau dann ist, wenn $(\langle F_1, \ldots, F_n \rangle \rightarrow F)$ allgemeingültig, d. h. eine Tautologie ist. Somit stehen wir jetzt vor der Aufgabe, nachzuweisen, dass eine Formel allgemeingültig ist. Mit anderen Worten, wir wollen mit unserem Computer automatisch einen Satz beweisen.

Wie können wir das tun? Wir könnten natürlich ein Programm schreiben, das für den zu beweisenden Satz automatisch eine Wahrheitswertetabelle erzeugt und testet. Aber dies wäre aus mehreren Gründen nicht sehr geschickt. Zum einen müssen wir immer 2^n Zeilen einer Wahrheitswertetabelle erzeugen, wobei n die Zahl der in dem Satz vorkommenden aussagenlogischen Variablen ist. Wir werden sehen, dass andere Verfahren unter Umständen einen Beweis in sehr viel weniger Schritten finden können. Zum anderen funktioniert das Anlegen von Wahrheitswertetabellen für eine Menge aussagenlogischer Formeln ja nur, wenn diese Menge endlich ist und somit in ihr nur endlich viele aussagenlogische Variable vorkommen. Diese Methode wäre dann aber nur in der Aussagenlogik anwendbar und nicht auf die Prädikatenlogik (siehe Kapitel 4) übertragbar.

Ich will in diesem Abschnitt mehrere Verfahren vorstellen, mit denen Sätze automatisch bewiesen werden können. Im Vordergrund steht das Resolutionsverfahren, aber auch die Tableaumethode wird vorgestellt. Weitere Verfahren wie Hilbert-Systeme, der Sequenzenkalkül, das Davis-Putnam-Logeman-Loveland- (oder kurz DPLL-) Verfahren, die Konnektionsmethode oder das Testen auf Erfüllbarkeit kann ich leider nur kurz streifen. Eingehen möchte ich auch noch etwas detaillierter auf den Kalkül des natürlichen Schließens. Dieser Kalkül eignet sich zwar nicht zum automatischen Beweisen, aber er ist hervorragend geeignet, um Beweise so darzustellen, dass sie für uns Menschen gut lesbar sind.

3.4.1 Resolution

Wir stehen also vor der Aufgabe, einen Algorithmus zu spezifizieren, der die Allgemeingültigkeit von Formeln nachweist. Aus Satz 3.28 wissen wir, dass sich jede Formel in eine semantisch äquivalente Formel in Klauselform transformieren lässt. Wir wollen deshalb in diesem Abschnitt annehmen, dass der zu beweisende Satz in Klauselform vorliegt, soweit nichts anderes explizit ausgesagt wird. Das bedeutet nicht, dass das Resolutionsverfahren nur für in Klauselform vorliegende Formeln anwendbar wäre. Es ist nur konzeptionell einfacher, das Verfahren so zu präsentieren, wie ich es hier vorhabe. Dagegen lassen sich manche Sätze effizienter beweisen, wenn sie nicht zuvor in eine semantisch äquivalente Klauselform transformiert werden.

Wir könnten jetzt versuchen, die Allgemeingültigkeit einer Formel in Klauselform direkt nachzuweisen. Wir können uns aber auch an Satz 3.14 erinnern, der besagt, dass eine Formel F genau dann allgemeingültig ist, wenn ihre Negation $\neg F$ unerfüllbar ist. Somit könnten wir auch versuchen, einen Algorithmus zu spezifizieren, der die Unerfüllbarkeit einer Formel in Klauselform nachweist. Letzteres wollen wir in diesem Abschnitt angehen.

Woran können wir erkennen, dass eine Formel in Klauselform unerfüllbar ist? Eine Formel in Klauselform ist eine verallgemeinerte Konjunktion von Klauseln. Eine verallgemeinerte Konjunktion von Klauseln ist unerfüllbar, wenn eines ihrer Elemente, also eine ihrer Klauseln, unerfüllbar ist. Wann ist eine Klausel unerfüllbar? Eine Klausel ist eine verallgemeinerte Disjunktion von Literalen. Sie ist unerfüllbar, sobald sie leer ist. Es ist nicht allzu schwer, ein Programm zu schreiben, das von einer Formel in Klauselform feststellt, dass eine ihrer Klauseln leer ist (siehe Übungsaufgabe 3–24). Somit haben wir ein Kriterium gefunden, nämlich die Existenz einer leeren Klausel, an Hand dessen wir feststellen können, dass die Formel unerfüllbar ist.

Was machen wir aber, wenn eine Formel F keine leere Klausel enthält? Sie kann ja trotzdem unerfüllbar sein, wie das einfache Beispiel $\langle [p], [\neg p] \rangle$ schon zeigt. Hier finden wir zwei nicht leere Klauseln, $[p]$ und $[\neg p]$, die konjunktiv verknüpft unerfüllbar sind. Die Idee ist, die Formel F durch die Anwendung von geeigneten Ableitungsregeln in eine Formel F' zu transformieren, die eine leere Klausel enthält. Es gibt nun verschiedene Möglichkeiten, Ableitungsregeln zu definieren. Eine davon ist die Resolution.

Beispiel Wir betrachten die folgenden Sätze: *Wenn es heiß und schwül ist, dann wird es regnen. Wenn es schwül ist, dann ist es heiß. Es ist schwül. Wird es regnen?*

Um die Frage beantworten zu können, müssen wir die Sätze formalisieren. Dazu führen wir zunächst die aussagenlogischen Variablen p, q und r ein, die der Reihe nach für *„es ist heiß"*, *„es ist schwül"* und *„es wird regnen"* stehen. Sodann übersetzen wir die Sätze in Formeln:

$$((p \wedge q) \to r),$$
$$(q \to p),$$
$$q,$$
$$r.$$

Das Beispielszenario wird somit durch die Frage repräsentiert, ob die logische Konsequenzbeziehung

$$\{((p \wedge q) \to r),\ (q \to p),\ q\} \models r \tag{3.9}$$

gilt. Nach Satz 3.17 ist dies genau dann der Fall, wenn

$$(\langle ((p \wedge q) \to r),\ (q \to p),\ q \rangle \to r)$$

allgemeingültig ist. Nach Satz 3.14 gilt Letzteres genau dann, wenn

$$\neg(\langle ((p \wedge q) \to r),\ (q \to p),\ q \rangle \to r) \tag{3.10}$$

unerfüllbar ist. Durch Beseitigen der Implikationszeichen erhalten wir daraus:

$$\neg(\neg\langle (\neg(p \wedge q) \vee r),\ (\neg q \vee p),\ q \rangle \vee r).$$

Eine Anwendung des entsprechenden de Morgan'schen Gesetzes liefert:

$$(\neg\neg\langle (\neg(p \wedge q) \vee r),\ (\neg q \vee p),\ q \rangle \wedge \neg r).$$

Eine Beseitigung der doppelten Negationszeichen führt zu:

$$(\langle (\neg(p \wedge q) \vee r),\ (\neg q \vee p),\ q \rangle \wedge \neg r)$$

beziehungsweise zu:

$$\langle [\neg(p \wedge q) \vee r],\ [\neg q \vee p],\ [q],\ [\neg r] \rangle.$$

Die Vorkommen von „ $\lor$ " dürfen wir alle durch ein Komma ersetzten:

$$\langle[\neg(p \land q),\ r],\ [\neg q,\ p],\ [q],\ [\neg r]\rangle.$$

Durch Anwendung des entsprechenden de Morgan'schen Gesetzes auf die Teil-formel $\neg(p \land q)$ erhalten wir eine Formel in Klauselform:

$$\langle[\neg p,\ \neg q,\ r],\ [\neg q,\ p],\ [q],\ [\neg r]\rangle. \tag{3.11}$$

Da alle gemachten Zwischenschritte die semantische Äquivalenz erhalten, ist die Formel (3.11) genau dann unerfüllbar, wenn die Formel (3.10) unerfüllbar ist. Insgesamt finden wir, dass die logische Konsequenzbeziehung (3.9) genau dann gilt, wenn die Formel (3.11) unerfüllbar ist. Mit anderen Worten, wenn wir die Unerfüllbarkeit der Formel (3.11) zeigen können, dann beantworten wir damit die Frage in unserem Beispielszenario positiv.

Wenn wir die Formel (3.11) und insbesondere die darin vorkommenden Klauseln $[\neg q,\ p]$ und $[\neg p,\ \neg q,\ r]$ betrachten, dann fällt auf, dass in der einen ein Atom, nämlich p, und der anderen genau das Negat dieses Atoms, nämlich $\neg p$, vorkommt. Die in der Folge zu definierende Resolutionsregel erlaubt nun, aus den beiden Klauseln eine neue zu formen, indem jedes Vorkommen von p in der ersten und jedes Vorkommen von $\neg p$ in der zweiten Klausel gestrichen wird und die restlichen Literale disjunktiv verknüpft werden. Somit erhalten wir $[\neg q,\ \neg q,\ r]$. Diese neue Klausel wird nun zu der Formel hinzugefügt und wir erhalten:

$$\langle[\neg p,\ \neg q,\ r],\ [\neg q,\ p],\ [q],\ [\neg r],\ [\neg q,\ \neg q,\ r]\rangle.$$

Diesen Schritt können wir mit den Klauseln $[\neg q,\ \neg q,\ r]$ und $[q]$ wiederholen und erhalten so:

$$\langle[\neg p,\ \neg q,\ r],\ [\neg q,\ p],\ [q],\ [\neg r],\ [\neg q,\ \neg q,\ r],\ [r]\rangle.$$

Die Resolutionsregel ist ein weiteres Mal auf die Klauseln $[\neg r]$ und $[r]$ an-wendbar und wir erhalten:

$$\langle[\neg p,\ \neg q,\ r],\ [\neg q,\ p],\ [q],\ [\neg r],\ [\neg q,\ \neg q,\ r],\ [r],\ [\ ]\rangle. \tag{3.12}$$

In Formel (3.12) kommt die leere Klausel $[\ ]$ vor. Folglich ist die Formel unerfüllbar. Wie wir später sehen werden, bleibt bei Anwendung der Resolutionsregel die Erfüllbarkeit bzw. die Unerfüllbarkeit erhalten. Somit haben wir einen Beweis für die Unerfüllbarkeit von (3.10) erhalten. Folglich gilt die logische Konsequenzbeziehung in unserem Beispielszenario und wir schließen daraus, dass es regnen wird.

Das Resolutionsverfahren Nach diesem einführenden Beispiel wollen wir jetzt die Resolutionsregel formal definieren und uns überlegen, was wir damit machen können.

Definition 3.32 *Sei C_1 eine Klausel, in der das Atom A als Element vorkommt, und C_2 eine Klausel, in der das negierte Atom $\neg A$ als Element vorkommt. Sei C das Resultat der Ausführung der folgenden Schritte:*

1. *Entferne alle Vorkommen von A aus C_1.*

2. *Entferne alle Vorkommen von $\neg A$ aus C_2.*

3. *Verknüpfe die so erhaltenen Klauseln disjunktiv.*

C ist durch Anwendung der aussagenlogischen Resolutionsregel *auf C_1 und C_2 entstanden, wobei A das Literal ist, über das resolviert wurde. Wir nennen C auch die* Resolvente *von C_1 und C_2 bezüglich A.*

In Abschnitt 3.6 werden wir zeigen, dass die Resolvente zweier Klauseln C_1 und C_2 eine logische Konsequenz der Formelmenge $\{C_1, C_2\}$ ist. Diese Eigenschaft ermöglicht es, die Resolvente C zweier Klauseln einer Formel F in Klauselform zu F konjunktiv hinzuzufügen und es gilt: $F \equiv (F \wedge C)$. Das Resolutionsverfahren besteht nun darin, so lange neue Resolventen zu einer Klausel hinzuzufügen, bis eine leere Klausel entsteht.

Bevor wir das Verfahren formal definieren, wollen wir noch einmal unsere Notation überdenken. Da beim Resolutionsverfahren unter Umständen sehr viele Resolventen berechnet werden müssen und dadurch die Formeln sehr lang werden, ist es geschickter, eine andere Form der Aufschreibung zu wählen. Wir wollen daher eine Formel in Klauselform als Folge notieren.

Definition 3.33
Sei $F = \langle C_1, \ldots, C_n \rangle$ eine aussagenlogische Formel in Klauselform.

1. *Die Folge $(C_i \mid 1 \leq i \leq n)$ ist eine* Resolutionsableitung *für F.*

2. *Wenn $(C_i \mid 1 \leq i \leq m)$ eine Resolutionsableitung für F ist und C_{m+1} durch Anwendung der Resolutionsregel auf zwei Klauseln aus $(C_i \mid 1 \leq i \leq m)$ entstanden ist, dann ist $(C_i \mid 1 \leq i \leq m+1)$ eine Resolutionsableitung für F.*

3. *Eine Resolutionsableitung für F, die die leere Klausel $[\,]$ enthält heißt* Resolutionswiderlegung *für F.*

Wir sehen nun, dass es sich bei dem zuvor diskutierten Beispiel um eine Resolutionswiderlegung handelt, die hier der Vollständigkeit halber noch einmal als Folge aufgeschrieben werden soll. Dabei werden wir jedes Element der Folge in eine eigene Zeile schreiben und mit einer Nummer versehen, so dass wir später darauf verweisen können. Die einzelnen Resolutionsschritte werden zusätzlich mit „res(X,Y)" kommentiert, was besagt, dass die in dieser Zeile stehende Formel durch Anwendung der Resolutionsregel auf die in den Zeilen X und Y

stehenden Klauseln entstanden ist. In Zeilen, in denen dieser Vermerk fehlt, stehen Klauseln, die in der Ausgangsformel vorgekommen sind.

$$
\begin{array}{lll}
1 & [\neg p,\ \neg q,\ r] & \\
2 & [\neg q,\ p] & \\
3 & [q] & \\
4 & [\neg r] & \qquad\qquad (3.13) \\
5 & [\neg q,\ \neg q,\ r] & \mathrm{res}(1,2) \\
6 & [r] & \mathrm{res}(3,5) \\
7 & [\,] & \mathrm{res}(4,6)
\end{array}
$$

Man beachte, dass bereits in einer Ausgangsformel F die leere Klausel $[\,]$ als Element vorkommen kann. Ein Beispiel ist $F = \langle [\,],\ [p,q],\ [\,] \rangle$. In diesem Fall ist die Folge der in F vorkommenden Klauseln schon eine Resolutionswiderlegung für F. Da wir die Unerfüllbarkeit einer Formel nachweisen wollen, genügt es Resolutionsableitungen zu betrachten, in denen die leere Klausel $[\,]$ nur einmal vorkommt.[9] Da die in einer Formel in Klauselform vorkommenden Klauseln konjunktiv miteinander verknüpft sind und die Konjunktion kommutativ ist, dürfen wir weiterhin annehmen, dass $[\,]$ jeweils die letzte Klausel einer Resolutionsableitung ist. Für das oben genannte Beispiel gilt:

$$
\langle [\,],\ [p,q] \rangle \equiv \langle [p,q], [\,] \rangle
$$

und wir erhalten so eine Resolutionsableitung mit $[\,]$ als letzter Klausel:

$$
\begin{array}{ll}
1 & [p,\ q] \\
2 & [\,]
\end{array}
$$

Definition 3.34 *Sei F eine aussagenlogische Formel und G eine zu F äquivalente Formel in Klauselform. Ein* aussagenlogischer Resolutionsbeweis *für F ist eine Resolutionswiderlegung für G. F heißt* Theorem *des Resolutionskalküls, wenn es einen Resolutionsbeweis für F gibt. Letzteres notieren wir mit $\vdash_r F$.*

Ein Resolutionsbeweis für eine aussagenlogische Formel F besteht demnach aus drei Schritten:

1. der Negation von F,

2. der Transformation von $\neg F$ in Klauselform und

3. einer Resolutionswiderlegung dieser Klauselform.

---

[9] Man beachte auch, dass mehrfache Vorkommen von $[\,]$ in F gestrichen werden können ohne die Semantik von F zu verändern.

Es ist nicht wirklich notwendig, die zu widerlegende Formel zuerst in Normalform zu transformieren. Vielmehr kann das Resolutionsverfahren auch auf allgemeinen Formeln definiert werden. Das hat durchaus Vorteile, da durch die Transformation in Klauselform die interne Struktur der Formeln häufig verloren geht und Resolutionsbeweise länger werden. Didaktisch gesehen ist es aber geschickter, Formeln zuerst in Klauselform zu verwandeln.

Natürlich müssen wir noch nachweisen, dass Resolutionsbeweise tatsächlich etwas mit logischer Konsequenz zu tun haben. In unserem Regen-Beispiel hat dies funktioniert, aber vielleicht war das nur ein Zufall oder nur ein geschickt gewähltes Beispiel. Insbesondere sollten uns zwei Eigenschaften ganz besonders interessieren: die *Korrektheit* und die *Vollständigkeit*. Die Korrektheit aus, dass wenn wir einen Resolutionsbeweis für F finden ($\vdash_r F$), dann F auch tatsächlich allgemeingültig ist ($\models F$). Die Vollständigkeit sagt aus, dass wenn F allgemeingültig ist, dann ist F auch ein Theorem des Resolutionssystems. In Abschnitt 3.6 werden wir nachweisen, dass beide Eigenschaften erfüllt sind.

Resolutionsbeweise können deutlich kürzer sein als der Aufbau und die Auswertung von Wahrheitswertetabellen. Betrachten wir dazu die aussagenlogische Formel

$$(F \wedge (p \wedge \neg p))$$

und nehmen an, dass F in Klauselform ist und in F insgesamt $n-1$ von p verschiedene aussagenlogischen Variablen vorkommen. Ein Resolutionsbeweis besteht nur aus einem einzigen Resolutionsschritt, nämlich der Ableitung der leeren Klausel aus p und $\neg p$, während man 2^n verschiedene Zeilen in der Wahrheitswertetabelle überprüfen muss.

Wie aber findet man bei einer gegebenen Formel F in Klauselform eine Resolutionswiderlegung, so es denn überhaupt eine gibt? Wie im oben diskutierten Regen-Beispiel gibt es in der Regel mehrere Möglichkeiten Resolventen zu berechnen. Betrachten wir dazu erneut

$$F = \langle [\neg p,\ \neg q,\ r],\ [\neg q,\ p],\ [q],\ [\neg r] \rangle.$$

Definition 3.33 folgend ist

$$
\begin{array}{ll}
1 & [\neg p,\ \neg q,\ r] \\
2 & [\neg q,\ p] \\
3 & [q] \\
4 & [\neg r]
\end{array}
$$

eine Resolutionsableitung. In der Ableitung (3.13) hatten wir im nächsten Schritt die Klauseln 1 und 2 bezüglich p miteinander resolviert. Aber auch die Klauseln 1 und 3 sowie 2 und 3 können jeweils bezüglich q miteinander resolviert werden, ebenso die Klauseln 1 und 4 bezüglich r. Welche Resolvente sollen wir auswählen? Diese Entscheidung wird durch eine (*Such-*)*Strategie* festgelegt. Wir können die verschiedenen Resolventen als Alternativen in einem

Suchverfahren auffassen und somit grundsätzlich alle aus dem Gebiet der Suchverfahren bekannten Strategien anwenden. Wir wollen dies hier jetzt aber nicht
vertiefen, sondern lediglich fordern, dass die gewählte Strategie *fair* im folgenden Sinn ist: Jede mögliche Resolvente wird nach endlicher Zeit tatsächlich
berechnet. So ist beispielsweise die Breitensuche fair.

Daneben spielen häufig auch Optimierungen eine wichtige Rolle. In Resolutionsableitungen macht es beispielsweise keinen Sinn zweimal über die gleichen
Klauseln und bezüglich desgleichen Atoms zu resolvieren. Es würde ja nur eine
Resolvente entstehen, die wir schon zuvor berechnet haben. Da die Resolventen
jeweils konjunktiv zu der Ausgangsformel hinzugefügt werden und die Konjunktion idempotent, assoziativ und konjunktiv ist, erfahren wir durch einen solchen
Schritt nichts Neues.

Aus einem ähnlichen Grund ist es wenig sinnvoll, Klauseln mit sich selbst zu
resolvieren. Wenn wir die Definitionen 3.33 und 3.34 genau betrachten, dann
ist dort nicht ausgeschlossen, dass die in einem Resolutionsschritt verwendeten
Klauseln dieselben sind. In der Tat lässt sich eine Klausel mit sich selbst resolvieren, wie das folgende Beispiel zeigt. $C = [p, q, \neg r, \neg p, p]$ kann mit sich
selbst über p resolviert werden:

1. Wir entfernen alle Vorkommen von p in C und erhalten so $C_1' = [q, \neg r, \neg p,]$.

2. Wir entfernen alle Vorkommen von $\neg p$ in C und erhalten so $C_2' = [p, q, \neg r, p]$.

3. Wir verknüpfen C_1' und C_2' disjunktiv und erhalten so die Resolvente
   $C' = [q, \neg r, \neg p, p, q, \neg r, p]$

Offensichtlich gilt $C \equiv C'$. Des Weiteren kommen alle in C vorkommenden
Literale auch in C' vor. Wir haben also durch diese Selbstresolution nichts
gewonnen, sondern nur eine zusätzliche Resolutionsmöglichkeit geschaffen, was
die Beweissuche weiter aufbläht. Auf der anderen Seite fällt auf, dass eine
Klausel nur dann mit sich selbst resolvierbar ist, wenn sie ein Atom und dessen
Negation enthält. Somit ist die Klausel allgemeingültig. Nach dem Tautolo-
giegesetz aus Satz 3.19 können allgemeingültige Klauseln aus einer Formel in
Klauselform gestrichen werden, ohne dass sich die Bedeutung der Formel ändert. Das sollten wir dann auch tun.

Eine Prolog Implementierung des Resolutionsverfahrens Ich bin mit
der Behauptung angetreten, dass das Resolutionsverfahren ein maschinelles
Verfahren ist, das sich gut implementieren lässt. Um diese Behauptung zu un-
terlegen, wollen wir zum Abschluss dieses Abschnitts noch eine Prolog-Implementierung des aussagenlogischen Resolutionsverfahrens entwickeln.

Der Algorithmus zum Nachweis der Allgemeingültigkeit einer vorgelegten Formel F ist im Kern eine Schleife. Zuerst muss F allerdings negiert und in

Klauselform transformiert werden. Die initiale Resolutionsableitung besteht aus den in der Klauselform vorkommenden Klauseln. Solange nun die leere Klausel nicht Element der Resolutionsableitung ist, müssen neue Resolventen generiert und zu der Resolutionsableitung hinzugefügt werden. Die Resolutionsableitung selbst wird als Liste von Klauseln implementiert. Für die Transformation in Klauselform verwenden wir das in Abschnitt 3.3.4 definierte Prädikatssymbol `clauseform/2`.

```
proof(X) :- clauseform(neg X, Y), resolutionproof(Y).
```

Die Schleife wird mit Hilfe des Prädikatssymbol `resolutionproof/1` ausgedrückt.

```
resolutionproof(X) :- member([], X), !.
resolutionproof(X) :-
        newresolvent(X, Y), append(X, [Y], Z), resolutionproof(Z).
```

Zur Berechnung einer neuen Resolvente werden zwei Klauseln der vorliegenden Resolutionsableitung ausgewählt. Wie oben diskutiert können wir dabei zwei verschiedene Klauseln wählen. Als nächstes müssen wir ein Atom `A` auswählen und in einer Klausel jedes Vorkommen von `A` sowie in der anderen Klausel jedes Vorkommen von `neg A` streichen. Dabei müssen wir sicherstellen, dass `A` in der einen und `neg A` in der anderen Klausel auch tatsächlich vorkommt. Anschließend fügen wir die beiden Restklauseln zu einer neuen Klausel zusammen. Damit wir nicht immer wieder die gleichen Klauseln auswählen und somit die gleiche Resolvente berechnen, stellen wir noch sicher, dass die gerade berechnete Resolvente nicht bereits in der Resolutionsableitung vorkommt.

```
newresolvent(X, Y) :-
        member(D1, X),
        member(D2, X),              % Auswahl der unter-
        D1 \== D2,                  % schiedlichen Klauseln
        remove(A, D1, D1new),       % Beseitigung A
        D1new \== D1,               % A kommt in D1 vor
        remove(neg A, D2, D2new),   % Beseitigung von neg A
        D2new \== D2,               % neg A kommt in D2 vor
        append(D1new, D2new, Y),    % Resolvente
        \+ member(Y, X).            % Resolvente ist neu
```

Wir können das so erhaltene Programm beispielsweise mit

```
?- proof((neg (p and q) or p)).
```

aufrufen und erhalten die korrekte Antwort `Yes` (siehe auch Übungsaufgabe 3–25).

Das Programm ist nicht sehr effizient, aber das muss uns im Moment nicht weiter stören. Interessanter ist eine andere Fragestellung. Was passiert, wenn wir dieses Programm mit einer Formel aufrufen, die nicht allgemeingültig ist? Kann unser Algorithmus dies entdecken und mit `No` antworten? Können wir überhaupt erwarten, dass sich der Algorithmus so verhält?

Resolution als Entscheidungsverfahren Bisher haben wir uns dafür interessiert, einen Algorithmus zu finden, der die Allgemeingültigkeit einer Formel nachweist. Dies ist uns gelungen, wie wir in Satz 3.49 noch formal nachweisen werden. Mit anderen Worten, wenn die Formel F allgemeingültig ist, dann gibt es einen Resolutionsbeweis für F. Aber kann das Resolutionsverfahren auch in endlicher Zeit erkennen, dass eine Formel F nicht allgemeingültig ist? Ein Verfahren, das beides leistet, wollen wir *Entscheidungsverfahren* für die Frage nach der Allgemeingültigkeit in der Aussagenlogik nennen.

Es ist nicht allzu schwer einzusehen, dass die Resolution auch ein solches Entscheidungsverfahren ist. Dazu genügt die folgende Überlegung. In einer gegebenen Formel F kommen nur endlich viele aussagenlogischen Variablen vor, sagen wir n Stück. Von den Propositionen 3.10 und 3.11 wissen wir, dass wir nur diese n Variablen betrachten müssen. Eine Klausel ist eine Disjunktion von Literalen. Insgesamt gibt es $2n$ verschiedene Literale. Das Resolutionsverfahren erzeugt ausgehend von den in F vorkommenden Klauseln neue Klauseln, wobei in den neuen Klauseln nur Variable vorkommen, die auch in F vorkommen. Wie viele verschiedene Klauseln gibt es? Nun ja, erst einmal unendlich viele. Angenommen, $n = 1$, dann können wir sie aufzählen: $[], [p], [\neg p], [p, p], [p, \neg p], [\neg p, \neg p], [p, p, p], \ldots$. Satz 3.19 sagt uns aber, dass die Disjunktion sowohl assoziativ, kommutativ als auch idempotent ist. Mit anderen Worten, der Wahrheitswert einer Klausel ändert sich nicht, wenn wir nur noch Klauseln zulassen, in denen jedes Literal höchstens einmal vorkommt. In der Literatur erreicht man das häufig dadurch, dass man Klauseln als Mengen notiert. In unserem Beispiel gibt es dann nur noch vier verschiedene Klauseln $[], [p], [\neg p], [p, \neg p]$, wobei die Reihenfolge der Literale in einer Klausel wegen der Assoziativität und der Kommutativität der Disjunktion keine Rolle spielt. Im allgemeinen Fall gibt es $2n^2 + n + 1$ verschiedene Klauseln über n aussagenlogischen Variablen. Diese Zahl kann zwar ganz schön groß werden, sie ist aber auf jeden Fall endlich. Selbst wenn wir die Assoziativität und die Kommutativität der Disjunktion nicht berücksichtigen, wie das im oben spezifizierten Programm der Fall ist, dann gibt es nur endlich viele verschiedene Klauseln.

Da auch die Konjunktion idempotent ist, müssen wir eine Resolvente C eigentlich nur dann an eine Resolutionsableitung anhängen, wenn C in der Ableitung noch nicht vorkommt. Mit dieser Modifikation können Resolutionsableitungen nur eine endliche Länge haben. Kann keine neue Resolvente mehr generiert werden und wurde bis dahin die leere Klausel nicht gefunden, dann ist die gegebene Formel nicht allgemeingültig.

Die bisher vorgestellte Implementierung in Prolog leistet dies noch nicht, wie die Anfrage

$$?-\ \texttt{proof(neg ((p or neg p or q) and (neg p or r))).}$$

zeigt. Sie terminiert nämlich nicht. Das verwundert auch nicht, da wir bisher Duplikate in den betrachteten Klauseln nicht entfernt haben. Die entsprechende Modifikation sollten Sie als Übungsaufgabe 3–26 selbst vornehmen.

3.4.2   Semantische Tableaus

Neben dem Resolutionsverfahren möchte ich ein weiteres Verfahren vorstellen, das ebenfalls in vielen Bereichen Anwendung findet: das Tableauverfahren. Es geht auf E.W. Beth zurück [Bet55] und wurde von R.M. Smullyan weiter entwickelt [Smu68]. Es ist ebenfalls ein Widerlegungsverfahren. Erneut wird dabei Satz 3.14 ausgenutzt, der besagt, dass eine Formel genau dann allgemeingültig ist, wenn ihr Negat unerfüllbar ist. Das Tableauverfahren weist die Unerfüllbarkeit einer Formel nach. Allerdings will ich hier im Unterschied zum Resolutionsverfahren nicht voraussetzen, dass die Formel zuerst in Klauselform transformiert wird.

Beispiel   Ausgehend von einer Formel wird beim Tableauverfahren ein Baum – das Tableau – aufgebaut, dessen Knoten mit Formeln markiert sind. Ein Ast dieses Baumes repräsentiert dabei die Konjunktion der Formeln, mit denen die Knoten des Astes markiert sind. Der Baum selbst repräsentiert die Disjunktion der von den Ästen repräsentierten Formeln. Betrachten wir als einfaches Beispiel den in Abbildung 3.7 dargestellten Baum. Der linke Ast repräsentiert die Formel $\langle p, \neg q, r \rangle$, der rechte die Formel $\langle p, \neg q, \neg p \rangle$. Der gesamte Baum repräsentiert somit die Formel $(\langle p, \neg q, r \rangle \lor \langle p, \neg q, \neg p \rangle)$.

Wie können wir nun einem solchen Baum ansehen, dass er eine unerfüllbare Formel repräsentiert? Da die von dem Baum repräsentierte Formel immer eine (verallgemeinerte) Disjunktion von durch die jeweiligen Äste repräsentierten Formeln ist, müssen wir für jeden Ast nachweisen, dass er eine unerfüllbare Formel repräsentiert. Ein Ast repräsentiert immer eine (verallgemeinerte) Konjunktion von Formeln. Eine solche Konjunktion ist unerfüllbar, wenn sie eine Formel und deren Negat als Konjunkte enthält. Im Beispielbaum der Abbildung 3.7 enthält der rechte Ast sowohl p als auch $\neg p$. Die durch den Ast repräsentierte Formel $\langle p, \neg q, \neg p \rangle$ ist folglich unerfüllbar. Solche Äste wollen wir in der Folge als abgeschlossen bezeichnen. Ein Baum, der nur abgeschlossene Äste enthält, repräsentiert eine unerfüllbare Formel. Solche Bäume wollen wir in der Folge ebenfalls als abgeschlossen bezeichnen. Der in Abbildung 3.7 gezeigte Baum ist nicht abgeschlossen, da sein linker Ast nicht abgeschlossen ist.

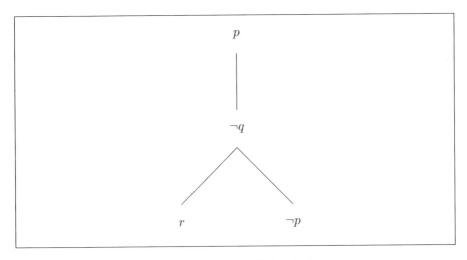

Abbildung 3.7: Ein einfaches Tableau.

$$\frac{\neg\neg H}{H} \qquad \frac{(G_1 \wedge G_2)}{\begin{array}{c}G_1\\G_2\end{array}} \qquad \frac{\neg(G_1 \wedge G_2)}{\neg G_1 \mid \neg G_2} \qquad \frac{(G_1 \vee G_2)}{G_1 \mid G_2} \qquad \frac{\neg(G_1 \vee G_2)}{\begin{array}{c}\neg G_1\\\neg G_2\end{array}}$$

Abbildung 3.8: Die Expansionsregeln des Tableauverfahrens.

Das Tableauverfahren besteht nun darin, für eine gegebene Formel einen entsprechenden Baum aufzubauen und zu prüfen, ob er abgeschlossen ist.

Das Tableauverfahren Wir wollen den Aufbau eines Tableaus mit Hilfe von *Expansionsregeln* beschreiben. Diese sind in Abbildung 3.8 dargestellt. Sie sind wie folgt zu lesen. Die erste Regel sagt: wenn in einem Ast ein Knoten mit $\neg\neg H$ markiert ist, dann verlängere diesen Ast um einen mit H markierten Knoten. Die zweite Regel sagt: wenn in einem Ast ein Knoten mit $(G_1 \wedge G_2)$ markiert ist, dann verlängere diesen Ast um zwei Knoten, von denen der eine mit G_1 und der andere mit G_2 markiert ist. Die vierte Regel sagt: wenn in einem Ast ein Knoten mit $(G_1 \vee G_2)$ markiert ist, dann füge dem Endknoten dieses Astes zwei direkte Nachfolger hinzu, wobei der eine mit G_1 und der andere mit G_2 markiert ist. Vergleichbares gilt für die übrigen Regeln.

Definition 3.35 *Sei* F *eine aussagenlogische Formel.*

1. *Der Baum, der nur aus einem mit* F *markierten Knoten besteht, ist ein Tableau für* F.

2. *Wenn B ein Tableau für F ist und B' aus B durch Anwendung einer Expansionsregel hervorgegangen ist, dann ist B' ein Tableau für F.*

Abbildung 3.9 zeigt ein Tableau für die aussagenlogische Formel

$$\neg(\neg(c \wedge ((d \vee e) \wedge (\neg e \vee p))) \vee (c \wedge (d \vee p))).$$

Dabei markiert die führende Ziffer jeweils eine Ebene im Baum. Die Ziffer in Klammern gibt an, woraus die entsprechende Ebene entstanden ist. So ist beispielsweise Ebene 13 durch Anwendung der entsprechenden Expansionsregel auf die in Ebene 8 stehende Formel hervorgegangen. Die Form der Formeln bestimmt eindeutig die anzuwendende Expansionsregel.

Definition 3.36 *Ein Ast eines Tableaus ist* abgeschlossen, *wenn in ihm eine Formel und deren Negat vorkommt. Ein Tableau ist* abgeschlossen, *wenn alle Äste des Tableaus abgeschlossen sind.*

In Abbildung 3.9 sind die abgeschlossenen Äste jeweils mit • markiert. Da alle Äste abgeschlossen sind, ist das gesamte Tableau abgeschlossen.

Wir erinnern uns, dass das Tableauverfahren wie das Resolutionsverfahren ein Widerlegungsverfahren ist und somit die Unerfüllbarkeit einer Formel nachweist. Um also Tautologien mittels des Tableauverfahrens zu beweisen, müssen wir sie negieren.

Definition 3.37 *Ein* Tableaubeweis *für eine aussagenlogische Formel F ist ein abgeschlossenes Tableau für* $\neg F$. *F heißt* Theorem *des Tableausystems, wenn es einen Tableaubeweis für F gibt. Wir notieren mit* $\vdash_t F$, *dass F einen aussagenlogischen Tableaubeweis hat.*

Somit zeigt Abbildung 3.9 einen Tableaubeweis für

$$(\neg(c \wedge ((d \vee e) \wedge (\neg e \vee p))) \vee (c \wedge (d \vee p))).$$

Wie beim Resolutionsverfahren sind wir auch beim Tableauverfahren am Nachweis der Korrektheit und der Vollständigkeit interessiert. Mit anderen Worten, wir wollen zeigen, dass die folgende Beziehung gilt: $\vdash_t F$ gilt genau dann, wenn $\models F$ gilt. Entsprechende Sätze finden Sie in Abschnitt 3.6.

Tableaubeweise können signifikant kürzer sein als Beweise mittels Wahrheitswertetabelle. Betrachten wir dazu die aussagenlogische Formel $(F \vee \neg F)$ und nehmen an, dass in F genau n verschiedene aussagenlogische Variablen vorkommen. Die entsprechende Wahrheitswertetabelle besteht folglich aus 2^n Zeilen. Um einen Tableaubeweis zu führen, müssen wir zunächst die Formel negieren. Wir erhalten $\neg(F \vee \neg F)$. Nach Anwendung der letzten Expansionsregel aus Abbildung 3.8 entsteht ein Baum, der genau einen Ast enthält und dessen Knoten mit $\neg(F \vee \neg F)$, $\neg F$ und $\neg\neg F$ markiert sind. Dieser Ast ist bereits abgeschlossen und somit ist auch das Tableau abgeschlossen.

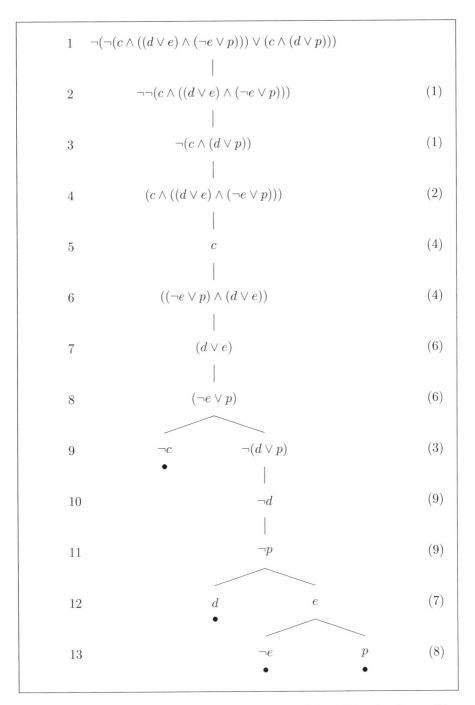

Abbildung 3.9: Ein abgeschlossenes Tableau für $\neg(\neg(c \wedge ((d \vee e) \wedge (\neg e \vee p))) \vee (c \wedge (d \vee p)))$.

Bei genauer Betrachtung von Abbildung 3.9 fallen zwei Dinge auf:

- In jedem Ast wurde jede Formel höchstens einmal expandiert, d. h. auf jede Formel wurde höchstens einmal eine Expansionsregel angewendet. Derartige Tableaus heißen *strikt*.

- Jeder Ast wurde abgeschlossen, weil in ihm ein Atom und dessen Negat vorkam. Äste, in denen ein Atom und dessen Negat vorkommen, heißen *atomar* abgeschlossen. Sind alle Äste eines Tableaus atomar abgeschlossen, dann wollen wir auch das Tableau als atomar abgeschlossen bezeichnen.

Man kann beweisen, dass das Tableauverfahren auch dann noch vollständig und korrekt ist, wenn man sich auf strikte und atomar abgeschlossene Tableaus beschränkt. Diese zusätzlichen Eigenschaften sind besonders dann interessant, wenn wir an eine Implementierung des Tableauverfahrens denken, da sie den zu durchsuchenden Suchraum einschränken. Allerdings verzichte ich hier darauf, eine Implementierung des aussagenlogischen Tableauverfahrens anzugeben. In Abschnitt 4.7.2 werde ich jedoch eine Prolog-Implementierung des prädikaten-logischen Tableauverfahrens spezifizieren.

3.4.3   Der Kalkül des natürlichen Schließens

Anfang der 30er Jahre beschäftigte sich Gerhard Gentzen mit der Frage, ob sich mathematische Beweise formalisieren lassen und entwickelte daraus den Kalkül des natürlichen Schließens [Gen35]. Parallel und unabhängig davon entwickelte Stanislaw Jaśkowski ebenfalls Methoden zur Formalisierung mathematischer Beweise [Jaś34]. Inzwischen gibt es eine Vielzahl von Kalkülen, die sich mit natürlichen Schließen beschäftigen, auch wenn der Begriff selbst formal nicht völlig fassbar erscheint (siehe [Pel99]). Ich werde den Kalkül des natürlichen Schließens hier in der in [vD97] gewählten Form präsentieren.

Ein Beispiel: Betrachten wir zuerst als einführendes Beispiel einen typischen Beweis, so wie ihn vielleicht ein Mathematiker führen würde. Wollte er beispielsweise den Satz $((p \vee (q \wedge r)) \to ((p \vee q) \wedge (p \vee r)))$ [10] beweisen, dann könnte er ausführen:

> *Nehmen wir an, es gilt $(p \vee (q \wedge r))$. Da wir eine Disjunktion vorliegen haben, müssen wir alle möglichen Fälle betrachten:*
> *(1) angenommen p gilt, aber dann gilt auch $(p \vee q)$;*
> *(2) angenommen $(q \wedge r)$ gilt, aber dann gilt auch q und somit auch $(p \vee q)$.*

---

[10] Wir betrachten in diesem Abschnitt wieder die Junktoren $\neg/1$, $\wedge/2$, $\vee/2$, $\to/2$ und $\leftrightarrow/2$.

> *Da sowohl in (1) als auch in (2) die Aussage $(p \lor q)$ gilt, können*
> *wir die in (1) und (2) gemachten Annahmen p bzw. $(q \land r)$ aus-*
> *lösen und auf $(p \lor q)$ schließen.*
> *Völlig analog schließen wir auf $(p \lor r)$.*
> *Da sowohl $(p \lor q)$ als auch $(p \lor r)$ gelten, muss auch $((p \lor q) \land (p \lor r))$*
> *gelten.*
> *Diese Formel wurde unter der Annahme $(p \lor (q \land r))$ abgeleitet.*
> *Wenn wir nun diese Annahme auch noch auslösen, dann folgt dar-*
> *aus die Gültigkeit von $((p \lor (q \land r)) \to ((p \lor q) \land (p \lor r)))$.*

Der Beweis also wurde geführt, indem Annahmen gemacht, Folgerungen aus diesen Annahmen gezogen und anschließend die Annahmen wieder ausgelöst wurden. So entstand zum Schluss ein Beweis für eine Aussage, die selbst keiner Annahme mehr unterworfen ist. Lässt sich ein solcher Beweis formalisieren? Er lässt sich formalisieren und ich werde in der Folge zeigen, wie so etwas geht.

Das Alphabet und die Sprache: Wir fügen hier der Menge der aussagen-logischen Variablen $\mathcal{R}$ das Symbol $[\,]$ hinzu und legen fest, dass $[\,]^I = \bot$ für alle Interpretationen I gilt. $[\,]$ repräsentiert also eine unerfüllbare Formel. Wir definieren $\mathcal{R}_n = \mathcal{R} \cup \{[\,]\}$. Die hier verwendete Sprache ist dann $\mathcal{L}(\mathcal{R}_n)$.

Die Ableitungsregeln: Eine typische Ableitungsregel im Kalkül des natür-lichen Schließens ist die *Elimination der Implikation*:

$$\frac{G \qquad (G \to F)}{F} \quad (\to E)$$

Dabei heißen die Ausdrücke oberhalb der Linie *Vorbedingungen* und der Aus-druck unterhalb der Linie *Schlussfolgerung* oder *Konklusion*. Die Regel besagt, dass wenn man sowohl G als auch $(G \to F)$ ableiten kann, dann kann man auch F ableiten. Neben Eliminationsregeln gibt es auch Einführungsregeln:

$$\frac{\begin{array}{c} \lfloor G \rfloor \\ \vdots \\ F \end{array}}{(G \to F)} \quad (\to I)$$

Diese so genannte *Einführung der Implikation* besagt, dass wenn es unter der Annahme von G gelingt, F abzuleiten, dann kann man auch $(G \to F)$ ab-leiten. Dabei wird die Annahme G ausgelöst, was mittels der Markierung $\lfloor \ \rfloor$ angezeigt wird. Das Auslösen einer Annahme besagt nichts anderes, als dass der gezogene Schluss, hier $(G \to F)$, nicht mehr von G abhängt.

Eine sehr einfache, aber typische Ableitung im Kalkül des natürlichen Schließens ist beispielsweise die folgende:

$$
\cfrac{\cfrac{\cfrac{\lfloor p \rfloor^1}{(p \vee q)}\ (\vee I) \qquad \lfloor r \rfloor^2}{((p \vee q) \wedge r)}\ (\wedge I)}{\cfrac{(p \to ((p \vee q) \wedge r))}{(r \to (p \to ((p \vee q) \wedge r)))}\ (\to I)^2}\ (\to I)^1
$$

Sie besagt, dass man unter der Annahme von p auf $(p \vee q)$ schließen kann. Wenn man nun zusätzlich annimmt, dass r gilt, dann folgt daraus, dass $((p \vee q) \wedge r)$ gilt. Unter Anwendung der Einführungsregel für die Implikation folgt daraus, dass $(p \to ((p \vee q) \wedge r))$, wobei diese Aussage jetzt nicht mehr von p abhängt. Schlussendlich folgt erneut unter Anwendung der Einführungsregel für die Implikation, dass $(r \to (p \to ((p \vee q) \wedge r)))$ gilt, wobei diese Aussage jetzt weder von r noch von p abhängt. Beide Annahmen wurden ausgelöst. Der Leser bzw. die Leserin möge sich davon überzeugen, dass die abgeleitete Formel allgemeingültig ist.

Auch wenn ich formal den Begriff einer Ableitung sowie alle hier verwendeten Ableitungsregeln noch nicht definiert habe, so sehen wir unmittelbar, dass diese Ableitung die Form eines Baumes hat, wobei die einzelnen Knoten des Baumes mit Formeln markiert sind (siehe Abbildung 3.10). So ist beispielsweise die Wurzel des Baumes mit $(r \to (p \to ((p \vee q) \wedge r)))$ und die beiden Blätter sind mit $\lfloor p \rfloor^1$ und $\lfloor r \rfloor^2$ markiert. Die Kanten des Baumes sind mit den Ableitungsregeln markiert, die in dem entsprechenden Schritt angewendet werden. Wir beobachten außerdem, dass alle Formeln an den Blättern des Baumes mit $\lfloor\ \rfloor$ markiert sind. Solche Ableitungen wollen wir später Beweise nennen. Daneben zeigen die Indexe noch an, durch welche Anwendung einer Ableitungsregel die Annahmen ausgelöst wurden.

Die Ableitungsregeln sind Schemata in dem Sinne, dass die in ihnen vorkommenden Zeichen wie G oder F durch beliebige aussagenlogische Formeln konsistent ersetzt werden können. Wenn dies geschieht, dann wollen wir von einer *Instanz einer Regel* sprechen. So ist beispielsweise

$$
\frac{(p \wedge q) \qquad ((p \wedge q) \to (q \wedge p))}{(q \wedge p)}\ (\to E)
$$

eine Instanz der Eliminationsregel für die Implikation, bei der jedes Vorkommen von G durch $(p \wedge q)$ und jedes Vorkommen von F durch $(q \wedge p)$ ersetzt wurde.

Abbildung 3.11 zeigt alle Regeln des Kalküls des natürlichen Schließens. Sie lassen sich in mehrere Gruppen unterteilen. Typischerweise gibt es für jeden Junktor sowohl Einführungs- als auch Eliminationsregeln. Alle Regeln repräsentieren bekannte Beweisprinzipien der Mathematik:

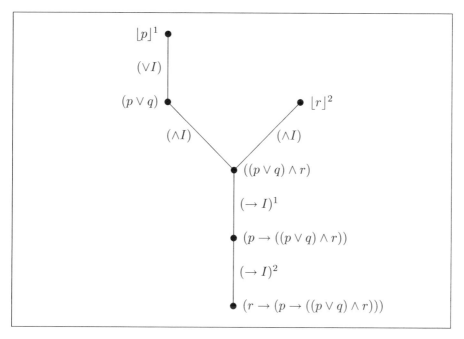

Abbildung 3.10: Die Ableitung von $(r \rightarrow (p \rightarrow ((p \vee q) \wedge r)))$ in konventioneller Baumdarstellung.

- Die *falsum*-Regel (f) drückt aus, dass wir aus etwas Unerfüllbarem $([\,])$ alles ableiten können (*ex falso sequitur quodlibet*).

- Die *reductio ad absurdum*-Regel (raa) ist eine Formalisierung des Prinzips eines Beweises durch Widerspruch: Wenn die Annahme $\neg F$ zu einer unerfüllbaren Formel, d.h. zu einem Widerspruch, führt, dann hat man einen Beweis für die Aussage F gefunden.

- Die Einführungsregel für die Negation $(\neg I)$ entspricht der reductio ad absurdum-Regel, nur dass man hier auf $\neg F$ schließt, wenn die Annahme von F zu einem Widerspruch führt.

- Die Eliminationsregel für die Negation $(\neg E)$ besagt, dass wenn sowohl eine Formel F als auch deren Negation $\neg F$ ableitbar ist, dies ein Widerspruch ist.

- Die Einführungsregel für die Konjunktion $(\wedge I)$ besagt, dass wenn F und G ableitbar ist, dann ist auch $(F \wedge G)$ ableitbar.

- Die Eliminationsregeln für die Konjunktion $(\wedge E)$ besagen, dass wenn $(F \wedge G)$ abgeleitet werden kann, dann kann sowohl F also auch G abgeleitet werden.

Die Regeln für die Negation:

$$\frac{[\,]}{G}\,(f) \qquad \begin{array}{c} \lfloor\neg F\rfloor \\ \vdots \\ [\,] \\ \hline F \end{array}\,(raa) \qquad \begin{array}{c} \lfloor F\rfloor \\ \vdots \\ [\,] \\ \hline \neg F \end{array}\,(\neg I) \qquad \frac{F \qquad \neg F}{[\,]}\,(\neg E)$$

Die Regeln für die Konjunktion:

$$\frac{F \qquad G}{(F \wedge G)}\,(\wedge I) \qquad \frac{(F \wedge G)}{F}\,(\wedge E) \qquad \frac{(F \wedge G)}{G}\,(\wedge E)$$

Die Regeln für die Disjunktion:

$$\frac{F}{(F \vee G)}\,(\vee I) \qquad \frac{G}{(F \vee G)}\,(\vee I) \qquad \frac{(F \vee G) \quad \begin{array}{c}\lfloor F\rfloor\\ \vdots\\ H\end{array} \quad \begin{array}{c}\lfloor G\rfloor\\ \vdots\\ H\end{array}}{H}\,(\vee E)$$

Die Regeln für die Implikation:

$$\begin{array}{c} \lfloor G\rfloor \\ \vdots \\ F \\ \hline (G \rightarrow F) \end{array}\,(\rightarrow I) \qquad \begin{array}{c} \lfloor\neg F\rfloor \\ \vdots \\ \neg G \\ \hline (G \rightarrow F) \end{array}\,(\rightarrow I) \qquad \frac{G \qquad (G \rightarrow F)}{F}\,(\rightarrow E)$$

Die Regeln für die Äquivalenz:

$$\frac{\begin{array}{cc}\lfloor G\rfloor & \lfloor F\rfloor\\ \vdots & \vdots\\ F & G\end{array}}{(G \leftrightarrow F)}\,(\leftrightarrow I) \qquad \frac{G \qquad (G \leftrightarrow F)}{F}\,(\leftrightarrow E) \qquad \frac{F \qquad (G \leftrightarrow F)}{G}\,(\leftrightarrow E)$$

Abbildung 3.11: Die Ableitungsregeln des Kalküls des natürlichen Schließens.

- Die Einführungsregeln für die Disjunktion ($\vee I$) besagen, dass wenn entweder F oder G abgeleitet werden kann, dann kann auch ($F \vee G$) abgeleitet werden.

- Die Eliminationsregel für die Disjunktion ($\vee E$) besagt, dass wenn ($F \vee G$) ableitbar ist und sowohl unter der Annahme von F also auch unter der Annahme von G die Aussage H ableitbar ist, dann ist auch H ableitbar.

- Die erste Einführungsregel für die Implikation wurde bereits oben diskutiert. Die zweite Einführungsregel für die Implikation ist die so genannte *Kontraposition*. Wenn unter der Annahme von $\neg F$ die Aussage $\neg G$ hergeleitet werden kann, dann kann auch ($G \rightarrow F$) hergeleitet werden.

- Die Eliminationsregel für die Implikation wurde ebenfalls bereits oben diskutiert. Sie ist häufig auch unter dem Namen *modus ponens* bekannt.

- Die Einführungsregel für die Äquivalenz ($\leftrightarrow I$) besagt, dass wenn unter der Annahme von G die Aussage F abgeleitet werden kann und wenn unter der Annahme von F die Aussage G abgeleitet werden kann, dann kann auch $F \leftrightarrow G$ abgeleitet werden.

- Die Eliminationsregeln für die Äquivalenz besagt, dass wenn G bzw. F und ($G \leftrightarrow F$) abgeleitet werden können, dann kann auch F bzw. G abgeleitet werden.

Ableitungen und Beweise   Bevor ich in der Folge Ableitungen und Beweise formal definiere, möchte ich sie zunächst informell diskutieren und dabei einige Begriffe und Notationen einführen.

Ableitungen im Kalkül des natürlichen Schließens sind endliche Bäume, deren Knoten mit Formeln und deren Kanten mit Inferenzregeln markiert sind und die gemäß den in Definition 3.38 dargestellten Regeln gebildet werden. Dabei können Blattknoten zusätzlich noch mit $\lfloor \rfloor$ und einem Index $j \in \mathbb{N}$, Kanten zusätzlich mit einem Index $j \in \mathbb{N}$ markiert sein. Wenn ein Blattknoten mit F, $\lfloor \rfloor$ und j markiert ist, dann wird das mit $\lfloor F \rfloor^j$ dargestellt und wir wollen auch davon sprechen, dass dieses Vorkommen von F mit $\lfloor \rfloor$ und j markiert ist.

Formeln, die Blattknoten markieren, werden *Hypothesen* oder *Annahmen* genannt. Wenn ein Blattknoten mit $\lfloor F \rfloor^j$ markiert ist, dann ist dieses Vorkommen der Hypothese F *ausgelöst*, ansonsten ist es *nicht ausgelöst*. Wenn ein Ableitungsbaum $\triangledown$ ein nicht ausgelöstes Vorkommen einer Hypothese F enthält, dann wird F eine *nicht ausgelöste Hypothese* von $\triangledown$ genannt.

Wir haben zuvor gesehen, dass Beweise im Kalkül des natürlichen Schließens eine Baumstruktur haben. Die Baumstruktur ist der Grund, warum ich Ableitungen im Kalkül des natürlichen Schließens mit dem Symbol $\triangledown$ bezeichnen

$$\frac{\dfrac{\lfloor F \rfloor^1}{([\,] \vee F)}\ (\vee I)}{(F \rightarrow ([\,] \vee F))}\ (\rightarrow I)^1$$

Abbildung 3.12: Ein Beweis für $(F \rightarrow ([\,] \vee F))$ im Kalkül des natürlichen Schließens.

möchte. Manchmal möchte man eine Formel F, mit der die Wurzel der Baum-darstellung einer Ableitung markiert ist, besonders auszeichnen. In diesem Fall notiere ich das mit $\bigtriangledown_F$ und spreche von einer *Ableitung von* F. Manchmal möchte man auch eine nicht ausgelöste Hypothese G in einer Ableitung von F besonders auszeichnen. In diesem Fall notiere ich das mit $\bigtriangledown_F^G$. So kann ich das im vorangegangenen Abschnitt diskutierte Beispiel durch $\bigtriangledown_{(r \rightarrow (p \rightarrow ((p \vee q) \wedge r)))}$ abkürzen, während beispielsweise die Ableitung

$$\frac{\dfrac{\dfrac{\lfloor p \rfloor^1}{(p \vee q)}\ (\vee I) \qquad r}{((p \vee q) \wedge r)}\ (\wedge I)}{(p \rightarrow ((p \vee q) \wedge r))}\ (\rightarrow I)^1$$

durch $\bigtriangledown_{(p \rightarrow ((p \vee q) \wedge r))}^{r}$ abgekürzt werden kann. Abschließend sei noch darauf verwiesen, dass eine Ableitung auch nur aus einem einzigen Knoten bestehen kann, wie beispielsweise:

$$p$$

Wir haben hier eine Ableitung von p vorliegen, die wiederum nur aus der Annahme p besteht, welche nicht ausgelöst ist. Gemäß der gerade eingeführten Notation kann ein solcher Baum durch $\bigtriangledown_p^p$ dargestellt werden.

Sei nun $j \in \mathbb{N}$ ein Index, der in $\bigtriangledown_F^G$ nicht vorkommt. $\bigtriangledown_F^{\lfloor G \rfloor^j}$ bezeichnet den Ableitungsbaum, der aus $\bigtriangledown_F^G$ dadurch hervorgegangen ist, dass mindestens ein nicht ausgelöstes Vorkommen der Hypothese G mit $\lfloor \ \rfloor^j$ markiert wurde.

Betrachten wir nun noch einige Beispiele. In Abbildung 3.12 ist ein Beweis für $(F \rightarrow ([\,] \vee F))$ dargestellt. Aus der Annahme, dass F gilt, wurde mit Hilfe der Einführungsregel für die Disjunktion auf $([\,] \vee F)$ geschlossen, um anschließend mit Hilfe der Einführungsregel für die Implikation den Beweis abzuschließen, wobei die Annahme F ausgelöst wird. Obwohl es in diesem Beispiel nur eine Annahme gibt, und damit offensichtlich ist, welche Annahme bei der Anwendung der Einführungsregel für die Implikation ausgelöst wurde, wurde die Annahme wie auch die Regel, durch die sie ausgelöst wurde, mit dem hochgestellten Index [1] markiert.

$$\frac{\dfrac{\lfloor F\rfloor^2 \quad \lfloor\neg F\rfloor^1}{[\,]} \ (\neg E)}{\dfrac{\dfrac{}{\neg\neg F}\ (\neg I)^1}{(F\to\neg\neg F)}\ (\to I)^2}$$

Abbildung 3.13: Ein Beweis für $(F\to\neg\neg F)$ im Kalkül des natürlichen Schließens.

$$\frac{\dfrac{\lfloor(F\wedge G)\rfloor^1}{G}\ (\wedge E)\qquad \dfrac{\lfloor(F\wedge G)\rfloor^1}{F}\ (\wedge E)}{\dfrac{(G\wedge F)}{((F\wedge G)\to(G\wedge F))}\ (\to I)^1}\ (\wedge I)$$

Abbildung 3.14: Ein Beweis für $((F\wedge G)\to(G\wedge F))$ im Kalkül des natürlichen Schließens.

Solche Markierungen sind notwendig sobald in einem Beweis mehrere unterschiedliche Annahmen eine Rolle spielen, wie es in dem in Abbildung 3.13 gezeigten Beispiel der Fall ist. Bei der Anwendung der Einführungsregel für die Negation wird die mit [1] markierte Annahme ausgelöst, während bei der Anwendung der Einführungsregel für die Implikation die mit [2] markierte Annahme ausgelöst wird.

In Abbildung 3.14 wird ein Beispiel dafür gezeigt, dass eine Annahme – hier $(F\wedge G)$ – in einem Beweis mehrfach gemacht werden kann und eine Regel – hier $(\to I)$ – alle Annahmen auf einmal auslösen kann.

Nehmen wir nun an, dass wir einen Beweis ∇_F für F gefunden haben. Dann gibt es auch einen Beweis für $(G\to F)$, selbst wenn G in F überhaupt nicht vorkommt:

$$\frac{\dfrac{\dfrac{\lfloor\neg F\rfloor^1 \quad \nabla_F}{[\,]}\ (\neg E)}{\neg G}\ (f)}{(G\to F)}\ (\to I)^1$$

Nach diesen Beispielen will ich jetzt den Begriff einer Ableitung im Kalkül des natürlichen Schließens einführen. Dabei werden mehrfach „neue" Indizes gefordert. Damit ist gemeint, dass diese Indizes bisher in der Ableitung noch nicht verwendet wurden. Dies lässt sich am Einfachsten durch einen Zähler realisieren, der mit 0 initialisiert ist und bei jeder Anforderung eines „neuen"

Index um 1 erhöht wird. Der „neue" Index ist dann einfach der aktuelle Wert des Zählers.

Definition 3.38 *Die Menge der* Ableitungen im Kalkül des natürlichen Schlie-ßens *ist die kleinste Menge* $\mathcal{X}$, *die die folgenden Eigenschaften hat.*

1. *Jeder Baum, der nur aus einem einzigen, mit* $F \in \mathcal{L}(\mathcal{R}_n)$ *markierten Knoten besteht, ist in* $\mathcal{X}$.

2. *Wenn* ∇_{H_1} *eine in* $\mathcal{X}$ *vorkommende Ableitung ist und*

$$\frac{H_1}{H_2}$$

   die Instanz einer Regel $r \in \{(f),\ (\wedge E),\ (\vee I)\}$ *ist, dann ist auch*

$$\frac{\nabla_{H_1}}{H_2}\ r$$

   eine Ableitung in $\mathcal{X}$.

3. *Wenn* $\nabla_{H_2}^{H_1}$ *eine in* $\mathcal{X}$ *vorkommende Ableitung ist,* j *ein neuer Index ist und*

$$\frac{\begin{array}{c}\lfloor H_1 \rfloor \\ \vdots \\ H_2\end{array}}{H_3}$$

   die Instanz einer Regel $r \in \{(raa),\ (\neg I),\ (\rightarrow I)\}$ *ist, dann ist auch*

$$\frac{\nabla_{H_2}^{\lfloor H_1 \rfloor^j}}{H_3}\ r^j$$

   eine Ableitung in $\mathcal{X}$.

4. *Wenn* ∇_{H_1} *und* ∇_{H_2} *in* $\mathcal{X}$ *vorkommende Ableitungen sind und*

$$\frac{H_1 \quad H_2}{H_3}$$

   Instanz einer Regel $r \in \{(\neg E),\ (\rightarrow E),\ (\leftrightarrow E)\}$ *ist, dann ist auch*

$$\frac{\nabla_{H_1} \quad \nabla_{H_2}}{H_3}\ r$$

   eine Ableitung in $\mathcal{X}$.

5. *Wenn* $\bigtriangledown_{(F \vee G)}$, $\bigtriangledown_H^F$ *und* $\bigtriangledown_H^G$ *in* $\mathcal{X}$ *vorkommende Ableitungen sind und* j *ein neuer Index ist, dann ist auch*

$$\frac{\bigtriangledown_{(F \vee G)} \qquad \bigtriangledown_H^{\lfloor F \rfloor^j} \qquad \bigtriangledown_H^{\lfloor G \rfloor^j}}{H} \ (\vee E)^j$$

eine Ableitungen in $\mathcal{X}$.

6. *Wenn* $\bigtriangledown_F^G$ *und* $\bigtriangledown_G^F$ *in* $\mathcal{X}$ *vorkommende Ableitungen sind und* j *ein neuer Index ist, dann ist auch*

$$\frac{\bigtriangledown_F^{\lfloor G \rfloor^j} \qquad \bigtriangledown_G^{\lfloor F \rfloor^j}}{(G \leftrightarrow F)} \ (\leftrightarrow I)^j$$

eine Ableitung in $\mathcal{X}$.

Definition 3.39 *Sei* $\bigtriangledown_F$ *ein Ableitungsbaum und* $\{F_1, \ldots, F_m\}$ *die Menge der in* $\bigtriangledown_F$ *vorkommenden, nicht ausgelösten Hypothesen. Dann heißt* $\bigtriangledown_F$ Ableitung von F aus $\{F_1, \ldots, F_m\}$ *und wir schreiben dafür*

$$\{F_1, \ldots, F_m\} \vdash_n F.$$

Von Beweisen wollen wir sprechen, wenn alle Annahmen ausgelöst sind.

Definition 3.40 *Ein* Beweis *für eine aussagenlogische Formel* F *im Kalkül des natürlichen Schließens ist eine Ableitung von* F *aus der leeren Mengen von Hypothesen. Statt* $\emptyset \vdash_n F$ *schreiben wir* $\vdash_n F$, *wenn* F *einen Beweis im Kalkül des natürlichen Schließens hat.*

Der Leser bzw. die Leserin möge sich an dieser Stelle davon überzeugen, dass es sich bei den in den Abbildungen 3.12, 3.13 und 3.14 dargestellten Ableitungen tatsächlich um Beweise im Kalkül des natürlichen Schließens handelt. Ein weiteres, einfaches Beispiel ist der folgende Beweis für $(p \rightarrow p)$:

$$\frac{\lfloor p \rfloor^1}{(p \rightarrow p)} \ (\rightarrow I)^1$$

Wir wollen jetzt zum einführenden Beispiel vom Beginn dieses Abschnitts zurückkehren und einen entsprechenden Beweis im Kalkül des natürlichen Schließens betrachten. Er ist in Abbildung 3.15 dargestellt. Offensichtlich zeigt dieser Beweis im Kalkül des natürlichen Schließens starke Übereinstimmung mit dem zu Beginn des Abschnitts zitierten mathematischen Beweis.

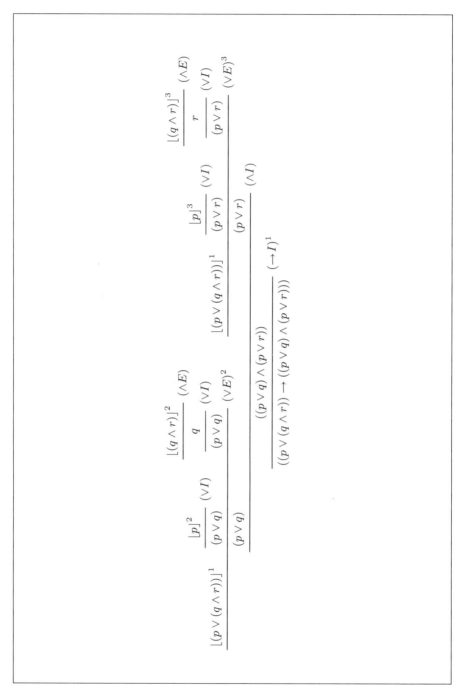

Abbildung 3.15: Ein Beweis für $((p \vee (q \wedge r)) \to ((p \vee q) \wedge (p \vee r)))$ im Kalkül des natürlichen Schließens.

Lemmata Sobald man einige Beweise im Kalkül des natürlichen Schließens erstellt hat, fällt einem üblicherweise auf, dass gewisse Teile von Ableitungs-bäumen häufiger verwendet werden. Einer dieser Teile ist beispielsweise der folgende:

$$\frac{\dfrac{\neg\neg F \qquad \lfloor\neg F\rfloor^1}{[\,]} \ (\neg E)}{F} \ (raa)^1$$

Er besagt, dass wir aus $\neg\neg F$ auf F schließen können. Um nun solche Teilbäu-me nicht jedes Mal neu konstruieren zu müssen, kann man sie sich in Form eines *Lemmatas* einmal zurechtlegen. Lemmata werden in Form von Ableitungsregeln notiert. In unserem Beispiel erhalten wir das Lemma:

$$\frac{\neg\neg F}{F} \ (l1)$$

Dabei habe ich dem Lemma den Namen $(l1)$ gegeben, um später darauf verwei-sen zu können. In der Folge dürfen wir dann die Lemmata als Ableitungsregel verwenden. Weitere Beispiele für Lemmata sind:

$$\frac{\neg(F \wedge G) \qquad F}{\neg G} \ (l2) \qquad\qquad \frac{\neg(F \wedge G) \qquad G}{\neg F} \ (l3) \qquad\qquad \frac{\neg(F \vee G)}{(\neg F \wedge \neg G)} \ (l4)$$

Sie repräsentieren die folgenden Teilbeweise:

$$(l2) \qquad \frac{\dfrac{\neg(F \wedge G) \qquad \dfrac{F \qquad \lfloor G\rfloor^1}{(F \wedge G)} \ (\wedge I)}{[\,]} \ (\neg E)}{\neg G} \ (\neg I)^1$$

$$(l3) \qquad \frac{\dfrac{\neg(F \wedge G) \qquad \dfrac{\lfloor F\rfloor^1 \qquad G}{(F \wedge G)} \ (\wedge I)}{[\,]} \ (\neg E)}{\neg F} \ (\neg I)^1$$

$$(l4) \qquad \frac{\dfrac{\neg(F \vee G) \qquad \dfrac{\lfloor F\rfloor^1}{(F \vee G)} \ (\vee I)}{[\,]} \ (\neg E)}{\neg F} \ (\neg I)^1 \qquad \dfrac{\neg(F \vee G) \qquad \dfrac{\lfloor G\rfloor^2}{(F \vee G)} \ (\vee I)}{\dfrac{[\,]}{\neg G} \ (\neg I)^2}}{(\neg F \wedge \neg G)} \ (\wedge I)$$

Lemmata können Beweise deutlich verkürzen (siehe Abbildung 3.16). Jedoch sind sie bei der Beweissuche unter Umständen weniger hilfreich, da sich durch sie der Suchraum vergrößert.

$$
\cfrac{\cfrac{\cfrac{\cfrac{\lfloor \neg(p \vee \neg p) \rfloor^{1}}{(\neg p \wedge \neg\neg p)}\;(l4)}{\neg\neg p}\;(\wedge E)}{p}\;(l1) \qquad \cfrac{\cfrac{\cfrac{\lfloor \neg(p \vee \neg p) \rfloor^{1}}{(\neg p \wedge \neg\neg p)}\;(l4)}{\neg p}\;(\wedge E)}{}}{\cfrac{[\,]}{(p \vee \neg p)}\;(raa)^{1}}\;(\neg E)
$$

Abbildung 3.16: Ein Beweis für $(p \vee \neg p)$ im Kalkül des natürlichen Schließens unter Verwendung der Lemmata $(l1)$ und $(l4)$.

Bemerkungen   Der Kalkül des natürlichen Schließens ist ebenfalls korrekt und vollständig, wie wir in Abschnitt 3.6 noch sehen werden.

Gerhard Gentzen hatte den Kalkül des natürlichen Schließens entwickelt, um mathematische Beweise formalisieren zu können. Leider ist der Kalkül zum maschinellen Beweisen ungeeignet. Sollte eine Maschine etwa versuchen, einen Beweis von oben nach unten zu generieren, dann müsste sie an geeigneter Stelle die passenden Annahmen raten. Die Annahmen können aber beliebige Formeln der Aussagenlogik sein. Umgekehrt, wenn eine Maschine versucht, einen Beweis von unten nach oben zu generieren, dann müsste sie bei Anwendung von Ableitungsregeln wie beispielsweise der Elimination der Konjunktion neue Formeln raten. Auch diese Formeln können beliebige Formeln der Aussagenlogik sein. Würde man sich hier einschränken, dann wäre der Kalkül nicht mehr vollständig. In seiner Arbeit hat Gerhard Gentzen selbst einen Ausweg aus dieser Misere vorgeschlagen, nämlich den Sequenzenkalkül. Dieser wird in Abschnitt 3.4.4 kurz angesprochen.

3.4.4   Weitere Beweisverfahren und Kalküle

Bis jetzt haben wir drei verschiedene Beweisverfahren, nämlich das Resolutions- und das Tableauverfahren, sowie den Kalkül des natürlichen Schließens kennen gelernt. In diesem Abschnitt will ich noch einen kurzen Überblick über andere Beweisverfahren bzw. Kalküle geben.

Zuvor aber sollte ich den Begriff des Kalküls noch formal definieren. Ich habe ja bisher schon vom Kalkül des natürlichen Schließens gesprochen ohne eigentlich exakt zu sagen, was sich dahinter verbirgt. Eine Logik ist charakterisiert durch ein Alphabet, eine Sprache und die logische Konsequenzrelation. Für die Aussagenlogik wurde dies genau in den Definitionen 3.3, 3.5 und 3.16 festgelegt. In einer Logik können wir die logische Konsequenzrelation semantisch definieren. Wollen wir diese Relation ausrechnen, brauchen wir einen Kalkül.

Definition 3.41 *Ein* Kalkül *besteht aus einem Alphabet, einer Sprache, einer Menge von Axiomen, d. h. einer Menge von Formeln der Sprache, und einer Menge von Ableitungsregeln, die die Beweisbarkeits- oder Ableitbarkeitsrelation definieren.*

Da wir meist daran interessiert sind, einen Kalkül für eine ganz bestimmte Logik zu entwickeln, sollten Alphabet und Sprache von Kalkül und Logik übereinstimmen. Durch die Axiome und die Ableitungsregeln des Kalküls wird eine Beweisbarkeits- oder Ableitbarkeitsrelation definiert, die die Menge der beweisbaren oder ableitbaren Formeln in dem Kalkül definiert. Idealerweise sind bei gegebener Logik und dazu passendem Kalkül die logische Konsequenzrelation und die Beweisbarkeitsrelation identisch. In diesem Fall spricht man von einem korrekten und vollständigen Kalkül.

Definition 3.42 *Seien* $\mathcal{L}$ *eine Logik und* $\mathcal{K}$ *ein Kalkül, die über dem gleichen Alphabet und der gleichen Sprache definiert sind. Sei* $\models$ *die logische Konsequenzrelation von* $\mathcal{L}$ *und* $\vdash$ *die Beweisbarkeitsrelation von* $\mathcal{K}$.

• $\mathcal{K}$ *ist* korrekt *bezüglich* $\mathcal{L}$, *wenn für jede Formel* F *der Sprache gilt: wenn* $\vdash F$ *gilt, dann gilt auch* $\models F$.

• $\mathcal{K}$ *ist* vollständig *bezüglich* $\mathcal{L}$, *wenn für jede Formel* F *der Sprache gilt: wenn* $\models F$ *gilt, dann gilt auch* $\vdash F$.

Ich werde in Abschnitt 3.6.2 verschiedene Korrektheits- und Vollständigkeitsresultate diskutieren. Wir wollen uns hier aber noch einmal die Bedeutung der beiden Begriffe klar machen. Dazu nehmen wir an, eine Logik wäre ein Synonym für Spezifikation und Kalkül ein Synonym für Programm. Dann besagt die Korrektheit, dass jede vom Programm erzeugte Antwort auch eine korrekte Antwort bezüglich der Spezifikation ist. Umgekehrt besagt die Vollstandigkeit, dass, wenn die Spezifikation eine bestimmte Antwort erlaubt, das Programm diese Antwort auch generiert. Nehmen wir weiterhin an, die Spezifikation S für ein Stellwerk der Deutschen Bahn fordert unter anderem, dass die Züge in einem bestimmten Areal so gesteuert werden, dass auf einer Weiche niemals zwei Züge gleichzeitig sind. Nehmen wir weiterhin an, P sei das Programm, das die Züge steuert. Die Korrektheit von P bezüglich S besagt nun, dass, wenn P einen bestimmten Fahrplan ausrechnet, dann garantiert ist, dass zu keinem Zeitpunkt zwei Züge auf ein und derselben Weiche sind. Die Vollständigkeit von P bezüglich S garantiert, dass wenn ein bestimmter Fahrplan gemäß S existiert, P diesen Fahrplan auch berechnen kann.

Betrachten wir jetzt noch einmal den Kalkül des natürlichen Schließens. Sein Alphabet $\mathcal{R}_n$ ist das um [] erweiterte Alphabet der Aussagenlogik. Seine Sprache ist $\mathcal{L}(\mathcal{R}_n)$. Seine Menge von Axiomen ist leer, seine Ableitungsregeln sind die in Abbildung 3.11 dargestellten. Die durch ihn bestimmte Ableitungsrelation ist in Definition 3.40 definiert. Auch das Tableauverfahren ist ein Kalkül.

Sein Alphabet ist das der Aussagenlogik. Seine Sprache ist die der Aussagenlo-
gik, d. h. $\mathcal{L}(\mathcal{R})$. Seine Menge der Axiome ist die Menge $\{(F \wedge \neg F) \mid F \in \mathcal{L}(\mathcal{R})\}$.
Seine Ableitungsregeln sind die in Abbildung 3.8 dargestellten. Die durch ihn
bestimmte Ableitungsrelation ist in Definition 3.37 definiert. In Übungsaufgabe 3–27 werden Sie aufgefordert, eine Charakterisierung des Resolutionsverfahrens als Kalkül selbst anzugeben.

Kalküle lassen sich hinsichtlich verschiedener Eigenschaften charakterisieren.
Einige davon will ich kurz vorstellen.

Definition 3.43 *Ein Kalkül ist*

- positiv, *wenn seine Axiome allgemeingültig sind;*

- negativ, *wenn seine Axiome unerfüllbar sind;*

- generierend, *wenn in ihm eine Formel ausgehend von den Axiomen bewiesen wird;*

- analysierend, *wenn in ihm die zu beweisenden Formel auf ein oder mehrere Axiome reduziert wird.*

So ist beispielsweise der Kalkül des natürlichen Schließens ein positiver und
generierender Kalkül, während das Tableauverfahren ein negativer und analysierender Kalkül ist.

Hilbert-Systeme Ein Hilbert-System ist ein positiver und generierender
Kalkül. Alphabet und Sprache eines Hilbert-Systems entsprechen Alphabet und
Sprache der Aussagenlogik. Ein Hilbert-System in der Aussagenlogik kommt
mit einer einzigen Inferenzregel aus, nämlich dem *Modus Ponens*:

$$\frac{F \quad (F \to G)}{G} \text{ MP}$$

Dabei sind F und G aussagenlogische Formeln. Die Menge der Axiome wird
üblicherweise durch eine Reihe von Schemata angegeben. Stellvertretend seien
hier die folgenden Schemata genannt:

$$
\begin{aligned}
&(S1) &&(F \to (G \to F)) \\
&(S2) &&((F \to (G \to H)) \to ((F \to G) \to (F \to H))) \\
&(S3) &&((\neg F \to \neg G) \to ((\neg F \to G) \to F))
\end{aligned}
$$

Es sind Schemata, da für die Zeichen F, G und H beliebige aussagenlogische
Formeln eingesetzt werden können.

Eine *Ableitung* in einem Hilbert-System aus einer Menge von aussagenlogischen
Formeln $\mathcal{G}$ ist eine Folge von aussagenlogischen Formeln, deren Elemente entweder aus $\mathcal{G}$ oder Axiome oder durch Anwendung des Modus Ponens auf vorangegangene Elemente der Folge entstanden sind. Die aussagenlogische Formel

F ist eine *Folgerung* aus $\mathcal{G}$ in einem Hilbert-System, symbolisch $\mathcal{G} \vdash_h F$, wenn es eine Ableitung aus $\mathcal{G}$ mit F als letzter Zeile gibt. Als Beispiel betrachten wir die Menge

$$\mathcal{G} = \{(p \to (q \to r)),\ p,\ q\}.$$

Wir können die folgende Ableitung konstruieren, wobei MP für Modus Ponens steht:

1	$(p \to (q \to r))$	$\in \mathcal{G}$
2	p	$\in \mathcal{G}$
3	$(q \to r)$	$\mathsf{MP}(1,2)$
4	q	$\in \mathcal{G}$
5	r	$\mathsf{MP}(3,4)$

Somit ist r eine Folgerung aus $\mathcal{G}$ in einem Hilbert-System.

Ein *Beweis* einer aussagenlogischen Formel F in einem Hilbert System ist eine Folgerung aus $\emptyset$ mit F als letzter Zeile. Ein sehr bedeutendes Resultat im Zusammenhang mit Hilbert-Systemen ist das Deduktionstheorem:

Satz 3.44 *(Aussagenlogisches Deduktionstheorem) Seien F und G aussagenlogische Formeln sowie $\mathcal{G}$ eine Menge von aussagenlogischen Formeln. In jedem Hilbert-System mit den Axiomenschemata (S1) und (S2) sowie dem Modus Ponens als einziger Ableitungsregel gilt: $\mathcal{G} \cup \{F\} \vdash_h G$ gilt genau dann, wenn $\mathcal{G} \vdash_h (F \to G)$ gilt.*

Mit Hilfe des Deduktionstheorems lässt sich aus der oben genannten Ableitung ein Beweis für $((p \to (q \to r)) \to (q \to (p \to r)))$ im Hilbert-System konstruieren. Es gilt

$$\{(p \to (q \to r)),\ p,\ q\} \vdash_h r.$$

Die dreimalige Anwendung des Deduktionstheorems liefert

$$\{(p \to (q \to r)),\ q\} \vdash_h (p \to r)$$
$$\{(p \to (q \to r))\} \vdash_h (q \to (p \to r))$$
$$\emptyset \vdash_h ((p \to (q \to r)) \to (q \to (p \to r))).$$

Man beachte hier den engen Zusammenhang zwischen den Anwendungen des Deduktionstheorems in einem Hilbert-System und dem Auslösen von Annahmen im Kalkül des natürlichen Schließens.

Der Sequenzenkalkül Gerhard Gentzen erkannte sofort, dass das Raten von Formeln bei der Suche nach Beweisen im Kalkül des natürlichen Schließens (siehe Abschnitt 3.4.3) ein großes Problem ist. Um dieses Problem zu lösen, entwickelte er den *Sequenzenkalkül* [Gen35]. In ihm wurden Annahmen durch Bedingungen ersetzt. Eine *Sequenz* ist ein Ausdruck der Form $\mathcal{G}_1 \vdash \mathcal{G}_2$, wobei $\mathcal{G}_1$ und $\mathcal{G}_2$ Multimengen von aussagenlogischen Formeln sind. Informell

$$\text{Axiom} \qquad\qquad \text{Der Schnitt}$$

$$\frac{}{F,\mathcal{G}_1 \vdash \mathcal{G}_2, F}\; \text{ax} \qquad \frac{\mathcal{G}_1 \vdash \mathcal{G}_2, F \quad F,\mathcal{G}_1 \vdash \mathcal{G}_2}{\mathcal{G}_1 \vdash \mathcal{G}_2}\; \text{cut}$$

$$\text{Strukturelle Regeln}$$

$$\frac{F,F,\mathcal{G}_1 \vdash \mathcal{G}_2}{F,\mathcal{G}_1 \vdash \mathcal{G}_2}\; \text{cl} \qquad\qquad \frac{\mathcal{G}_1 \vdash \mathcal{G}_2, F, F}{\mathcal{G}_1 \vdash \mathcal{G}_2, F}\; \text{cr}$$

$$\text{Logische Regeln}$$

$$\text{Regeln für die linke Seite} \qquad \text{Regeln für die rechte Seite}$$

$$\frac{\mathcal{G}_1 \vdash \mathcal{G}_2, F \quad H,\mathcal{G}_1 \vdash \mathcal{G}_2}{(F \to H),\mathcal{G}_1 \vdash \mathcal{G}_2}\; {\to}\text{l} \qquad \frac{F,\mathcal{G}_1 \vdash \mathcal{G}_2, H}{\mathcal{G}_1 \vdash \mathcal{G}_2, (F \to H)}\; {\to}\text{r}$$

$$\frac{F,H,\mathcal{G}_1 \vdash \mathcal{G}_2}{(F \wedge H),\mathcal{G}_1 \vdash \mathcal{G}_2}\; {\wedge}\text{l} \qquad \frac{\mathcal{G}_1 \vdash \mathcal{G}_2, F \quad \mathcal{G}_1 \vdash \mathcal{G}_2, H}{\mathcal{G}_1 \vdash \mathcal{G}_2, (F \wedge H)}\; {\wedge}\text{r}$$

$$\frac{F,\mathcal{G}_1 \vdash \mathcal{G}_2 \quad H,\mathcal{G}_1 \vdash \mathcal{G}_2}{(F \vee H),\mathcal{G}_1 \vdash \mathcal{G}_2}\; {\vee}\text{l} \qquad \frac{\mathcal{G}_1 \vdash \mathcal{G}_2, F, H}{\mathcal{G}_1 \vdash \mathcal{G}_2, (F \vee H)}\; {\vee}\text{r}$$

$$\frac{\mathcal{G}_1 \vdash \mathcal{G}_2, F}{\neg F,\mathcal{G}_1 \vdash \mathcal{G}_2}\; {\neg}\text{l} \qquad \frac{F,\mathcal{G}_1 \vdash \mathcal{G}_2}{\mathcal{G}_1 \vdash \mathcal{G}_2, \neg F}\; {\neg}\text{r}$$

Abbildung 3.17: Die Ableitungsregeln des Sequenzenkalküls.

können wir die Multimenge $\mathcal{G}_1$ als Konjunktion und die Multimenge $\mathcal{G}_2$ als Disjunktion ansehen. Ein solche Sequenz drückt dann die Tatsache aus, dass unter den Bedingungen $\mathcal{G}_1$ einige der in $\mathcal{G}_2$ vorkommenden Formeln bewiesen werden können.

Die Ableitungsregeln des Sequenzenkalküls haben die Form

$$\frac{S_1 \dots S_n}{S}\; \text{r} \tag{3.14}$$

wobei S, S_1, ..., S_n Sequenzen sind und r der Name der Regel ist. Die Sequenzen S_i, $1 \leq i \leq n$, sind die *Voraussetzungen* und die Sequenz S ist die *Konklusion* der Regel. Wenn $n = 0$ ist, dann wird die Ableitungsregel *Axiom* genannt und hat die Form:

$$\frac{}{S}\ \mathsf{r} \tag{3.15}$$

Abbildung 3.17 zeigt die Ableitungsregeln eines Sequenzenkalküls. Dabei sind $\mathcal{G}$, $\mathcal{G}_1$ und $\mathcal{G}_2$ jeweils Multimengen von Formeln. $\mathcal{G}, F$ bzw. $F, \mathcal{G}$ ist eine verkürzte Schreibweise für $\mathcal{G} \dot\cup \{F\}$. Ebenso ist $\mathcal{G}, F, F$ bzw. $F, F, \mathcal{G}$ eine verkürzte Schreibweise für $\mathcal{G} \dot\cup \{F, F\}$. Wenn $\mathcal{G}$ endlich ist, dann wird häufig völlig auf die Angabe der Mengenklammern verzichtet und so schreiben wir beispielsweise einfach $p, p, p \to q$ anstelle von $\{p, p, (p \to q)\}$.

Im Gegensatz zum Kalkül des natürlichen Schließens, in dem es für jeder Junktor Einführungs- und Eliminationsregeln gibt, gibt es im Sequenzenkalkül für jeden Junktor Ableitungsregeln, die ihn auf der linken und rechten Seite einer Sequenz einführen. Die Menge dieser Regeln wird *logische Regeln* genannt. Sie sind Bestandteil jedes Sequenzenkalküls. Daneben gibt es noch die so genannten *strukturellen Regeln*. In Abbildung 3.17 sind dies die Regeln cl und cr. Dabei steht „ c " für *Kontraktion* und „ r " bzw. „ l " für *rechts* bzw. *links*. In Abhängigkeit davon, wie Multimengen in einem implementierten System repräsentiert werden, ändert sich die Menge der strukturellen Regeln. Wenn beispielsweise eine Multimenge durch eine Liste von Formeln repräsentiert wird, dann muss eine Vertauschungsregel eingeführt werden, da bei Listen die Reihenfolge eine Rolle spielt, während dies bei Multimengen nicht der Fall ist. Ein *Axiom* benötigen wir, um auch Beweise generieren zu können. Der *Schnitt* ist eine spezielle Regel, auf die ich später noch einmal eingehen werde.

Der *Beweis* einer Sequenz S im Sequenzenkalkül ist wie folgt definiert: Ein Axiom der Form (3.15) ist ein Beweis von S. Wenn $T_1, \ldots, T_n$ Beweise von $S_1, \ldots, S_n$ sind und im Sequenzenkalkül eine Ableitungsregel der Form (3.14) vorkommt, dann ist

$$\frac{T_1 \ldots T_n}{S}\ \mathsf{r}$$

ein Beweis von S. Eine aussagenlogische Formel F ist eine *Folgerung* aus $\mathcal{G} = \{F_1, \ldots, F_n\}$ in einem Sequenzenkalkül, symbolisch $\mathcal{G} \vdash_s F$, wenn es einen Beweis von $F_1, \ldots, F_n \vdash F$ im Sequenzenkalkül gibt. Ein *Beweis* einer aussagenlogischen Formel F im Sequenzenkalkül, symbolisch $\vdash_s F$, ist ein Beweis der Sequenz $\vdash F$ im Sequenzenkalkül. Abbildung 3.18 zeigt einen Beweis für $(F \vee \neg F)$ im Sequenzenkalkül. Ein weiteres Beispiel ist in Abbildung 3.19 dargestellt. Dabei habe ich die Multimengenklammern der einfacheren Darstellung wegen weggelassen.

Wenn wir den Sequenzenkalkül als analysierenden Kalkül verstehen, dann fällt auf, dass der Schnitt die einzige Ableitungsregel ist, in dessen Voraussetzungen Formeln vorkommen, die nicht auch in der Konklusion vorkommen. Wie bereits in Abschnitt 3.4.3 diskutiert, ist dies ein erheblicher Nachteil bei der automatischen Beweissuche. Allerdings konnte Gerhard Gentzen in seinem *Hauptsatz* beweisen, dass auf die Verwendung der Schnitt-Regel verzichtet werden kann.

$$\frac{\dfrac{\rule{2cm}{0.4pt}}{F \vdash F} \text{ ax}}{\dfrac{\vdash F, \neg F}{\vdash (F \vee \neg F)} \text{ } \neg r} \text{ } \vee r$$

Abbildung 3.18: Ein Beweis für $(F \vee \neg F)$ im Sequenzenkalkül.

$$\frac{\dfrac{\rule{3cm}{0.4pt}}{p, (r \to s) \vdash q, p} \text{ ax} \qquad \dfrac{\rule{3cm}{0.4pt}}{q, p, (r \to s) \vdash q} \text{ ax}}{p, (p \to q), (r \to s) \vdash q} \to \text{l}$$

Abbildung 3.19: Ein Beweis für $p,\ (p \to q),\ (r \to s) \vdash q$ im Sequenzenkalkül.

Auf der anderen Seite ist der Schnitt sehr hilfreich, erlaubt er doch die Verwendung von Lemmatas.

Der Sequenzenkalkül führte zu einer ganzen Reihe von Forschungsarbeiten, die heute unter dem Namen *Beweistheorie* bekannt sind. Zum Beispiel kann man Prolog als Implementation eines Teils des Sequenzenkalküls verstehen, auch wenn es historisch gesehen so nicht entwickelt wurde. Weitere Details zum Sequenzenkalkül finden Sie in vielen Lehrbüchern, so zum Beispiel in [Fit96] oder [GLT89].

Die Konnektionsmethode Ein weiteres Verfahren zum Beweis der Allgemeingültigkeit einer Formel ist die Konnektionsmethode. Sie ist streng genommen kein Kalkül, sondern eine Methode, mit deren Hilfe wir Kalküle definieren können. Ich will hier die Konnektionsmethode an Hand eines positiven und analysierenden Kalküls kurz vorstellen.

Der Einfachheit halber wollen wir annehmen, dass die zu beweisende Formel in dualer Klauselform vorliegt, obwohl die Konnektionsmethode an sich für Formeln in beliebiger Form definiert ist. Angenommen wir wollen beweisen, dass aus den Sätzen r, p und $(p \to q)$ die Aussage $[q,\ r,\ s]$ logisch folgt. Dazu müssen wir die Allgemeingültigkeit der Formel

$$(\langle r,\ p,\ (p \to q)\rangle \to [q,\ r,\ s])$$

nachweisen. Als duale Klauselform dieser Formel erhalten wir

$$[\langle \neg r\rangle,\ \langle \neg p\rangle,\ \langle p,\ \neg q\rangle,\ \langle q\rangle,\ \langle r\rangle,\ \langle s\rangle],$$

indem wir die Implikationen ersetzen, die de Morgan'schen Regeln anwenden und doppelte Negationen beseitigen.

In dieser dualen Klauselform zeichnen wir nun bestimmte Paare von Literalen aus. Eine *Konnektion* ist ein Paar bestehend aus einem Atom und seinem Negat. In dem Beispiel erhalten wir drei Konnektionen, nämlich $\{\neg p, p\}$, $\{\neg q, q\}$ und $\{\neg r, r\}$. Im Rahmen der Konnektionsmethode wird nun nach einer *aufspannenden* Teilmenge der in einer Formel vorliegenden Konnektionen gesucht. Existiert eine solche aufspannende Teilmenge, dann ist die Formel allgemeingültig und die Teilmenge repräsentiert einen Beweis. In unserem Beispiel sind unter anderem die Mengen $\{\{\neg r, r\}\}$ und $\{\{\neg p, p\}, \{\neg q, q\}\}$ aufspannend.

Nun muss ich noch verraten, wann eine Teilmenge von Konnektionen aufspannend ist. Dazu überführen wir Formeln in dualer Klauselform in eine *Matrixdarstellung*, in der jede duale Klausel eine Spalte einnimmt. Die Junktoren werden dabei nicht mehr geschrieben. In unserem Beispiel erhalten wir die folgende Matrix:

$$\begin{matrix} & & p & & & \\ \neg r & \neg p & \neg q & q & r & s. \end{matrix}$$

Die Formeln in einer Spalte sind konjunktiv, die Spalten selbst sind disjunktiv miteinander verknüpft. Ein *Pfad* ist eine Menge von Literalen, so dass aus jeder Spalte genau ein Literal in dieser Menge ist. In dem Beispiel finden wir die Pfade $\{\neg r, \neg p, p, q, r, s\}$ und $\{\neg r, \neg p, \neg q, q, r, s\}$. Eine Menge von Konnektionen ist *aufspannend*, wenn jeder Pfad mindestens eine Konnektion der Menge enthält. Der Leser bzw. die Leserin möge selbst verifizieren, dass die oben genannten Mengen von Konnektionen tatsächlich aufspannend sind.

In Abschnitt 4.7.3 werde ich eine Prolog-Implementierung der Konnektionsmethode für prädikatenlogische Formeln angeben.

Das Davis-Putnam-Logemann-Loveland-Verfahren

Das Davis-Putnam-Logemann Loveland- (oder kurz DPLL-) Verfahren wurde ursprünglich von Davis und Putnam entwickelt, bei der Implementierung aber durch Logemann und Loveland entscheidend verbessert. Es ist ein negativer und analysierender Kalkül. Alphabet und Sprache in diesem Kalkül entsprechen Alphabet und Sprache der Aussagenlogik. Wie beim Resolutions- und Tableauverfahren wird in einem ersten Schritt die zu beweisende Formel negiert und in Klauselform gebracht. Das einzige Axiom ist die leere Klausel, die unerfüllbar ist. Die Menge der Ableitungsregeln ist in Abbildung 3.20 dargestellt.

Ausgehend von einer initialen Formel in Klauselform werden im DPLL-Verfahren solange Regeln angewendet bis die Anwendung der Terminierungsregel entweder `Ja` oder `Nein` liefert. Als Beispiel betrachten wir die initiale Formel

$$\langle [p,\ q,\ \neg r, \neg u], [p,\ q,\ \neg r],\ [p,\ \neg q],\ [\neg p],\ [r],\ [u, \neg r] \rangle.$$

Sie lässt sich wie folgt transformieren. Jedes Literal der zweiten Klausel kommt auch in der ersten Klausel vor. Folglich kann die Subsumptionsregel angewendet

Terminierungsregel: Wenn die Formel in Klauselform die leere Klausel enthält, dann terminiere mit `Ja`: die initiale Formel ist unerfüllbar. Wenn keine der nachfolgenden Regeln anwendbar ist, dann terminiere mit `Nein`: die initiale Formel ist erfüllbar.

Tautologieregel: Wenn eine Klausel ein Atom p und dessen Negation $\neg p$ enthält, dann streiche diese Klausel.

Einerliteralregel: Wenn in einer Klausel ein Literal L vorkommt und in der Formel das komplementäre Literal $\neg L$ nicht vorkommt, dann streiche diese Klausel.

Einerklauselregel: Wenn in der Formel in Klauselform eine Klausel der Form $[\neg L]$ vorkommt, dann streiche jedes Vorkommen des Literals L in der Formel.

Subsumptionsregel: Wenn in der Formel in Klauselform zwei Klausel K_1 und K_2 vorkommen und jedes in K_1 vorkommende Literal auch in K_2 vorkommt, dann streiche K_2.

Teilungsregel: Wenn sich die Formel in Klauselform semantisch äquivalent in der Form

$$\langle (F_1 \vee L), \ \ldots, \ (F_m \vee L), \ (G_1 \vee \neg L), \ \ldots, \ (G_n \vee \neg L), \ H \rangle,$$

ausdrücken lässt, wobei weder L noch $\neg L$ in F_i, G_j und H, $1 \leq i \leq m$, $1 \leq j \leq n$ vorkommen dürfen, dann ersetze die Formel durch die Klauselform von

$$(\langle F_1, \ \ldots, \ F_m, \ H \rangle \vee \langle G_1, \ \ldots, \ G_n, \ H \rangle).$$

Abbildung 3.20: Die Ableitungsregeln des DPLL-Verfahrens. Literale verstehen sich modulo der Elimination einer doppelten Verneinung. Wenn beispielsweise das Literal L von der Form $\neg p$ ist, dann bezeichnet $\neg L$ das Atom p.

werden und als Resultat ihrer Anwendung erhalten wir:

$$\langle [p, \ q, \ \neg r], \ [p, \ \neg q], \ [\neg p], \ [r], \ [u, \neg r] \rangle.$$

Für das in der letzten Klausel vorkommende Literal u gibt es kein Vorkommen eines komplementären Literals $\neg u$ mehr. Folglich können wir die Einerliteralregel anwenden und als Resultat ihrer Anwendung erhalten wir:

$$\langle [p, \ q, \ \neg r], \ [p, \ \neg q], \ [\neg p], \ [r] \rangle.$$

Eine Anwendung der Einerklauselregel auf die Klausel $[\neg p]$ liefert

$$\langle [q, \ \neg r], \ [\neg q], \ [\neg p], \ [r] \rangle.$$

Eine weitere Anwendung der Einerklauselregel auf die Klausel $[\neg q]$ führt zu

$$\langle [\neg r], \ [\neg q], \ [\neg p], \ [r] \rangle.$$

Wenn wir nun die Einerklauselregel auf die Klausel $[\neg r]$ anwenden, dann wird in der Klausel $[r]$ das Vorkommen von r gestrichen. Die Klausel ist also leer und wir erhalten:

$$\langle [\neg r], \ [\neg q], \ [\neg p], \ [\,] \rangle.$$

In der Folge liefert die Anwendung der Terminierungsregel Ja, d. h. die initiale Formel in Klauselform ist unerfüllbar. Diesen Schluss können wir nur deshalb ziehen, weil sich die Unerfüllbarkeit einer Formel durch Anwendung einer der Regeln nicht ändert. Die Unerfüllbarkeit ist also eine Schleifeninvariante (siehe Übungsaufgabe 3–28).

Als zweites Beispiel betrachten wir die Formel

$$\langle [\neg p, \ r], \ [p, \ \neg r] \rangle. \tag{3.16}$$

Weder Tautologie-, Einerliteral,- Einerklausel- oder Subsumptionsregel sind anwendbar. Jedoch ist die Teilungsregel anwendbar, wobei wir die Formel bezüglich des Literals r teilen. Ihre Anwendung liefert:

$$(\langle \neg p \rangle \vee \langle p \rangle).$$

Als Klauselform erhalten wir:

$$\langle [\neg p, p] \rangle.$$

Auf die einzig verbliebene Klausel können wir die Tautologieregel anwenden. Ihre Anwendung liefert:

$$\langle \, \rangle.$$

Darauf ist lediglich die Terminierungsregel anwendbar und die Berechnung terminiert mit der Antwort Nein. Die in (3.16) dargestellte Formel ist in der Tat erfüllbar. Beispielsweise ist die Interpretation $\{r, p\}$ ein Modell für sie.

3.5   Das Testen auf Erfüllbarkeit

Die bisher genannten Beweisverfahren hatten zum Ziel, die Allgemeingültig-keit eines aussagenlogischen Satzes nachzuweisen. In manchen Anwendungen ist aber das finden eines Modells für einen aussagenlogischen Satz das eigent-liche Ziel. Betrachten wir dazu ein (stark vereinfachtes) Problem eines Hand-lungsreisenden, der an zwei aufeinander folgenden Tagen die Städte A und B besuchen soll. Dabei ist es ihm egal, welche Stadt er zuerst aufsucht. Allerdings darf er auch nicht die beiden Tage in einer Stadt verbringen. Eine Lösung ist unmittelbar erkennbar: entweder er besucht am ersten Tag A und am zwei-ten Tag B oder er besucht am ersten Tag B und am zweiten Tag A. Das Problem wird deutlich weniger offensichtlich, wenn die Zahl der Städte und Tage zunimmt und die Kosten für die Reise von einer in eine andere Stadt berücksichtigt werden. Hier will ich mich aber auf das einfache Problem mit zwei Städten und zwei Tagen konzentrieren.

Um das Problem formal zu lösen, müssen wir zunächst festlegen, wie der Um-stand, dass unser Reisender am Tag X die Stadt Y besucht, repräsentiert werden soll. Ich schlage dazu eine Menge von aussagenlogischen Variablen

$$\{p_{XY} \mid X \in \{A,\, B\},\ Y \in \{1,\, 2\}\}$$

vor, so dass beispielsweise die Variablen p_{A2} dafür steht, dass am zweiten Tag die Stadt A besucht wird. Das Problem selbst kann dann durch eine Kon-junktion von Formeln wie folgt beschrieben werden. Der Reisende besucht A entweder am ersten oder am zweiten Tag, aber nicht an beiden Tagen:

$$(p_{A1} \vee p_{A2}) \wedge \neg(p_{A1} \wedge p_{A2}).$$

Der Reisende besucht B entweder am ersten oder am zweiten Tag, aber nicht an beiden Tagen:

$$(p_{B1} \vee p_{B2}) \wedge \neg(p_{B1} \wedge p_{B2}).$$

Der Reisende kann an jedem Tag nicht sowohl A als auch B besuchen:

$$\neg(p_{A1} \wedge p_{B1}) \wedge \neg(p_{A2} \wedge p_{B2}).$$

Die Konjunktion der drei Formeln hat – wie gewünscht – genau zwei Modelle über der oben genannten Menge von aussagenlogischen Variablen: $\{p_{A1},\, p_{B2}\}$ und $\{p_{B1},\, p_{A2}\}$.

Wir wollen uns in diesem Abschnitt mit drei Verfahren zum Testen auf Er-füllbarkeit einer aussagenlogischen Formel bzw. einer Menge von aussagenlogi-schen Formeln beschäftigen. In Abschnitt 3.5.1 werde ich das DPLL-Verfahren so modifizieren, dass es ein Modell generiert, sobald die Eingabeformel erfüll-bar ist. In Abschnitt 3.5.2 werde ich ein stochastisches lokales Suchverfahren für diesen Zweck vorstellen und in Abschnitt 3.5.3 werde ich kurz auf binäre Entscheidungsbäume eingehen.

3.5.1 Systematische Suche mit DPLL

Wir haben in Abschnitt 3.4.4 das DPPL-Verfahren zum Testen auf Unerfüllbarkeit einer Formel kennen gelernt. Wenn es mit einer erfüllbaren Formel
aufgerufen wird, dann terminiert es mit `Nein`, liefert allerdings kein Modell.
Durch eine einfache Modifikation kann es aber auch ein Modell berechnen. Dazu
ergänzen wir die in Abbildung 3.20 spezifizierten Regeln wie folgt:

- Wenn die Einerliteralregel auf das Literal L bezogen angewendet wird,
  dann muss L auf wahr abgebildet werden; die gestrichene Klausel wird
  von jeder Interpretation, die L auf wahr abbildet, selbst auf wahr abgebildet.

- Wenn die Einerklauselregel auf $[\neg L]$ bezogen angewendet wird, dann
  muss L auf falsch abgebildet werden;

- Wenn die Teilungsregel auf das Literal L bezogen angewendet wird, dann
  unterscheiden wir zwei Fälle:

  1. L wird auf wahr abgebildet: Jede Interpretation, die L auf wahr
     abbildet, ist ein Modell für $\langle (F_1 \vee L), \ldots, (F_m \vee L) \rangle$, bildet $\neg L$ auf
     falsch ab, und daher muss in diesem Fall nur noch die Restformel
     $\langle G_1, \ldots, G_n, H \rangle$ weiter untersucht werden.

  2. L wird auf falsch abgebildet: Jede Interpretation, die L auf falsch
     abbildet, ist ein Modell für $\langle (G_1 \vee \neg L), \ldots, (G_n \vee \neg L) \rangle$ und daher
     muss in diesem Fall nur noch die Restformel $\langle F_1, \ldots, F_m, H \rangle$ weiter
     untersucht werden.

- Wenn die Terminierungsregel ein `Nein` ausgibt, dann muss die bis dahin gefundenen partielle Abbildung von aussagenlogischen Variablen zu
  Wahrheitswerten noch auf alle aussagenlogischen Variablen erweitert werden. Dabei ist es gleichgültig, welchen Wahrheitswert bisher nicht betrachtete Variable erhalten. Die so erhaltene Interpretation ist ein Modell für die Formel, mit der das modifizierte DPLL-Verfahren anfangs
  aufgerufen wurde.

Das modifizierte DPLL-Verfahren möchte ich am oben diskutierten Beispiel das
Handlungsreisenden erläutern. Dazu transformieren wir das Beispiel in Klauselform und betrachten die Formel

$$F_0 = \langle\ [p_{A1}, p_{A2}],\ [\neg p_{A1}, \neg p_{A2}],\ [p_{B1}, p_{B2}],$$
$$[\neg p_{B1}, \neg p_{B2}],\ [\neg p_{A1}, \neg p_{B2}],\ [\neg p_{A2}, \neg p_{B2}]\ \rangle.$$

Darauf ist lediglich die Teilungsregel anwendbar und wir müssen ein Literal bestimmen, an Hand dessen wir die Formel teilen. Angenommen wir wählen p_{A2}.

In der nun anstehenden Fallunterscheidung betrachten wir zunächst den Fall,
dass p_{A2} auf wahr abgebildet wird $(p_{A2} \mapsto \top)$ und reduzieren F_0 zu

$$F_1 = \langle [\neg p_{A1}],\ [p_{B1}, p_{B2}],\ [\neg p_{B1}, \neg p_{B2}],\ [\neg p_{A1}, \neg p_{B2}],\ [\neg p_{B2}] \rangle.$$

In F_1 kommt das Negat des Literal $\neg p_{A1}$ nicht vor. Daher kann die Einerliteralregel zweimal auf die erste und die vierte Klausel angewendet werden. Wir
legen fest, dass $\neg p_{A1}$ auf wahr bzw. p_{A1} auf falsch abgebildet wird, erhalten
so die partielle Abbildung $(p_{A2} \mapsto \top,\ p_{A1} \mapsto \bot)$ und reduzieren F_1 zu

$$F_2 = \langle [p_{B1}, p_{B2}],\ [\neg p_{B1}, \neg p_{B2}],\ [\neg p_{B2}] \rangle.$$

Da in F_2 das Einerliteral $[\neg p_{B2}]$ vorkommt, bilden wir $\neg p_{B2}$ auf wahr bzw.
p_{B2} auf falsch ab, erhalten so die partielle Abbildung $(p_{A2} \mapsto \top,\ p_{A1} \mapsto \bot,\ p_{B2} \mapsto \bot)$ und reduzieren F_2 zu

$$F_3 = \langle [p_{B1}],\ [\neg p_{B1}, \neg p_{B2}],\ [\neg p_{B2}] \rangle.$$

Wir können nun erneut die Einerliteralregel bezogen auf $[p_{B1}]$ anwenden und
erhalten so die Abbildung $(p_{A2} \mapsto \top,\ p_{A1} \mapsto \bot,\ p_{B2} \mapsto \bot, p_{B1} \mapsto \top)$ sowie
die reduzierte Formel

$$F_4 = \langle [p_{B1}],\ [\neg p_{B2}],\ [\neg p_{B2}] \rangle.$$

Auf F_4 können wir jetzt die Einerliteralregel noch zweimal anwenden und erhalten so die leere verallgemeinerte Konjunktion. Eine Anwendung der Terminierungsregel darauf führt zu der Ausgabe `Nein`. F_0 ist also erfüllbar mittels
jeder Interpretation, die p_{A2} und p_{B1} auf wahr abbildet. Das zweite Modell
hätten wir gefunden, wenn wir bei der Anwendung der Teilungsregel den zweiten Fall betrachtet hätten.

Als weiteres Beispiel betrachten wir

$$F = \langle [p],\ [p, q] \rangle$$

Hier können wir die Einerliteralregel bezogen auf p auf beide Klauseln anwenden. Bei Anwendung erhalten wir die partielle Abbildung $(p \mapsto \top)$ und
reduzieren F zu $\langle \rangle$. Eine Anwendung der Terminierungsregel führt zur Ausgabe von `Nein`; F ist erfüllbar. Allerdings ist die bis dahin berechnete partielle
Abbildung noch keine Interpretation für F. Wir müssen auch der aussagenlogischen Variablen q einen Wahrheitswert zuweisen. Dabei ist es egal, ob wir q
auf wahr oder falsch abbilden. Sowohl $\{p, q\}$ als auch $\{p\}$ sind Modelle für F.

Suchverfahren, die auf dem DPPL-Verfahren basieren und systematisch nach
Modellen für eine vorgelegte aussagenlogische Formel suchen, sind heute sehr
erfolgreich und können mit Formeln umgehen, in denen mehrere Millionen
aussagenlogischer Variablen vorkommen. Dazu musste das hier präsentierte
DPPL-Verfahren erheblich verfeinert werden. Geschickt gewählte Datenstrukturen und ausgefeilte Heuristiken zur Auswahl von Variablen bei Anwendung

der Teilungsregel sind nur zwei wesentliche Merkmale heutiger Systeme, die im Englischen unter dem Begriff „sat-solver" bekannt sind. Eine detaillierte Einführung in solche Systeme würde den Rahmen dieses Buches sprengen und ich verweise dazu auf die Literatur (siehe Abschnitt 3.7).

3.5.2 Stochastische, lokale Suche

Als Alternative zu dem im letzten Abschnitt beschriebenen systematischen Suchverfahren haben sich seit Mitte der 1990er Jahr so genannte stochastische, lokale Suchverfahren entwickelt. Die zugrunde liegende Idee ist auf den ersten Blick verblüffend: Bei gegebener aussagenlogischer Formel F rate man zunächst eine Interpretation I. Wenn I ein Modell für F ist, dann ist man fertig. Wenn I keine Modell für I ist, dann modifiziere man I, indem man die Zuweisung einer Variablen ändert. Das macht man solange, bis man entweder ein Modell für F gefunden hat, oder nach endlicher Zeit aufgibt. Im letzteren Fall rät man nun eine neue Interpretation und beginnt von vorne. Nun wird hoffentlich auch klar, warum diese Suchverfahren „lokal" genannt werden: Die Interpretation I wird in jedem Schritt nur durch Änderung der Zuweisung einer Variablen verändert.[11]

Als Beispiel betrachten wir die Formel

$$F = \langle [p, \ q, \ r], \ [p, \ q, \ s], \ [p, \ \neg q, \ t] \rangle$$

und wählen als initiale Interpretation I_0 die Abbildung aus, die alle aussagenlogischen Variablen auf falsch abbildet. Offensichtlich ist I_0 kein Modell für F. Nun dürfen wir für eine Variable den von I_0 zugewiesenen Wahrheitswert ändern. Welche Variable sollen wir auswählen? Wir könnten natürlich eine Münze werfen, um dies zu entscheiden. Wir könnten aber auch versuchen, mehr Information aus dem Beispiel herauszuziehen, um einen informativeren Vorschlag zu unterbreiten. Dazu muss ich aber zunächst noch einige Begriffe einführen.

Wir gehen erneut davon aus, dass F in Klauselform vorliegt. Sei I eine Interpretation und p eine in der Formel F vorkommende aussagenlogische Variable.

- Mit $F_\perp(I)$ bezeichnen wir die Menge der in F vorkommenden Klauseln, die von I nicht wahr gemacht werden.

- Mit $\mathsf{flip}(I, p)$ bezeichnen wir die Interpretation, die aus I hervorgeht, in dem wir p einen anderen Wahrheitswert zuweisen und alle anderen Zuweisungen unverändert lassen. Da es nur zwei Wahrheitswerte gibt, wird somit p genau der andere Wahrheitswert im Vergleich zu I zugewiesen.

---

[11] Sei $\mathcal{I}$ die Menge aller Interpretation. Sei G ein Graph über $\mathcal{I}$, bei dem es eine Kante zwischen zwei mit I_1 und I_2 markierten Knoten genau dann gibt, wenn sich die Interpretationen I_1 und I_2 genau durch eine Zuweisung an eine einzige Variable unterscheiden. Ein stochastisches Suchverfahren startet an einem beliebigen Knoten in diesem Graphen und sucht dann lokal bei den unmittelbaren Nachbarn des Knoten nach einem Modell.

- Mit $\mathsf{rang}(I, F, p)$ bezeichnen wir den Rang von F bezüglich I und p. Er ist definiert als $|F_\perp(I)| - |F_\perp(\mathsf{flip}(I, p))|$, wobei $|.|$ die Kardinalität einer Menge angibt. Ist der Rang positiv, dann werden bei Vertauschen des Wahrheitswertes für p bezüglich I mehr Klauseln durch die neue Interpretation erfüllt als durch I.

In unserem Beispiel erhalten wir:

I	p	q	r	s	t	$|F_\perp(I)|$
I_0	$\perp$	$\perp$	$\perp$	$\perp$	$\perp$	2
$\mathsf{flip}(I_0, t)$	$\perp$	$\perp$	$\perp$	$\perp$	$\top$	2
$\mathsf{flip}(I_0, s)$	$\perp$	$\perp$	$\perp$	$\top$	$\perp$	1
$\mathsf{flip}(I_0, r)$	$\perp$	$\perp$	$\top$	$\perp$	$\perp$	1
$\mathsf{flip}(I_0, q)$	$\perp$	$\top$	$\perp$	$\perp$	$\perp$	1
$\mathsf{flip}(I_0, p)$	$\top$	$\perp$	$\perp$	$\perp$	$\perp$	0

In diesem Fall würden wir p auswählen und hätten mit $I_1 = \mathsf{flip}(I_0, p)$ ein Modell für F gefunden.

Im allgemeinen wählt man eine Variable A, die den Rang von F bezüglich der aktuell betrachteten Interpretation und A minimiert. Mathematisch gesehen entspricht das Verfahren dann einem Gradientenabstiegsverfahren, das zu einem lokalen Minimum bezüglich des Rangs von F führt. Als Beispiel betrachten wir die Formel

$$F = \langle [p, q],\ [p, r],\ [\neg p],\ [\neg q, s],\ [\neg r, s],\ [\neg s, \neg p] \rangle$$

und wählen als initiale Interpretation $I_0 = \{p\}$. Dann erhalten wir:

I	p	q	r	s	$|F_\perp(I)|$
I_0	$\top$	$\perp$	$\perp$	$\perp$	1
$\mathsf{flip}(I_0, s)$	$\top$	$\perp$	$\perp$	$\top$	2
$\mathsf{flip}(I_0, r)$	$\top$	$\perp$	$\top$	$\perp$	2
$\mathsf{flip}(I_0, q)$	$\top$	$\top$	$\perp$	$\perp$	2
$\mathsf{flip}(I_0, p)$	$\perp$	$\perp$	$\perp$	$\perp$	2

I_0 war offensichtlich ein lokales Minimum. In Übungsaufgabe 3–29 kann sich der interessierte Leser bzw. die interessierte Leserin davon überzeugen, dass man unabhängig davon, welche Variable man nun auswählt, im nächsten Schritt immer wieder bei I_0 landet. Das einzige Modell für F, die Interpretation $\{q, r, s\}$, kann durch einen reinen Gradientenabstieg nicht gefunden werden. Das Modell kann jedoch gefunden werden, wenn man den reinen Gradientenabstieg verlässt und mit einer neuen geratenen Interpretation die Suche fortführt.

In der Literatur werden eine Reihe von Möglichkeiten beschrieben, wie man das oben beschriebene Verfahren verbessern kann. Beispielsweise lassen sich in einer so genannten Tabu-Liste die Variablen speichern, deren Wahrheitswert zuletzt vertauscht wurde; anschließend darf nur noch der Wert von Variablen getauscht werden, die nicht in der Tabu-Liste stehen. Oder man wählt mit einer gewissen Wahrscheinlichkeit Variable aus, deren Tausch nicht zu einem minimalen Rang führen. Beide Techniken führen beim Gradientenabstieg dazu, dass lokale Minima verlassen werden können.

Wie im letzten Abschnitt würde eine detaillierte Diskussion der stochastischen, lokalen Suchverfahren den Rahmen dieses Buches sprengen. Daher verweise ich auch hier auf die Literatur (siehe Abschnitt 3.7). Jedoch sei zum Abschluss noch bemerkt, dass stochastische, lokale Suchverfahren in der Regel zwar korrekt, aber nicht vollständig sind. Mit anderen Worten, wenn ein solches Verfahren ein Modell findet, dann ist dies auch tatsächlich ein Modell; aber ein solches Verfahren findet nicht immer ein Modell, auch wenn ein solches existiert. Trotzdem gibt es viele Anwendungen, in denen sich stochastische, lokale Suchverfahren bewährt haben.

3.5.3 Binäre Entscheidungsdiagramme

Neben den genannten Beweisverfahren wird besonders im Bereich des Hardware-Entwurfs und der Hardware-Verifikation eine weitere Technik eingesetzt, die so genannte *binäre Entscheidungsdiagramme* benutzt. Diese Diagramme beruhen auf der *if-then-else Normalform* von aussagenlogischen Formeln. Sei *ite*/3 ein dreistelliger Junktor. Sodann erlauben wir Formeln der Form

$$ite(A, F, G),$$

wobei A ein Atom und F, G aussagenlogische Formeln sind. Dabei wird A oft als *Bedingung* bezeichnet. Wir definieren:

$$ite(A, F, G) \equiv ((A \wedge F) \vee (\neg A \wedge G)).$$

Mit anderen Worten, der Ausdruck $ite(A, F, G)$ ist genau dann wahr, wenn entweder A und die aussagenlogische Formel F wahr sind oder A falsch und die aussagenlogische Formel G wahr ist.

Alle aussagenlogischen Junktoren lassen sich mittels des if-then-else Junktors semantisch äquivalent ausdrücken. Beispielsweise kann $\neg A$ durch $ite(A, [\,], \langle\rangle)$ und $(A_1 \leftrightarrow A_2)$ durch $ite(A_1, ite(A_2, \langle\rangle, [\,]), ite(A_2, [\,], \langle\rangle)))$ ersetzt werden. Eine Formel ist in *if-then-else Normalform* wenn sie nur noch aus dem *ite*/3 Junktor, den Zeichen $\langle\rangle$ und $[\,]$ sowie aussagenlogischen Variable aufgebaut ist und alle Bedingungen aussagenlogische Variablen sind. Alle Formeln lassen sich in eine semantisch äquivalente if-then-else Normalform transformieren (siehe Übungsaufgabe 3–30). Beispielsweise lässt sich die Formel

$$F = ((p_1 \leftrightarrow q_1) \wedge (p_2 \leftrightarrow q_2))$$

wie folgt ausdrücken:

$$F = ite(p_1, F_1, F_0),$$

wobei

$$
\begin{aligned}
F_0 &= ite(q_1, [\,], F_{00}), \\
F_1 &= ite(q_1, F_{11}, [\,]), \\
F_{00} &= ite(p_2, F_{001}, F_{000}), \\
F_{11} &= ite(p_2, F_{111}, F_{110}), \\
F_{000} &= ite(q_2, [\,], \langle\,\rangle), \\
F_{001} &= ite(q_2, \langle\,\rangle, [\,]), \\
F_{110} &= ite(q_2, [\,], \langle\,\rangle), \\
F_{111} &= ite(q_2, \langle\,\rangle, [\,]).
\end{aligned}
$$

Dies ist nichts anderes als die Beschreibung eines Binärbaums.

Ein *binärer Entscheidungsbaum* ist induktiv wie folgt definiert:

- Ein mit $[\,]$ oder $\langle\,\rangle$ markierter Knoten ist ein binärer Entscheidungsbaum. Ein solcher Baum *repräsentiert* die Formel $[\,]$ bzw. $\langle\,\rangle$.

- Seien B_1 und B_2 binäre Entscheidungsbäume, die die Formeln F_1 bzw.
  F_2 repräsentierten. Sei A eine aussagenlogische Variable. Ein Baum mit
  Wurzel W und Nachfolgern B_1 und B_2 ist ein binärer Entscheidungsbaum, wenn W mit A annotiert ist. Ein solcher Baum *repräsentiert* die
  Formel $ite(A, F_1, F_2)$. Dabei wird die von W ausgehenden Kanten zu
  B_1 und B_2 meist mit „then" bzw. „else" markiert.

In Abbildung 3.21 ist der binäre Entscheidungsbaum für das oben diskutierte
Beispiel dargestellt.

Ein binärer Entscheidungsbaum enthält häufig viele Redundanzen wie beispielsweise das mehrfache Vorkommen ein und desselben Teilbaums. Wenn wir
uns den in Abbildung 3.21 dargestellten Entscheidungsbaum ansehen, dann finden wir $F_{000} = F_{110}$, $F_{001} = F_{111}$ und $F_{11} = F_{00}$. Diese Redundanzen lassen
sich vermeiden, indem wir die mehrfachen Vorkommen ein und desselben Teilbaums miteinander identifiziert. Wir erhalten so einen gerichteten, azyklischen
Graphen, in dem ein Knoten als Wurzel ausgezeichnet ist. Solche Graphen
werden *binäre Entscheidungsdiagramme* oder *BDDs* (für „binary decision diagrams") genannt. In Abbildung 3.22 ist der BDD für das diskutierte Beispiel
dargestellt.

Man beachte, dass in jedem von der Wurzel ausgehenden Pfad des in Abbildung 3.22 dargestellten BDDs die aussagenlogischen Variablen in der gleichen
Reihenfolge, nämlich $p_1 < q_1 < p_2 < q_2$, vorkommen. Binäre Entscheidungsdiagramme, die diese Bedingung erfüllen, heißen *geordnet*.

Geordnete BDDs können weitere Redundanzen erhalten. So können beide von
einem Knoten ausgehenden Kanten zum selben Knoten im BDD führen. Die
entsprechende Bedingung ist redundant und kann eliminiert werden. In Abbildung 3.23 ist ein solches binäres Entscheidungsdiagramm dargestellt. Formal
wird ein geordnetes binäres Entscheidungsdiagramm *reduziert* genannt, wenn

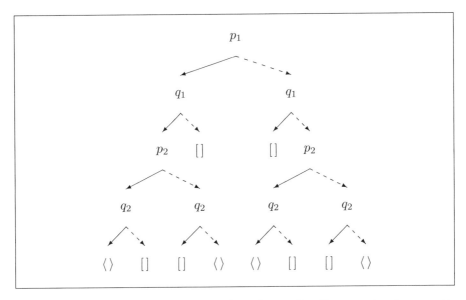

Abbildung 3.21: Ein binärer Entscheidungsbaum für $((p_1 \leftrightarrow q_1) \wedge (p_2 \leftrightarrow q_2))$. Durchgezogene Pfeile sind „then"-Kanten und gestrichelte Pfeile sind „else"-Kanten.

- keine zwei verschiedenen Knoten des BDD mit der gleichen Variable annotiert sind und die gleichen linken und rechten Nachfolger haben, und

- kein Knoten den gleichen linken und rechten Nachfolger hat.

Reduzierte, geordnete BDDs haben viele interessante Eigenschaften. Sie sind kompakte Repräsentationen aussagenlogischer Formeln und es gibt eine Reihe effizienter Algorithmen für verschiedene Fragestellungen. Ein Beispiel ist das in Tabelle 3.1 dargestellte Verfahren zur Modellsuche. Angewendet auf das in Abbildung 3.22 dargestellte binäre Entscheidungsdiagramm traversiert der Algorithmus das BDD ausgehend von der Wurzel entlang der mit „else" markierten Kanten bis der mit $\langle \rangle$ markierte Knoten erreicht wird. Sodann terminiert der Algorithmus und gibt $\emptyset$ aus. Die leere Interpretation ist in der Tat ein Modell für $((p_1 \leftrightarrow q_1) \wedge (p_2 \rightarrow q_2))$, da sie allen aussagenlogischen Variablen den Wahrheitswert $\bot$ zuweist.

Wie schon in den vorangegangenen Unterabschnitten würde eine detaillierte Darstellung der Verfahren den Rahmen dieses Buches sprengen. Ich verweise deshalb erneut auf die Literatur (siehe Abschnitt 3.7).

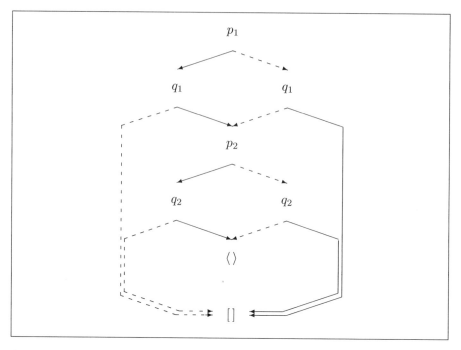

Abbildung 3.22: Ein binäres Entscheidungsdiagramm für $((p_1 \leftrightarrow q_1) \wedge (p_2 \leftrightarrow q_2))$. Durchgezogene Pfeile sind „then"-Kanten, gestrichelte Pfeile sind „else"-Kanten.

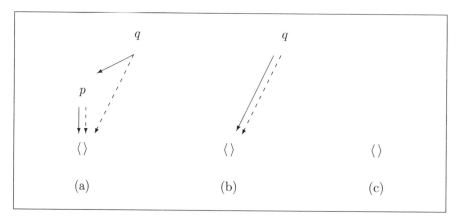

Abbildung 3.23: (a) Ein geordnetes BDD mit Redundanzen. Der mit p markierte Knoten kann eliminiert werden. (b) zeigt das so erhaltene BDD. Der mit q markierte Knoten kann eliminiert werden. (c) zeigt das so erhaltene redundanzfreie BDD.

```
Eingabe    Ein BDD mit Wurzel U.
Ausgabe    Ein Modell für das BDD, wenn ein Modell existiert,
           oder 'kein Modell gefunden' sonst.

Prozedur modell(U)
   wenn U = [] dann terminiere mit 'kein Modell gefunden',
   sonst wenn U = ⟨⟩ dann terminiere mit ∅ ,
   sonst wenn else(U) = []
         dann gebe var(U) ∪ modell(then(U)) zurück,
   sonst gebe modell(else(U)) zurück;
end modell;
```

Tabelle 3.1: Ein Algorithmus zur Berechnung eines Modells eines reduzierten
und geordneten binären Entscheidungsdiagramms mit Wurzel U. then und else
berechnen den „then" bzw. „else"-Nachfolger von U, var liefert eine einelementige
Menge mit dem Namen der Variable, mit der U annotiert ist. Die Bedingung
then(U) = [] in der vierten Zeile der Prozedur modell ist beliebig gewählt
in dem Sinne, dass wir auch zuerst den „else"-Nachfolger von U untersuchen
können. Man möge beachten, dass wenn der Nachfolgeknoten eines Knotens
nicht mit [] markiert ist, es dann einen Pfad von diesem Knoten zu dem mit ⟨⟩
markierten Knoten gibt. Aus diesem Grund reicht es in der fünften Zeile der
Prozedur aus, nur den rechten Nachfolger von U zu betrachten.

3.6   Eigenschaften

Ich werde in diesem Abschnitt verschiedene Eigenschaften der Aussagenlogik
und der dazugehörenden Beweisverfahren diskutieren. Im Vordergrund stehen
dabei der Endlichkeitssatz und Aussagen zur Korrektheit und Vollständigkeit
der betrachteten Beweisverfahren.

3.6.1   Der Endlichkeitssatz

Die erste Eigenschaft, die ich hier diskutieren will, ist die der Endlichkeit oder
Kompaktheit. Sie besagt, dass es zum Testen der Erfüllbarkeit einer möglicherweise unendlich großen Menge von Formeln ausreicht, alle endlichen Teilmengen
zu betrachten.

Bevor wir aber zum Endlichkeitssatz selbst kommen, wollen wir noch einmal
die auf der Menge $\mathcal{L}(\mathcal{R})$ der aussagenlogischen Formeln definierte Relation $\equiv$
näher betrachten. Da für alle Formeln F, G, H gilt:

$\emptyset$	$\{p_1\}$	$\{p_2\}$	$\{p_1, p_2\}$	Repräsentant
no	no	no	no	$(p \wedge \neg p)$
yes	no	no	no	$(\neg p_1 \wedge \neg p_2)$
no	yes	no	no	$(p_1 \wedge \neg p_2)$
yes	yes	no	no	$\neg p_2$
no	no	yes	no	$(\neg p_1 \wedge p_2)$
yes	no	yes	no	$\neg p_1$
no	yes	yes	no	$((p_1 \vee p_2) \wedge \neg(p_1 \wedge p_2))$
yes	yes	yes	no	$\neg p_1 \vee \neg p_2$
no	no	no	yes	$(p_1 \wedge p_2)$
yes	no	no	yes	$(p_1 \wedge p_2) \vee (\neg p_1 \wedge \neg p_2)$
no	yes	no	yes	p_1
yes	yes	no	yes	$(p_1 \vee \neg p_2)$
no	no	yes	yes	p_2
yes	no	yes	yes	$(\neg p_1 \vee p_2)$
no	yes	yes	yes	$(p_1 \vee p_2)$
yes	yes	yes	yes	$(p_1 \vee \neg p_1)$

Abbildung 3.24: Die 16 durch $\equiv$ definierten Äquivalenzklassen auf $\mathcal{L}(\mathcal{R}, 2)$. In den ersten vier Spalten wird angegeben, ob die jeweilige Interpretation ein Modell für eine Formel in dieser Klasse ist. In der letzten Spalte wird jeweils ein Beispiel bzw. ein Repräsentant für die entsprechende Klasse angegeben.

- $F \equiv F$,

- wenn $F \equiv G$ gilt, dann gilt auch $G \equiv F$, und

- wenn $F \equiv G$ und $G \equiv H$ gelten, dann gilt auch $F \equiv H$,

ist $\equiv$ eine Äquivalenzrelation auf $\mathcal{L}(\mathcal{R})$. Sei nun $\mathcal{L}(\mathcal{R}, n) \subseteq \mathcal{L}(\mathcal{R})$ die Menge der aussagenlogischen Formeln, in denen höchstens die aussagenlogischen Variablen $p_1, \ldots, p_n$ vorkommen. Dann finden wir 2^n verschiedene Interpretationen für $\mathcal{L}(\mathcal{R}, n)$ und es gibt 2^{2^n} verschiedene durch $\equiv$ auf $\mathcal{L}(\mathcal{R}, n)$ definierte Äquivalenzklassen (siehe Übungsaufgabe 3–31).

Als Beispiel sei $n = 2$. In diesem Fall gibt es $2^2 = 4$ verschiedenen Interpretationen für die aussagenlogischen Variablen p_1 und p_2, nämlich $\emptyset$, $\{p_1\}$, $\{p_2\}$ und $\{p_1, p_2\}$. Des weiteren finden wir $2^{2^2} = 16$ verschiedene Äquivalenzklassen bzgl. $\equiv$, die in Abbildung 3.24 dargestellt sind (siehe Übungsaufgabe 3–32).

Es gibt also nur endlich viele Äquivalenzklassen, obwohl $\mathcal{L}(\mathcal{R}, n)$ selbst unendlich groß ist. Man beachte auch, dass die Elemente zweier verschiedener

Äquivalenzklassen semantisch nicht äquivalent sind. Ich werde auf diese Überlegungen im Beweis des Endlichkeitssatzes zurückkommen.

Satz 3.45 *(Endlichkeitssatz) Eine Menge $\mathcal{G}$ aussagenlogischer Formeln ist genau dann erfüllbar, wenn jede endliche Teilmenge $\mathcal{H} \subseteq \mathcal{G}$ erfüllbar ist.*

Beweis Die Aussage ist eine Äquivalenz. Sei $\mathcal{G}$ eine (möglicherweise unendlich große) Menge aussagenlogischer Formeln. Um den Satz zu beweisen genügt es, die folgenden beiden Implikationen zu zeigen:

(i) Wenn $\mathcal{G}$ erfüllbar ist, dann ist jede endliche Teilmenge $\mathcal{H} \subseteq \mathcal{G}$ erfüllbar.

(ii) Wenn jede endliche Teilmenge $\mathcal{H} \subseteq \mathcal{G}$ erfüllbar ist, dann ist $\mathcal{G}$ erfüllbar.

(i) folgt unmittelbar aus der Definition der Erfüllbarkeit von Mengen. Wenn $\mathcal{G}$ erfüllbar ist, dann ist jede Teilmenge von $\mathcal{G}$ erfüllbar, also insbesondere auch jede endliche.

Zum Beweis von (ii) nehmen wir an, dass jede endliche Teilmenge $\mathcal{H} \subseteq \mathcal{G}$ erfüllbar ist. Sei nun $\mathcal{G}_n = \mathcal{G} \cap \mathcal{L}(\mathcal{R}, n)$ die Menge der Teilformeln aus $\mathcal{G}$, in denen höchstens die aussagenlogischen Variablen $p_1, \ldots, p_n$ vorkommen. Nach den oben angestellten Überlegungen gibt es maximal $k \leq 2^{2^n}$ verschiedene durch $\equiv$ auf $\mathcal{G}_n$ definierte Äquivalenzklassen, wobei $k < 2^{2^n}$ sein kann, da $\mathcal{G} \subseteq \mathcal{L}(\mathcal{R})$ ist. Seien $F_1, \ldots, F_k$ Repräsentanten dieser Äquivalenzklassen. Somit gibt es für alle $F \in \mathcal{G}_n$ ein i, $1 \leq i \leq k$, mit $F \equiv F_i$. Folglich ist jedes Modell für $\{F_1, \ldots, F_k\}$ auch ein Modell für $\mathcal{G}_n$. Da $\{F_1, \ldots, F_k\}$ eine endliche Teilmenge von $\mathcal{G}$ ist, besitzt es nach Voraussetzung ein Modell. Sei I_n dieses Modell. Wegen $\mathcal{G}_1 \subseteq \mathcal{G}_2 \subseteq \ldots \subseteq \mathcal{G}_n$ ist I_n auch ein Modell für alle $\mathcal{G}_j$, $1 \leq j \leq n$.

Wir konstruieren nun ein Modell I für $\mathcal{G}$ wie folgt:

> Setze $I := \emptyset$, $K_0 := \mathbb{N}$ und $n = 1$.
> Tue das Folgende:
> > Wenn es unendlich viele $j \in K_{n-1}$ mit $[p_n]^{I_j} = \top$ gibt, dann setze
> > > $I := I \cup \{p_n\}$ und $K_n := K_{n-1} \setminus \{j \mid [p_n]^{I_j} = \bot\}$,
> > sonst setze
> > > $K_n := K_{n-1} \setminus \{j \mid [p_n]^{I_j} = \top\}$.
> > Setze $n := n + 1$.
> > Gehe zu „Tue das Folgende".

Da die so konstruierte Menge I jeder aussagenlogischen Variablen $p_i \in \mathcal{R}$ einen Wahrheitswert zuweist, ist I eine Interpretation. Mittels vollständiger Induktion lässt sich zudem die folgende Aussage $E(n)$ für alle $n \in \mathbb{N}$ beweisen: Es gibt in K_n noch unendlich viele Elemente und für alle $m \in K_n$ gilt: $[p_i]^{I_m} = [p_i]^I$ für alle $1 \leq i \leq n$ (siehe Übungsaufgabe 3–33).

Wir müssen noch zeigen, dass I ein Modell für $\mathcal{G}$ ist. Sei F ein beliebiges, aber festes Element aus $\mathcal{G}$. In F können nur endlich viele aussagenlogische Variable vorkommen. Sei davon p_n die Variable mit dem höchsten Index. Folglich ist $F \in \mathcal{G}_n \subseteq \mathcal{G}_{n+1} \subseteq \dots$ und jede Interpretation I_n, I_{n+1}, $\dots$ ist ein Modell für F. Wegen $E(n)$ gibt es in K_n noch unendlich viele Element und für alle $m \in K_n$ gilt: $[p_i]^{I_m} = [p_i]^I$ für alle $1 \leq i \leq n$. Wir wählen ein $m \in K_n$ mit $m \geq n$. Da I_m ein Modell für F ist und in F nur die Variablen $p_1, \dots, p_n$ vorkommen, muss auch I ein Modell für F sein. Da F ein beliebiges Element aus $\mathcal{G}$ ist, muss I auch ein Modell für $\mathcal{G}$ sein. $\square$

Dieser Beweis ist korrekt, aber nicht konstruktiv. Mit anderen Worten, er liefert keinen Algorithmus zur Berechnung des Modells I für die (möglicherweise unendlich) große Menge $\mathcal{G}$. Die Ursache dafür findet sich in der Bedingung der „wenn-dann-sonst"-Regel: Die Bedingung kann nicht algorithmisch in endlicher Zeit überprüft werden.

Da Satz 3.45 eine Äquivalenz ist, bleibt die Aussage auch dann gültig, wenn wir die linke und die rechte Seite negieren: Eine Menge von Formeln der Aussagenlogik ist genau dann nicht erfüllbar, wenn nicht jede ihrer endlichen Teilmengen erfüllbar ist. Diese Aussage lässt sich nun äquivalent zu dem folgenden Korollar umformen. Man beachte dabei insbesondere die Umformung der rechten Seite.

Korollar 3.46 *Eine Menge aussagenlogischer Formeln ist genau dann unerfüllbar, wenn eine ihrer endlichen Teilmengen unerfüllbar ist.*

Dieses Korollar legt folgendes Verfahren zum Nachweis der Unerfüllbarkeit einer möglicherweise unendlich großen Menge $\mathcal{G}$ von aussagenlogischen Formeln nahe: Wir generieren systematisch alle möglichen endlichen Teilmengen von $\mathcal{G}$ und testen jeweils, ob die erzeugten Teilmengen unerfüllbar sind.[12] Wenn $\mathcal{G}$ unerfüllbar ist, dann muss dieses Verfahren terminieren. Mit anderen Worten, wir finden in endlicher Zeit eine unerfüllbare Teilmenge von $\mathcal{G}$.

3.6.2 Korrektheits- und Vollständigkeitssätze

Ich werde in diesem Abschnitt die Korrektheit und die Vollständigkeit des Resolutionsverfahrens explizit beweisen. Für das Tableauverfahren und den Kalkül des natürlichen Schließens gebe ich lediglich die entsprechenden Resultate an und verweise auf die Literatur.

In einem ersten Schritt hin zur Korrektheit- und Vollständigkeitsaussage für das Resolutionsverfahren wollen wir zeigen, dass das Hinzufügen einer Resolvente zu einer Formel in Klauselform zu einer semantisch äquivalenten Formel führt.

Lemma 3.47 *(Aussagenlogisches Resolutionslemma) Sei $F = \langle C_1, \dots, C_n \rangle$ eine aussagenlogische Formel in Klauselform mit den Klauseln C_i, $1 \leq i \leq n$, und sei D eine Resolvente zweier Klauseln aus F. Dann gilt $F \equiv (F \wedge D)$.*

---

[12] Das geht natürlich nur, wenn $\mathcal{G}$ rekursiv aufzählbar ist. Für eine Definition von rekursiver Aufzählbarkeit siehe beispielsweise [Sch95b].

Beweis $(F \wedge D) \equiv F$ gilt nach Definition 3.18 genau dann, wenn für alle Interpretationen $I = (\mathcal{W}, \cdot^I)$ die Gleichheit $(F \wedge D)^I = F^I$ gilt. Letzteres gilt genau dann, wenn für alle Interpretationen I gilt: I ist Modell für $(F \wedge D)$ genau dann, wenn I Modell für F ist. Wir beweisen diese Äquivalenz in zwei Schritten, nämlich (i) die Implikation von links nach rechts und (ii) die Implikation von rechts nach links.

(i) Sei I ein Modell für $(F \wedge D)$. Da $(F \wedge D)$ eine Konjunktion ist, muss I auch ein Modell für F sein.

(ii) Sei I ein Modell für F. Sei D die Resolvente von C_i und C_j bezüglich A, $1 \le i, j \le n$. Nach Definition 3.32 entsteht D indem alle Vorkommen von A aus C_i und alle Vorkommen von $\neg A$ aus C_j entfernt und die so erhaltenen Klauseln disjunktiv verknüpft werden. Sei C_i' die Klausel, die wir aus C_i durch Streichen aller Vorkommen von A erhalten, und sei C_j' die Klausel, die wir aus C_j durch Streichen aller Vorkommen von $\neg A$ erhalten. Somit ist $D = (C_i' \vee C_j')$. Wir unterscheiden zwei Fälle:

1. Es gelte $I \models A$. Dann gilt auch $I \not\models \neg A$. Wegen $I \models C_j$ folgt, dass $I \models C_j'$ und somit $I \models D$ gelten.

2. Es gelte $I \not\models A$. Wegen $I \models C_i$ folgt, dass $I \models C_i'$ und somit $I \models D$ gelten.   □

Ein Beispiel soll helfen, Schritt (ii) des Beweises besser zu verstehen. Dazu betrachten wir die Klauseln

$$C_1 = [p, q, p], \ C_2 = [\neg r, \neg p], \ C_3 = [\neg q], \ C_4 = [r].$$

Sei $F = \langle C_1, \ C_2, \ C_3, \ C_4 \rangle$. Wenn wir C_1 und C_2 miteinander resolvieren wollen, dann erhalten wir

$$C_1' = [q], \ C_2' = [\neg r], \ D = [q, \neg r].$$

Nun müssen wir zeigen, dass jedes Modell I für F auch ein Modell für $(F \wedge D)$ ist. Wir unterscheiden zwei Fälle:

1. Wenn $I \models p$, dann gilt auch $I \not\models \neg p$. Wegen $I \models [\neg r, \neg p]$ folgt, dass $I \models [\neg r]$ und somit $I \models [q, \neg r]$ gelten.

2. Sei $I \not\models p$. Wegen $I \models [p, q, p]$ folgt, dass $I \models [q]$ und somit $I \models [q, \neg r]$ gelten.

In einem Resolutionsbeweis berechnen in der Regel nicht nur eine Resolvente sondern eine Folge von Resolventen. Wir müssen deshalb Lemma 3.47 entsprechend erweitern. Dies geschieht im folgenden Korollar, das leicht mittels Induktion über m bewiesen werden kann (siehe Übungsaufgabe 3–34).

Korollar 3.48 *Sei* $F = \langle C_1, \ldots, C_n \rangle$ *eine aussagenlogische Formel in Klau-selform mit den Klauseln* C_i, $1 \leq i \leq n$, *und seien* $D_1, \ldots, D_m$ *die in einer Resolutionsableitung von* F *berechneten Resolventen. Dann gilt:* $F \equiv \langle F, D_1, \ldots, D_n \rangle$.

In dem oben betrachteten Beispiel können wir D und C_3 miteinander resol-vieren und wir erhalten $D' = [r]$. Als Resolvente von D' und C_4 erhalten wir die leere Klausel $[\,]$. Korollar 3.48 besagt nun, dass

$$F = \langle C_1, C_2, C_3, C_4 \rangle \equiv \langle C_1, C_2, C_3, C_4, D, D', [\,] \rangle$$

ist. Da somit auch $F \equiv [\,]$ gilt, ist F unerfüllbar.

Mit Hilfe von Lemma 3.47 bzw. Korollar 3.48 können wir jetzt die Korrektheit und die Vollständigkeit des Resolutionsverfahrens beweisen.

Satz 3.49 *(Korrektheit und Vollständigkeit des aussagenlogischen Resoluti-onsverfahrens) Sei* F *eine aussagenlogische Formel.* $\models F$ *gilt genau dann, wenn* $\vdash_r F$ *gilt.*

Beweis: Auch diese Äquivalenz zeige ich in zwei Teilschritten. (i) Wenn $\vdash_r F$ gilt, dann gilt auch $\models F$ (Korrektheit) und (ii) wenn $\models F$ gilt, dann gilt auch $\vdash_r F$ (Vollständigkeit).

(i) Es sei $\vdash_r F$: Nach Satz 3.28 finden wir eine Formel G in Klauselform mit $G \equiv \neg F$. Nach Definition 3.34 gibt es dann einen Resolutionswiderlegung für G, d. h. nach Definition 3.33, eine Resolutionsableitung für G mit leerer Klausel $[\,]$ als letzte Zeile. Seien nun $D_1, \ldots, D_m, [\,]$ alle in der Resolutionsableitung berechneten Resolventen. Nach Korollar 3.48 gilt: $G \equiv \langle G, D_1, \ldots, D_m, [\,] \rangle$. Da $[\,]$ unerfüllbar ist, folgt $G \equiv [\,]$, d. h. G ist unerfüllbar. Wegen $G \equiv \neg F$ und Satz 3.14 gilt somit $\models F$.

(ii) Es gelte $\models F$: Nach Satz 3.28 finden wir eine Formel G in Klauselform mit $G \equiv \neg F$. Nach Satz 3.14 ist $\neg F$ und folglich auch G unerfüllbar. Wir müssen nun zeigen, dass es eine Resolutionswiderlegung für G gibt. Dies beweisen wir durch Induktion über die Zahl n der in G vorkom-menden aussagenlogischen Variablen.

Induktionsanfang: Es sei $n = 0$. Dann ist $G = \langle [\,], \ldots, [\,] \rangle$ und wir sind fertig.

Induktionshypothese: Die Aussage gelte für n, d. h. wenn G unerfüllbar ist und in G nur n verschiedene aussagenlogische Variable vorkommen, dann gibt es eine Resolutionswiderlegung für G. Ohne Beschränkung der Allgemeinheit dürfen wir annehmen, dass $p_1, \ldots, p_n$ die n in G vorkommenden Variablen sind (siehe Übungsaufgabe 3–35).

Induktionsschritt: Sie nun G' eine Formel in Klauselform, in der die aussagenlogischen Variablen $p_1, \ldots, p_n, p_{n+1}$ vorkommen. Aus G' konstruieren wir zwei neue Formeln in Klauselform $G'_\top$ und $G'_\bot$ wie folgt: $G'_\top$ entstehe aus G' indem jede Klausel, in der p_{n+1} vorkommt, und jedes Vorkommen von $\neg p_{n+1}$ gestrichen wird. Umgekehrt entstehe $G'_\bot$ aus G' indem jede Klausel, in der $\neg p_{n+1}$ vorkommt, und jedes Vorkommen von p_{n+1} gestrichen wird. Nach Übungsaufgabe 3–36 sind $G'_\top$ und $G'_\bot$ unerfüllbar, wenn G' unerfüllbar ist.

Da in $G'_\top$ und $G'_\bot$ nur noch die aussagenlogischen Variablen $p_1, \ldots, p_n$ vorkommen und die Induktionshypothese gilt, können wir den Modus Ponens anwenden und damit auf die Existenz von Resolutionswiderlegungen für $G'_\top$ und $G'_\bot$ schließen. Die einzelnen Resolutionsschritte der Resolutionswiderlegung für $G'_\top$ lassen sich mit Klauseln aus G' wiederholen und führen da entweder zu einer Resolutionswiderlegung für G' oder zu einer Resolutionsableitung für G' mit $[\neg p_{n+1}, \ldots, \neg p_{n+1}]$ als letzter Zeile. Im ersten Fall haben wir den gesuchten Resolutionswiderlegung gefunden. Im zweiten Fall wiederholen wir die einzelnen Resolutionsschritte der Resolutionswiderlegung für $G'_\bot$ mit Klauseln aus G'. Dann erhalten wir wiederum entweder eine Resolutionswiderlegung für G' und sind am Ziel oder wir finden eine Resolutionsableitung für G' mit $[p_{n+1}, \ldots, p_{n+1}]$ als letzter Zeile. In diesem Fall ist nun aber $[\,]$ die Resolvente von $[\neg p_{n+1}, \ldots, \neg p_{n+1}]$ und $[p_{n+1}, \ldots, p_{n+1}]$. Somit finden wir auch im letzten Fall die gesuchte Resolutionswiderlegung für G'.

Die Anwendung des Induktionsprinzips auf den Induktionsanfang und den Induktionsschritt liefert das gewünschte Ergebnis. $\qquad\square$

Den Induktionsschritt möchte ich an Hand eines Beispiels veranschaulichen. Sei dazu

$$G' = \langle [p_1, \neg p_4], \ [\neg p_1, \neg p_4], \ [p_2, p_4], \ [\neg p_2, p_3], \ [\neg p_3] \rangle.$$

Dann erhalten wir:

$$
\begin{aligned}
G'_\top &= \langle [p_1], \ [\neg p_1], \ [\neg p_2, p_3], \ [\neg p_3] \rangle, \\
G'_\bot &= \langle [p_2,], \ [\neg p_2, p_3], \ [\neg p_3] \rangle.
\end{aligned}
$$

Für $G'_\top$ und $\neg G'_\bot$ finden wir die folgenden Resolutionswiderlegungen, die ich einfachheitshalber nebeneinander geschrieben habe:

1	$[p_1]$		1	$[p_2]$	
2	$[\neg p_1]$		2	$[\neg p_2, p_3]$	
3	$[\neg p_2, p_3]$		3	$[\neg p_3]$	
4	$[\neg p_3]$		4	$[p_3]$	res(1,2)
5	$[\,]$	res(1,2)	5	$[\,]$	res(3,4)

Die einzelnen Resolutionsschritte lassen sich mit Klauseln aus G' wiederholen:

1	$[p_1, \neg p_4]$	
2	$[\neg p_1, \neg p_4]$	
3	$[\neg p_2, p_3]$	
4	$[\neg p_3]$	
5	$[\neg p_4, \neg p_4]$	res(1,2)

1	$[p_2, p_4]$	
2	$[\neg p_2, p_3]$	
3	$[\neg p_3]$	
4	$[p_3, p_4]$	res(1,2)
5	$[p_4]$	res(3,4)

Die beiden Ableitungen lassen sich zu einer zusammenfassen:

1	$[p_1, \neg p_4]$	
2	$[\neg p_1, \neg p_4]$	
3	$[p_2, p_4]$	
4	$[\neg p_2, p_3]$	
5	$[\neg p_3]$	
6	$[\neg p_4, \neg p_4]$	res(1,2)
7	$[p_3, p_4]$	res(3,4)
8	$[p_4]$	res(5,7)

Als letzten Schritt müssen wir $[\neg p_4, \neg p_4]$ und $[p_4]$ miteinander resolvieren und erhalten so die leere Klausel $[\,]$.   □

Satz 3.49 sagt uns, dass es für allgemeingültige Formeln einen Resolutionsbeweis gibt, er sagt uns aber nicht, wie wir bzw. unsere Rechner den Beweis im einzelnen finden. Betrachten wir dazu die Formel

$$F = \neg\langle[\neg p],\ [p, \neg q],\ [q, \neg p, \neg r],\ [p, \neg s],\ [r],\ [s]\rangle.$$

Mittels einer Wahrheitswertetabelle für F kann man leicht nachweisen, dass F allgemeingültig ist. Ergo muss ein Resolutionsbeweis für F existieren. Dies ist in der Tat der Fall:

1	$[\neg p]$		
2	$[p, \neg q]$		
3	$[q, \neg p, \neg r]$		
4	$[p, \neg s]$		(3.17)
5	$[r]$		
6	$[s]$		
7	$[\neg s]$	res(1,4)	
8	$[\,]$	res(6,7)	

Aber wie finden wir einen solchen automatisch? Dass die Sache nicht so ganz einfach ist, verdeutlicht die folgende Ableitung:

$$
\begin{array}{lll}
1 & [\neg p] & \\
2 & [p, \neg q] & \\
3 & [q, \neg p, \neg r] & \\
4 & [p, \neg s] & \\
5 & [r] & \\
6 & [s] & \\
7 & [\neg q] & \text{res}(1,2) \\
8 & [\neg p, \neg r] & \text{res}(3,7) \\
9 & [\neg q, \neg r] & \text{res}(2,8) \\
10 & [\neg p, \neg r, \neg r] & \text{res}(3,9)
\end{array}
\tag{3.18}
$$

Hier werden zwar ständig neue Resolventen generiert, aber diese Ableitung lässt sich unendlich lange fortsetzen ohne dass jemals die leere Klausel generiert wird. Die zuletzt gezeigte Ableitung entspricht übrigens der Abarbeitung der Anfrage

$$? - \text{p}.$$

an das Prolog-Programm

```
p : − q.
q : − p, r.
p : − s.
r.
s.
```

Die Suche nach einer Resolutionswiderlegung ist – wie der Name schon sagt – eine Suche, bei der die Zustände Resolutionsableitungen sind und die Suchschritte in einem Zustand durch die möglichen Resolventen bzgl. der in dem Zustand gegebenen Resolutionsableitung definiert sind. Betrachten wir erneut das in (3.17) gezeigte Beispiel und nehmen an, dass wir gerade die Klauseln 1-6 als initiale Resolutionsableitung hingeschrieben haben. Jetzt gibt es insgesamt 7 Möglichkeiten, diese Ableitung fortzusetzen. Wir berechnen die Resolvente

- der Klauseln 1 und 2 bzgl. p,

- der Klauseln 1 und 4 bzgl. p,

- der Klauseln 2 und 3 bzgl. p,

- der Klauseln 2 und 3 bzgl. q,

- der Klauseln 3 und 4 bzgl. p,

- der Klauseln 3 und 5 bzgl. r oder

- der Klauseln 4 und 6 bzgl. s.

Wenn wir die Suche implementieren wollen, dann müssen wir eine so genannte *Strategie* spezifizieren, die festlegt, welche Resolvente in jedem Schritt konkret berechnet und an die betrachtete Ableitung angefügt wird. Von einer Strategie wollen wir fordern, dass sie *fair* ist, und zwar in dem Sinne, dass jede Resolvente auch nach endlicher Zeit berechnet wird. Nur eine faire Strategie garantiert auch, dass wir eine Resolutionswiderlegung finden, wenn eine existiert. Offensichtlich ist die in (3.18) verwendete Strategie, die einer Tiefensuche entspricht, nicht fair, da die Klausel 4 in die Resolventenbildung nie mit einbezogen wird. Wir können daraus folgern, dass die in Prolog verwendete Strategie ebenfalls nicht fair ist.

Eine einfache faire Strategie besteht darin, zu einer gegebenen Ableitung zunächst alle möglichen Resolventen hinzuzufügen. Diese Strategie entspricht einer Breitensuche. Im obigen Beispiel erhalten wir so aus den Klauseln 1-6 die Ableitung:

$$
\begin{array}{lll}
1 & [\neg p] & \\
2 & [p, \neg q] & \\
3 & [q, \neg p, \neg r] & \\
4 & [p, \neg s] & \\
5 & [r] & \\
6 & [s] & \\
7 & [\neg q] & \text{res}(1,2) \\
8 & [\neg s] & \text{res}(1,4) \\
9 & [q, \neg q, \neg r] & \text{res}(2,3) \text{ bzgl. } p \\
10 & [p, \neg p, \neg r] & \text{res}(2,3) \text{ bzgl. } q \\
11 & [q, \neg r, \neg s] & \text{res}(3,4) \\
12 & [q, \neg p] & \text{res}(3,5) \\
13 & [p] & \text{res}(4,6)
\end{array}
\tag{3.19}
$$

Wenden wir diese Strategie nun erneut an, dann generieren wir unter anderem auch die leere Klausel als Resolvente von 1 und 13, und haben damit eine Resolutionswiderlegung berechnet.

Wenn wir die in (3.19) dargestellte Ableitung ansehen, dann fällt auf, dass diese Ableitung *Redundanzen* enthält und vereinfacht werden kann. So sind beispielsweise die Klauseln 9 und 10 Tautologien und können somit eliminiert werden. Da in den Klauseln 2 und 4 das Atom p vorkommt und Klausel 13 die Form $[p]$ hat, können wir durch Anwendung der Subsumptionsregel, die wir aus dem DPLL-Verfahren kennen, die Klauseln 2 und 4 eliminieren. Ebenso können wegen Klausel 1 die Klauseln 3 und 12 eliminiert werden. Auch Klausel 11 kann wegen Klausel 8 so eliminiert werden. Des weiteren können die Klauseln 5 und 7 eliminiert werden, da es keine weiteren Vorkommen der Atome r und $\neg q$ mehr gibt. Alle diese Umformungen erhalten die Unerfüllbarkeit der Klauselmenge (siehe Übungsaufgabe 3–37). Zusammengefasst erhalten wir durch Elimination aller Redundanzen die Ableitung

$$
\begin{array}{lll}
1 & [\neg p] & \\
6 & [s] & \\
8 & [\neg s] & \text{res}(1,4) \\
13 & [p] & \text{res}(4,6)
\end{array}
$$

woraus die leere Klausel unmittelbar erzeugt werden kann.

Auch die beiden anderen in Abschnitt 3.4 explizit dargestellten Beweisverfahren, die semantischen Tableaus und der Kalkül des natürlichen Schließens, sind korrekt und vollständig. Ich verzichte hier jedoch auf die Präsentation der Beweise und verweise lediglich auf die entsprechende Literatur ([Fit96] bzw. [vD97]).

Satz 3.50 *(Korrektheit und Vollständigkeit des aussagenlogischen Tableauverfahrens) Sei F eine aussagenlogische Formel.* $\models F$ *gilt genau dann, wenn* $\vdash_t F$ *gilt.*

Satz 3.51 *(Korrektheit und Vollständigkeit des aussagenlogischen Kalküls des natürlichen Schließens) Sei F eine aussagenlogische Formel.* $\models F$ *gilt genau dann, wenn* $\vdash_n F$ *gilt.*

Neben den hier als Sätze explizit formulierten Korrektheits- und Vollständigkeitsaussagen sind auch Hilbert-Systeme, der Sequenzenkalkül, das DPLL-Verfahren und die Konnektionsmethode korrekt und vollständig.

3.7 Literaturhinweise

Es gibt eine ganze Reihe von Einführungen in die Logik, die sich im Wesentlichen durch unterschiedliche Schwerpunkte unterscheiden. Alle bringen aber die Grundbegriffe und die Hauptresultate zur Aussagen- und Prädikatenlogik. Einige dieser Bücher möchte ich hier nennen.

Ein deutsches Standardwerk für die Einführung in die mathematische Logik ist [EFT96]. Allerdings wird in diesem Buch das maschinelle Beweisen nur am Rande erwähnt. Eine weitere schöne deutschsprachige Einführung in die Logik ist [Sch95a]. Der Autor geht vor allem auf die Resolution und ihre Verfeinerung, die SLD-Resolution, ein, die wiederum die Grundlage für Prolog ist.

Ein zwar schon relativ altes, aber dennoch sehr schön zu lesendes Buch ist [CL90], das vorbildlich in das automatische Theorembeweisen und insbesondere die Resolutionsmethode einführt. Auch in [Fit96] liegt der Schwerpunkt auf den Methoden, die sich besonders gut für die maschinelle Abarbeitung eignen. Dies sind hier vor allem die semantische Tableaumethode und das Resolutionsverfahren. In [vD97] liegt der Schwerpunkt auf dem natürlichen Schließen.

Einen hervorragenden Überblick über Beweisverfahren finden Sie in [BE93] und auch in [Bib92]. In letzterem ist insbesondere auch die Konnketionsmethode detailliert beschrieben. In beiden Arbeiten wird auf Beweise verzichtet, jedoch werden ausführliche Hinweise auf die Literaturstellen, an denen sich die Beweise finden, gegeben.

Einen guten Überblick über Verfahren zur Lösung des Erfüllbarkeitsproblems in der Aussagenlogik gibt die Arbeit [GKSS08]. [Mit05] gibt eine Anleitung für systematischen Suchverfahrens. Das Verfahren zum Testen auf Erfüllbarkeit durch Raten einer Interpretation und anschließender Modifikation wurde zuerst in [SLM92] vorgestellt. Seitdem gibt es eine Vielzahl von Verbesserungen und Modifikationen. In [HS05] sind viele davon detailliert beschrieben. Eine gute Einführung zu binären Entscheidungsdiagrammen finden Sie in [And97]. Dort werden auch Algorithmen für die Konstruktion von binären Entscheidungsdiagrammen und zur Berechnung von Funktionen über binären Entscheidungsdiagrammen vorgestellt.

Kapitel 4

Prädikatenlogik

Während sich in der Aussagenlogik nur nullstellige Relationen modellieren lassen, stellt die Prädikatenlogik die Instrumentarien zur Verfügung, mit deren Hilfe sich beliebige Funktionen und Relationen darstellen lassen. In der Prädikatenlogik können demzufolge strukturierte Objekte und struktursensitive Prozesse beschrieben werden. Diese Eigenschaft ist nach Meinung vieler Grundvoraussetzung zur Modellierung intelligenter Systeme. In der Tat lassen sich alle auf einem Computer berechenbaren Funktionen in der Prädikatenlogik ausdrücken und berechnen. Mit anderen Worten, die Prädikatenlogik ist universell.

In der Aussagenlogik ist es möglich, Aussagen der Form „*die Kuh ist lila*" zu betrachten, ihnen einen Wahrheitswert zuzuweisen und aussagenlogische Folgerungen zu berechnen. Aber wie sollen wir in der Aussagenlogik mehrstellige Funktionen und Relationen definieren? Wie sollen wir beispielsweise eine Funktion definieren, die Kühen die Farbe ihrer Haut zuweist oder die der Addition zweier natürlicher Zahlen entspricht. In der Aussagenlogik ist es auch nicht möglich, universell quantifizierte oder existenziell quantifizierte Aussagen zu machen. So können wir keine aussagenlogische Formel für die Aussagen „*alle Kühe sind behaart*" oder „*es gibt eine lila Kuh*" angeben. Wenn wir noch einmal auf das in Abschnitt 2.4 diskutierte Rentnerbeispiel zurückblicken, so sehen wir schnell, dass es in der Aussagenlogik unmöglich ist, eine allgemeine Regel für die Definition eines Rentners oder einer Rentnerin anzugeben. Vielmehr müssten wir für jede betrachtete Person eine aussagenlogische Variable einführen, die ausdrückt, ob diese Person ein Rentner ist oder nicht.

Wir können diese Beobachtungen auch formaler ausdrücken. Nicht alle berechenbaren Funktionen (siehe z. B. [Sch95b]) lassen sich in der Aussagenlogik formulieren. Mit anderen Worten, es gibt Funktionen, die sich mit einem Computer berechnen lassen, die aber nicht in der Aussagenlogik ausdrückbar sind.

In diesem Kapitel werden wir die Prädikatenlogik, genauer die Prädikatenlogik erster Stufe, kennen lernen. Sie kann als Erweiterung der Aussagenlogik aufgefasst werden. In der Prädikatenlogik ist es möglich, Funktionen auszudrücken sowie universell quantifizierte und existenziell quantifizierte Aussagen zu treffen. In der Tat lässt sich alles, was mit einem Computer überhaupt berechnet werden kann, in der Prädikatenlogik formulieren.

Der Aufbau dieses Kapitels folgt dem Aufbau von Kapitel 3. In Abschnitt 4.1 wird zunächst die Syntax der Prädikatenlogik vorgestellt. Wir werden Alphabet und Sprache kennen lernen. Wie in der Aussagenlogik auch werden wir Eigenschaften prädikatenlogischer Formeln nachweisen und Funktionen über prädikatenlogischen Formeln definieren. Dazu müssen wir die Prinzipien der strukturellen Induktion und der strukturellen Rekursion, die wir ja schon aus Kapitel 3 kennen, entsprechend erweitern.

Eine Besonderheit von prädikatenlogischen Formeln ist das Vorkommen von Variablen als Argumente von Relations- und Funktionssymbolen. Solche Variablen repräsentieren noch unbekannte Individuen. Sie können im Laufe eines Beweises durch so genannte Terme ersetzt werden. Formal gesehen ist diese Ersetzung eine Abbildung, die wir als Substitution bezeichnen wollen. Substitutionen werden in Abschnitt 4.2 definiert und ihre Eigenschaften diskutiert.

Abschnitt 4.3 führt dann eine Semantik für die Sprache der Prädikatenlogik ein. Die aus Kapitel 3 bekannten Begriffe einer Interpretation, eines Modells und der logischen Konsequenz werden jetzt auch für prädikatenlogische Formeln definiert. Dabei werden wir sehen, dass man im Gegensatz zur Aussagenlogik für eine vorgelegte prädikatenlogische Formel in der Regel unendlich viele Interpretationen betrachten muss, wenn man beispielsweise Fragen nach der Allgemeingültigkeit oder Unerfüllbarkeit der Formel beantworten will. Glücklicherweise müssen wir nicht alle betrachten, sondern können uns auf *Herbrand*-Interpretationen beschränken. Davon gibt es zwar immer noch unendlich viele, aber es ist trotzdem bereits eine signifikante Einschränkung, die uns vor allem auch erlaubt, geeignete maschinelle Verfahren zur Berechnung der logischen Konsequenzrelation einzuführen.

Wie in der Aussagenlogik, so ist es auch in der Prädikatenlogik manchmal sinnvoll, Normalformen zu betrachten. Wir werden in Abschnitt 4.4 verschiedene Normalformen und die entsprechenden Transformationen in Normalform kennen lernen. Allerdings werden nicht alle Transformationen zu semantisch äquivalenten Formeln führen. In manchen Fällen wird lediglich die Allgemeingültigkeit oder die Unerfüllbarkeit von Formeln durch eine Transformation erhalten. Wir werden aber sehen, dass dies ausreicht, um das Bestehen der logischen Konsequenzrelation nachweisen zu können.

Bevor wir uns dann Beweisverfahren zuwenden können, müssen wir uns noch einmal mit dem schon aus Kapitel 2 bekannten Begriff der Unifikation beschäftigen. Dies geschieht in Abschnitt 4.5. Dort werden Unifikationsprobleme definiert, ihre Lösungen vorgestellt, sowie ein Algorithmus angegeben, der Lösungen für gegebene Unifikationsprobleme berechnen, wenn solche Lösungen existieren.

In Abschnitt 4.6 werden Verfahren angegeben, die die logische Konsequenzrelation für die Prädikatenlogik maschinell überprüfen. Insbesondere werden dies das Resolutions- und das Tableauverfahren sein, aber auch der Kalkül des natürlichen Schließens wird ausführlich betrachtet, während andere Verfahren wie Hilbert Systeme oder die Konnektionsmethode nur kurz skizziert werden. Anschließend werden in Abschnitt 4.7 zwei Implementierung von Beweisverfahren in Prolog angegeben: leanTAP und leanCoP. Diese Implementierungen zeichnen sich dadurch aus, dass sie die besonderen Eigenschaften der Programmiersprache Prolog ausnutzen und als Folge davon sehr kurz und effizient sind. Trotzdem sind sie erstaunlich leistungsstark.

Im Gegensatz zur Aussagenlogik sind die Beweisverfahren der Prädikatenlogik *Semientscheidungsverfahren*. D. h. wenn eine Formel eine logische Konsequenz aus einer Menge von Formeln ist, dann werden die Verfahren terminieren und dies feststellen. Ist eine Formel jedoch keine logische Konsequenz aus einer Menge von Formeln, dann kann es passieren, dass die Verfahren nicht terminieren. Man kann zeigen, dass dies eine grundsätzliche Eigenschaft solcher Verfahren bzw. der betrachteten Problemstellung ist, und sich die Verfahren deshalb auch nicht besser formulieren lassen. Damit sind wir schon in Abschnitt 4.8. Hier werden verschiedene Eigenschaften der Prädikatenlogik nachgewiesen. Insbesondere sind das die Korrektheit und Vollständigkeit der vorgestellten Beweisverfahren.

Den Abschluss dieses Kapitels bilden dann wieder Literaturhinweise in Abschnitt 4.9.

4.1 Syntax

Im Gegensatz zu einem Alphabet der Aussagenlogik, in dem neben Sonderzeichen und Junktoren nur aussagenlogische Variable vorkommen, unterscheiden wir in einem Alphabet der Prädikatenlogik neben Sonderzeichen und Junktoren zusätzlich Relationssymbole, Funktionssymbole, Konstantensymbole und (prädikatenlogische) Variable. Des weiteren gibt es noch einen universellen und einen existenziellen Quantor.

Definition 4.1 *Ein* Alphabet *der Prädikatenlogik besteht aus*

- *einer endlichen oder abzählbar unendlichen Menge $\mathcal{R}$ von Relationssymbolen,*

- *einer endlichen oder abzählbar unendlichen Menge $\mathcal{F}$ von Funktionssymbolen,*

- *einer abzählbar unendlichen Menge $\mathcal{V}$ von Variablen,*

- *der Menge $\{\neg/1,\ \wedge/2,\ \vee/2,\ \to/2,\ \leftrightarrow/2\}$ von Junktoren,*

- *der Menge $\{\forall,\ \exists\}$ von Quantoren und*

- *den Sonderzeichen „(", „)" und „,".*

Der Quantor $\forall$ wird als *universeller Quantor* und der Quantor $\exists$ als *existenzieller Quantor* bezeichnet. Relations- und Funktionssymbolen ist eine natürliche Zahl zugeordnet, die wir als *Stelligkeit* des jeweiligen Symbols bezeichnen wollen. Wie schon in Kapitel 2 werden wir die Stelligkeit unmittelbar hinter dem jeweiligen Symbol durch einen Schrägstrich getrennt angeben. nullstellige Funktionssymbole werden auch als *Konstantensymbole* bezeichnet. In diesem Buch verwenden wir p, q, ... als Relationssymbole, g, h, ... als Funktionssymbole, a, b, ... als Konstantensymbole und X, Y, ... als Variable. So bezeichnet beispielsweise $p/2$ ein Relationssymbol mit Stelligkeit 2. Alle Symbole können indiziert sein. So bezeichnen beispielsweise X_1, X_2, ... Variable. In der Literatur werden Relationssymbole häufig auch als *Prädikatssymbole* bezeichnet, und auch hier werden beide Begriffe synonym verwendet. Wir gehen immer davon aus, dass die verschiedenen, in Definition 4.1 genannten Mengen disjunkt sind.

Wir werden in diesem Kapitel verschiedene Alphabete für die Prädikatenlogik betrachten. Sie unterscheiden sich immer nur in den Mengen der Relations- und der Funktionssymbole, während in allen Alphabeten immer die oben genannten Variablen, Junktoren, Quantoren und Sonderzeichen vorkommen. In der Folge sei $\mathcal{R}$ die Menge der Relationssymbole, $\mathcal{F}$ die Menge der Funktionssymbole und $\mathcal{V}$ die Menge der Variablen. Wir werden sehen, dass eine Sprache der Prädikatenlogik durch die Angabe dieser drei Mengen eindeutig bestimmt ist. Aus diesem Grund bezeichnen wir mit $\mathcal{L}(\mathcal{R}, \mathcal{F}, \mathcal{V})$ die über $\mathcal{R}$, $\mathcal{F}$ und $\mathcal{V}$ definierte Sprache. Wenn aus einem Kontext die Mengen $\mathcal{R}$, $\mathcal{F}$ und $\mathcal{V}$ eindeutig hervorgehen, dann verzichten wir auf deren Angabe und bezeichnen die Sprache kurz mit $\mathcal{L}$. Nach diesen einführenden Bemerkungen können wir jetzt die einzelnen Elemente einer Sprache der Prädikatenlogik definieren.

Definition 4.2 *Die Menge $\mathcal{T}(\mathcal{F}, \mathcal{V})$ der (prädikatenlogischen) Terme ist die kleinste Menge, die die folgenden Bedingungen erfüllt:*

1. *Jede Variable $X \in \mathcal{V}$ ist in $\mathcal{T}(\mathcal{F}, \mathcal{V})$.*

2. *Wenn $g/n \in \mathcal{F}$ und $\{t_1, \ldots, t_n\} \subseteq \mathcal{T}(\mathcal{F}, \mathcal{V})$ sind, dann ist auch die Zeichenreihe $g(t_1, \ldots, t_n)$ in $\mathcal{T}(\mathcal{F}, \mathcal{V})$.*

Ein Term ist abgeschlossen (oder grundinstanziiert), wenn in ihm keine Variablen vorkommen. Die Menge der abgeschlossenen Terme wird mit $\mathcal{T}(\mathcal{F})$ bezeichnet.

Sei beispielsweise $\mathcal{F} = \{a/0,\ b/0,\ h/1,\ g/2\}$. Die folgenden Zeichenreihen sind Terme:

$$X,\ Y,\ a(),\ b(),\ h(a),\ h(X),\ h(h(Y)),\ g(a(),b()),\ g(h(X),Y).$$

Darunter sind die Terme $a()$, $b()$, $h(a())$ und $g(a(),b())$ abgeschlossen, die übrigen sind das nicht. Keine Terme sind beispielsweise die Zeichenreihen (ha), $h(a(),b())$ oder $X(a)$. Die Schreibweise $a()$ oder $h(a())$ ist korrekt, aber unschön. Wir vereinbaren daher, anstelle von $a()$ kurz a zu schreiben, wenn es sich bei a um ein Konstantensymbol handelt.

Definition 4.3 *Die Menge der* atomaren Formeln *(oder kurz* Atome*) der Sprache* $\mathcal{L}(\mathcal{R}, \mathcal{F}, \mathcal{V})$ *ist die Menge der Zeichenreihen der Form* $p(t_1, \ldots, t_n)$ *, wobei* $p/n \in \mathcal{R}$ *ein n-stelliges Relationssymbol ist und* $t_1, \ldots, t_n$ *Terme der Menge* $\mathcal{T}(\mathcal{F}, \mathcal{V})$ *sind.*

Wenn wir das oben angegebene Alphabet um die Menge $\mathcal{R} = \{p/2,\ q/1\}$ erweitern, dann sind die folgenden Zeichenreihen atomare Formeln der Sprache $\mathcal{L}(\mathcal{R}, \mathcal{F}, \mathcal{V})$:

$$q(X),\ q(h(a)),\ p(X, a),\ p(g(a, b), h(h(Y))).$$

Keine atomaren Formeln sind beispielsweise die Zeichenreihen $a(q,\ q(q(X))$ oder $h(p(a, Y))$. In der Definition 4.3 lassen wir ausdrücklich auch nullstellige Relationssymbole $p/0$ zu. In diesem Fall ist dann $p()$ ein Atom. Da diese Schreibweise wenig elegant ist, wollen wir Atome der Form $p()$ mit p abkürzen. Wie wir in Abschnitt 4.3.2 sehen werden, entsprechen die nullstelligen Relationssymbole in der Prädikatenlogik genau den aussagenlogischen Variablen in der Aussagenlogik.

Definition 4.4 *Die Menge der* (prädikatenlogischen) Formeln *der Sprache* $\mathcal{L}(\mathcal{R}, \mathcal{F}, \mathcal{V})$ *ist die kleinste Menge, die die folgenden Bedingungen erfüllt:*

1. *Jede atomare Formel der Sprache* $\mathcal{L}(\mathcal{R}, \mathcal{F}, \mathcal{V})$ *ist auch eine Formel der Sprache* $\mathcal{L}(\mathcal{R}, \mathcal{F}, \mathcal{V})$.

2. *Wenn* F *eine Formel der Sprache* $\mathcal{L}(\mathcal{R}, \mathcal{F}, \mathcal{V})$ *ist, dann ist auch* $\neg F$ *eine Formel der Sprache* $\mathcal{L}(\mathcal{R}, \mathcal{F}, \mathcal{V})$.

3. *Wenn* F *und* G *Formeln der Sprache* $\mathcal{L}(\mathcal{R}, \mathcal{F}, \mathcal{V})$ *sind und* $\circ$ *ein binärer Junktor ist, dann ist auch* $(F \circ G)$ *eine Formel der Sprache* $\mathcal{L}(\mathcal{R}, \mathcal{F}, \mathcal{V})$.

4. *Wenn* F *eine Formel der Sprache* $\mathcal{L}(\mathcal{R}, \mathcal{F}, \mathcal{V})$ *,* Q *ein Quantor und* X *eine Variable ist, dann ist auch* $(QX) F$ *eine Formel der Sprache* $\mathcal{L}(\mathcal{R}, \mathcal{F}, \mathcal{V})$.

Wenn wir erneut das oben erwähnte Alphabet betrachten, dann sind die folgenden Zeichenreihen Formeln der Sprache $\mathcal{L}(\mathcal{R}, \mathcal{F}, \mathcal{V})$:

$$\neg(\exists X)\, p(X, a), \quad (\forall X)(\exists Y)\,(q(X) \to p(g(a, b), h(h(Y)))).$$

Keine Formeln sind beispielsweise die Zeichenreihen $(\exists a)\, p(a)$ oder $(\forall X \to Y)\, p(X, Y)$. In der Folge bezeichnet A (möglicherweise indiziert) ein Atom und F, G und H (möglicherweise indiziert) bezeichnen Formeln.

Eigentlich müssten wir sowohl für Definition 4.2 als auch für Definition 4.4 noch zeigen, dass eine solche kleinste Menge überhaupt existiert. Dies folgt aber in Analogie zu der Überlegung, die wir im Anschluss an Definition 3.5 zur Bestimmung der Menge der aussagenlogischen Formeln angestellt haben.

Wir wollen für prädikatenlogische Sprachen Eigenschaften nachweisen und über solchen Sprachen Funktionen definieren. Dazu benötigen wir wie in der Aussagenlogik die Prinzipien der strukturellen Induktion und der strukturellen Rekursion. Wenn wir die Definition von Termen und prädikatenlogischen Formeln mit der Definition von aussagenlogischen Formeln vergleichen, dann sind die Definitionen von einer sehr ähnlichen Form. Es ist deshalb nicht schwer, zu den Sätzen 3.6 und 3.7 vergleichbare Aussagen für Terme und prädikatenlogische Formeln zu formulieren und auch zu beweisen. So kann man zeigen, dass jeder Term eine Eigenschaft E dann besitzt, wenn die folgenden Bedingungen erfüllt sind:

1. *Induktionsanfang*: Jede Variable besitzt die Eigenschaft E.

2. *Induktionsschritt*: Wenn g/n ein n-stelliges Funktionssymbol und die Terme $t_1, \ldots, t_n$ in $\mathcal{T}(\mathcal{F}, \mathcal{V})$ die Eigenschaft E besitzen, dann besitzt auch der Term $f(t_1, \ldots, t_n)$ die Eigenschaft E.

Des Weiteren gibt es genau eine Funktion foo über der Menge der Terme, die die folgenden Bedingungen erfüllt:

1. *Rekursionsanfang*: Der Wert von foo für Variable ist explizit definiert.

2. *Rekursionsschritt*: Der Wert von foo für $g(t_1, \ldots, t_n)$ ist in Abhängigkeit der Werte $\mathsf{foo}(t_1), \ldots, \mathsf{foo}(t_n)$ definiert.

Man beachte, dass wenn $g/0$ ein Konstantensymbol ist, dann der Wert von foo für dieses Symbol explizit definiert werden muss. Beispielsweise kann somit die Funktion foo_4, die die Anzahl der in einem Term t vorkommenden Konstantensymbole angibt, wie folgt definiert werden:

$$\mathsf{foo}_4(t) = \begin{cases} 0 & \text{wenn } t \text{ eine Variable ist,} \\ 1 & \text{wenn } t \text{ ein Konstantensymbol ist,} \\ \mathsf{foo}_4(t_1) + \ldots + \mathsf{foo}_4(t_n) & \text{wenn } t \text{ von der Form } f(t_1, \ldots, t_n) \\ & \text{und } n > 0 \text{ ist.} \end{cases}$$

Als ein zweites Beispiel betrachten wir die Menge $\mathcal{F} = \{g/2, h/1, a/0, b/0\}$ und die Funktion foo_5:

$$\mathsf{foo}_5(t) = \begin{cases} t & \text{wenn } t \text{ eine Variable ist,} \\ 1 & \text{wenn } t = a \text{ ist,} \\ 2 & \text{wenn } t = b \text{ ist,} \\ \mathsf{foo}_5(t_1) + \mathsf{foo}_5(t_2) & \text{wenn } t \text{ von der Form } g(t_1, t_2) \text{ ist,} \\ \mathsf{foo}_5(t_1)^2 & \text{wenn } t \text{ von der Form } h(t_1) \text{ ist.} \end{cases}$$

Dabei bezeichnen t, t_1 und t_2 Terme.

Ähnliches gilt für prädikatenlogische Formeln (siehe auch Übungsaufgabe 4–1). Ich werde im Folgenden die Prinzipien der strukturellen Induktion und der strukturellen Rekursion für Terme und prädikatenlogische Formeln mehrfach anwenden.

In Definition 3.8 habe ich die Menge der Teilformeln einer aussagenlogischen Formel definiert. Auch diese Definition lässt sich unmittelbar auf Terme und prädikatenlogische Formeln übertragen, ohne dass ich dies hier explizit tun will. So ist beispielsweise

$$\{g(h(X), Y),\ h(X),\ X,\ Y\}$$

die Menge der Teilterme des Terms $g(h(X), Y)$ und

$$\begin{aligned} \{ \quad & (\forall X)(\exists Y)\,(q(X) \to p(g(a,b), h(h(Y)))), \\ & (\exists Y)\,(q(X) \to p(g(a,b), h(h(Y)))), \\ & (q(X) \to p(g(a,b), h(h(Y)))), \\ & q(X), \\ & p(g(a,b), h(h(Y))) \qquad\qquad\qquad\qquad \} \end{aligned}$$

die Menge der Teilformeln der Formel $(\forall X)(\exists Y)\,(q(X) \to p(g(a,b), h(h(Y))))$.

Wir erinnern uns auch, dass sich zusammengesetzte Terme in Prolog als Bäume darstellen lassen (siehe Abbildung 2.5). Analog lassen sich auch Terme, Atome und Formeln als Bäume darstellen. Abbildung 4.1 zeigt zwei solche Baumdarstellungen, wobei im Gegensatz zu Abbildung 2.5 hier jeder Knoten im Baum zusätzlich mit einer Zahl, der so genannten *Position*, markiert ist. Diese Positionen lassen sich analog zu der Definition von foo_4 in Kapitel 3 auch für Terme, Atome und Formeln spezifizieren, so dass wir einzelne Knoten im Baum gezielt ansprechen. Beispielsweise kommt die Variable X im linken Baum sowohl an der Position 111Λ als auch an der Position 21Λ vor, während sie im rechten Baum an den Positionen 111Λ und 121Λ vorkommt. Wir können also anhand der Position verschiedene Vorkommen einer Variablen eindeutig identifizieren. Im Allgemeinen ist jedoch die explizite Angabe der Positionen umständlich und ich werde darauf verzichten, wenn aus dem jeweiligen Kontext eindeutig hervorgeht, welche Position gemeint ist.

Intuitiv binden die Quantoren $\forall$ und $\exists$ Variablen, um damit universelle bzw. existenzielle Aussagen machen zu können. Aber welche Variablen binden sie genau? Gibt es da einen Unterschied zwischen den Formeln $((\forall X)\,q(X) \wedge p(X, a))$

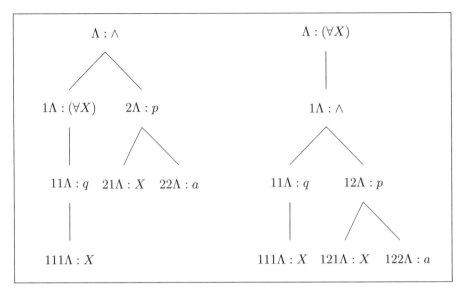

Abbildung 4.1: Die Baumdarstellungen der Formeln $((\forall X)\, q(X) \wedge p(X, a))$ (links) und $(\forall X)\,(q(X) \wedge p(X, a))$ (rechts).

und $(\forall X)\,(q(X) \wedge p(X, a))$? Um diese Fragen beantworten zu können, müssen wir zwischen gebundenen und freien Vorkommen von Variablen unterscheiden können.

Definition 4.5 *Die* freien Vorkommen einer Variable *in einer prädikatenlogischen Formel sind wie folgt definiert:*

1. *Die freien Vorkommen von Variablen in einer atomaren Formel F sind die Vorkommen von Variablen in F.*

2. *Die freien Vorkommen von Variablen in einer Formel $\neg F$ sind die freien Vorkommen von Variablen in F.*

3. *Die freien Vorkommen von Variablen in einer Formel $(F_1 \circ F_2)$ sind die freien Vorkommen von Variablen in F_1 zusammen mit den freien Vorkommen von Variablen in F_2.*

4. *Die freien Vorkommen einer Variablen in einer Formel $(QX)\,F$ sind die freien Vorkommen von Variablen in F ohne die Vorkommen von X.*

Das Vorkommen einer Variablen heißt gebunden, *wenn es nicht frei ist.*

Wir können jetzt die oben betrachteten Beispiele analysieren. In der Formel

$$((\forall X)\, q(X) \wedge p(X, a))$$

ist das Vorkommen der Variablen X in der Teilformel $(\forall X)\, q(X)$ gebunden, während das Vorkommen von X in der Teilformel $p(X, a)$ frei ist. Eine Variable kann also sowohl frei als auch gebunden in einer Formel vorkommen. Dagegen sind alle Vorkommen der Variablen X in der Formel $(\forall X)\, (q(X) \wedge p(X, a))$ gebunden. Formeln, in denen alle Vorkommen von Variablen gebunden sind, wollen wir *Sätze* nennen.

In Definition 4.2 wurden abgeschlossene Terme als solche Terme definiert, in denen keine Variablen vorkommen. Wir wollen diese Definition auf Formeln erweitern.

Definition 4.6 *Eine* abgeschlossene *Formel (oder kurz ein* Satz*) der Sprache* $\mathcal{L}(\mathcal{R}, \mathcal{F}, \mathcal{V})$ *ist eine Formel der Sprache* $\mathcal{L}(\mathcal{R}, \mathcal{F}, \mathcal{V})$*, in der jedes Vorkommen einer Variablen gebunden ist.*

4.2 Substitutionen

Die in einer Formel vorkommenden Variablen können gegebenenfalls durch kompliziertere Terme ersetzt werden. Formal ist diese Ersetzung eine Abbildung von der Menge der Variablen in die Menge der Terme, die wir als *Substitution* bezeichnen wollen. Da Substitutionen eine ganz zentrale Rolle in der Logik und dem automatischen Beweisen spielen, werden sie in diesem Abschnitt ausführlich diskutiert. Dabei gehen wir immer von einer festen Sprache $\mathcal{L}(\mathcal{R}, \mathcal{F}, \mathcal{V})$ der Prädikatenlogik aus.

Definition 4.7 *Eine* Substitution *ist eine Abbildung* $\sigma : \mathcal{V} \to \mathcal{T}(\mathcal{F}, \mathcal{V})$*, die bis auf endlich viele Stellen mit der Identitätsabbildung übereinstimmt.* $\mathsf{dom}(\sigma) = \{X \mid X \in \mathcal{V} \text{ und } \sigma(X) \neq X\}$*. Da* $|\mathsf{dom}(\sigma)|$ *endlich ist, kann* σ *durch eine endliche Menge von Paaren* $\{X \mapsto \sigma(X) \mid X \in \mathsf{dom}(\sigma)\}$ *repräsentiert werden. Die Umkehrung gilt ebenfalls. Wenn* $\mathsf{dom}(\sigma) = \emptyset$*, dann wird* σ leere Substitution *genannt und mit* ε *bezeichnet.*

Die Beschränkung *von* σ *auf eine Menge* $U \subseteq \mathcal{V}$ *von Variablen ist definiert als die Substitution, welche durch* $\sigma|_U = \{X \mapsto t \mid X \mapsto t \in \sigma \text{ und } X \in U\}$ *repräsentiert wird.*

Als Beispiel betrachten wir die Substitution $\sigma = \{X \mapsto g(Y, a),\ Z \mapsto b\}$. Durch sie wird die Variable X auf den Term $g(Y, a)$, die Variable Z auf das Konstantensymbol b und alle übrigen Variablen auf sich selbst abgebildet. Die Beschränkung von σ auf $U = \{X\}$ ist die Substitution $\{X \mapsto g(a, Y)\}$. $\mathsf{dom}(\sigma)$ ist die Menge der Variablen, die durch σ nicht auf sich selbst abgebildet werden. In unserem Beispiel erhalten wir $\mathsf{dom}(\sigma) = \{X, Z\}$. In manchen Arbeiten wird $\mathsf{dom}(\sigma)$ auch als *Definitionsbereich* oder *Domäne* von σ bezeichnet, obwohl das streng genommen falsch ist.[1]

---

[1] Nach Definition ist der Definitionsbereich von σ die Menge $\mathcal{V}$ der Variablen.

Obwohl Substitutionen Funktionen sind, wollen wir eine algebraische Notation
benutzen und anstelle von $\sigma(X)$ lieber $X\sigma$ schreiben. Auch lässt sich die
Anwendung einer Substitution einfach auf Terme erweitern.

Definition 4.8 *Sei σ eine Substitution. $\sigma : \mathcal{V} \to \mathcal{T}(\mathcal{F}, \mathcal{V})$ kann wie folgt zu
einer Abbildung $\hat{\sigma} : \mathcal{T}(\mathcal{F}, \mathcal{V}) \to \mathcal{T}(\mathcal{F}, \mathcal{V})$ erweitert werden: Sei $t \in \mathcal{T}(\mathcal{F}, \mathcal{V})$
ein Term.*

$$t\hat{\sigma} = \begin{cases} t\sigma & \text{wenn } t \in \mathcal{V} \text{ ist,} \\ f(t_1\hat{\sigma}, \ldots, t_n\hat{\sigma}) & \text{wenn } t \text{ von der Form } f(t_1, \ldots, t_n) \text{ ist.} \end{cases}$$

$t\hat{\sigma}$ wird Instanz von t unter $\hat{\sigma}$ *genannt. Wenn $t\hat{\sigma}$ abgeschlossen ist, dann
heißt $t\hat{\sigma}$* Grundinstanz von t unter $\hat{\sigma}$*, und $\hat{\sigma}$ ist eine* Grundsubstitution
für t.

Betrachten wir erneut die Substitution $\sigma = \{X \mapsto g(Y, a),\ Z \mapsto b\}$ und sei t
der Term $g(X, h(Z))$. Dann ist der Term $g(g(Y, a), h(b))$ die Instanz von t
unter $\hat{\sigma}$. Er ist keine Grundinstanz, da in ihm die Variable Y vorkommt. Man
beachte auch, dass die Instanz eines Konstantensymbols unter einer Substituti-
on $\hat{\sigma}$ das Konstantensymbol selbst ist. So erhalten wir beispielsweise $a\hat{\sigma} = a$.
Man beachte auch, dass Grundsubstitutionen nur existieren können, wenn min-
destens ein Konstantensymbol in $\mathcal{F}$ vorkommt.

Zwei Eigenschaften von Termen sind unmittelbar einzusehen: Das Ergebnis
der Anwendung einer Substitution auf einen Term ist wieder ein Term (siehe
Übungsaufgabe 4–2). Wenn zwei Substitutionen bezüglich der in einem Term
vorkommenden Variablen identisch sind, dann bilden diese Substitutionen den
Term auf dieselbe Instanz ab (siehe Übungsaufgabe 4–3). Weiterhin gilt die
folgende Proposition, zu deren Beweis ich auf die Übungsaufgabe 4–4 verweise.

Proposition 4.9 *Sei t ein Term, in dem die Variable X nicht vorkommt,
und $\mu = \{X \mapsto r\}$. Dann gilt $t\hat{\mu} = t$.*

Definition 4.10 *Seien σ und θ zwei Substitutionen. Die* Komposition $\sigma\theta$
von σ und θ ist die Substitution

$$\{X \mapsto t\hat{\theta} \mid X \mapsto t \in \sigma \text{ und } X \neq t\hat{\theta}\} \cup \{Y \mapsto s \mid Y \mapsto s \in \theta \text{ und } Y \notin \mathsf{dom}(\sigma)\}.$$

Die Bedingung $X \neq t\hat{\theta}$ eliminiert Variable, die durch die Komposition auf sich
selbst abgebildet werden. Sei beispielsweise $\sigma = \{X \mapsto Y\}$ und $\theta = \{Y \mapsto X\}$,
dann erhalten wir als $\sigma\theta$ die Substitution $\{Y \mapsto X\}$. Die Bedingung $Y \notin
\mathsf{dom}(\sigma)$ besagt, dass wenn die Variable Y bereits durch die Substitution σ
durch einen Term ungleich Y ersetzt wurde, dann kann diese Variable nicht
noch einmal durch θ ersetzt werden. Sei beispielsweise $\sigma = \{X \mapsto h(X, a)\}$
und $\theta = \{X \mapsto b\}$, dann erhalten wir als $\sigma\theta$ die Substitution $\{X \mapsto h(b, a)\}$.

Die Komposition und die Beschränkung von Substitutionen spielen bei der Berechnung einer Antwort in einem Prolog-System eine entscheidende Rolle. Betrachten wir dazu das Prolog-Programm

$$p(Z, f(X, Y)) \ :- \ q(Z).$$
$$q(a).$$

und die Anfrage

$$?- p(W, f(a, V)).$$

Diese Anfrage wird beantwortet, indem zuerst das einzige Teilziel mit dem Kopf der Regel unter Verwendung der Substitution

$$\sigma = \{W \mapsto Z, \ X \mapsto a, \ V \mapsto Y\}$$

unifiziert wird.[2] Wir erhalten dann die neue Anfrage

$$?- q(Z).$$

Das einzige Teilziel der neuen Anfrage ist mittels

$$\theta = \{Z \mapsto a\}$$

mit dem einzigen Fakt des Programms unifizierbar. Wir erhalten so die leere Anfrage. Die Kombination von σ und θ ist

$$\sigma\theta = \{W \mapsto a, \ X \mapsto a, \ V \mapsto Y, \ Z \mapsto a\}.$$

Die Beschränkung dieser Substitution auf die Menge $\{V, W\}$ der in der initialen Anfrage vorkommenden Variablen ist

$$(\sigma\theta)|_{\{V, \ W\}} = \{W \mapsto a, \ V \mapsto Y\},$$

und genau diese Substitution wird vom Prolog-System als Antwort zurückgegeben.

Aus Definition 4.10 folgt unmittelbar, dass die leere Substitution ε sowohl ein linkes als auch ein rechtes Einselement bzgl. der Komposition von Substitutionen ist.

Korollar 4.11 *Für jede Substitution σ gilt $\varepsilon\sigma = \sigma = \sigma\varepsilon$.*

Proposition 4.12 *Seien σ und θ Substitutionen. Für jeden Term t gilt*

$$t(\widehat{\sigma\theta}) = (t\widehat{\sigma})\widehat{\theta}.$$

---

[2] Ich ignoriere hier und im weiteren Verlauf des Beispiels die von jedem Prolog-System durchgeführte Umbenennung von Variablen.

Mit anderen Worten, wir können entweder zuerst die Komposition der Substitutionen und danach die Instanz eines Terms unter dieser Komposition berechnen, oder wir instanziieren den Term zuerst mit der einen Substitution und instanziieren danach den so erhaltenen Term mit der zweiten Substitution. In beiden Fällen erhalten wir das gleiche Ergebnis. Der Beweis der Proposition kann leicht mittels struktureller Induktion über den Aufbau des Terms t geführt werden (siehe Übungsaufgabe 4–5).

Daneben ist die Komposition von Substitutionen assoziativ.

Proposition 4.13 *Sei* $t \in \mathcal{T}(\mathcal{F}, \mathcal{V})$ *und seien* σ, θ *sowie* λ *Substitutionen. Dann gilt:*

1. $\widehat{t(\sigma\theta)\lambda} = \widehat{t\sigma(\theta\lambda)}$.

2. $(\sigma\theta)\lambda = \sigma(\theta\lambda)$.

Beweis:

1. Gemäß Proposition 4.12 gilt:

$$t(\widehat{(\sigma\theta)\lambda}) = (t\widehat{(\sigma\theta)})\widehat{\lambda} = ((t\widehat{\sigma})\widehat{\theta})\widehat{\lambda} = (t\widehat{\sigma})\widehat{(\theta\lambda)} = t(\widehat{\sigma(\theta\lambda)}).$$

2. Wegen 1. gilt:

$$
\begin{aligned}
(\sigma\theta)\lambda &= \{X \mapsto X\widehat{(\sigma\theta)\lambda} \mid X \in \mathcal{V} \text{ und } X \neq X\widehat{(\sigma\theta)\lambda}\} \\
&= \{X \mapsto X\widehat{\sigma(\theta\lambda)} \mid X \in \mathcal{V} \text{ und } X \neq X\widehat{\sigma(\theta\lambda)}\} \\
&= \sigma(\theta\lambda). \qquad\qquad \square
\end{aligned}
$$

Ich habe bisher sehr sauber zwischen σ und $\widehat{\sigma}$ unterschieden. Da aber üblicherweise aus dem Kontext ersichtlich ist, ob eine Substitution auf eine Variable oder einen anderen Term angewendet werden soll, verzichte ich ab jetzt auf diese Unterscheidung und schreibe kurz σ anstelle von $\widehat{\sigma}$.

In einem nächsten Schritt wollen wir Substitutionen auch auf Formeln anwenden. Formeln können sowohl freie als auch gebundene Vorkommen von Variablen enthalten. Gebundene Vorkommen von Variablen sind durch einen Quantor gebunden und können nicht ersetzt werden. Lediglich freie Vorkommen von Variablen dürfen durch die Anwendung einer Substitution ersetzt werden. Um dies formal korrekt und knapp ausdrücken zu können, möchte ich noch einen neuen Bezeichner einführen. Dazu betrachten wir die Substitutionen σ und θ und fordern:

$$\theta = \sigma|_{\mathsf{dom}(\sigma)\setminus\{X\}}.$$

Folglich enthält θ alle Paare, die auch in σ vorkommen, außer $X \mapsto t$, sofern $X \mapsto t$ in σ vorkommt.

Definition 4.14 *Sei* σ *eine Substitution. Dann ist*

$$\sigma_X = \begin{cases} \sigma & \text{wenn } X \notin \operatorname{dom}(\sigma), \\ \sigma \setminus \{X \mapsto t\} & \text{wenn } X \mapsto t \in \sigma. \end{cases}$$

In Übungsaufgabe 4–6 werden Sie aufgefordert nachzuweisen, dass die Gleichung $\sigma_X = \sigma|_{\operatorname{dom}(\sigma)\setminus\{X\}}$ gilt.

Als Beispiel betrachten wir die Substitution $\sigma = \{X \mapsto a, \, Y \mapsto b\}$. Dann gilt:

$$\begin{aligned} \sigma_X &= \{Y \mapsto b\}, \\ \sigma_Y &= \{X \mapsto a\}, \\ \sigma_Z &= \{X \mapsto a, \, Y \mapsto b\} &= \sigma. \end{aligned}$$

Die folgende Proposition ist ebenfalls einfach zu beweisen (siehe Übungsaufgabe 4–7).

Proposition 4.15 *Sei* σ *eine Substitution und* t *ein Term, in dem die Variable* X *nicht vorkommt. Dann gilt* $t\sigma = t\sigma_X$.

Wir können nun die Anwendung von Substitutionen auf Formeln erweitern.

Definition 4.16 *Die* Anwendung einer Substitution σ auf eine Formel *ist induktiv über den Aufbau prädikatenlogischer Formeln wie folgt definiert:*

1. $p(t_1, \ldots, t_n)\sigma = p(t_1\sigma, \ldots, t_n\sigma)$ *für jedes Atom der Form* $p(t_1, \ldots, t_n)$.

2. $(\neg F)\sigma = \neg(F\sigma)$.

3. $(F \circ C)\sigma = (F\sigma \circ G\sigma)$ *für jeden binären Junktor* $\circ/2$.

4. $((QX)\, F)\sigma = (QX)\,(F\sigma_X)$ *für jeden Quantor* Q.

Wenn F *eine Formel und* $F\sigma$ *abgeschlossen ist, dann heißt* $F\sigma$ Grundinstanz *von* F *unter* σ, *und* σ *ist eine* Grundsubstitution *für* F.

Sei $\sigma = \{X \mapsto a, \, Y \mapsto b\}$ und $F = ((\forall X)\, p(X,Y) \to (\exists Y)\, p(X,Y))$. Dann erhalten wir:

$$\begin{aligned} F\sigma &= (((\forall X)\, p(X,Y))\sigma \to ((\exists Y)\, p(X,Y)\sigma) \\ &= ((\forall X)\,(p(X,Y)\sigma_X) \to (\exists Y)\,(p(X,Y)\sigma_Y)) \\ &= ((\forall X)\, p(X\sigma_X, Y\sigma_X) \to (\exists Y)\, p(X\sigma_Y, Y\sigma_Y)) \\ &= ((\forall X)\, p(X,b) \to (\exists Y)\, p(a,Y)). \end{aligned}$$

Offensichtlich ist σ eine Grundsubstitution für F.

Wie wir an dem soeben diskutieren Beispiel gut erkennen können, werden bei der Anwendung einer Substitution auf eine Formel nur freie Vorkommen von

Variablen ersetzt. In der Übungsaufgabe 4–8 werden sie aufgefordert, diese Aussage zu formalisieren und zu beweisen.

In Proposition 4.12 haben wir gezeigt, dass für jeden Term t und beliebige Substitutionen σ und θ die Aussage $t(\sigma\theta) = (t\sigma)\theta$ gilt. Lässt sich diese Aussage auf die Anwendung von Substitutionen auf Formeln erweitern? Gilt also für jede Formel F und beliebige Substitutionen σ und θ die Aussage $F(\sigma\theta) = (F\sigma)\theta$? Sie gilt offensichtlich für abgeschlossene Formeln. Im allgemeinen gilt sie aber nicht, wie das folgende Beispiel demonstriert. Sei $\sigma = \{X \mapsto Y\}$, $\theta = \{Y \mapsto a\}$ und $F = (\forall Y)\, p(X, Y)$. Dann erhalten wir:

$$F(\sigma\theta) = F\{X \mapsto a,\ Y \mapsto a\} = (\forall Y)\, (p(X, Y)\{X \mapsto a\}) = (\forall Y)\, p(a, Y),$$

aber

$$(F\sigma)\theta = ((\forall Y)\, (p(X, Y)\{X \mapsto Y\}))\theta = ((\forall Y)\, p(Y, Y))\theta = (\forall Y)\, p(Y, Y).$$

Um trotzdem ein entsprechendes Resultat zu erhalten, müssen wir Substitutionen geeignet einschränken. Wenn wir das diskutierte Beispiel noch einmal betrachten, dann stellen wir fest, dass das Vorkommen der Variablen X in $(\forall Y)\, p(X, Y)$ frei ist. Wenden wir auf diese Formel die Substitution σ an, dann erhalten wir $(\forall Y)\, p(Y, Y)$. Die frei vorkommende Variable X wurde durch die gebunden vorkommende Variable Y ersetzt. Diesen Fall müssen wir ausschließen.

Definition 4.17 *Eine Substitution σ ist genau dann* frei für *eine prädikatenlogische Formel F wenn sie sich gemäß der folgenden Bedingungen als frei erweist:*

1. *σ ist frei für F, wenn F ein Atom ist.*

2. *σ ist genau dann frei für $\neg F$, wenn σ frei für F ist.*

3. *σ ist genau dann frei für $(F \circ G)$, wenn σ für F und G frei ist, wobei $\circ/2$ ein beliebiger binärer Junktor ist.*

4. *σ ist genau dann frei für $(QY)\, F$, wenn σ_Y frei für F ist und, wenn für jede von Y verschiedene und in F frei vorkommende Variable X gilt: Y kommt in $X\sigma$ nicht vor.*

In dem oben diskutierten Beispiel ist die Substitution $\sigma = \{X \mapsto Y\}$ nicht frei für $(\forall Y)\, p(X, Y)$. Mit der in Definition 4.17 festgelegten Einschränkung können wir das gewünschte Resultat beweisen.

Satz 4.18 *Wenn die Substitution σ frei für die prädikatenlogische Formel F und die Substitution θ frei für $F\sigma$ ist, dann gilt: $(F\sigma)\theta = F(\sigma\theta)$.*

Beweis Der Satz wird mittels struktureller Induktion über F bewiesen. Im Induktionsanfang sei F ein Atom der Form $p(t_1, \ldots, t_n)$. Es gilt:

$$
\begin{aligned}
p(t_1, \ldots, t_n)(\sigma\theta) &= p(t_1(\sigma\theta), \ldots, t_n(\sigma\theta)) && \text{(Definition 4.16)} \\
&= p((t_1\sigma)\theta), \ldots, (t_n\sigma)\theta)) && \text{(Definition 4.12)} \\
&= p(t_1\sigma, \ldots, t_n\sigma)\theta && \text{(Definition 4.16)} \\
&= (p(t_1, \ldots, t_n)\sigma)\theta && \text{(Definition 4.16)}
\end{aligned}
$$

Wir müssen im Induktionsschritt die Aussage für die Negation, die binären Junktoren und die Quantoren zeigen und beginnen mit der Negation.

Angenommen, das Resultat gilt für F (Induktionshypothese). Sei weiterhin σ frei für die Formel $\neg F$ und die Substitution θ frei für $(\neg F)\sigma$. Wir müssen zeigen, dass dann $((\neg F)\sigma)\theta = (\neg F)(\sigma\theta)$ ist. Da σ frei für $\neg F$ ist, ist σ auch frei für F. Da θ frei für $(\neg F)\sigma = \neg(F\sigma)$ ist, ist θ auch frei für $F\sigma$. Durch Anwendung der Induktionshypothese erhalten wir $(F\sigma)\theta = F(\sigma\theta)$. Somit gilt:

$$
\begin{aligned}
((\neg F)\sigma)\theta &= (\neg(F\sigma))\theta && \text{(Definition 4.16)} \\
&= \neg((F\sigma)\theta) && \text{(Definition 4.16)} \\
&= \neg(F(\sigma\theta)) && \text{(Induktionshypothese)} \\
&= (\neg F)\sigma\theta && \text{(Definition 4.16)}
\end{aligned}
$$

womit der Induktionsschritt für die Negation gezeigt ist.

Der Induktionsschritt für die binären Junktoren ist völlig analog zu dem Induktionsschritt für die Negation (siehe Übungsaufgabe 4–9). Wir kommen jetzt zum Induktionsschritt für den universellen Quantor.

Angenommen, das Resultat gilt für F (Induktionshypothese). Sei weiterhin σ frei für die Formel $(\forall X)\, F$ und die Substitution θ frei für $((\forall X)\, F)\sigma$. Wir müssen zeigen, dass dann $(((\forall X)\, F)\sigma)\theta = ((\forall X)\, F)(\sigma\theta)$ ist. Da σ frei für $(\forall X)\, F$ ist, ist σ_X frei für F. Da θ frei für $((\forall X)\, F)\sigma = (\forall X)(F\sigma_X)$ ist, ist θ_X frei für $F\sigma_X$. Durch Anwendung der Induktionshypothese erhalten wir $(F\sigma_X)\theta_X = F(\sigma_X\theta_X)$.

Wir beweisen zunächst eine Hilfsaussage, nämlich dass $F(\sigma_X\theta_X) = F(\sigma\theta)_X$. Um diese Hilfsaussage zu beweisen, reicht es aus, für eine beliebige, frei in F vorkommende Variable Y zu zeigen, dass $Y(\sigma_X\theta_X) = Y(\sigma\theta)_X$ ist. Wenn $X = Y$ ist, dann gilt $Y(\sigma_X\theta_X) = Y = Y(\sigma\theta)_X$. Nehmen wir also an, dass $X \neq Y$ ist. Dann gilt $Y\sigma = Y\sigma_X$ und $Y(\sigma\theta) = Y(\sigma\theta)_X$. Da σ frei für $(\forall X)\, F$ ist, kommt die Variable X in $Y\sigma$ nicht vor, und deshalb ist $(Y\sigma)\theta = (Y\sigma)\theta_X$. Zusammengenommen erhalten wir:

$$
\begin{aligned}
Y(\sigma_X\theta_X) &= (Y\sigma_X)\theta_X && \text{(Proposition 4.12)} \\
&= (Y\sigma)\theta_X && (X \neq Y) \\
&= (Y\sigma)\theta && (X \text{ kommt in } Y\sigma \text{ nicht vor}) \\
&= Y(\sigma\theta) && \text{(Proposition 4.12)} \\
&= Y(\sigma\theta)_X && (X \neq Y)
\end{aligned}
$$

womit die Hilfsaussage bewiesen ist.

Unter Verwendung der Hilfsaussage gilt jetzt aber:

$$
\begin{aligned}
(((\forall X)\,F)\sigma)\theta &= ((\forall X)\,(F\sigma_X))\theta & \text{(Definition 4.16)}\\
&= (\forall X)\,((F\sigma_X)\theta_X) & \text{(Definition 4.16)}\\
&= (\forall X)\,(F(\sigma_X\theta_X)) & \text{(Induktionshypothese)}\\
&= (\forall X)\,(F(\sigma\theta)_X) & \text{(Hilfsaussage)}\\
&= ((\forall X)\,F)(\sigma\theta) & \text{(Definition 4.16)}
\end{aligned}
$$

womit der Induktionsschritt für den universellen Quantor bewiesen ist.

Der Induktionsschritt für den existenziellen Quantor ist völlig analog zu dem Induktionsschritt für den universellen Quantor (siehe Übungsaufgabe 4–10). Durch Anwendung des Prinzips der strukturellen Induktion für prädikatenlogische Formeln ist der Satz bewiesen.   □

Zum Abschluss wollen wir noch den Begriff einer Variante einführen.

Definition 4.19 *Seien E_1 und E_2 entweder zwei Terme oder zwei prädikatenlogische Formeln. E_1 und E_2 heißen* Varianten, *wenn es Substitutionen σ und θ gibt, so dass $E_1 = E_2\sigma$ und $E_2 = E_1\theta$. In diesem Fall wollen wir E_1 auch als* Variante von E_2 *und E_2 als* Variante von E_1 *bezeichnen.*

Wenn E_1 und E_2 Varianten sind und die in E_2 vorkommenden Variablen bisher im Kontext nicht verwendet wurden, dann ist E_2 eine neue Variante *von E_1.*

Beispielsweise ist das Atom $p(f(X,Y),g(Z),a)$ eine Variante des Atoms $p(f(Y,X),g(U),a)$, aber keine neue Variante von $p(f(Y,X),g(U),a)$. Das Atom $p(X,X)$ ist keine Variante von $p(X,Y)$, aber $p(V,W)$ ist eine neue Variante von $p(X,Y)$.

Der Begriff „Kontext" in Definition 4.19 ist nicht exakt gefasst. Später jedoch wird unmittelbar klar werden, was damit gemeint ist. Wenn wir beispielsweise eine Folge $\mathcal{F}$ von aussagenlogischen Formeln betrachten und eine neue Variante G einer Formel erzeugen, dann ist der Kontext eben genau $\mathcal{F}$ und keine in G vorkommende Variable darf auch in $\mathcal{F}$ vorkommen.

4.3 Semantik

Bisher haben wir nur die syntaktische Struktur prädikatenlogischer Formeln definiert, ohne uns über deren Bedeutung Gedanken gemacht zu haben. In diesem Abschnitt wollen wir die Bedeutung solcher Formeln festlegen. Dies ist weitaus schwieriger als in der Aussagenlogik, weil die Struktur der Formeln so viel reichhaltiger ist. Hatten wir es in der Aussagenlogik nur mit aussagenlogischen Variablen zu tun, so tauchen in der Prädikatenlogik Relations- und Funktionssymbole sowie Variablen und Quantoren auf.

Natürlich haben wir intuitiv eine Idee, was diese Symbole bedeuten sollen. Relationssymbole sollen Relationen und Funktionssymbole sollen Funktionen repräsentieren. Dies macht natürlich nur einen Sinn, wenn wir vorher einen Grundbereich festlegen, über dem Funktionen und Relationen definiert sind. Ein Beispiel für einen solchen Grundbereich sind die natürlichen Zahlen. Die Zahlen selbst sind die Konstanten. Die Addition ist beispielsweise eine Funktion, die zwei gegebenen natürlichen Zahlen eine dritte eindeutig zuordnet, und die Gleichheit ist eine Relation, die zwei natürliche Zahlen miteinander vergleicht. Aber auch andere Grundbereiche sind denkbar. Beispielsweise könnten wir die Menge der in einem Hörsaal sitzenden Studierenden als Grundbereich festlegen. Die Konstanten sind dann Namen für die einzelnen Studierenden beziehungsweise können so festgelegt werden. Die Abbildung, die den Studierenden einen linken Nachbar zuordnet ist eine (partiell definierte) Funktion. Eine binäre Relation HSEZECG könnte für jeweils zwei Studierende ausdrücken, ob die beiden schon einmal zusammen einen Cocktail getrunken haben.

Mit diesen Beispielen wird intuitiv auch schnell klar, was durch die Variablen und die Quantoren repräsentiert wird. Eine Variable repräsentiert ein Element des Grundbereichs. Universelle Quantoren erlauben Aussagen über alle Elemente des Grundbereichs, und existenzielle Quantoren erlauben Aussagen über mindestens ein Element des Grundbereichs. Auch hierfür lassen sich einfache Beispiele finden, wobei wir die oben diskutierten Grundbereiche wieder betrachten wollen. Mit dem universellen Quantor können wir Aussagen wie beispielsweise *„alle natürlichen Zahlen haben einen Nachfolger"* oder *„nicht alle Studierenden werden die Klausur bestehen"* ausdrücken. Mit dem existenziellen Quantor können wir Aussagen wie beispielsweise *„es gibt eine natürliche Zahl, die keinen Vorgänger hat"* oder *„es gibt eine Studierende, die die Klausur besteht"* ausdrücken. Die bisher als Beispiele diskutierten Aussagen scheinen alle wahr zu sein. Das muss aber nicht unbedingt so sein. Beispielsweise ist die Aussage *„alle natürlichen Zahlen haben einen Vorgänger"* falsch.

In dem Abschnitt 4.3.2 wollen wir zunächst die aus der Aussagenlogik bekannten Begriffe wie Interpretation, Modell und logische Konsequenz auf prädikatenlogische Formeln erweitern. Wir werden sehen, dass es im Allgemeinen unendliche viele Interpretationen für eine prädikatenlogische Formel gibt. Schon Jacques Herbrand (1908-1931) hat sich Gedanken darüber gemacht, wie diese Zahl an Interpretationen eingeschränkt werden kann. Er schlug dafür die heute nach ihm benannten *Herbrand-Interpretationen* vor, die wir in Abschnitt 4.3.3 kennen lernen werden. Sie sind die Grundlage für die meisten automatischen Beweisverfahren. Zuvor möchte ich jedoch in Abschnitt 4.3.1 noch einige Vorbemerkungen zu Relationen und Funktionen machen.

4.3.1 Relationen und Funktionen

Sei $\mathcal{D}$ eine Menge. Dann gilt:

$$
\begin{aligned}
\mathcal{D}^2 &= \mathcal{D} \times \mathcal{D} &&= \{(d_1, d_2) \mid d_1 \in \mathcal{D} \text{ und } d_2 \in \mathcal{D}\}, \\
\mathcal{D}^n &= \mathcal{D}^{n-1} \times \mathcal{D} &&= \{(t, d_n) \mid t \in \mathcal{D}^{n-1} \text{ und } d_n \in \mathcal{D}\}, \\
&&&=: \{(d_1, \ldots, d_n) \mid d_i \in \mathcal{D},\ 1 \le i \le n\},\ n > 2, \\
\mathcal{D}^1 &= \mathcal{D} &&=: \{(d) \mid d \in \mathcal{D}\}, \\
\mathcal{D}^0 &= &&= \{(\,)\}.
\end{aligned}
$$

Eine *m-stellige Relation R über einer Menge* $\mathcal{D}$ ist eine Teilmenge von $\mathcal{D}^m$, d.h. $R \subseteq \mathcal{D}^m$. Beispiele dafür sind:

$$
\begin{aligned}
&\{(n, m) \mid n, m \in \mathbb{N} \text{ und } n < m\}, \\
&\{(x, y, z) \mid x, y, z \in \mathbb{N} \text{ und } x^2 + y^2 = z^2\}, \\
&\{(n) \mid n \in \mathbb{N} \text{ und } n \text{ gerade}\}, \\
&\emptyset, \\
&\{(\,)\}.
\end{aligned}
$$

Im ersten Fall haben wir die zweistellige kleiner-Relation über den natürlichen Zahlen definiert. Im zweiten Fall haben wir eine dreistellige Relation über den natürlichen Zahlen definiert. Die dritte Relation kennzeichnet die geraden Zahlen, wobei wir hier der Einheitlichkeit wegen die einzelnen Elemente der Relation in Klammern gesetzt haben; im normalen Gebrauch wird man diese Klammern weglassen. Die letzten beiden Beispiele zeigen die einzigen nullstelligen Relationen über einem Grundbereich: entweder ist die Relation leer oder sie enthält als einziges Element das leere Klammernpaar.

Unter einer *m-stellige Funktion* oder *Abbildung f über* $\mathcal{D}$ versteht man eine $m+1$-stellige Relation R über $\mathcal{D}$, bei der es für ein $(d_1, \ldots, d_m) \in \mathcal{D}^m$ genau ein $d_{m+1} \in \mathcal{D}$ gibt, so dass $(d_1, \ldots, d_{m+1}) \in R$ ist. Dieses Element d_{m+1} wird im allgemeinen mit $f(d_1, \ldots, d_m)$ bezeichnet. Beispiele dafür sind:

$$
\begin{aligned}
+ &: & \mathbb{N}^2 &\to \mathbb{N} & +(2, 3) &= 5, \\
s &: & \mathbb{N}^1 &\to \mathbb{N} & s(3) &= 4, \\
0 &: & \mathbb{N}^0 &\to \mathbb{N} & 0(\,) &= 0.
\end{aligned}
$$

In diesen Beispielen ist der Grundbereich jeweils die Menge der natürlichen Zahlen $\mathbb{N}$. Die Addition $+/2$ und der Nachfolger $s/1$ über natürlichen Zahlen sind wohl jedem Leser und jeder Leserin vertraut. Die Nullfunktion ist eine null-stellige Funktion, die dem einzigen Element von $\mathbb{N}^0$, d.h. dem leeren Klammernpaar $(\,)$, die 0 zuordnet.

Nach diesen Vorbemerkungen können wir uns jetzt Interpretationen und Modellen zuwenden.

4.3.2 Interpretationen

Den formalen Zusammenhang zwischen prädikatenlogischen Formeln und Grundbereichen mit darauf definierten Relationen und Funktionen stellen, wie schon in der Aussagenlogik, die Interpretationen her.

Definition 4.20 *Eine* (prädikatenlogische) *Interpretation I für eine prädikatenlogische Sprache $\mathcal{L}(\mathcal{R}, \mathcal{F}, \mathcal{V})$ besteht aus einer nichtleeren Menge $\mathcal{D}$ und einer Abbildung $\cdot^I$, die die folgenden Bedingungen erfüllt:*

1. *Jedem n-stelligen Funktionssymbol $g/n \in \mathcal{F}$ wird eine n-stellige Funktion $g^I : \mathcal{D}^n \to \mathcal{D}$ zugeordnet.*

2. *Jedem n-stelligen Prädikatssymbol $p/n \in \mathcal{R}$ wird eine n-stellige Relation $p^I \subseteq \mathcal{D}^n$ zugeordnet.*

$\mathcal{D}$ *wird* Grundbereich *oder auch* Domäne *der Interpretation genannt.*

Mit dieser Definition haben wir den Relations- und Funktionssymbolen eine Bedeutung zugewiesen. Was ist aber mit den Variablen?

Definition 4.21 *Eine* Variablenzuordnung *bezüglich einer Interpretation $I = (\mathcal{D}, \cdot^I)$ ist eine Abbildung $\mathcal{Z} : \mathcal{V} \to \mathcal{D}$. Das Bild einer Variablen X unter $\mathcal{Z}$ bezeichnen wir mit $X^{\mathcal{Z}}$.*

Sei $\mathcal{Z}$ eine Variablenzuordnung und $d \in \mathcal{D}$. Mit $\{X \mapsto d\}\mathcal{Z}$ bezeichnen wir die Variablenzuordnung, für die gilt:

$$Y^{\{X \mapsto d\}\mathcal{Z}} = \begin{cases} d & \text{wenn } Y = X, \\ Y^{\mathcal{Z}} & \text{sonst.} \end{cases}$$

Mittels einer Variablenzuordnung $\mathcal{Z}$ wird somit jeder Variablen genau ein Element des Grundbereichs zugeordnet. Als Beispiel sei $\mathcal{D} = \mathbb{N}$, $X^{\mathcal{Z}} = 3$ und $Y^{\mathcal{Z}} = 5$. Dann gilt:

$$\begin{aligned} X^{\{X \mapsto 7\}\mathcal{Z}} &= 7 \\ Y^{\{X \mapsto 7\}\mathcal{Z}} &= 5 \end{aligned}$$

Die Variablenzuordnung $\{X \mapsto 7\}\mathcal{Z}$ beschreibt also einen „*update*" der Variablen X im Vergleich zu $\mathcal{Z}$.

Sobald wir eine Interpretation und eine entsprechende Variablenzuordnung festgelegt haben, können wir allen Termen in $\mathcal{T}(\mathcal{F}, \mathcal{V})$ eine Bedeutung zuordnen. Dies geschieht rekursiv über den Aufbau der Terme.

Definition 4.22 *Sei $I = (\mathcal{D}, \cdot^I)$ eine Interpretation und $\mathcal{Z}$ eine Variablenzuordnung bezüglich I. Die* Bedeutung $t^{I,\mathcal{Z}}$ *eines Terms $t \in \mathcal{T}(\mathcal{F}, \mathcal{V})$ ist wie folgt definiert:*

1. *Für jede Variable* $X \in \mathcal{V}$ *ist* $X^{I,\mathcal{Z}} = X^{\mathcal{Z}}$.

2. *Für jeden Term der Form* $g(t_1, \ldots, t_n)$ *ist*

$$[g(t_1, \ldots, t_n)]^{I,\mathcal{Z}} = g^I(t_1^{I,\mathcal{Z}}, \ldots, t_n^{I,\mathcal{Z}}),$$

wobei $g/n \in \mathcal{F}$ *ist und* $t_1, \ldots, t_n \in \mathcal{T}(\mathcal{F}, \mathcal{V})$ *sind.*

Mit Hilfe dieser Definition wird jedem Term als Bedeutung eindeutig ein Element des Grundbereichs der Interpretation zugewiesen. Es gibt einen Spezialfall, den wir hier kurz ansprechen sollten. Wenn ein Term t abgeschlossen ist, dann kommen in ihm keine Variablen vor und somit hängt seine Bedeutung nicht von der Variablenzuordnung $\mathcal{Z}$ ab. In diesem Fall schreiben wir t^I anstelle von $t^{I,\mathcal{Z}}$.

Nun ist es mehr als angebracht, ein Beispiel ausführlich zu diskutieren. Betrachten wir ein Alphabet mit $\mathcal{F} = \{a/0, f/1, g/2\}$ und die Terme $g(f(a), f(f(a)))$ und $g(f(X), g(f(a), f(X)))$. Des weiteren wollen wir drei Interpretationen I_1, I_2 und I_3 mit den folgenden Grundbereichen sowie einigen darauf definierten Funktionen betrachten.

- $\mathcal{D}_1$ sei die Menge der natürlichen Zahlen $\mathbb{N}$ mit der Nachfolgerfunktion $s/1$ (für „successor") und der Addition $+/2$.

- $\mathcal{D}_2$ die Menge der ganzen Zahlen $\mathbb{Z}$ mit der Vorgängerfunktion $p/1$ (für „predecessor") und der Subtraktion $-/2$.

- $\mathcal{D}_3$ die Menge der Worte über $\Sigma = \{o, m\}$ mit der Funktion $\mathsf{add}_m/1$, die an ein Wort rechts ein m anhängt, und der zweistelligen Funktion $\mathsf{conc}/2$ (für „concatenation"), die zwei Worte aneinander hängt.

Dann erhalten wir bei entsprechender Wahl der Variablenzuordnung die folgenden Bedeutungen:

	a	f	g	X	$g(f(a), f(f(a)))$	$g(f(X), g(f(a), f(X)))$
I_1	0	s	$+$	4	3	11
I_2	1	p	$-$	8	1	14
I_3	o	add_m	conc	omo	omomm	omomomomom

Wir sehen also, dass ein Term unter verschiedenen Interpretationen völlig verschiedene Bedeutungen haben kann.

Nachdem wir Terme interpretiert haben, können wir uns jetzt daran machen, die Bedeutung der Formeln einer prädikatenlogischen Sprache festzulegen.

Definition 4.23 *Sei* $I = (\mathcal{D}, \cdot^I)$ *eine Interpretation und* $\mathcal{Z}$ *eine Variablenzuordnung bezüglich* I. I *und* $\mathcal{Z}$ *weisen jeder Formel* F *der Sprache* $\mathcal{L}(\mathcal{R}, \mathcal{F}, \mathcal{V})$ *einen Wahrheitswert* $F^{I,\mathcal{Z}}$ *wie folgt zu:*

1. $[p(t_1, \ldots, t_n)]^{I, \mathcal{Z}} = \top$ *genau dann, wenn* $(t_1^{I, \mathcal{Z}}, \ldots, t_n^{I, \mathcal{Z}}) \in p^I$.

2. $[\neg F]^{I, \mathcal{Z}} = \neg^*[F^{I, \mathcal{Z}}]$.

3. $[(F \circ G)]^{I, \mathcal{Z}} = (F^{I, \mathcal{Z}} \circ^* G^{I, \mathcal{Z}})$ *für alle binären Junktoren* $\circ/2$.

4. $[(\forall X) F]^{I, \mathcal{Z}} = \top$ *gilt genau dann, wenn* $F^{I, \{X \mapsto d\} \mathcal{Z}} = \top$ *für alle* $d \in \mathcal{D}$ *gilt.*

5. $[(\exists X) F]^{I, \mathcal{Z}} = \top$ *gilt genau dann, wenn* $F^{I, \{X \mapsto d\} \mathcal{Z}} = \top$ *für ein* $d \in \mathcal{D}$ *gilt.*

Wie auch bei Termen sollten wir den Spezialfall, dass eine Formel F abgeschlossen ist kurz diskutieren.

Proposition 4.24 *Wenn eine Formel* $F \in \mathcal{L}(\mathcal{R}, \mathcal{F}, \mathcal{V})$ *abgeschlossen ist, d. h. wenn* F *ein Satz ist, dann gilt* $F^{I, \mathcal{Z}} = F^{I, \mathcal{Z}'}$ *für jede Interpretation* I *und alle Variablenzuordnungen* $\mathcal{Z}$ *und* $\mathcal{Z}'$ *bezüglich* I.

Zum Beweis verweise ich auf Übungsaufgabe 4–11. Aus dieser Proposition folgt unmittelbar, dass die Bedeutung abgeschlossener Formeln unabhängig von einer Variablenzuordnung ist. Deshalb werde ich bei Sätzen $F \in \mathcal{L}(\mathcal{R}, \mathcal{F}, \mathcal{V})$ anstelle von $F^{I, \mathcal{Z}}$ häufig kurz F^I schreiben.

Betrachten wir nun als Beispiel die Formel

$$F = (\forall X)(\exists Y) \, p(X, Y)$$

und eine Interpretation I mit der Menge $\mathbb{N}$ der natürlichen Zahlen als Grundbereich, die p auf die „kleiner"-Relation über natürlichen Zahlen abbildet. Mit anderen Worten, $p^I = \{(n, m) \mid n \in \mathbb{N}, \ m \in \mathbb{N}, n < m\}$. Unter dieser Interpretation ist $F^I = \top$, da es für alle natürlichen Zahlen n eine natürliche Zahl m gibt, die größer als n ist. Betrachten wir eine weitere Interpretation J mit Grundbereich $\mathbb{N}$, die p auf die „größer"-Relation abbildet. Mit anderen Worten, $p^J = \{(n, m) \mid n \in \mathbb{N}, \ m \in \mathbb{N}, n > m\}$. Unter dieser Interpretation ist $F^J = \bot$, da es keine natürliche Zahl gibt, die kleiner als 0 ist.

Als weiteres Beispiel betrachten wir die Formel $F = (\forall X) \, G$ mit

$$G = (\langle person(X), m\ddot{a}nnlich(X), (\exists Y) \, kind(Y, X) \rangle \rightarrow vater(X)).$$

Durch sie werden alle Individuen X als Väter charakterisiert, wenn sie eine Person sind, männlich sind und es ein Individuum Y gibt, das ein Kind von X ist. Betrachten wir nun eine Interpretation I mit dem Grundbereich

$$\mathcal{D} = \{anna, tim, luis, tom\}$$

und der Abbildung

$$
\begin{aligned}
person^{I} &= \{anna, tim, luis\}, \\
m\ddot{a}nnlich^{I} &= \{tim, luis, tom\}, \\
vater^{I} &= \{tim\}, \\
kind^{I} &= \{(anna, tim)\}.
\end{aligned}
$$

Sei $\mathcal{Z}$ eine beliebige Variablenzuordnung. Ich behaupte, dass $F^{I,\mathcal{Z}} = \top$ ist. Um dies nachzuweisen müssen wir gemäß Punkt 4. der Definition 4.23 zeigen, dass $G^{I,\{X \mapsto anna\}\mathcal{Z}} = \top$, $G^{I,\{X \mapsto tim\}\mathcal{Z}} = \top$, $G^{I,\{X \mapsto luis\}\mathcal{Z}} = \top$ und $G^{I,\{X \mapsto tom\}\mathcal{Z}} = \top$ gilt. Man beachte, dass G eine Implikation der Form $(H_1 \to H_2)$ mit

$$H_1 = \langle person(X), m\ddot{a}nnlich(X), (\exists Y)\, kind(Y, X)\rangle$$

und

$$H_2 = vater(X)$$

ist. Eine solche Implikation ist genau dann wahr, wenn entweder H_1 falsch oder H_2 wahr ist. Betrachten wir die vier Fälle der Reihe nach.

- Wegen $anna \notin m\ddot{a}nnlich^{I}$ ist $[m\ddot{a}nnlich(X)]^{I,\{X \mapsto anna\}\mathcal{Z}} = \bot$. Damit gilt $H_1^{I,\{X \mapsto anna\}\mathcal{Z}} = \bot$ und folglich ist $G^{I,\{X \mapsto anna\}\mathcal{Z}} = \top$.

- Wegen $tim \in vater^{I}$ ist $[vater(X)]^{I,\{X \mapsto tim\}\mathcal{Z}} = H_2^{I,\{X \mapsto tim\}\mathcal{Z}} = \top$. Folglich ist $G^{I,\{X \mapsto tim\}\mathcal{Z}} = \top$.

- Da $luis \in person^{I}$ und $luis \in m\ddot{a}nnlich^{I}$ müssen wir den Wert von

$$[(\exists Y)\, kind(Y, X)]^{I,\{X \mapsto luis\}\mathcal{Z}} \tag{4.1}$$

bestimmen. Gemäß Punkt 5. der Definition 4.23 ist (4.1) genau dann wahr, wenn es ein Individuum $d \in \mathcal{D}$ mit

$$[kind(Y, X)]^{I,\{Y \mapsto d\}\{X \mapsto luis\}\mathcal{Z}} = \top$$

gibt. Dazu muss es für mindestens ein $d \in \mathcal{D}$ ein Paar $(d, luis) \in kind^{I}$ geben. Ein solches Paar gibt es aber nicht. Somit ist der Wert der in (4.1) dargestellten Formel falsch und es gilt $H_1^{I,\{X \mapsto luis\}\mathcal{Z}} = \bot$. Folglich ist $G^{I,\{X \mapsto luis\}\mathcal{Z}} = \top$.

- Wegen $tom \notin person^{I}$ [3] ist $[person(X)]^{I,\{X \mapsto tom\}\mathcal{Z}} = \bot$. Damit gilt $H_1^{I,\{X \mapsto tom\}\mathcal{Z}} = \bot$ und folglich ist $G^{I,\{X \mapsto tom\}\mathcal{Z}} = \top$.

---

[3] In dem Beispiel könnte tom ein Kater sein.

Würden wir die Interpretation I dahingehend ändern, dass wir das Paar $(tim, luis)$ zu $kind^I$ hinzufügen, dann ist F unter der so erweiterten Interpretation falsch, da $luis \notin vater^I$, obwohl $luis$ nun als eine männliche Person, die ein Kind hat, interpretiert wird.

Betrachten wir nun die Formel

$$F = (nat(a) \wedge (\forall N)(nat(N) \rightarrow nat(s(N))))$$

über einem Alphabet mit den Funktionssymbolen $a/0$ und $s/1$ sowie dem Relationssymbol $nat/1$. Welche Bedingung muss eine Interpretation erfüllen, damit sie F auf wahr abbildet? Wegen $a/0$ muss der Grundbereich mindestens eine Konstante enthalten, sagen wir $\diamond$. Wegen $s/1$ muss es mindestens eine einstellige Funktion über dem Grundbereich $\mathcal{D}$ geben, sagen wir $f : \mathcal{D} \rightarrow \mathcal{D}$. Sei nun $\mathcal{D} = \{\diamond, \square, \circ\}$ und I eine Interpretation mit $a^I = \diamond$, $s^I = f$, $f(\diamond) = \square$, $f(\square) = \diamond$ und $f(\circ) = \circ$. Wegen F muss es über $\mathcal{D}$ eine einstellige Relation geben, zu der mindestens $\diamond$ und alle weiteren Elemente aus $\mathcal{D}$ gehören, die durch endlich oftmalige Anwendung von f auf $\diamond$ erhalten werden. Wenn wir nun festlegen, dass $nat^I = \{\diamond, \square\}$ ist, dann haben wir die Interpretation I vollständig spezifiziert und es gilt $F^{I,\mathcal{Z}} = \top$ für eine beliebige Variablenzuordnung $\mathcal{Z}$.

Sei nun $\mathcal{F} = \{a/0, s/1\}$, $\mathcal{R} = \{nat/1, \approx/2\}$,

$$
\begin{aligned}
G &= (a \approx a \wedge (\forall X)(\forall Y)(s(X) \approx s(Y) \rightarrow X \approx Y)), \\
H &= (\forall W)(a \not\approx s(W)),
\end{aligned}
$$

wobei $\approx/2$ infix geschrieben wurde, $t_1 \not\approx t_2$ eine Abkürzung für $\neg t_1 \approx t_2$ ist und F wie oben spezifiziert ist. Weiterhin wollen wir annehmen, dass $\approx/2$ die syntaktische Gleichheit von abgeschlossenen Termen bezeichnet. Insgesamt erhalten wir

$$\mathcal{K} = \{F, G, H\} \cup \{t \approx t \mid t \in \mathcal{T}(\mathcal{F})\} \cup \{s \not\approx t \mid s, t \in \mathcal{T}(\mathcal{F}) \text{ und } s \neq t\}.$$

Betrachten wir weiterhin die oben spezifizierte Interpretation I. Damit I auch die Formel G auf wahr abbildet, muss wegen $a \approx a$ und $a^I = \diamond$ das Paar $(\diamond, \diamond)$ in $\approx^I$ sein. Wenn wir nun H unter I interpretieren und für die universell quantifizierte Variable W das Element $\square \in \mathcal{D}$ auswählen, dann gilt

$$[a \not\approx s(W)]^{I,\{W \mapsto \square\}\mathcal{Z}} = (a^I, s^I(\square)) \notin \approx^I = (\diamond, f(\square)) \notin \approx^I = (\diamond, \diamond) \notin \approx^I = \bot,$$

wobei $t \notin R$ eine Abkürzung für $\neg^*(t \in R)$ ist. Folglich bildet I die Formel H auf falsch ab.

Wie muss nun eine Interpretation aussehen, damit sie $\mathcal{K}$ auf wahr abbildet? F definiert eine einstellige Relation auf einem Grundbereich $\mathcal{D}$, in der mindestens ein Element (a^I) sowie alle dessen mittels s^I berechneten Nachfolger vorkommen. H und G legen fest, dass sich dieses Element sowie alle seine

Nachfolger paarweise bzgl. $\approx/2$ unterscheiden. Somit muss der Grundbereich abzählbar unendlich sein. Sei nun $\mathcal{D} = \mathbb{N}$ mit $0/0 \in \mathbb{N}$ und Nachfolgerfunktion $+1/1$, die wir postfix schreiben. Sei I wie folgt definiert:

$$
\begin{aligned}
a^I &= 0, \\
s^I &= +1, \\
nat^I &= \mathbb{N}, \\
\approx^I &= \{(n,n) \mid n \in \mathbb{N}\}.
\end{aligned}
$$

Offensichtlich gilt $E^I = \top$ für alle $E \in \mathcal{K}$.

Es gibt noch einen Spezialfall, den wir hier betrachten wollen. Sei $p/0$ ein nullstelliges Relationssymbol. Nach Definition 4.23 ist $[p()]^{I,\mathcal{Z}}$ genau dann wahr, wenn $() \in p^I$. Mit anderen Worten, bei einer nullstelligen Relation p^I können wir nur die beiden Fälle unterscheiden, dass entweder das leere Tupel $()$ in der Relation ist oder nicht. Im ersten Fall wird $[p()]^{I,\mathcal{Z}}$ als wahr, im zweiten Fall als falsch interpretiert. Nullstellige Relationssymbol in der Prädikatenlogik entsprechen somit genau den aussagenlogischen Variablen in der Aussagenlogik.

Sowohl Variablenzuordnungen als auch Substitutionen sind Abbildungen, die jeder Variablen einen Wert zuordnen. Während Variablenzuordnungen einer Variablen ein Element des zugrunde liegenden Grundbereichs einer Interpretation zuordnen, weisen Substitutionen einer Variablen einen Term zu. Zwischen beiden Abbildungen gibt es aber einen Zusammenhang, der im folgenden Lemma aufgezeigt wird.

Lemma 4.25 *Seien s und t Terme, sei G eine Formel, sei Y eine Variable, sei $I = (\mathcal{D}, \cdot^I)$ eine Interpretation, sei $\mathcal{Z}$ eine Variablenzuordnung bzgl. I und sei $d \in \mathcal{D}$. Wenn $[t]^{I,\mathcal{Z}} = d$ ist, dann gilt:*

1. *$[s\{Y \mapsto t\}]^{I,\mathcal{Z}} = [s]^{I,\{Y \mapsto d\}\mathcal{Z}}$,*

2. *$[G\{Y \mapsto t\}]^{I,\mathcal{Z}} = [G]^{I,\{Y \mapsto d\}\mathcal{Z}}$, wenn $\{Y \mapsto t\}$ frei für G ist.*

Beide Aussagen lassen sich unmittelbar durch Induktion über den Aufbau von s beziehungsweise G beweisen. Ich verweise dazu auf Übungsaufgabe 4–12.

4.3.3 Herbrand-Interpretationen

Wenn wir uns an den Begriff der logischen Konsequenz aus der Aussagenlogik erinnern, dann mussten wir dort alle Interpretationen berücksichtigen. Wir wollen den Begriff der logischen Konsequenz auf die Prädikatenlogik erweitern und müssen auch dann zunächst wieder alle Interpretationen betrachten. Im

Gegensatz zu der Aussagenlogik gibt es jetzt aber deutlich mehr Möglichkeiten, Interpretationen zu bilden. So haben wir lediglich gefordert, dass Grundbereiche nicht leer sein dürfen und n-stellige Funktions- bzw. Relationssymbol auf n-stellige Funktionen bzw. Relationen über dem Grundbereich abgebildet werden. Es gibt nun sehr viele Möglichkeiten, diese Bedingungen zu erfüllen. Jacques Herbrand hatte die Idee, nur noch solche Interpretationen anzuschauen, deren Grundmenge die Menge der abgeschlossenen Terme ist und in denen jeder abgeschlossene Term auf sich selbst abgebildet wird. Wir werden später in Abschnitt 4.8 sehen, dass es in der Tat ausreicht, nur solche Interpretationen zu betrachten, wenn wir die Unerfüllbarkeit einer Formel in Klauselform nachweisen wollen.

Definition 4.26 *Sei $\mathcal{F}$ eine Menge von Funktionssymbolen, in der mindestens ein Konstantensymbol vorkommt. Eine Interpretation $I = (\mathcal{D}, \cdot^I)$ für eine prädikatenlogische Sprache $\mathcal{L}(\mathcal{R}, \mathcal{F}, \mathcal{V})$ ist eine* Herbrand-Interpretation, *wenn die folgenden Bedingungen erfüllt sind:*

1. *$\mathcal{D} = \mathcal{T}(\mathcal{F})$; $\mathcal{D}$ wird* Herbrand-Universum *genannt.*

2. *Für jeden abgeschlossenen Term $t \in \mathcal{T}(\mathcal{F})$ gilt $t^I = t$.*

Die Bedingung, dass in $\mathcal{F}$ mindestens ein Konstantensymbol vorkommt, garantiert, dass die Menge $\mathcal{T}(\mathcal{F})$ der abgeschlossenen Terme ungleich der leeren Menge ist und somit die Rolle eines Grundbereichs einer Interpretation gemäß Definition 4.20 einnehmen kann. Sollte in $\mathcal{F}$ kein Konstantensymbol vorkommt, dann fügen wir einfach ein beliebiges Konstantensymbol $a/0$ hinzu und können dann auch entsprechende Herbrand-Interpretationen bilden.[4]

Herbrand Interpretationen sind in mehrerer Hinsicht speziell. Betrachten wir zunächst als Beispiel eine Sprache $\mathcal{L}(\mathcal{R}, \mathcal{F}, \mathcal{K})$ mit $\mathcal{F} = \{a/0,\ b/0,\ f/1,\ g/2\}$. Das Herbrand-Universum dieser Sprache ist die Menge:

$$\{a,\ b,\ f(a),\ f(b),\ g(a,a),\ g(a,b),\ g(b,a),\ g(b,b),\ f(f(a)),\ f(f(b)),\ \ldots\}.$$

Das Herbrand-Universum ist der Grundbereich jeder Herbrand-Interpretation. Wir haben also keine Wahlmöglichkeiten mehr bezüglich des Grundbereichs.

Sei nun $I = (\mathcal{T}(\mathcal{F}), \cdot^I)$ eine Herbrand-Interpretation. Jedes Konstantensymbol wird durch eine Herbrand-Interpretation auf sich selbst abgebildet, d. h. $a^I = a$ und $b^I = b$. Interpretationen weisen n-stelligen Funktionssymbolen n-stellige Funktionen über dem Grundbereich zu. Das ist bei Herbrand-Interpretationen nicht anders. Dem einstelligen Funktionssymbol $f/1 \in \mathcal{F}$ wird eine Funktion $f^I/1 : \mathcal{T}(\mathcal{F}) \to \mathcal{T}(\mathcal{F})$, dem zweistelligen Funktionssymbol $g/2 \in \mathcal{F}$ eine

---

[4] Das Hinzufügen eines Konstantensymbols zu der Menge der Funktionssymbole ist streng genommen eine konservative Spracherweiterung, auf die ich hier jedoch noch weiter eingehen will.

Funktion $g^I/2 : \mathcal{T}(\mathcal{F})^2 \to \mathcal{T}(\mathcal{F})$ zugewiesen. Aber was genau machen die Funktionen f^I und g^I? Sei $t \in \mathcal{T}(\mathcal{F})$. Aufgrund der zweiten Bedingung in Definition 4.26 gilt

$$[f(t)]^I = f(t) \tag{4.2}$$

und

$$t^I = t. \tag{4.3}$$

Wegen Definition 4.22 gilt weiterhin:

$$f^I(t^I) = [f(t)]^I. \tag{4.4}$$

Wenn wir nun (4.3) in (4.4) einsetzen, dann erhalten wir

$$f^I(t) = [f(t)]^I$$

und unter Verwendung von (4.2)

$$f^I(t) = f(t).$$

Für alle Terme t_1, $t_2 \in \mathcal{T}(\mathcal{F})$ gilt analog $g^I(t_1, t_2) = g(t_1, t_2)$. Da $f(t)$ und $g(t_1, t_2)$ abgeschlossene Terme sind, sind sie auch Elemente von $\mathcal{T}(\mathcal{F})$. Mit anderen Worten, in einer Herbrand-Interpretation haben wir keine Wahlmöglichkeit mehr bezüglich der Zuordnung von Konstanten zu Konstantensymbolen und Funktionen zu Funktionssymbolen.

Die einzige Wahlmöglichkeit, die wir bei einer Herbrand-Interpretation noch haben, ist die Interpretation der Relationssymbol und die Interpretation der frei vorkommenden Variablen mittels der Variablenzuordnung. Diese sind in der Tat nicht eingeschränkt. Verschiedene Herbrand-Interpretationen ein und derselben Formel unterscheiden sich lediglich in der Interpretation der Relationssymbol. Zusätzlich können wir unterschiedliche Variablenzuordnung betrachten. Ist eine vorgelegte Formel abgeschlossen, dann ist jedoch nur noch die Interpretation der Relationssymbol von Interesse.

Betrachten wir als Beispiel die Sprache $\mathcal{L}(\{p/1, q/1, r/1\}, \{g/1, a/0\}, \mathcal{V})$ und den Satz

$$G = ((\forall X)\,(p(X) \vee q(X)) \wedge (\forall Y)\,r(g(Y))).$$

Das Herbrand-Universum ist die Menge:

$$\mathcal{T}(\mathcal{F}) = \{a,\ g(a),\ g(g(a)),\ \ldots\}.$$

Wir können nun verschiedene Herbrand-Interpretationen durch Angabe der Interpretation der Relationssymbol eindeutig spezifizieren:

- $p^{I_1} = q^{I_1} = r^{I_1} = \mathcal{T}(\mathcal{F})$. In diesem Fall sind alle abgeschlossenen Terme in den Relationen p^{I_1}, q^{I_1} und r^{I_1} enthalten. I_1 ist ein Modell für G.

- $p^{I_2} = q^{I_2} = r^{I_2} = \emptyset$. In diesem Fall sind die Relationen p^{I_2}, q^{I_2} und r^{I_2} leer. I_2 ist kein Modell für G.

- $p^{I_3} = \{(g(g(a))),\ (g(g(g(g(a))))),\ \ldots\}$, $q^{I_3} = \{(a),\ (g(a))\}$ und $r^{I_3} = \{(g(g(a)))\}$. In diesem Fall sind in der Relation p^{I_3} alle Elemente, in denen die Funktion g eine gerade Anzahl mal auf a angewendet wurde, in q^{I_3} sind genau die Elemente a und $g(a)$ aus $\mathcal{T}(\mathcal{F})$, und in r^{I_3} ist nur das Element $g(g(a)) \in \mathcal{T}(\mathcal{F})$. I_3 ist kein Modell für G.

Aufgrund der eineindeutigen Korrelation zwischen Herbrand-Interpretation und Interpretation der Relationssymbol für abgeschlossene Formeln wird in der Literatur häufig folgende Abkürzung für Herbrand-Interpretationen verwendet: Eine Herbrand-Interpretation I wird durch die Angabe der abgeschlossenen Atome, die durch I als wahr interpretiert werden, eindeutig spezifiziert.

Für die drei oben genannten Interpretationen erhalten wir:

- $I_1 = \{p(a),\ q(a),\ r(a),\ p(g(a)),\ q(g(a)),\ r(g(a)),\ \ldots\}$.

- $I_2 = \emptyset$.

- $I_3 = \{p(g(g(a))),\ p(g(g(g(g(a))))),\ \ldots,\ q(a),\ q(g(a)),\ r(g(g(a)))\}$.

Alle nicht in einer Interpretation vorkommenden abgeschlossenen Atome werden von der Interpretation als falsch interpretiert. So gilt beispielsweise $[p(a)]^{I_2} = \bot$, $[p(g(a))]^{I_3} = \bot$ und $[q(g(g(a)))]^{I_3} = \bot$. Auch ich werde in der Folge diese abkürzende Schreibweise verwenden.

Betrachten wir nun ein Alphabet mit $\mathcal{F} = \{anna/0, luis/0, tim/0, tom/0\}$, $\mathcal{R} = \{vater/1, kind/2, person/1, männlich/1\}$ und die Formelmenge

$$\mathcal{K} = \{\quad person(anna),\ person(luis),\ person(tim),$$
$$männlich(tim),\ männlich(tom),$$
$$kind(anna, tim),$$
$$(\forall X)(\langle person(X), männlich(X), (\exists Y)\, kind(Y, X)\rangle \to vater(X))\quad \}.$$

Die folgende Herbrand-Interpretation ist ein Modell für $\mathcal{K}$:

$$\{\quad person(anna),\ person(luis),\ person(tim),$$
$$männlich(tim),\ männlich(tom),$$
$$kind(anna, tim),$$
$$vater(tim)\qquad\qquad \}.$$

Man vergleiche diese Herbrand-Interpretation mit dem in Abschnitt 4.3.2 präsentierten Interpretation für die letzte Formel in $\mathcal{K}$.

Als weiteres Beispiel betrachten wir ein Alphabet mit $\mathcal{F} = \{a/0, s/1\}$, $\mathcal{R} = \{nat/1, \approx/2\}$ und die Formelmenge $\mathcal{K} = \{F, G, H\}$ mit

$$
\begin{aligned}
F &= (nat(a) \wedge (\forall N)(nat(N) \to nat(s(N)))),\\
G &= (a \approx a \wedge (\forall X, Y)(s(X) \approx s(Y) \to X \approx Y)),\\
H &= (\forall W)(a \not\approx s(W)).
\end{aligned}
$$

Die folgende Herbrand-Interpretation ist ein Modell für $\mathcal{K}$:

$$\{nat(t) \mid t \in \mathcal{T}(\mathcal{F})\} \ \cup \ \{t \approx t \mid t \in \mathcal{T}(\mathcal{F})\}.$$

Man vergleiche diese Herbrand-Interpretation mit dem in Abschnitt 4.3.2 präsentierten Modell für $\mathcal{K}$.

4.3.4   Modelle für abgeschlossene Formeln

Wie in der Aussagenlogik so wollen wir auch in der Prädikatenlogik bestimmte Interpretationen als Modelle auszeichnen. Leider ist die Literatur hier nicht einheitlich sobald Variablen frei vorkommen. Ich beschränke mich daher zunächst auf abgeschlossene Formeln.

Definition 4.27 *Sei* $I = (\mathcal{D}, \cdot^I)$ *eine Interpretation und sei* $F \in \mathcal{L}(\mathcal{R}, \mathcal{F}, \mathcal{K})$ *ein Satz.* I *ist ein* Modell *für* F, *symbolisch* $I \models F$, *wenn* $F^I = \top$ *gilt.*

Viele aus der Aussagenlogik bekannte Begriffe und Resultate lassen sich auf die Prädikatenlogik übertragen. Dazu zählen Allgemeingültigkeit, Erfüllbarkeit, Widerlegbarkeit und Unerfüllbarkeit. So ist beispielsweise ein Satz F genau dann allgemeingültig, wenn alle Interpretationen Modelle für F sind. Ebenso lässt sich Satz 3.14 auf prädikatenlogische Formeln erweitern: Eine Satz F ist genau dann allgemeingültig, wenn $\neg F$ unerfüllbar ist. Das gilt auch für Satz 3.17: Seien F, F_1, $\dots, F_n$ Sätze. $\{F_1, \dots, F_n\} \models F$ gilt genau dann, wenn $\models (\langle F_1, \dots, F_n \rangle \to F)$ gilt.

Definition 4.28 *Ein Satz* F *ist eine* (prädikatenlogische) Konsequenz *einer Menge* $\mathcal{G}$ *von Sätzen, symbolisch* $\mathcal{G} \models F$, *genau dann, wenn jedes Modell für alle Elemente aus* $\mathcal{G}$ *ist auch Modell für* F.

In der Aussagenlogik war die Konsequenzrelation relativ leicht zu berechnen, da es bei gegebenen $\mathcal{G}$ und F nur endlich viele Interpretationen gab, die betrachtet werden müssen, um zu entscheiden, ob $\mathcal{G} \models F$ gilt. In der Prädikatenlogik aber gibt es unendlich viele Interpretation, die in Betracht gezogen werden müssen. Die Interpretationen unterscheiden sich in ihrem Grundbereich oder in der Zuordnung von Relationssymbolen zu Relationen beziehungsweise von Funktionssymbolen zu Funktionen. Jede nur mögliche Kombination müssen wir grundsätzlich in Erwägung ziehen, wenn wir die Frage, ob $\mathcal{G} \models F$ gilt, beantworten wollen. Glücklicherweise konnte Jacques Herbrand nachweisen, dass sich die Zahl der Interpretationen deutlich einschränken lässt, indem wir uns auf Herbrand-Interpretationen beschränken. Darauf wird im Abschnitt 4.8.1 eingegangen.

Wie verhalten sich nun Aussagen- und Prädikatenlogik zueinander? Wenn wir für eine Sprache $\mathcal{L}(\mathcal{R}, \mathcal{F}, \mathcal{V})$ fordern, dass alle Relationssymbole in $\mathcal{R}$ nullstellig und $\mathcal{F} = \emptyset$ ist, dann tauchen in den Formeln dieser Sprache keine Terme mehr auf und auch die Quantoren haben ihre Funktion verloren. Wir müssen jetzt nur noch die Abkürzung p für $p()$ verwenden, wobei $p/0$ ein beliebiges nullstelliges Relationssymbol aus $\mathcal{R}$ ist, und dann sind alle Formeln dieser Sprache aussagenlogische Formeln.

Wir können auch die schwächere Bedingung stellen, dass in den Formeln der prädikatenlogischen Sprache $\mathcal{L}(\mathcal{R}, \mathcal{F}, \mathcal{V})$ keine Variablen und damit auch keine Quantoren mehr vorkommen. Ein Beispiel für eine Formel einer so beschränkten Sprache ist

$$F = ((p(a,b) \wedge q(f(c))) \rightarrow r(g(a,b))).$$

Es sind also beliebige Funktions- und Relationssymbole erlaubt, nur eben keine Variable. Mit jeder solchen Formel können wir unmittelbar eine aussagenlogische Formel assoziieren, indem wir Abkürzungen wie folgt festlegen: p_1 stehe für $p(a,b)$, p_2 für $q(f(c))$ und p_3 für $r(g(a,b))$. Aus der prädikatenlogischen Formel F wird dann die aussagenlogische Formel

$$F' = ((p_1 \wedge p_2) \rightarrow p_3).$$

Es lässt sich leicht zeigen, dass F genau dann allgemeingültig ist, wenn F' allgemeingültig ist.

4.3.5 Modelle für nicht abgeschlossene Formeln

Wenn $G \in \mathcal{L}(\mathcal{R}, \mathcal{F}, \mathcal{V})$ nicht abgeschlossen ist und eine Interpretation I als Modell für G ausgezeichnet werden soll, dann gibt es in der Literatur zwei Ansätze: (i) I ist Modell für G, wenn für alle Variablenzuordnungen $\mathcal{Z}$ bezüglich I gilt, dass $G^{I,\mathcal{Z}} = \top$ ist. (ii) I ist Modell für G, wenn für eine Variablenzuordnungen $\mathcal{Z}$ bezüglich I gilt, dass $G^{I,\mathcal{Z}} = \top$ ist. Frei vorkommende Variablen werden also in der ersten Variante als universell, in der zweiten Variante als existenziell quantifiziert betrachtet.

Um beide Varianten formal definieren zu können betrachten wir zunächst die folgende Funktion. Sei $\mathsf{fv} : \mathcal{L}(\mathcal{R}, \mathcal{F}, \mathcal{V}) \rightarrow 2^{\mathcal{V}}$ eine Funktion, die jedem $G \in \mathcal{L}(\mathcal{R}, \mathcal{F}, \mathcal{V})$ die Menge der in G frei vorkommenden Variablen zuordnet (siehe Übungsaufgabe 4–13). Man beachte, dass in einer Formel nur endlich viele Variablen frei vorkommen können.

Definition 4.29 *Sei* $G \in \mathcal{L}(\mathcal{R}, \mathcal{F}, \mathcal{V})$ *und* $\mathsf{fv}(G) = \{X_1, \ldots, X_n\}$.

1. $\mathsf{ucl}(G) := (\forall X_1) \ldots (\forall X_n)\, G$ *ist der* universelle Abschluss *von* G.

2. $\mathsf{ecl}(G) := (\exists X_1) \ldots (\exists X_n)\, G$ *ist der* existenzielle Abschluss *von* G.

Da beim Abschluss einer Formel G alle in G frei vorkommenden Variablen quantifiziert werden, ist es üblich einfach $\forall G$ beziehungsweise $\exists G$ zu schreiben. In der Folge werde ich diese Verkürzung ebenfalls verwenden.

Wir können jetzt den Modellbegriff auf alle Formeln erweitern.

Definition 4.30 *Sei* $G \in \mathcal{L}(\mathcal{R}, \mathcal{F}, \mathcal{V})$ *und* I *eine Interpretation.*

1. $I \models_u G$, *wenn* $I \models \mathsf{ucl}(G)$.

2. $I \models_e G$, *wenn* $I \models \mathsf{ecl}(G)$.

Die folgende Proposition gilt unmittelbar.

Proposition 4.31 *Für alle Sätze* $G \in \mathcal{L}(\mathcal{R}, \mathcal{F}, \mathcal{V})$ *gilt:*

1. $\mathsf{ucl}(G) = G = \mathsf{ecl}(G)$.

2. $I \models G$ *gdw.* $I \models_u G$ *gdw.* $I \models_e G$.

Ich möchte im Folgenden $\models_u$ etwas genauer betrachten und zwei Aussagen beweisen. So gilt beispielsweise:

$$\models_u ((\forall X)\, p(X) \to p(X)). \tag{4.5}$$

Gemäß Definition 4.30 müssen wir dazu nachweisen, dass

$$\models (\forall X)\, ((\forall X)\, p(X) \to p(X))$$

gilt. Nehmen wir dazu an, dass

$$\not\models (\forall X)\, ((\forall X)\, p(X) \to p(X))$$

gilt. Dann finden wir eine Interpretation $I = (\mathcal{D}, \cdot^I)$ mit

$$[(\forall X)\, ((\forall X)\, p(X) \to p(X))]^I = \bot.$$

Gemäß Definition 4.23 finden wir dann eine Variablenzuordnung $\mathcal{Z}$ bzgl. I und ein $d \in \mathcal{D}$ mit

$$[((\forall X)\, p(X) \to p(X))]^{I,\{X \mapsto d\}\mathcal{Z}} = \bot.$$

Das gilt jedoch nur wenn $[(\forall X)\, p(X)]^I = \top$ und $[p(X)]^{I,\{X \mapsto d\}\mathcal{Z}} = \bot$ sind. Mit anderen Worten, für alle $e \in \mathcal{D}$ soll $e \in p^I$ gelten, aber andererseits soll für ein $d \notin p^I$ gelten, was unmöglich ist.

Die Umkehrung von (4.5) gilt jedoch nicht:

$$\not\models_u (p(X) \to (\forall X)\, p(X)). \tag{4.6}$$

Gemäß Definition 4.30 müssen wir nachweisen, dass

$$\not\models (\forall X)\, (p(X) \to (\forall X)\, p(X))$$

gilt. Dazu reicht es aus, ein Gegenbeispiel anzugeben. Wir betrachten eine Interpretation $I = (\{a,b\}, \cdot^I)$ und eine Variablenzuordnung $\mathcal{Z}$ bzgl. I mit $p^I = \{a\}$. Dann gilt: $[p(X)]^{I, \{X \to a\}\mathcal{Z}} = \top$ und $[(\forall X)\, p(X)]^I = \bot$. Somit gilt auch $[(\forall X)\, (p(X) \to (\forall X)\, p(X))]^I = \bot$.

In Abschnitt 4.6.3 werde ich einen Kalkül des natürlichen Schließens für die Prädikatenlogik angeben, der korrekt und vollständig bzgl. $\models_u$, aber unvollständig bzgl. $\models_e$ ist. Im Moment möchte ich jedoch die Unterscheidung zwischen universellem und existenziellem Abschluss und die Folgerungen daraus nicht weiter betrachten, sondern mich auf abgeschlossene Formeln beschränken, sofern nicht explizit andere Aussagen gemacht werden. Der Leser bzw. die Leserin sei aber daran erinnert, in der Literatur genau nachzusehen, wie die Autoren Modelle für nicht abgeschlossene Formeln definiert haben, da Resultate die unter (i) beziehungsweise unter (ii) bewiesen wurden, nicht notwendigerweise übertragbar sind oder kombiniert werden können.

4.4 Äquivalenz und Normalformen

Wie schon in der Aussagenlogik, so interessieren wir uns auch in der Prädikatenlogik für äquivalenzerhaltende Transformationen und Normalformen. Insbesondere werden dies die Klausel- und die duale Klauselform sein, deren Erweiterung für prädikatenlogische Formeln wir in diesem Abschnitt definieren werden.

4.4.1 Semantische Äquivalenz

Der aus der Aussagenlogik bekannte Begriff der semantischen Äquivalenz zweier Formeln lässt sich unmittelbar auf prädikatenlogische Formeln übertragen: Zwei prädikatenlogische Formeln F und G heißen *semantisch äquivalent*, symbolisch $F \equiv G$, wenn $F^{I,\mathcal{Z}} = G^{I,\mathcal{Z}}$ für alle Interpretationen I und alle Variablenzuordnungen $\mathcal{Z}$ bezüglich I gilt. Insbesondere sind zwei Sätze F und G genau dann semantisch äquivalent, wenn $F^I = G^I$ für alle Interpretationen I gilt. Es ist auch unmittelbar einsichtig, dass die in Satz 3.19 genannten Äquivalenzen auch für prädikatenlogische Formeln gelten. Allerdings gibt es in der Prädikatenlogik noch weitere Äquivalenzen, die die Quantoren betreffen.

Satz 4.32 *Seien F und G prädikatenlogische Formeln. Es gelten die folgenden Äquivalenzen:*

$$
\begin{aligned}
\neg(\forall X)\, F &\equiv (\exists X)\, \neg F \\
\neg(\exists X)\, F &\equiv (\forall X)\, \neg F \\
((\forall X)\, F \wedge (\forall X)\, G) &\equiv (\forall X)\, (F \wedge G) \\
((\exists X)\, F \vee (\exists X)\, G) &\equiv (\exists X)\, (F \vee G)
\end{aligned}
$$

$$
\begin{aligned}
(\forall X)\,(\forall Y)\,F &\equiv (\forall Y)\,(\forall X)\,F \\
(\exists X)\,(\exists Y)\,F &\equiv (\exists Y)\,(\exists X)\,F
\end{aligned}
$$

$$
\begin{aligned}
((\forall X)\,F \wedge G) &\equiv (\forall X)\,(F \wedge G), && \text{\textit{wenn }} X \text{ \textit{in} } G \text{ \textit{nicht frei vorkommt.}} \\
((\forall X)\,F \vee G) &\equiv (\forall X)\,(F \vee G), && \text{\textit{wenn }} X \text{ \textit{in} } G \text{ \textit{nicht frei vorkommt.}} \\
((\exists X)\,F \wedge G) &\equiv (\exists X)\,(F \wedge G), && \text{\textit{wenn }} X \text{ \textit{in} } G \text{ \textit{nicht frei vorkommt.}} \\
((\exists X)\,F \vee G) &\equiv (\exists X)\,(F \vee G), && \text{\textit{wenn }} X \text{ \textit{in} } G \text{ \textit{nicht frei vorkommt.}}
\end{aligned}
$$

Beweis Zum Beweis der ersten Äquivalenz nehmen wir an, dass $I = (\mathcal{D}, \cdot^I)$ eine Interpretation und $\mathcal{Z}$ eine Variablenzuordnung bezüglich I ist. Dann gilt:

$$
\begin{aligned}
[\neg(\forall X)\,F]^{I,\mathcal{Z}} = \top \quad &\text{gdw..} \quad \neg^*[(\forall X)\,F]^{I,\mathcal{Z}} = \top \\
&\text{gdw..} \quad [(\forall X)\,F]^{I,\mathcal{Z}} = \bot \\
&\text{gdw..} \quad F^{I,\{X \mapsto d\}\mathcal{Z}} = \top \text{ gilt nicht für alle } d \in \mathcal{D} \\
&\text{gdw..} \quad F^{I,\{X \mapsto d\}\mathcal{Z}} = \bot \text{ gilt für ein } d \in \mathcal{D} \\
&\text{gdw..} \quad \neg^* F^{I,\{X \mapsto d\}\mathcal{Z}} = \top \text{ gilt für ein } d \in \mathcal{D} \\
&\text{gdw..} \quad [(\exists X)\,\neg F]^{I,\mathcal{Z}} = \top.
\end{aligned}
$$

Die übrigen Äquivalenzen können auf analoge Weise bewiesen werden (siehe Übungsaufgabe 4–14). □

Das Ersetzungstheorem 3.23 kann ohne große Probleme auch für prädikatenlogische Formeln gezeigt werden. Dazu müssen im Wesentlichen die Induktionsschritte für existenziell und universell quantifizierte Formeln durchgeführt werden (siehe Übungsaufgabe 4–15).

Alle Leser werden sich bei der Betrachtung der letzten vier in Satz 4.32 genannten Äquivalenzen hoffentlich fragen, warum diese nur unter der Bedingung gelten, dass die Variable X in der Formel G nicht frei vorkommt. Die Antwort ist ganz einfach: Wenn die Bedingung nicht gilt, dann kann man Gegenbeispiele finden. Genau dazu werden Sie in Übungsaufgabe 4–16 aufgefordert. Wenn wir beispielsweise die Formeln $((\exists X)\,p(X) \wedge q(X))$ und $(\exists X)\,(p(X) \wedge q(X))$ miteinander vergleichen, dann sind in der zweiten Formel alle Vorkommen der Variablen X gebunden, während in der ersten Formel das Vorkommen von X in der Teilformel $q(X)$ frei ist. Dies ist die Ursache dafür, dass die beiden Formeln nicht äquivalent sind.

In den Normalform-Transformationen, die im Verlauf dieses Abschnitts beschrieben werden sollen, wollen wir Quantoren „nach außen" schieben. Was sollen wir aber tun, wenn wir dabei auf die Formel $((\exists X)\,p(X) \wedge q(X))$ stoßen? Keine der in Satz 4.32 genannten Äquivalenzen ist anwendbar. Gibt es trotzdem eine Formel, die semantisch äquivalent zu $((\exists X)\,p(X) \wedge q(X))$ ist und bei der der Quantor „außen" steht? Ja, die gibt es. Wenn wir die Formel interpretieren, dann fällt sofort auf, dass die in $(\exists X)\,p(X)$ vorkommende Variablen X nichts mit der in $q(X)$ vorkommende Variable X zu tun hat. Vielmehr können wir $(\exists X)\,p(X)$ durch $(\exists Y)\,p(Y)$ ersetzen, ohne dass sich an der Bedeutung der Formel etwas ändert. Da $((\exists X)\,p(X) \wedge q(X))$ semantisch äquivalent zu $(\exists Y)\,(p(Y) \wedge q(X))$ ist, haben wir unser Problem gelöst: Der Quantor steht jetzt „außen".

Definition 4.33 *Die in einer prädikatenlogischen Formel F vorkommenden Variablen sind* auseinanderdividiert, *wenn keine zwei in F vorkommenden Quantoren die gleiche Variable binden und keine Variable sowohl frei als auch gebunden vorkommt.*

In unserem Beispiel sind in der Formel $((\exists X)\,p(X) \wedge q(X))$ die Variablen nicht auseinanderdividiert, während sie dies in der Formel $(\exists Y)\,(p(Y) \wedge q(X))$ sind.

Proposition 4.34 *Zu jeder prädikatenlogischen Formel gibt es eine semantisch äquivalente Formel, in der die Variablen auseinanderdividiert sind.*

Beweis Zum Beweis dieser Proposition benötigen wir eine Hilfsaussage: *Sei Q ein Quantor, F eine Formel der Form $(QX)\,G$ und Y eine Variable, die in F nicht vorkommt. Dann gilt: $F \equiv (QY)\,G\{X \mapsto Y\}$* (siehe Übungsaufgabe 4–17).

Wir wenden uns jetzt dem Beweis der Proposition zu: Sei H eine prädikatenlogische Formel. In H gibt es nur endlich viele Teilformeln der Form $(QX)\,F$. Wir ersetzen jede dieser Teilformeln gemäß der Hilfsaussage. Ein Anwendung des Ersetzungstheorems liefert das Resultat. □

Wir werden in der Folge häufig mit Formeln arbeiten, deren Variablen auseinanderdividiert sind. Die in Satz 4.32 genannte Bedingung für die letzten vier Äquivalenzen ist dann immer erfüllt.

Nach diesen Aussagen über semantische Äquivalenzen in der Prädikatenlogik wollen wir uns jetzt der Definition von geeigneten Normalformen sowie deren Berechnung zuwenden. Wir sind vor allem an Verallgemeinerungen der aus der Aussagenlogik bekannten konjunktiven bzw. disjunktiven Normalform interessiert. Dabei müssen wir uns insbesondere um die Quantoren kümmern. Dies geschieht in zwei Schritten: In einem ersten Schritt werden wir alle Quantoren nach „außen" schieben, und in einem zweiten Schritt werden wir anschließend eine Sorte der Quantoren eliminieren. Wie dies genau geschieht, steht in den folgenden beiden Abschnitten. Dabei wollen wir wie schon in der Aussagenlogik davon ausgehen, dass die Formeln neben dem einstelligen Junktor ¬ und den Quantoren nur noch mit Hilfe der binären Junktoren ∧ und ∨ aufgebaut sind.

4.4.2 Pränexnormalform

Definition 4.35 *Eine Formel* G *ist in* Pränexnormalform, *wenn sie von der Form* $(Q_1 X_1) \dots (Q_n X_n)\, F$ *ist, wobei* $Q_i \in \{\forall, \exists\}$, $1 \le i \le n$ *und* $n \ge 0$ *ist,* $X_1, \dots, X_n$ *Variablen sind und in* F *selbst kein Quantor mehr vorkommt. Wir nennen* F *auch* Matrix *von* G.

Beispielsweise ist die Formel $(\forall X)(\exists Y)(\forall Z)\,(p(X,Y) \wedge q(f(Z)))$ in Pränexnormalform, während dies für die Formel $(\forall X)(\exists Y)\,(p(X,Y) \wedge (\forall Z)\, q(f(Z)))$ nicht gilt.

Proposition 4.36 *Es gibt einen Algorithmus, der einen Satz* F *in der Prädikatenlogik in einen semantisch äquivalenten Satz* F' *in Pränexnormalform transformiert.*

Zum Beweis dieser Proposition müssen wir drei Schritte durchführen:

(i) Wir müssen den Algorithmus spezifizieren.

(ii) Wir müssen zeigen, dass der Algorithmus korrekt ist, d. h. wenn der Algorithmus die Formel F' ausgibt, dann muss $F \equiv F'$ gelten und F' in Pränexnormalform sein.

(iii) Wir müssen zeigen, dass der Algorithmus terminiert.

In allen Fällen gehen wir davon aus, dass F ein syntaktisch korrekter Satz ist. Weiterhin können wir nach Proposition 4.34 annehmen, dass in F die Variablen auseinanderdividiert sind.

Nach diesen Vorbemerkungen kommen wir zu (i). Der Algorithmus besteht aus einer einzigen Schleife. Solange die Formel F noch nicht in Pränexnormalform ist, wird eine der in Abbildung 4.2 gezeigten Regeln angewendet. Betrachten wir beispielsweise die Formel:

$$F = (\neg(\exists X)\,(\forall Y)\, p(X,Y) \wedge (\forall Z)\, q(Z)).$$

Man beachte, dass die Variablen in F auseinanderdividiert sind und F ein Satz ist. F kann wie folgt in Pränexnormalform transformiert werden, wobei die in jedem Schritt ersetzten Teilformeln unterstrichen sind:

$$
\begin{aligned}
F &= (\underline{\neg(\exists X)}\,(\forall Y)\, p(X,Y) \wedge (\forall Z)\, q(Z)) \\
  &\equiv (\underline{(\forall X)\,\neg(\forall Y)}\, p(X,Y) \wedge (\forall Z)\, q(Z)) \\
  &\equiv ((\forall X)\,\underline{(\exists Y)\,\neg p(X,Y)} \wedge (\forall Z)\, q(Z)) \\
  &\equiv \underline{(\forall X)\,((\exists Y)\,\neg p(X,Y) \wedge (\forall Z)\, q(Z))} \\
  &\equiv (\forall X)\,\underline{(\exists Y)\,(\neg p(X,Y) \wedge (\forall Z)\, q(Z))} \\
  &\equiv (\forall X)\,(\exists Y)\,(\forall Z)(\neg p(X,Y) \wedge q(Z)).
\end{aligned}
\qquad (*)
$$

$$\frac{\neg\,(\forall X)\,F}{(\exists X)\,\neg F} \qquad \frac{\neg\,(\exists X)\,F}{(\forall X)\,\neg F}$$

$$\frac{((QX)\,F \wedge G)}{(QX)\,(F \wedge G)} \qquad \frac{(F \wedge (QX)\,G)}{(QX)\,(F \wedge G)} \qquad \frac{((QX)\,F \vee G)}{(QX)\,(F \vee G)} \qquad \frac{(F \vee (QX)\,G)}{(QX)\,(F \vee G)}$$

Abbildung 4.2: Die Regeln des Algorithmus für die Transformation in Pränexnormalform unter der Voraussetzung, dass in allen Formeln, mit denen der Algorithmus aufgerufen wird, die Variablen auseinanderdividiert sind. Weiterhin ist $Q \in \{\forall,\ \exists\}$.

In dem mit (*) markierten Schritt haben wir $(\forall X)$ nach „außen" gezogen. Wir hätten aber ebenso $(\forall Z)$ nach „außen" ziehen können. Am Ende hätte der Algorithmus dann die Formel

$$(\forall Z)\,(\forall X)\,(\exists Y)\,(\neg p(X,Y) \wedge q(Z))$$

generiert, die ebenfalls semantisch äquivalent zu F und in Pränexnormalform ist. Wir lernen aus dieser Beobachtung, dass die Pränexnormalform einer Formel nicht eindeutig bestimmt ist.

Die Schritte (ii) und (iii) des Beweises von Proposition 4.36 sind analog zu den entsprechenden Schritten im Beweis von Satz 3.28. Ich will diese Schritte hier nicht explizit angeben, sondern verweise auf die Übungsaufgaben 4–18 und 4–19.

Man beachte weiterhin, dass wenn F eine Formel ist, in der die Variablen auseinanderdividiert sind, und F' eine Pränexnormalform von F ist, dann in F' die Variablen ebenfalls auseinanderdividiert sind (siehe Übungsaufgabe 4–20).

Eine Prolog Implementierung   Ich will in diesem Abschnitt eine Implementierung des Algorithmus zur Transformation einer prädikatenlogischen Formel in eine Pränexnormalform in Prolog angeben. Dazu nehmen wir an, dass die in der Formel vorkommenden Variablen auseinanderdividiert sind.

Als erstes müssen wir festlegen, wie prädikatenlogische Formeln in Prolog repräsentiert werden sollen. Ausgehend von der in Abschnitt 3.3.4 eingeführten Prolog-Repräsentation von aussagenlogischen Formeln legen wir fest, dass Atome und Terme einfach durch Prolog-Terme repräsentiert werden. Somit müssen wir nur noch die Repräsentationen für die Quantoren definieren. Dazu verwenden wir die zweistelligen Funktoren `all/2` und `some/2`, wobei `all/2` den universellen und `some/2` den existenziellen Quantor repräsentiert. Die Formel

$$((\forall X)\,p(f(X),a) \wedge \neg(\exists Y)\,q(Y))$$

wird somit durch den Prolog-Term

$$\mathtt{all(X, p(f(X), a))\ and\ neg\ some(Y, q(Y))}$$

dargestellt.

Die Transformation in Pränexnormalform wird mittels der Relation `praenex/2`
spezifiziert. Dabei ist das erste Argument die zu transformierende, gegebene
Formel `F` und das zweite Argument eine zu berechnende Pränexnormalform
von `F`.

```
praenex(F, F)  :−  praenexnf(F), !.
praenex(F, H)  :−  praenexstep(F, G), praenex(G, H).
```

Wenn die Formel `F` bereits in Pränexnormalform ist, dann ist nichts weiter zu
tun. Andernfalls wird ein Transformationsschritt ausgeführt und `praenex/2`
anschließend erneut aufgerufen.

Mittels `praenexnf/1` testen wir, ob eine Formel in Pränexnormalform ist.

```
praenexnf(all(_, F))   :−  !, praenexnf(F).
praenexnf(some(_, F))  :−  !, praenexnf(F).
praenexnf(F)           :−  qfree(F).
```

Dazu werden die führenden Quantoren rekursiv entfernt. Anschließend testen
wir, ob die Restformel quantoren-frei ist. Letzteres geschieht rekursiv über den
Aufbau von quantoren-freien Formeln mithilfe des Prädikats `qfree/1`.

```
qfree(neg F)      :−  !, qfree(F).
qfree(F1 and F2)  :−  !, qfree(F1), qfree(F2).
qfree(F1 or F2)   :−  !, qfree(F1), qfree(F2).
qfree(F)          :−  F = .. [H|_], H \== some, H \== all.
```

Wir müssen jetzt noch die Relation `praenexstep/2` spezifizieren. Dabei soll
`praenexstep(F, G)` gelten, wenn `G` aus `F` durch Anwendung einer (oder mehrerer) der in Abbildung 4.2 gezeigten Regeln entstanden ist.

```
praenexstep(neg all(X, F), some(X, neg F)) :− !.
praenexstep(neg some(X, F), all(X, neg F)) :− !.
praenexstep(E, H) :−                    % Fall Q(X,F) J G
        E = .. [J, S, G], junctor(J),
        S = .. [Q, X, F], quantor(Q), !,
        T = .. [J, F, G], H = .. [Q, X, T].
praenexstep(E, H) :−                    % Fall F J Q(X,G)
        E = .. [J, F, S], junctor(J),
        S = .. [Q, X, G], quantor(Q), !,
        T = .. [J, F, G], H = .. [Q, X, T].
```

```
praenexstep(all(X, F), all(X, G)) :− !, praenexstep(F, G).
praenexstep(some(X, F), some(X, G)) :− !, praenexstep(F, G).
praenexstep(neg E, neg H) :− !, praenexstep(E, H).
praenexstep(F1 and F2, G1 and G2) :−
    !, praenexstep(F1, G1), praenexstep(F2, G2).
praenexstep(F1 or F2, G1 or G2) :−
    !, praenexstep(F1, G1), praenexstep(F2, G2).
praenexstep(E, E).
```

Die ersten beiden Programmklauseln entsprechen exakt den ersten beiden Regeln in Abbildung 4.2. Die übrigen vier Regeln in Abbildung 4.2 sind unabhängig von den Quantoren definiert. Wir sehen weiterhin, dass wir die dritte und die fünfte sowie die vierte und die sechste Regel zusammenfassen können, wenn wir jeweils vom verwendeten Junktor abstrahieren. Genau das habe ich in der dritten und vierten Programmklausel getan. Allerdings müssen jetzt noch die Relationen junctor/1 und quantor/1 spezifiziert werden:

```
junctor(or).
junctor(and).
quantor(all).
quantor(some).
```

Bis jetzt werden die Regeln auf die ganze Formel angewendet. Es muss jedoch auch möglich sein, die Regeln auf Teilformeln anzuwenden. Dazu benötigen wir die restlichen Programmklauseln, mithilfe derer die gegebene Formel rekursiv durchlaufen wird. Man beachte dabei, dass bei Konjunktionen und Disjunktionen die Regeln aus Abbildung 4.2 unter Umständen mehrfach angewendet werden.

Wir können jetzt den Algorithmus aufrufen:

```
?− praenex(neg (some(X, p(f(X), a)) and neg some(Y, all(Z, q(Y, Z)))), G).
X = _G534
Y = _G542
Z = _G543
G = all(_G534, some(_G542, all(_G543,
    neg (p(f(_G534), a) and neg q(_G542, _G543)))))
```

Die Leser und Leserinnen werden erneut aufgefordert, den Algorithmus mit weiteren Beispielen auszutesten.

4.4.3 Skolem-Normalform

Eine Formel in Pränexnormalform besteht aus einer Folge von Quantoren gefolgt von einer Formel, in der keine Quantoren mehr vorkommen. Wäre es nicht schön, wenn in einer Formel in Pränexnormalform alle Quantoren identisch wären, also entweder nur universelle Quantoren oder nur existenzielle Quantoren vorkommen? Warum wäre das schön? In diesem Fall wären alle in der Formel vorkommenden Variablen gleich quantifiziert und wir könnten uns die Angabe der Quantoren sparen. Genau das dachte sich auch der norwegische Mathematiker Thoralf Skolem um 1920 und machte sich an die Arbeit.

Aber wie beseitigen wir in der Formel $F = (\forall X)(\exists Y)p(X, Y)$ beispielsweise den Existenzquantor? Betrachten wir dazu eine Interpretation $I = (\mathcal{D}, \cdot^I)$. Unter dieser Interpretation ist die Formel genau dann wahr, wenn für alle $d \in \mathcal{D}$ ein $d' \in \mathcal{D}$ existiert, so dass $(d, d') \in p^I$ ist. Dabei ist das d' jeweils abhängig von d. Es muss also eine Funktion über $\mathcal{D}$ geben, die angewendet auf d genau das d' liefert. Wir wollen diese Funktion mit f^I bezeichnen. Wenn es eine solche Funktion über $\mathcal{D}$ gibt, dann können wir auch in unsere Sprache $\mathcal{L}(\mathcal{R}, \mathcal{F}, \mathcal{V})$ ein Funktionssymbol f aufnehmen, das mittels der Interpretation I auf f^I abgebildet wird. Wir können aber nicht einfach annehmen, dass f bereits in $\mathcal{F}$ vorkommt. Alle in $\mathcal{F}$ vorkommenden Funktionssymbol können ja bereits durch I auf andere Funktionen über $\mathcal{D}$ als f^I abgebildet worden sein. Wir müssen also unser Alphabet erweitern. Betrachten wir nun die Formel $F' = (\forall X)p(X, f(X))$ und deren Interpretation unter I. Sie ist wahr, wenn $(d, f^I(d)) \in p^I$ für alle $d \in \mathcal{D}$ gilt. Mit anderen Worten, sie ist wahr, wenn wir für alle $d \in \mathcal{D}$ ein $d' = f^I(d)$ finden, so dass $(d, d') \in p^I$ ist. Dabei wird F' auch als *Skolem-Normalform* von F bezeichnet.

Wir wollen nun Skolem-Normalformen, deren Eigenschaften und die Transformation in Skolem-Normalform kennen lernen und beginnen mit der notwendigen Erweiterung des Alphabets.

Definition 4.37 *Sei* $\mathcal{L} = \mathcal{L}(\mathcal{R}, \mathcal{F}, \mathcal{V})$ *eine prädikatenlogische Sprache. Sei* $\mathcal{F}_S$ *eine abzählbar unendliche Menge von Funktionssymbolen, so dass* $\mathcal{F}_S \cap \mathcal{F} = \emptyset$ *gilt und* $\mathcal{F}_S$ *für jede Stelligkeit abzählbar unendlich viele Funktionssymbol enthält. Die Elemente aus* $\mathcal{F}_S$ *werden als Skolem-Funktionssymbole bezeichnet. Wir betrachten nun die Sprache* $\mathcal{L}(\mathcal{R}, \mathcal{F} \cup \mathcal{F}_S, \mathcal{V})$.

Es ist üblich, nullstellige Skolem-Funktionssymbole als *Skolem-Konstantensymbole* zu bezeichnen. Ich werde das im Folgenden auch tun.

Definition 4.38 *Eine prädikatenlogische Formel ist in* Skolem-Normalform, *wenn sie von der Form* $(\forall X_1) \ldots (\forall X_n) F$ *ist, wobei* $n \geq 0$ *ist,* $X_1, \ldots, X_n$ *Variablen sind und in* F *selbst kein Quantor mehr vorkommt.*

Wir können nun einen Algorithmus spezifizieren, der jede Formel F, in der die Variablen auseinanderdividiert sind, in eine Skolem-Normalform transformiert. In einem ersten Schritt berechnet der Algorithmus eine semantisch äquivalente Pränexnormalform, anschließend wird die folgende Schleife ausgeführt: Solange eine Formel F nicht in Skolem-Normalform ist, ersetze F gemäß der in Abbildung 4.3 dargestellten Ersetzungsregel. Die so erhaltene Formel wollen wir als

$$\frac{(\forall X_1) \ldots (\forall X_n)\,(\exists Y)\,G}{(\forall X_1) \ldots (\forall X_n)\,(G\{Y \mapsto f(X_1, \ldots, X_n)\})}$$

Abbildung 4.3: Die Ersetzungsregel für die Transformation einer Formel F in Skolem-Normalform. F muss in Pränexnormalform vorliegen und von der Form $(\forall X_1) \ldots (\forall X_n)\,(\exists Y)\,G$ sein. Wenn $n > 0$ ist, dann ist f ein n-stelliges Skolem-Funktionssymbol, das in $\mathcal{F}$ nicht vorkommt. Wenn $n = 0$ ist, dann ist f ein Skolem-Konstantensymbol, das in G nicht vorkommt.

Skolem-Normalform von F bezeichnen. Als Beispiel betrachten wir die Formel $F = (\exists X)\,(\forall Y)\,(\exists Z)\,(\neg p(X, Y) \lor q(Z))$. Die Skolem-Normalform von F können wir wie folgt berechnen:

$$
\begin{aligned}
F \;&=\; (\exists X)(\forall Y)(\exists Z)\,(\neg p(X, Y) \lor q(Z)) \\
\;&\rightsquigarrow\; (\forall Y)(\exists Z)\,(\neg p(a, Y) \lor q(Z)) \\
\;&\rightsquigarrow\; (\forall Y)\,(\neg p(a, Y) \lor q(f(Y)))
\end{aligned}
$$

Dabei ist $f/2$ ein zweistelliges Skolem-Funktionssymbol und $a/0$ eine Skolem-Konstantensymbol.

Wenden wir uns nun den Eigenschaften dieses Algorithmus bzw. dem Verhältnis von Formel und dessen Skolem-Normalform zu. Es ist relativ einfach einzusehen, dass der Algorithmus zur Transformation einer Formel in Skolem-Normalform terminiert. Wir können davon ausgehen, dass die zu transformierende Formel bereits in Pränexnormalform vorliegt. Bei jedem Schleifendurchlauf wird ein Vorkommen eines Existenzquantors beseitigt bis letztendlich keine Existenzquantoren mehr in der Formel vorkommen (siehe auch Übungsaufgabe 4–21).

Sie haben sich sicher schon gewundert, warum ich in der Beispielberechnung einer Skolem-Normalform „$\rightsquigarrow$" geschrieben habe, und nicht „$\equiv$" wie zuvor bei der Transformation in Pränexnormalform. Der Grund ist ganz einfach. Eine Formel und ihre Skolem-Normalform sind im allgemeinen nicht semantisch äquivalent. Betrachten wir dazu die Formeln $F = (\exists X)\,p(X)$ und $F' = p(a)$. Offensichtlich ist F' eine Skolem-Normalform von F. Sei nun $I = (\{1, 2\}, \cdot^I)$ eine Interpretation mit $a^I = 1$ und $p^I = \{(2)\}$. Unter dieser Interpretation ist F wahr, aber F' falsch. Andererseits ist F' erfüllbar. Es gibt nämlich beispielsweise die Interpretation $J = (\{1, 2\}, \cdot^J)$ mit $a^J = 1$ und $p^J = \{(1)\}$. Unter dieser Interpretation ist F' wahr.

Satz 4.39 *Sei F' eine Skolem-Normalform des prädikatenlogischen Satzes F. F ist genau dann erfüllbar, wenn F' erfüllbar ist.*

Beweis Sei F ein Satz und sei F' eine Skolem-Normalform von F. Nach den Propositionen 4.34 und 4.36 sowie Übungsaufgabe 4–22 dürfen wir annehmen, dass in F die Variablen auseinanderdividiert sind und F in Pränexnormalform vorliegt. Wir müssen zeigen, dass F genau dann erfüllbar ist, wenn F' erfüllbar ist.

Dazu zeigen wir zunächst die folgende Hilfsaussage: *Sei F ein Satz in Pränexnormalform, in dem die Variablen auseinanderdividiert sind. Sei F' durch einmalige Anwendung der in Abbildung 4.3 dargestellten Ersetzungsregel auf F entstanden ist. Dann gilt: F ist genau dann erfüllbar, wenn F' erfüllbar ist.*

Damit die in Abbildung 4.3 dargestellte Ersetzungsregel auf F anwendbar ist, muss F von der Form

$$(\forall X_1) \ldots (\forall X_n) (\exists Y) \, G$$

sein. Nach Anwendung der Regel erhalten wir:

$$F' = (\forall X_1) \ldots (\forall X_n) (G\{Y \mapsto f(X_1, \ldots, X_n)\}).$$

Bevor wir die Hilfsaussage beweisen, führen wir zur Vereinfachung noch eine Abkürzung ein: Ein Quantor (QX) wird entweder als „für alle $d \in \mathcal{D}$ gilt:" oder als „für ein $d \in \mathcal{D}$ gilt:" unter der Interpretation $I = (\mathcal{D}, \cdot^I)$ interpretiert. Um weniger schreiben zu müssen, vereinbaren wir die folgende Notation: Sei $I = (\mathcal{D}, \cdot^I)$ eine Interpretation, dann bezeichne

$$Q^I \, d \in \mathcal{D} \quad \text{den Halbsatz} \quad \begin{cases} \text{für alle } d \in \mathcal{D} \text{ gilt:} & \text{wenn } Q = \forall, \\ \text{für ein } d \in \mathcal{D} \text{ gilt:} & \text{wenn } Q = \exists. \end{cases}$$

Sei beispielsweise die betrachtete Formel $(QX)(QY)(QZ)\, G$ von der Form $(\forall X)(\exists Y)(\forall Z)\, G$, dann steht

$$Q^I \, d_1 \in \mathcal{D} \ Q^I \, d_2 \in \mathcal{D} \ Q^I \, d_3 \in \mathcal{D}$$

für:

„für alle $d_1 \in \mathcal{D}$ gilt: für ein $d_2 \in \mathcal{D}$ gilt: für alle $d_3 \in \mathcal{D}$ gilt:".

Damit kommen wir jetzt zum Beweis der Hilfsaussage und wenden uns zunächst dem wenn-Teil zu:

Angenommen, F' ist erfüllbar. Dann gibt es eine Interpretation $I = (\mathcal{D}, \cdot^I)$ und eine Variablenzuordnung $\mathcal{Z}$, so dass $F'^{I,\mathcal{Z}} = \top$ ist. Dies ist äquivalent zu der folgenden Aussage. Es gibt eine Interpretation $I = (\mathcal{D}, \cdot^I)$ und eine Variablenzuordnung $\mathcal{Z}$ mit:

$$\forall^I \, d_1 \in \mathcal{D} \ \ldots \ \forall^I \, d_n \in \mathcal{D} \ [G\{Y \mapsto f(X_1, \ldots, X_n)\}]^{I,\{X_n \mapsto d_n\}\ldots\{X_1 \mapsto d_1\}\mathcal{Z}} = \top.$$

Mit $e = [f(X_1, \ldots, X_n)]^{I,\{X_n \mapsto d_n\}\ldots\{X_1 \mapsto d_1\}\mathcal{Z}} = f^I(d_1, \ldots, d_n)$ sowie Lemma 4.25 ist dies äquivalent zu der folgenden Aussage. Es gibt eine Interpretation $I = (\mathcal{D}, \cdot^I)$ und eine Variablenzuordnung $\mathcal{Z}$ mit:

$$\forall^I \, d_1 \in \mathcal{D} \ \ldots \ \forall^I \, d_n \in \mathcal{D} \ G^{I,\{Y \mapsto e\}\{X_n \mapsto d_n\}\ldots\{X_1 \mapsto d_1\}\mathcal{Z}} = \top.$$

Aber dann gibt es auch eine Interpretation $I = (\mathcal{D}, \cdot^I)$ und eine Variablenzuordnung $\mathcal{Z}$ mit:

$$\forall^I d_1 \in \mathcal{D} \; \dots \; \forall^I d_n \in \mathcal{D} \; \exists^I d \in \mathcal{D} \; G^{I, \{Y \mapsto d\}\{X_n \mapsto d_n\}\dots\{X_1 \mapsto d_1\}\mathcal{Z}} = \top.$$

Dies ist äquivalent zu der Aussage, dass F erfüllbar ist, womit der wenn-Teil der Hilfsaussage bewiesen ist.

Wenden wir uns jetzt dem genau-dann-Teil der Hilfsaussage zu. Angenommen, F ist erfüllbar. Dann gibt es eine Interpretation $I = (\mathcal{D}, \cdot^I)$ und eine Variablenzuordnung $\mathcal{Z}$, so dass $F^{I,\mathcal{Z}} = \top$ ist. Dies ist äquivalent zu der folgenden Aussage. Es eine Interpretation $I = (\mathcal{D}, \cdot^I)$ und eine Variablenzuordnung $\mathcal{Z}$ mit:

$$\forall^I d_1 \in \mathcal{D} \; \dots \; \forall^I d_n \in \mathcal{D} \; \exists^I d \in \mathcal{D} \; G^{I, \{Y \mapsto d\}\{X_n \mapsto d_n\}\dots\{X_1 \mapsto d_1\}\mathcal{Z}} = \top.$$

Wir können annehmen, dass I nur für die in $\mathcal{L}(\mathcal{R}, \mathcal{F}, \mathcal{V})$ vorkommenden Symbole definiert ist und erweitern I zu I' mittels

$$f^{I'}(d_1, \dots, d_n) = e,$$

wobei e eines der Elemente aus $\mathcal{D}$ ist, die für oben genanntes d in Frage kommen. Damit gilt: Es gibt eine Interpretation $I' = (\mathcal{D}, \cdot^{I'})$ und eine Variablenzuordnung $\mathcal{Z}$ mit:

$$\forall^{I'} d_1 \in \mathcal{D} \; \dots \; \forall^{I'} d_n \in \mathcal{D} \; G^{I', \{Y \mapsto f^{I'}(d_1, \dots, d_n)\}\{X_n \mapsto d_n\}\dots\{X_1 \mapsto d_1\}\mathcal{Z}} = \top.$$

Gemäß Lemma 4.25 ist dies äquivalent zu der Aussage: Es gibt eine Interpretation $I' = (\mathcal{D}, \cdot^{I'})$ und eine Variablenzuordnung $\mathcal{Z}$ mit:

$$\forall^{I'} d_1 \in \mathcal{D} \; \dots \; \forall^{I'} d_n \in \mathcal{D} \; [G\{Y \mapsto f(X_1, \dots, X_n)\}]^{I', \{X_n \mapsto d_n\}\dots\{X_1 \mapsto d_1\}\mathcal{Z}} = \top.$$

Dies ist wiederum äquivalent zu der folgenden Aussage. Es gibt eine Interpretation $I' = (\mathcal{D}, \cdot^{I'})$ und eine Variablenzuordnung $\mathcal{Z}$ mit $[F']^{I',\mathcal{Z}} = \top$. Mit anderen Worten, I' ist eine Modell für F'. Somit ist F' erfüllbar und sowohl der genau-dann-Teil als auch die gesamte Hilfsaussage sind bewiesen.

Mit Hilfe der Hilfsaussage können wir nun eine Zusicherung E formulieren und nachweisen, dass E eine Schleifeninvariante für den Algorithmus zur Transformation in Skolem-Normalform ist. Sei E die folgende Zusicherung: *F' ist eine Formel in Pränexnormalform, in der die Variablen auseinanderdividiert sind, und F' ist genau dann erfüllbar, wenn F erfüllbar ist.* Mit $F = F'$ ist die Zusicherung vor Eintritt in die Schleife erfüllt. Die Hilfsaussage sagt aus, dass E eine Invariante der Schleife ist. Mit Satz 3.30 können wir folgern, dass E auch nach Verlassen der Schleife gilt. Die Schleife wird jedoch nur verlassen, wenn F' in Skolem-Normalform ist $\qquad\qquad\qquad\qquad\qquad\qquad\qquad\qquad\qquad$ $\square$

Mit anderen Worten, die Transformation in Skolem-Normalform erhält die Erfüllbarkeit von Formeln; die Transformation ist *erfüllbarkeitserhaltend*.

$$\frac{(\exists X_1)\ \ldots\ (\exists X_n)\,(\forall Y)\,G}{(\exists X_1)\ \ldots\ (\exists X_n)\,(G\{Y \mapsto f(X_1,\ldots,X_n)\})}$$

Abbildung 4.4: Die Ersetzungsregel für die Transformation einer Formel F in duale Skolem-Normalform. F muss in Pränexnormalform vorliegen und von der Form $(\exists X_1)\ \ldots\ (\exists X_n)\,(\forall Y)\,F$ sein. Dabei ist f/n ein n-stelliges Skolem-Funktionssymbol, das in $\mathcal{F}$ nicht vorkommt.

Wir haben hier alle Vorkommen existenzieller Quantoren beseitigt. Alternativ hätten wir auch durch Anwendung der in Abbildung 4.4 dargestellten Ersetzungsregel die Vorkommen universeller Quantoren beseitigen können. Die so erhaltene Normalform wird manchmal als *duale Skolem-Normalform* bezeichnet. Analog zu Satz 4.39 lässt sich zeigen, dass wenn F' eine duale Skolem-Normalform der Formel F ist, dann ist F genau dann allgemeingültig, wenn F' allgemeingültig ist (siehe Übungsaufgabe 4–23). Mit anderen Worten, die Transformation in duale Skolem-Normalform ist *gültigkeitserhaltend*.

Eine Prolog Implementierung   Auch den Algorithmus, der eine Formel in eine Skolem-Normalform transformiert, möchte ich in Prolog implementieren. Dabei können wir davon ausgehen, dass die gegebene Formel bereits in Pränexnormalform vorliegt, und dass in ihr die Variablen auseinanderdividiert sind.

Die Transformation wird durch die Relation `skolemize/3` realisiert. Der Einfachheit halber durchlaufen wir hier eine gegebene Formel von links nach rechts: Universelle Quantoren werden übersprungen, wobei wir uns die quantifizierte Variable in einer Liste merken, existenziell quantifizierte Variable werden ersetzt und wir brechen ab, sobald keine Quantoren mehr auftreten.

```
skolemize(all(X,F),all(X,G),V) :- !, skolemize(F,G,[X|V]).
skolemize(some(X,F),G,V) :-
        !, gensym(sf,SF), T =.. [SF|V], X = T, skolemize(F,G,V).
skolemize(F,F,_).
```

`skolemize(F,G,[])` ist genau dann wahr, wenn `G` eine Skolem-Normalform der gegebenen Formel `F` in Pränexnormalform ist. Das dritte Argument repräsentiert die anzulegende Liste von Variablen. Die Liste ist anfangs leer. Sobald wir auf das erste Vorkommen eines existenziell quantifizierten Ausdrucks `some(X,F)` treffen, eliminieren wir die Variable `X` indem wir sie in der Restformel durch ein neues Skolem-Konstantensybol bzw. ein Skolem-Funktionssymbol `T` ersetzen. Nun müssen die Skolem-Konstantensymbole bzw. Skolem-Funtionssymbole immer „neu" sein. Dafür stellt uns das Prolog-System ein Systemprädikatssymbol `gensym/2` zur Verfügung. Das erste Argument von `gensym/2` sollte ein Prolog-Atom sein, wie das `sf` in obigen Programm. Bei jedem Aufruf wird dann an dieses Atom eine um eins gegenüber dem vorangegangen Aufruf erhöhte natürliche Zahl angehängt und mit dem zweiten Argument von `gensym/2` unifiziert. Beim ersten Aufruf von `gensym(sf, SF)` wird also `SF` an `sf1` gebunden, beim zweiten Aufruf an `sf2` und so weiter. Die Ersetzung von `X` durch `T` leistet der Aufruf `X = T`, durch den `X` mit `T` unifiziert wird.

Als Beispiel betrachten wir:

```
?- skolemize(some(U, all(V, some(W, all(X, p(U, V) and neg q(W, X))))), G, []).
U = sf1
V = _G547
W = sf2(_G547)
X = _G550
G = all(_G547, all(_G550, p(sf1, _G547) and neg q(sf2(_G547), _G550))).
```

4.4.4 Klauselform

Wir können also jeden Satz F der Prädikatenlogik in einen Satz H in Skolem-Normalform überführen, so dass F genau dann erfüllbar ist, wenn H erfüllbar ist. Dabei ist H eine Formel der Form $(\forall X_1) \ldots (\forall X_n) G$, wobei die $X_1, \ldots, X_n$ alle Variablen sind, die in der Matrix G vorkommen, und G selbst keine Quantoren mehr enthält. Wir können nun G in Klauselform transformieren.

Wie in der Aussagenlogik ist auch in der Prädikatenlogik eine Formel in Klauselform, wenn sie eine verallgemeinert Konjunktion von Klauseln ist. Klauseln sind wiederum verallgemeinerte Disjunktionen von Literalen. Literale sind Atome und negierte Atome.

Beispielsweise sind die Formeln

$$\forall \langle [person(anna)], [person(luis)], [person(tim)],$$
$$[männlich(tim)], [männlich(tom)],$$
$$[kind(anna, tim)],$$
$$[\neg person(X), \neg männlich(X), \neg kind(Y, X), vater(X)] \rangle.$$

und

$$\forall \langle [nat(a)], [\neg nat(N), nat(s(N)],$$
$$[a \approx a], [s(X) \not\approx s(Y), X \approx Y],$$
$$[a \not\approx s(W)] \qquad \rangle$$

in Klauselform. Man vergleiche diese Formeln mit den in Abschnitt 4.3.3 betrachteten Formelmengen.

Zur Transformation in Klauselform können wir den in Abbildung 3.6 beschriebenen Algorithmus verwenden, da die in Satz 3.19 genannten Äquivalenzen sowie das Ersetzungstheorem 3.23 auch für prädikatenlogische Formeln gelten. Sei G' die zu G äquivalente Formel in Klauselform. Wir erinnern uns, dass

$\forall G$ selbst aus dem Satz F durch Transformation in Skolem-Normalform erhalten wurde. Aufgrund von Proposition 4.36, Satz 4.39 und Satz 3.28 wissen wir, dass $\forall G'$ genau dann erfüllbar ist, wenn F erfüllbar ist. Durch Negieren dieser Aussage folgern wir, dass $\forall G'$ genau dann unerfüllbar ist, wenn F unerfüllbar ist. Diese letzte Beziehung werden wir ausnützen, wenn wir beispielsweise einen Resolutionskalkül für die Prädikatenlogik angeben.

Bevor ich ein größeres Beispiel für die Transformation in Klauselform angebe, will ich noch kurz eine Prolog Implementierung der Transformation vorstellen.

Eine Prolog Implementierung Der in diesem Abschnitt beschriebene letzte Schritt zur Transformation einer prädikatenlogischen Formel in Klauselform ist in Prolog einfach zu realisieren. Wenn wir davon ausgehen, dass eine Formel F in Skolem-Normalform vorliegt, dann beseitigt die im Folgenden beschriebene Relation `matrix/2` die führenden universellen Quantoren.

```
matrix(all(_,F),G) :- !, matrix(F,G).
matrix(F,F).
```

Die so erhaltene Formel können wir mittels des in Abschnitt 3.3.4 beschriebenen Prolog-Programms für `clauseform/2`, das auch auf quantoren-freie, prädikatenlogische Programme anwendbar ist, in eine Klauselform transformieren.

Die Transformationen einer Formel in Pränexnormalform, Skolem-Normalform und Klauselform wollen wir in der Relation `pclauseform/2` zusammenfassen.

```
pclauseform(F,G) :- praenex(F,F1),
                    skolemize(F1,F2,[]),
                    matrix(F2,F3),
                    clauseform(F3,G).
```

Als Beispiel erhalten wir:

```
?- pclauseform(neg some(X,all(Y,p(X,Y))) and all(Z,q(Z)),G).
X = _G474
Y = sf10(_G474,_G485)
Z = _G485
G = [[neg p(_G474,sf10(_G474,_G485))], [q(_G485)]].
```

Beispiel Bevor ich fortfahre, möchte ich das bisher Erreichte mit einem Beispiel untermauern, das aus [CL90] stammt. Aus der Mathematik kennen wir den folgenden Satz: „*Sei G eine Gruppe mit $\cdot/2$ als binären, infix geschriebenen Operator und $e/0$ als Identität. Wenn für alle Elemente X von G die Eigenschaft $X \cdot X = e$ gilt, dann ist G eine kommutative Gruppe*". Um diesen Satz formal beweisen zu können, müssen wir ihn zunächst in der Sprache der Prädikatenlogik darstellen.

Eine Gruppe G erfüllt die folgenden Axiome:

A_1 Wenn $X, Y \in G$, dann ist auch $X \cdot Y \in G$.

A_2 Für alle $X, Y, Z \in G$ gilt $(X \cdot (Y \cdot Z)) = ((X \cdot Y) \cdot Z)$.

A_3 Für alle $X \in G$ gilt $X \cdot e = e \cdot X = X$.

A_4 Für jedes $X \in G$ gibt es ein (inverses) Element $X^{-1} \in G$ mit der Eigenschaft $X \cdot X^{-1} = X^{-1} \cdot X = e$.

Als erstes müssen wir uns überlegen, wie wir eine Gleichung der Form $X \cdot Y = Z$ und ein inverses Element X^{-1} in der Prädikatenlogik darstellen wollen. Zur Darstellung der Gleichung verwenden wir ein dreistelliges Relationssymbol $p/3$ und zur Darstellung des inversen Elementes ein einstelliges Funktionssymbol $f/1$, so dass $X \cdot Y = Z$ durch $p(X, Y, Z)$ und X^{-1} durch $f(X)$ dargestellt wird. Damit lassen sich die Axiome A_1, A_3 und A_4 unmittelbar wie folgt repräsentieren, wobei ich der Einfachheit halber die in den Formeln vorkommenden Variablen auseinanderdividiert habe:

A_1' $(\forall X_1)(\forall Y_1)(\exists Z_1)\, p(X_1, Y_1, Z_1)$.

A_3' $((\forall X_4)\, p(X_4, e, X_4) \wedge (\forall X_5)\, p(e, X_5, X_5))$.

A_4' $((\forall X_6)\, p(X_6, f(X_6), e) \wedge (\forall X_7)\, p(f(X_7), X_7, e))$.

Um auch A_2 repräsentieren zu können, müssen wir die darin vorkommenden geschachtelten Ausdrücke auflösen. Dazu formen wir A_2 um:

A_{21} Für alle $X, Y, Z, U, V \in G$ gilt:
wenn $X \cdot Y = U$ und $Y \cdot Z = V$, dann $X \cdot V = U \cdot Z$.

Anschließend ersetzen wir noch $U \cdot Z$ bzw. $X \cdot V$ durch W und erhalten so:

A_{22} Für alle $X, Y, Z, U, V, W \in G$ gilt:
wenn $X \cdot Y = U$ und $Y \cdot Z = V$ und $U \cdot Z = W$, dann $X \cdot V = W$,
und für alle $X, Y, Z, U, V, W \in G$ gilt:
wenn $X \cdot Y = U$ und $Y \cdot Z = V$ und $X \cdot V = W$, dann $U \cdot Z = W$.

A_{22} können wir nun unmittelbar mittels der prädikatenlogische Formel

A_2' $((\forall X_2)(\forall Y_2)(\forall Z_2)(\forall U_2)(\forall V_2)(\forall W_2)$
$(\langle p(X_2, Y_2, U_2),\ p(Y_2, Z_2, V_2),\ p(U_2, Z_2, W_2)\rangle \rightarrow p(X_2, V_2, W_2))\ \wedge$
$(\forall X_3)(\forall Y_3)(\forall Z_3)(\forall U_3)(\forall V_3)(\forall W_3)$
$(\langle p(X_3, Y_3, U_3),\ p(Y_3, Z_3, V_3),\ p(X_3, V_3, W_3)\rangle \rightarrow p(U_3, Z_3, W_3)))$

ausdrücken, wobei auch hier wieder die Variablen auseinanderdividiert wurden.

Die Konklusion des Satzes kann wie folgt in der Prädikatenlogik dargestellt werden:

$$C' \quad ((\forall X_8)\, p(X_8, X_8, e)$$
$$\rightarrow (\forall U_9)(\forall V_9)(\forall W_9)\, (p(U_9, V_9, W_9) \rightarrow p(V_9, U_9, W_9))).$$

Somit wird der gesamte Satz durch die Formel

$$F = (\langle A_1',\ A_2',\ A_3',\ A_4' \rangle \rightarrow C')$$

repräsentiert. Wir haben den Satz F bewiesen, wenn es uns gelingt, die Allgemeingültigkeit von F nachzuweisen. Da Satz 3.6 auch für die Prädikatenlogik gilt, können wir alternativ auch die Unerfüllbarkeit von

$$\neg F = (\langle A_1',\ A_2',\ A_3',\ A_4' \rangle \wedge \neg C')$$

zeigen.

Die Formel $\neg F$ wollen wir jetzt in Klauselform transformieren. Dazu müssen zunächst alle Implikationen beseitigt und dann die in den Abbildungen 4.2 und 4.3 dargestellten Transformationsregeln angewendet werden. Die Matrix der so erhaltenen Formel in Skolem-Normalform kann dann in Klauselform transformiert werden. Insgesamt erhalten wir so:

$$\forall \langle\ [p(X_1, Y_1, g(X_1, Y_1))],$$
$$[\neg p(X_2, Y_2, U_2),\ \neg p(Y_2, Z_2, V_2),\ \neg p(U_2, Z_2, W_2),\ p(X_2, V_2, W_2)],$$
$$[\neg p(X_3, Y_3, U_3),\ \neg p(Y_3, Z_3, V_3),\ \neg p(X_3, V_3, W_3),\ p(U_3, Z_3, W_3)],$$
$$[p(X_4, e, X_4)],$$
$$[p(e, X_5, X_5)],$$
$$[p(X_6, f(X_6), e],$$
$$[p(f(X_7), X_7, e)],$$
$$[p(X_8, X_8, e)],$$
$$[p(a, b, c)],$$
$$[\neg p(b, a, c)] \qquad\qquad\qquad \rangle.$$

$$(4.7)$$

Dabei ist $g/2$ ein zweistelliges Skolem-Funktionssymbol, und $a/0$, $b/0$ und $c/0$ sind Skolem-Konstantensymbole. Dem interessierten Leser empfehle ich, diese Transformation Schritt für Schritt nachzuvollziehen. Dabei spielt die Reihenfolge, in der die Quantoren nach „außen" gezogen werden, eine wichtige Rolle (siehe Übungsaufgabe 4–24).

Der in diesem Abschnitt betrachtete mathematische Satz aus der Gruppentheorie ist bewiesen, wenn es uns gelingt, die Unerfüllbarkeit der Formel (4.7) nachzuweisen. Wir werden uns in der Folge mit der Entwicklung von Algorithmen beschäftigen, die die Unerfüllbarkeit einer Formel in Klauselform nachweisen.

Insbesondere werden wir das aus der Aussagenlogik bekannte Resolutionsverfahren so erweitern, dass wir es auch auf prädikatenlogische Formeln anwenden können. Dies alles passiert in Abschnitt 4.6. Dort werde ich auch eine Resolutionswiderlegung für (4.7) angeben. Bevor ich das tun kann, müssen wir uns aber zunächst mit der Unifikation von Termen beschäftigen.

4.5 Unifikation

Die Unifikation wurde bereits in Abschnitt 2.4.7 vorgestellt. Ziel dieses Abschnitts ist es, die formalen Grundlagen der Unifikation zu entwickeln. Zur Vereinfachung nehmen wir im Folgenden an, dass die Menge $\mathcal{F}$ der Funktionssymbole und die Menge $\mathcal{V}$ der Variablen fest vorgegeben sind und die in den Beispielen verwendeten Symbole in dem Alphabet vorkommen. Zunächst werden ich die Klasse der Unifikationsprobleme etwas erweitern.

Definition 4.40 *Eine* Gleichung *ist ein Ausdruck der Form* $s \approx t$, *wobei* s *und* t *Terme sind.*

Dabei ist $\approx/2$ nichts anderes als ein zweistelliges, infix geschriebenes Relationssymbol. Beispiele für Gleichungen sind $X \approx f(a, Y)$, $Z \approx a$ oder $f(g(X), a) \approx f(Z, b)$.

Definition 4.41 *Ein* Unifikationsproblem $\mathcal{U}$ *besteht aus einer Multimenge von Gleichungen* $\{s_1 \approx t_1, \ldots, s_n \approx t_n\}$ *und ist die Frage, ob es eine Substitution* σ *gibt, so dass* $s_i \sigma = t_i \sigma$ *für alle* $1 \leq i \leq n$ *gilt. Gibt es eine solche Substitution* σ, *dann heißt* $\mathcal{U}$ lösbar, *sind die Terme* s_i *und* t_i, $1 \leq i \leq n$, *simultan* unifizierbar *und ist* σ *ist ein* Unifikator *für* $\mathcal{U}$.

Betrachten wir als Beispiel das Unifikationsproblem:

$$\{X \approx a,\ Y \approx Z,\ g(W, X) \approx g(W, a)\}. \tag{4.8}$$

Im Vergleich zu Abschnitt 2.4.7 erlauben wir hier also mehrere Gleichungen und versuchen, diese Gleichungen simultan zu lösen. Dies ist zwar eine kleine Erweiterung, sollte aber nicht allzu sehr überraschen. Schon in dem in Abschnitt 2.4.7 ebenfalls vorgestellten Unifikationsalgorithmus mussten wir auch Listen von Termpaaren unifizieren, und die Multimengenschreibweise ist nur eine notationelle Form, die auch diesen Fall mit abdeckt.

Kehren wir nun zu dem in (4.8) dargestellten Unifikationsproblem zurück. Offensichtlich löst die Substitution

$$\sigma_1 = \{X \mapsto a,\ Y \mapsto Z\}$$

dieses Problem, da $X\sigma_1 = a = a\sigma_1$, $Y\sigma_1 = Z = Z\sigma_1$ und $g(W, X)\sigma_1 = g(W, a) = g(W, a)\sigma_1$ sind. Aber σ_1 ist nicht die einzige Substitution, die das Unifikationsproblem (4.8) löst. Auch

$$\sigma_2 = \{X \mapsto a,\ Z \mapsto Y\}$$

löst (4.8). Im Unterschied zu σ_1 gilt hier $Y\sigma_2 = Y = Z\sigma_2$. Mit anderen Worten, während σ_1 die Variable Y zu Z umbenennt, benennt σ_2 die Variable Z zu Y um. Ansonsten unterscheiden sich σ_1 und σ_2 nicht. Aber auch

$$\sigma_3 = \{X \mapsto a,\ Y \mapsto a,\ Z \mapsto a\}$$

löst (4.8). Hier gilt $Y\sigma_3 = a = Z\sigma_3$, d. h. sowohl Y als auch Z werden zu a instanziiert.

Gibt es Lösungen, die wir bevorzugen? Können wir uns vielleicht auf *eine* Lösung verständigen? Zunächst einmal fällt auf, dass σ_3 im Vergleich zu σ_1 und σ_2 mehr leistet als unbedingt gefordert. Die Gleichung $Y \approx Z$ aus (4.8) besagt lediglich, dass Y und Z gleich sein sollen, d. h. jeweils durch den gleichen Term ersetzt werden sollen. Sie sagt aber nichts darüber aus, durch welchen Term genau die Variablen ersetzt werden sollen. σ_1 und σ_2 repräsentieren genau diese Bedingung, während σ_3 spezieller ist. Durch σ_3 wird bestimmt, dass die Variablen Y und Z durch den Term a ersetzt werden sollen, eine andere Möglichkeit besteht nicht mehr.

Definition 4.42 *Seien σ und θ Substitutionen. σ ist* allgemeiner als θ, *symbolisch $\sigma \geq \theta$, wenn es eine Substitution λ gibt, so dass $\sigma\lambda = \theta$ gilt.*

Gemäß dieser Definition ist σ_1 allgemeiner als σ_3, da wir eine Substitution $\lambda = \{Z \mapsto a\}$ finden, so dass

$$\sigma_1\lambda = \{X \mapsto a,\ Y \mapsto a,\ Z \mapsto a\} = \sigma_3$$

gilt. Aus vergleichbarem Grund ist $\sigma_2 \geq \sigma_3$. Wegen $\sigma_1\{Z \mapsto Y\} = \sigma_2$ und $\sigma_2\{Y \mapsto Z\} = \sigma_1$ gilt sowohl $\sigma_1 \geq \sigma_2$ als auch $\sigma_2 \geq \sigma_1$.

Man beachte, dass die in den Beispielen jeweils gewählte Substitution λ nicht eindeutig bestimmt ist. Vielmehr gibt es hier mehrere Möglichkeiten. So gilt beispielsweise

$$\sigma_1\sigma_2 = \{X \mapsto a,\ Z \mapsto Y\} = \sigma_2$$

und

$$\sigma_1\sigma_3 = \{X \mapsto a,\ Y \mapsto a,\ Z \mapsto a\} = \sigma_3.$$

Als ein weiteres Beispiel betrachten wir die Substitutionen $\theta_1 = \{X \mapsto f(Y)\}$ und $\theta_2 = \{X \mapsto f(a)\}$. θ_1 ist nicht allgemeiner als θ_2, da es keine Substitution λ mit $\theta_1\lambda = \theta_2$ gibt. Insbesondere gilt

$$\theta_1\{Y \mapsto a\} = \{X \mapsto f(a),\ Y \mapsto a\} \neq \{X \mapsto f(a)\} = \theta_2.$$

Kehren wir zu dem Unifikationsproblem (4.8) und der Frage, welche seiner Lösungen wir vorziehen wollen, zurück. Ganz offensichtlich wollen wir allgemeinere Lösungen den spezielleren vorziehen, da wir aus der allgemeinen Lösung die speziellere durch Komposition mit einer geeigneten weiteren Substitution erzeugen können. Dieses Prinzip hilft uns aber nicht, unter σ_1 und σ_2 eine Auswahl zu treffen, da sowohl $\sigma_1 \geq \sigma_2$ als auch $\sigma_2 \geq \sigma_1$ gilt.

Definition 4.43 *Die Substitutionen σ und θ sind* Varianten, *symbolisch $\sigma \sim \theta$, wenn $\sigma \geq \theta$ und $\theta \geq \sigma$ gilt.*

In unserem Beispiel sind also σ_1 und σ_2 Varianten. Wir werden in der Folge sehen, dass wir einen Unifikator für ein lösbares Unifikationsproblem auszeichnen können, der bis auf mögliche Varianten eindeutig bestimmt ist.

Definition 4.44 *Sei $\mathcal{U}$ ein Unifikationsproblem. Eine Substitution σ ist ein* allgemeinster Unifikator *oder kurz ein* mgu[5] *für $\mathcal{U}$, wenn σ ein Unifikator für $\mathcal{U}$ ist und $\sigma \geq \theta$ für jeden Unifikator θ für $\mathcal{U}$ gilt.*

Die zuvor betrachteten Substitutionen σ_1 und σ_2 sind allgemeinste Unifikatoren für das Unifikationsproblem (4.8). Natürlich muss diese Aussage formal nachgewiesen werden, wie überhaupt der Nachweis erbracht werden muss, dass es allgemeinste Unifikatoren gibt. Ein solcher Nachweis wird in der Folge konstruktiv geführt, indem ich einen Algorithmus entwickeln werde, der für ein gegebenes Unifikationsproblem terminiert und entweder einen allgemeinsten Unifikator liefert oder feststellt, dass das Unifikationsproblem keine Lösung besitzt.

Satz 4.45 *(Unifikationssatz) Wenn $\mathcal{U}$ ein lösbares Unifikationsproblem ist, dann gibt es einen allgemeinsten Unifikator für $\mathcal{U}$.*

Beweis Zum Beweis dieses Satzes müssen wir

(i) einen Algorithmus wie oben diskutiert spezifizieren,

(ii) zeigen, dass der Algorithmus terminiert und

(iii) nachweisen, dass der Algorithmus korrekt ist, d. h. dass er einen allgemeinsten Unifikator liefert, wenn das Unifikationsproblem lösbar ist, und ansonsten feststellt, dass das Unifikationsproblem keine Lösung hat.

Beginnen wir mit (i). Der Algorithmus zur Berechnung eines allgemeinsten Unifikators für ein gegebenes Unifikationsproblem ist in Abbildung 4.5 dargestellt. Man beachte, dass die Auswahl der Gleichung $s \approx t$ aus $\mathcal{U}$ *don't care* nicht-deterministisch ist und bei jedem Schleifendurchlauf nur eine der Regeln tatsächlich anwendbar ist.

---

[5] *mgu* ist eine Abkürzung für „*most general unifier*".

Eingabe Ein Unifikationsproblem $\mathcal{U}$.

Ausgabe Ein allgemeinster Unifikator θ für $\mathcal{U}$, wenn $\mathcal{U}$ lösbar ist,
oder **nicht unifizierbar**, wenn $\mathcal{U}$ keine Lösung besitzt.

$\theta := \varepsilon$.

Solange $\mathcal{U}$ nicht leer ist tue das Folgende:

Wähle eine Gleichung $s \approx t$ in U aus.

$\mathcal{U} := \mathcal{U} \setminus \{s \approx t\}$.

Wende eine der folgenden Regeln an:

(1) Wenn $s \approx t$ von der Form $X \approx r$ oder $r \approx X$ ist
und die Variable X nicht im Term r vorkommt,
dann $\theta := \theta\mu$ und $\mathcal{U} := \mathcal{U}\mu$, wobei $\mu = \{X \mapsto r\}$.

(2) Wenn $s \approx t$ von der Form $X \approx X$ ist,
dann tue nichts.

(3) Wenn $s \approx t$ von der Form $X \approx r$ oder $r \approx X$ ist,
die Variable X im Term r vorkommt und $r \neq X$ ist,
dann terminiere mit **nicht unifizierbar**.

(4) Wenn $s \approx t$ von der Form $f(s_1, \ldots, s_n) \approx f(t_1, \ldots, t_n)$ ist,
dann füge die Gleichungen $s_1 \approx t_1, \ldots, s_n \approx t_n$ zu $\mathcal{U}$ hinzu.

(5) Wenn $s \approx t$ von der Form $f(s_1, \ldots, s_n) \approx g(t_1, \ldots, t_m)$ mit
$f \neq g$ ist, dann terminiere mit **nicht unifizierbar**.

Abbildung 4.5: Ein nicht-deterministischer Algorithmus zur Berechnung eines allgemeinsten Unifikators eines gegebenen Unifikationsproblems. Dabei steht $\mathcal{U}\mu$ für das Unifikationsproblem, das man aus $\mathcal{U}$ erhält, indem man auf jede Gleichung in $\mathcal{U}$ die Substitution μ anwendet. Mit $\mathcal{U} \setminus \{s \approx t\}$ wird die Multimenge bezeichnet, die dadurch entsteht, dass in $\mathcal{U}$ ein Vorkommen der Gleichung $s \approx t$ gestrichen wird. Man beachte, dass die Schritte (4) und (5) auch dann anwendbar sind, wenn f bzw. g null-stellige Funktionssymbole, also Konstanten, sind; In diesem Fall wird im Schritt (4) zu $\mathcal{U}$ nichts mehr hinzugefügt.

Betrachten wir erneut das Unifikationsproblem (4.8). Eine Anwendung des Algorithmus liefert die folgende Sequenz von Unifikationsproblemen und Substitutionen, wobei die jeweils ausgewählte Gleichung unterstrichen und die angewendete Regel genannt wurde:

$\mathcal{U}$	θ	
$\{\underline{X \approx a},\ Y \approx Z,\ g(W,X) \approx g(W,a)\}$	ε	
$\{Y \approx Z,\ \underline{g(W,a) \approx g(W,a)}\}$	$\{X \mapsto a\}$	(1)
$\{Y \approx Z,\ \underline{W \approx W},\ a \approx a\}$	$\{X \mapsto a\}$	(4)
$\{Y \approx Z,\ \underline{a \approx a}\}$	$\{X \mapsto a\}$	(2)
$\{\underline{Y \approx Z}\}$	$\{X \mapsto a\}$	(4)
$\{\ \}$	$\{X \mapsto a,\ Y \mapsto Z\}$	(1)

Regel (1) beinhaltet ebenfalls eine *don't care* nicht-deterministische Entscheidung. Wenn, wie im letzten Schritt des obigen Beispiels, die ausgewählte Gleichung von der Form $Y \approx Z$ ist, dann kann entweder Y durch Z oder Z durch Y ersetzt werden. Im ersten Fall liefert der Unifikationsalgorithmus σ_1, während er im zweiten Fall σ_2 ausgibt.

Der Unifikationsalgorithmus terminiert in zwei Fällen mit der Ausgabe `nicht unifizierbar`:

(a) Wenn eine ausgewählte Gleichung die Form $X \approx r$ hat, die Variable X im Term r vorkommt und $X \neq r$ ist.

(b) Wenn eine ausgewählte Gleichung von der Form

$$f(s_1, \ldots, s_n) \approx g(t_1, \ldots, t_m)$$

mit $f \neq g$ ist.

Ein Beispiel für (a) ist die Gleichung $X \approx f(X)$. Offensichtlich kann es keine Substitution σ geben, so dass

$$X\sigma = f(X\sigma) = f(X)\sigma$$

gilt, d. h. ein Unifikationsproblem, das diese Gleichung enthält, ist unlösbar. Ein Beispiel für (b) ist die Gleichung $f(X) \approx g(W,a)$. Auch hier gibt es keine Substitution σ, so dass

$$f(X)\sigma = f(X\sigma) = g(W\sigma, a) = g(W,a)\sigma$$

gilt. Ergo ist auch jedes Unifikationsproblem, das diese Gleichung enthält, unlösbar. Weitere Anwendungen des Algorithmus werden in Übungsaufgabe 4–25 diskutiert.

Bevor ich zum Beweis der Terminierung und der Korrektheit komme, will ich zunächst die Regeln (1) bis (3) des Unifikationsalgorithmus noch etwas genauer betrachten. Wenn der Algorithmus für ein Unifikationsproblem $\mathcal{U}$ mit der Ausgabe eines Unifikators θ nach k Schleifendurchläufen terminiert, dann gibt es eine Folge

$$(\mathcal{U}_i \mid k \geq i \geq 0)$$

von Unifikationsproblemen und eine Folge

$$(\mu_i \mid k > i \geq 0)$$

von Substitutionen mit $\mathcal{U} = \mathcal{U}_k$, $\mathcal{U}_0 = \{\,\}$, $\theta = \theta_k = \mu_{k-1}\ldots\mu_0$ und $\mathcal{U}_i$ entsteht aus $\mathcal{U}_{i+1}$, $k > i \geq 0$, entweder durch die Elimination einer Variablen (Regel (1)), durch die Elimination einer trivialen Gleichung (Regel(2)) oder durch Dekomposition (Regel (4)) wie folgt:

- Variablenelimination:

$$\begin{aligned}
\mu_i &= \{X \mapsto r\}, \\
\mathcal{U}_i &= (\mathcal{U}_{i+1} \setminus \{X \approx r\})\mu_i,
\end{aligned}$$

  bzw.

$$\begin{aligned}
\mu_i &= \{X \mapsto r\}, \\
\mathcal{U}_i &= (\mathcal{U}_{i+1} \setminus \{r \approx X\})\mu_i,
\end{aligned}$$

  wobei X in r nicht vorkommt.

- Elimination einer trivialen Gleichung:

$$\begin{aligned}
\mu_i &= \varepsilon, \\
\mathcal{U}_i &= \mathcal{U}_{i+1} \setminus \{X \approx X\},
\end{aligned}$$

- Dekomposition:

$$\begin{aligned}
\mu_i &= \varepsilon, \\
\mathcal{U}_i &= (\mathcal{U}_{i+1} \setminus \{f(s_1,\ldots,s_n) \approx f(t_1,\ldots,t_n)\}) \cup \{s_i \approx t_i \mid 1 \leq i \leq n\}.
\end{aligned}$$

Behauptung *Wenn $\mathcal{U}_i$ durch Variablenelimination, Elimination einer trivialen Gleichung oder Dekomposition aus $\mathcal{U}_{i+1}$ entstanden ist, dann gilt: Wenn σ ein Unifikator für $\mathcal{U}_{i+1}$ ist, dann ist σ auch ein Unifikator für $\mathcal{U}_i$.*

Beweis der Behauptung Für die Fälle, dass die Elimination einer trivialen Gleichung oder die Dekomposition angewendet wurde, verweise ich auf Übungsaufgabe 4–26. Betrachten wir jetzt den Fall, dass die Variablenelimination angewendet wurde. Sei $X \approx r$ die ausgewählte Gleichung und $\mu_i = \{X \mapsto r\}$. Wir nehmen an, σ sei ein Unifikator für $\mathcal{U}_{i+1}$. Nach Definition 4.41 muss dann $X\sigma = r\sigma$ gelten. Weiterhin finden wir:

$$\mu_i\sigma = \{X \mapsto r\}\sigma = \left\{ \begin{array}{ll} \sigma_X & \text{wenn } r\sigma = X \\ \{X \mapsto r\sigma\} \cup \sigma_X & \text{sonst} \end{array} \right\} = \sigma. \qquad (4.9)$$

Im wenn-Fall muss wegen $r\sigma = X$ und $r\sigma = X\sigma$ auch $X = X\sigma$ gelten. Somit enthält σ keine Bindung für X, d. h. $X \notin \mathsf{dom}(\sigma)$, und gemäß Definition 4.14 gilt dann $\sigma_X = \sigma$. Im sonst-Fall muss wegen $X\sigma = r\sigma$ die Substitution σ das Paar beziehungsweise die Bindung $X \mapsto r\sigma$ enthalten.

Sei nun $s' \approx t' \in \mathcal{U}_i$. Gemäß Konstruktion finden wir dann eine Gleichung $s \approx t \in \mathcal{U}_{i+1}$ mit $s\mu_i = s'$ und $t\mu_i = t'$ und es gilt:

$$
\begin{aligned}
s'\sigma &= (s\mu_i)\sigma \\
&= s(\mu_i\sigma) &\text{(Proposition 4.12)} \\
&= s\sigma &\text{(4.9)} \\
&= t\sigma &\text{(Annahme)} \\
&= t(\mu_i\sigma) &\text{(4.9)} \\
&= (t\mu_i)\sigma &\text{(Proposition 4.12)} \\
&= t'\sigma,
\end{aligned}
$$

womit die Behauptung bewiesen ist.

Wenn der Algorithmus für ein Unifikationsproblem $\mathcal{U}$ mit der Ausgabe **nicht unifizierbar** terminiert, dann gibt es ebenfalls die oben definierten Folgen von Unifikationsproblemen und Substitution mit dem einen Unterschied, dass dann $\mathcal{U}_0$ nicht leer ist und eine Gleichung enthält, die entweder von der Form $f(s_1, \ldots, s_m) \approx g(t_1, \ldots, t_n)$ mit $f \neq g$ oder von der Form $X \approx r$ bzw. $r \approx X$ mit $r \neq X$ und X kommt in r vor ist.

Als nächsten Schritt zeigen wir die Terminierung (ii) des in Abbildung 4.5 dargestellten Algorithmus. Bei Betrachtung des Algorithmus fällt auf, dass bei jedem Schleifendurchlauf, der nicht zu einem unmittelbaren Abbruch führt, entweder die Anzahl der in $\mathcal{U}$ vorkommenden Variablen reduziert wird (Regel (1)) oder, andernfalls zwei Vorkommen einer Variablen oder eines Funktionssymbols eliminiert werden (Regel (2) und (4)). Diese Beobachtung werden wir ausnutzen, um die Terminierung des Algorithmus zu beweisen.

Dazu definieren wir:

$$
\mathsf{l}(E) = \begin{cases}
1 & \text{wenn } E \text{ ein Konstantensymbol ist,} \\
1 & \text{wenn } E \text{ eine Variable ist,} \\
1 + \sum_{i=1}^{n} \mathsf{l}(t_i) & \text{wenn } E \text{ die Form } f(t_1, \ldots, t_n) \text{ hat,} \\
\mathsf{l}(s) + \mathsf{l}(t) & \text{wenn } E \text{ die Form } s \approx t \text{ hat,} \\
\sum_{j=1}^{m} \mathsf{l}(s_j \approx t_j) & \text{wenn } E \text{ die Form } \{s_1 \approx t_1, \ldots, s_m \approx t_m\} \text{ hat.}
\end{cases}
$$

Sei $\mathsf{v}(E)$ die Anzahl der in E vorkommenden Variablen. So ist beispielsweise $\mathsf{v}(f(X, X, Y)) = 2$ (siehe auch Übungsaufgabe 4–27). Für ein gegebenes Unifikationsproblem $\mathcal{U}$ betrachten wir nun Paare der Form $(\mathsf{v}(\mathcal{U}), \mathsf{l}(\mathcal{U}))$ und definieren die binäre Relation $\succ/2$ über Paaren von natürlichen Zahlen als:

$(n, m) \succ (n', m')$ genau dann, wenn $n > n'$ oder $(n = n' \wedge m > m')$, wobei $> /2$ die „größer"-Relation über natürlichen Zahlen ist. Beispielsweise gilt $(5,4) \succ (4,16)$ und $(5,16) \succ (5,4)$. Es ist leicht zu sehen, dass es über Paaren $((n_i, m_i) \mid i \geq 0)$ natürlicher Zahlen keine unendlich lange Folge $(n_1, m_1) \succ (n_2, m_2) \succ \ldots$ geben kann. Insbesondere gibt es kein kleineres Paar als $(0,0)$ bezüglich $\succ /2$. Man beachte, dass $(\mathsf{v}(\mathcal{U}), \mathsf{l}(\mathcal{U})) = (0,0)$ für ein leeres Unifikationsproblem $\mathcal{U} = \dot{\emptyset}$ gilt.

Sei nun $\mathcal{U}$ das gegebene Unifikationsproblem. Es ist einfach nachzuweisen, dass bei jedem Schleifendurchlauf des in Abbildung 4.5 dargestellten Algorithmus die assoziierten Paare $(\mathsf{v}(\mathcal{U}), \mathsf{l}(\mathcal{U}))$ kleiner bezüglich $\succ /2$ werden (siehe Übungsaufgabe 4–28). Die Abbruchbedingung der Schleife ($\mathcal{U} = \dot{\emptyset}$) korrespondiert genau mit dem kleinsten Element $(0,0)$ der absteigenden Folge von Paaren natürlicher Zahlen. Sofern die Schleife nicht durch Anwendung der Regel (3) oder (5) mit **nicht unifizierbar** verlassen wird, muss diese Abbruchbedingung erreicht werden, da es keine unendlich langen absteigenden Folgen über Paaren von natürlichen Zahlen gibt.

Zusammengefasst können wir an dieser Stelle folgern: Wenn ein Unifikationsproblem $\mathcal{U}$ lösbar ist, dann gibt es eine Folge von Unifikationsproblemen, die mit $\mathcal{U}$ beginnt und mit $\dot{\emptyset}$ endet, und in der jeder Übergang entweder eine Variablenelimination, eine Elimination einer trivialen Gleichung oder eine Dekomposition ist.

Somit kommen wir zum Beweis der Korrektheit (iii) des Algorithmus und behaupten: Wenn ein Unifikationsproblem $\mathcal{U}$ in k Schleifendurchläufen gelöst wird, dann gilt:

(a) $\theta_k = \mu_{k-1} \ldots \mu_0$ ist ein Unifikator für $\mathcal{U}$ und

(b) für alle Unifikatoren σ für $\mathcal{U}$ gibt es eine Substitution λ mit $\theta_k \lambda = \sigma$.

Mit anderen Worten, wir behaupten, dass θ_k ein allgemeinster Unifikator für $\mathcal{U}$ ist. Diese Behauptung wird in der Folge mittels vollständiger Induktion über k bewiesen.

Induktionsanfang In diesem Fall ist $k = 0$ und somit $\mathcal{U} = \dot{\emptyset}$. Es gilt: (a) $\theta_0 = \varepsilon$ ist eine Unifikator für $\mathcal{U}$ und (b) für alle Unifikatoren σ für $\mathcal{U}$ gilt wegen Korollar 4.11 unmittelbar auch $\varepsilon \sigma = \sigma$.

Induktionshypothese (IH) Die Aussage gilt für k, d. h. θ ist allgemeinster Unifikator für $\mathcal{U} = \mathcal{U}_k$.

Induktionsschluss Sei nun $\mathcal{U}_{k+1}$ ein Unifikationsproblem, das im ersten Schleifendurchlauf unter Verwendung von θ_k auf $\mathcal{U}_k$ abgebildet wird. Wir erhalten somit $\theta_{k+1} = \mu_k \mu_{k-1} \ldots \mu_0 = \mu_k \theta_k$ als Komposition der verwendeten Substitutionen bei Verlassen der Schleife. Zum Beweis des Induktionsschlusses unterscheiden wir nun drei Fälle in Abhängigkeit der im ersten Schleifendurchlauf angewendeten Regel.

- *Elimination einer trivialen Gleichung*
  In diesem Fall ist $\mathcal{U}_k = \mathcal{U}_{k+1} \setminus \{X \approx X\}$, $\mu_k = \varepsilon$ und es gilt:

$$
\begin{aligned}
\theta_{k+1} &= \mu_k \theta_k \\
&= \varepsilon \theta_k & (\mu_k = \varepsilon) \\
&= \theta_k. & \text{(Korollar 4.11)}
\end{aligned}
$$

(a) Zu zeigen: θ_{k+1} ist Unifikator für $\mathcal{U}_{k+1}$. Sei $s \approx t \in \mathcal{U}_{k+1}$. Wir unterscheiden zwei Fälle: Wenn $s \approx t \in \mathcal{U}_k$, dann gilt:

$$
\begin{aligned}
s\theta_{k+1} &= s\theta_k & (\theta_{k+1} = \theta_k) \\
&= t\theta_k & \text{(Induktionshypothese)} \\
&= t\theta_{k+1}. & (\theta_{k+1} = \theta_k)
\end{aligned}
$$

Sonst folgt $s = t = X$ und $s\theta_{k+1} = X\theta_{k+1} = t\theta_{k+1}$.

(b) Zu zeigen: Für alle Unifikatoren σ für $\mathcal{U}$ gibt es eine Substitution λ mit $\theta_{k+1}\lambda = \sigma$. Sei σ ein Unifikator für $\mathcal{U}_{k+1}$. Wegen der auf Seite 212 bewiesenen Behauptung ist σ auch ein Unifikator für $\mathcal{U}_k$. Aufgrund der Induktionshypothese finden wir eine Substitution λ mit $\theta_k\lambda = \sigma$. Wegen $\theta_{k+1} = \theta_k$ gilt dann auch $\theta_{k+1}\lambda = \sigma$.

- *Dekomposition* In diesem Fall sind

$$
\mathcal{U}_k = (\mathcal{U}_{k+1} \setminus \{f(s_1, \ldots s_n) \approx f(t_1, \ldots, t_n)\}) \,\dot{\cup}\, \{s_i \approx t_i \mid 1 \le i \le n\},
$$

$\mu_k = \varepsilon$ und es gilt:

$$
\begin{aligned}
\theta_{k+1} &= \mu_k \theta_k \\
&= \varepsilon \theta_k & (\mu_k = \varepsilon) \\
&= \theta_k. & \text{(Korollar 4.11)}
\end{aligned}
$$

(a) Zu zeigen: θ_{k+1} ist Unifikator für $\mathcal{U}_{k+1}$. Sei $s \approx t \in \mathcal{U}_{k+1}$. Wir unterscheiden zwei Fälle: Wenn $s \approx t \in \mathcal{U}_k$, dann gilt:

$$
\begin{aligned}
s\theta_{k+1} &= s\theta_k & (\theta_{k+1} = \theta_k) \\
&= t\theta_k & \text{(IH)} \\
&= t\theta_{k+1}. & (\theta_{k+1} = \theta_k)
\end{aligned}
$$

Sonst folgt $s = f(s_1, \ldots, s_n)$ und $t = f(t_1, \ldots, t_n)$, und es gilt:

$$
\begin{aligned}
f(s_1, \ldots, s_n)\theta_{k+1} &= f(s_1, \ldots, s_n)\theta_k & (\theta_{k+1} = \theta_k) \\
&= f(s_1\theta_k, \ldots, s_n\theta_k) & \text{(Definition 4.8)} \\
&= f(t_1\theta_k, \ldots, t_n\theta_k) & \text{(IH)} \\
&= f(t_1, \ldots, t_n)\theta_k & \text{(Definition 4.8)} \\
&= f(t_1, \ldots, t_n)\theta_{k+1} & (\theta_{k+1} = \theta_k)
\end{aligned}
$$

(b) Die Aussage folgt Analog zum Fall der Elimination einer trivialen Gleichung.

- *Variablenelimination*   In diesem Fall sind $\mathcal{U}_k = (\mathcal{U}_{k+1} \setminus \{X \approx r\})\mu_k$, $\mu_k = \{X \mapsto r\}$ und $\theta_{k+1} = \mu_k\theta_k$. Außerdem kommt X in r nicht vor. Der Fall $\mathcal{U}_k = (\mathcal{U}_{k+1} \setminus \{r \approx X\})\mu_k$ folgt analog.

(a) Zu zeigen: θ_{k+1} ist Unifikator für $\mathcal{U}_{k+1}$. Sei $s \approx t \in \mathcal{U}_{k+1}$. Wir unterscheiden zwei Fälle: Wenn $s \approx t = X \approx r$, dann gilt:

$$
\begin{aligned}
X\theta_{k+1} &= X(\mu_k\theta_k) & (\theta_{k+1} = \mu_k\theta_k)\\
&= (X\mu_k)\theta_k & (\text{Proposition } 4.12)\\
&= r\theta_k & (\mu_k = \{X \mapsto r\})\\
&= (r\mu_k)\theta_k & (X \text{ kommt in } r \text{ nicht vor})\\
&= r(\mu_k\theta_k) & (\text{Proposition } 4.12)\\
&= r\theta_{k+1}. & (\theta_{k+1} = \mu_k\theta_k)
\end{aligned}
$$

Sonst finden wir wegen $\mathcal{U}_k = (\mathcal{U}_{k+1} \setminus \{X \approx r\})\mu_k$, dass $s\mu_k \approx t\mu_k \in \mathcal{U}_k$ ist, und es gilt:

$$
\begin{aligned}
s\theta_{k+1} &= s(\mu_k\theta_k) & (\theta_{k+1} = \mu_k\theta_k)\\
&= (s\mu_k)\theta_k & (\text{Proposition } 4.12)\\
&= (t\mu_k)\theta_k & (\text{IH})\\
&= t(\mu_k\theta_k) & (\text{Proposition } 4.12)\\
&= t\theta_{k+1}. & (\theta_{k+1} = \mu_k\theta_k)
\end{aligned}
$$

(b) Zu zeigen: Für alle Unifikatoren σ für $\mathcal{U}_{k+1}$ gibt es eine Substitution λ mit $\theta_{k+1}\lambda = \sigma$. Sei σ ein Unifikator für $\mathcal{U}_{k+1}$. Wegen der zuvor gezeigten Behauptung ist σ auch ein Unifikator für $\mathcal{U}_k$. Wegen der Induktionshypothese finden wir eine Substitution λ mit $\theta_k\lambda = \sigma$. Aber dann gilt auch $\theta_{k+1}\lambda = \sigma$: Sei $Y \in \mathcal{V}$. Dann gilt:

$$
\begin{aligned}
Y(\theta_{k+1}\lambda) &= Y((\mu_k\theta_k)\lambda) & (\theta_{k+1} = \mu_k\theta_k)\\
&= Y(\mu_k(\theta_k\lambda)) & (\text{Proposition } 4.13)\\
&= (Y\mu_k)(\theta_k\lambda). & (\text{Proposition } 4.12)
\end{aligned}
$$

Wir unterscheiden zwei Fälle. Wenn $Y \neq X$ ist, dann gilt:

$$
\begin{aligned}
(Y\mu_k)(\theta_k\lambda) &= Y(\theta_k\lambda) & (\mu_k = \{X \mapsto r\})\\
&= Y\sigma. & (\text{IH})
\end{aligned}
$$

Wenn $Y = X$ ist, dann gilt:

$$
\begin{aligned}
(X\mu_k)(\theta_k\lambda) &= r(\theta_k\lambda) & (\theta_k = \{X \mapsto r\})\\
&= r\sigma & (\text{IH})\\
&= X\sigma & (\sigma \text{ Unifikator für } \mathcal{U}_{k+1})
\end{aligned}
$$

Eine Anwendung des Peano'schen Induktionsprinzips liefert den Beweis.   □

In Abschnitt 2.4.7 wurde ein Unifikationsalgorithmus für Prolog-Terme beschrieben. Der interessierte Leser bzw. die interessierte Leserin ist aufgerufen, den dort implementierten Algorithmus mit dem in Abbildung 4.5 dargestellten Unifikationsalgorithmus zu vergleichen (siehe auch Übungsaufgabe 4–29).

Aus Definition 4.43 folgt unmittelbar, dass ein allgemeinster Unifikator für ein Unifikationsproblem bis auf Varianten eindeutig bestimmt ist (siehe auch Übungsaufgabe 4–30).

Korollar 4.46 *Sei $\mathcal{U}$ ein Unifikationsproblem und σ sowie θ allgemeinste Unifikatoren für $\mathcal{U}$. Dann gilt $\sigma \sim \theta$.*

Wir haben damit alle Vorbereitungen abgeschlossen, um uns an die Entwicklung für prädikatenlogische Beweisverfahren zu machen.

4.6 Beweisverfahren

Wie bereits in Abschnitt 3.4 wollen wir wir uns hier mit der Frage beschäftigen, wie wir unsere Computer einsetzen können, um logische Konsequenzen auszurechnen. Allerdings wird die zugrunde liegende Sprache jetzt eben die Sprache der Prädikatenlogik sein. Dabei werde ich jeweils von den in Abschnitt 3.4 dargestellten Verfahren ausgehen und diese geeignet erweitern. Insbesondere werde ich dabei auf das Resolutionsverfahren, die semantischen Tableaus und den Kalkül des natürlichen Schließens eingehen. Aber auch andere Verfahren und Kalküle, wie beispielsweise Hilbert-Systeme, der Sequenzenkalkül oder die Konnektionsmethode, werden diskutiert.

4.6.1 Resolution

Das Resolutionsverfahren beruht auf einem negativen, analysierenden Kalkül. Das Alphabet ist das Alphabet der Prädikatenlogik. Die Sprache ist die Menge der Formeln in Klauselform über diesem Alphabet. Das einzige Axiom ist die unerfüllbare leere Klausel. Die Ableitungsregeln sind die Resolutions- und die Faktorisierungsregel. Die erste ist uns bereits aus der Aussagenlogik bekannt, muss aber entsprechend für prädikatenlogische Klauseln erweitert werden. Die zweite ist eine für die Prädikatenlogik notwendige, zusätzliche Regel. Wir beginnen mit der Erweiterung der Resolutionsregel. Wie bisher gehen wir davon aus, dass die in verschiedenen Klauseln vorkommenden Variablen auseinanderdividiert sind, d. h. dass je zwei verschiedene Klauseln keine gemeinsamen Variablen haben.

Definition 4.47 *Gegeben seien die prädikatenlogischen Klauseln*

$$C_1 = [p(s_1, \ldots, s_k), L_1, \ldots, L_m]$$

und

$$C_2 = [\neg p(t_1, \ldots, t_k), L_{m+1}, \ldots, L_n]$$

mit $k, m, n \geq 0$. Wenn das Unifikationsproblem $\{s_i \approx t_i \mid 1 \leq i \leq k\}$ mit dem allgemeinsten Unifikator σ lösbar ist, dann nennen wir $C = [L_1, \ldots, L_n]\sigma$ eine Resolvente *von C_1 und C_2 bezüglich $p(s_1, \ldots, s_k)$ und $\neg p(t_1, \ldots, t_k)$. Die Klausel C ist durch Anwendung der (prädikatenlogischen) Resolutionsregel auf C_1 und C_2 entstanden, wobei über die Literale $p(s_1, \ldots, s_k)$ und $\neg p(t_1, \ldots, t_k)$ resolviert wurde.*

Wir erinnern uns, dass die Disjunktion sowohl assoziativ als auch kommutativ ist und somit die Reihenfolge des Aufschreibens der Literale in einer Klausel keine Rolle spielt. Das bedeutet hier insbesondere, dass die Literale, über die resolviert wird, nicht notwendigerweise am Anfang einer Klausel stehen müssen. Als Beispiel betrachten wir die Klauseln

$$C_1 = [p(f(X)), \; p(Z), \; \neg q(Z)]$$

und

$$C_2 = [r(g(Y), a), \; \neg p(Y)],$$

und wählen in beiden Klauseln das jeweils zweite Literal aus. Das Unifikationsproblem $\{Z \approx Y\}$ ist mit dem allgemeinsten Unifikator $\sigma = \{Y \mapsto Z\}$ lösbar. Somit ist die Klausel

$$C = [p(f(X)), \; \neg q(Z), \; r(g(Z), a)]$$

eine Resolvente von C_1 und C_2. Aber auch $\sigma' = \{Z \mapsto Y\}$ ist ein allgemeinster Unifikator für $\{Z \approx Y\}$. Als Resolvente erhalten wir in diesem Fall die Klausel

$$C' = [p(f(X)), \; \neg q(Y), \; r(g(Y), a)].$$

Man beachte, dass sich C und C' lediglich in der Umbenennung der Variablen Y beziehungsweise Z unterscheiden. Im allgemeinen sind Resolventen bis auf Variantenbildung eindeutig bestimmt. Man spricht deshalb auch häufig von *der* Resolvente.

Wir werden später sehen, dass ein Resolutionskalkül, der lediglich mit der Resolutionsregel ausgestattet ist, unvollständig ist. Um dies zu vermeiden, führen wir noch eine weitere Ableitungsregel ein. Vielleicht ist dem aufmerksamen Leser beziehungsweise der aufmerksamen Leserin aufgefallen, dass bei der prädikatenlogischen Resolutionsregel nur jeweils ein Vorkommen der Literale, über die resolviert wurde, gestrichen werden, während bei der aussagenlogischen Resolutionsregel alle Vorkommen der Literale, über die resolviert wurde, gestrichen werden. In der Prädikatenlogik leistet dies die folgende Regel.

Definition 4.48 *Gegeben sei die prädikatenlogische Klausel*

$$C = [p(s_1, \ldots, s_k, p(t_1, \ldots, t_k), L_1, \ldots, L_m]$$

beziehungsweise

$$C = [\neg p(s_1, \ldots, s_k), \neg p(t_1, \ldots, t_k), L_1, \ldots, L_m]$$

mit $k, m \geq 0$. *Wenn das Unifikationsproblem* $\{s_i \approx t_i \mid 1 \leq i \leq k\}$ *mit dem allgemeinsten Unifikator* σ *lösbar ist, dann ist* $C' = [p(t_1, \ldots, t_k), L_1, \ldots, L_m]\sigma$ *bzw.* $C' = [\neg p(t_1, \ldots, t_k), L_1, \ldots, L_m]\sigma$ *ein* Faktor *von* C. C' *wurde durch Anwendung der* Faktorisierungsregel *auf* C *erhalten.*

Erneut müssen die ausgewählten Literale nicht notwendigerweise am Anfang der Klausel stehen. Als Beispiel betrachten wir die Klausel

$$C = [\neg p(b, X), \ r(X), \ \neg p(b, b)].$$

Das Unifikationsproblem $\{b \approx b, \ X \approx b\}$ ist mit dem allgemeinsten Unifikator $\sigma = \{X \mapsto b\}$ lösbar. Durch Anwendung der Faktorisierungsregel auf C erhalten wir den Faktor

$$C' = [\neg p(b, b), \ r(b)].$$

Wie schon beim aussagenlogischen Resolutionsverfahren, so gilt auch hier, dass die Resolvente zweier Klauseln C_1 und C_2 eine logische Konsequenz von $\{C_1, \ C_2\}$ ist und dass der Faktor einer Klausel C eine logische Konsequenz von $\{C\}$ ist. Deshalb können wir auch hier Resolventen und Faktoren zu Formeln in Klauselform hinzufügen.

Definition 4.49 *Sei* $F = \forall\langle C_1, \ldots, C_n\rangle$ *eine prädikatenlogische Formel in Klauselform, wobei die* C_i, $1 \leq i \leq n$, *die Klauseln sind.*

1. *Die Folge* $(C_i \mid 1 \leq i \leq n)$ *ist eine* Resolutionsableitung *für* F.

2. *Wenn* $(C_i \mid 1 \leq i \leq m)$ *eine Resolutionsableitung für* F *ist und* C_{m+1} *durch Anwendung der Resolutions- beziehungsweise Faktorisierungsregel auf neue Varianten von Klauseln in* $(C_i \mid 1 \leq i \leq m)$ *entstanden ist, dann ist* $(C_i \mid 1 \leq i \leq m + 1)$ *eine* Resolutionsableitung *für* F.

3. *Eine Resolutionsableitung für* F, *die die leere Klausel* [] *enthält, heißt* Resolutionswiderlegung *für* F.

Diese Definition entspricht der Definition 3.33 bis auf die mögliche Anwendung der Faktorisierungsregel und das Berechnen von neuen Varianten bevor die Resolutions- beziehungsweise Faktorisierungsregel angewendet wird. Es gilt darüber hinaus zu beachten, dass eine Klausel grundsätzlich auch mit sich selbst resolviert werden kann, wie ein weiter unten stehendes Beispiel demonstriert.

Man beachte, dass die Formel F bereits die leere Klausel enthalten kann. Daneben genügt es, Widerlegungen zu betrachten, in denen die leere Klausel nur einmal vorkommt. Da wir Formeln in Klauselform betrachten, die einzelnen Klauseln konjunktiv miteinander verknüpft sind und die Konjunktion assoziativ und kommutativ ist, dürfen wir weiterhin annehmen, dass die leere Klausel die letzte Klausel in einer Widerlegung ist.

Alle in einer Klausel vorkommenden Variablen sind universell quantifiziert, und Variablenvorkommen in verschiedenen Klauseln haben semantisch einfach nichts miteinander zu tun. Dies gilt auch für die Klauseln in einer Resolutionsableitung. Betrachten wir nun die Klauseln $C_1 = [p(X),\ q(X)]$ und $C_2 = [\neg p(Y)]$. Da das Unifikationsproblem $\{X \approx Y\}$ mit dem allgemeinsten Unifikator $\sigma = \{Y \mapsto X\}$ lösbar ist, ist die Klausel $C = [q(X)]$ eine Resolvente von C_1 und C_2. Allerdings kommt jetzt die Variable X sowohl in C_1 als auch in C vor. Betrachten wir hingegen die neuen Varianten $[p(X_1),\ q(X_1)]$ und $[\neg p(Y_2)]$ von C_1 beziehungsweise C_2, dann erhalten wir als eine neue Resolvente die Klausel $[q(X_1)]$, und wieder sind alle Variablen in der Ableitung auseinanderdividiert.

Die Umbenennung von Variablen führt auch dazu, dass wir Klauseln mehrfach nutzen und insbesondere eine Klausel auch mit sich selbst resolvieren können. Angenommen wir wollen die Allgemeingültigkeit der Formel

$$((p(0) \wedge (\forall X)(p(X) \rightarrow p(f(X)))) \rightarrow p(f(f(f(f(0)))))))$$

mit Hilfe des Resolutionsverfahrens nachweisen. Dazu negieren wir die Formel und transformieren sie in Klauselform:

$$(\forall X)\ \langle [p(0)],\ [\neg p(X),\ p(f(X))],\ [\neg p(f(f(f(f(0)))))] \rangle.$$

Wir finden jetzt die folgende Resolutionsableitung, wobei ich die Folge der Einfachheit halber als Tabelle dargestellt habe, die einzelnen Klauseln nummeriert habe und angemerkt habe, über welche Klauseln resolviert wurde.

1	$[p(0)]$	
2	$[\neg p(X),\ p(f(X))]$	
3	$[\neg p(f(f(f(f(0)))))]$	
4	$[\neg p(X_1),\ p(f(f(X_1)))]$	res(2,2)
5	$[\neg p(X_3),\ p(f(f(f(f(X_3)))))]$	res(4,4)
6	$[p(f(f(f(f(0)))))]$	res(1,5)
7	$[\,]$	res(3,6)

In diesem Beispiel wurden die Klauseln 2 und 4 jeweils doppelt genutzt und mit sich selbst resolviert. Betrachten wir dazu Schritt 4 im Detail. Wir wählen zwei neue Varianten der zweiten Klausel aus, nämlich: $[\neg p(X_1),\ p(f(X_1))]$ und $[\neg p(X_2),\ p(f(X_2))]$. Da das Unifikationsproblem $\{X_2 \approx f(X_1)\}$ mit dem allgemeinsten Unifikator $\sigma = \{X_2 \mapsto f(X_1)\}$ lösbar ist, erhalten wir die vierte Klausel in obiger Ableitung.

Kommen wir jetzt auf das schon mehrfach diskutierte Vater-Beispiel zurück und betrachten die folgende Ableitung:

1 $[person(anna)]$
2 $[person(luis)]$
3 $[person(tim)]$
4 $[männlich(tim)]$
5 $[männlich(tom)]$
6 $[kind(anna, tim)]$
7 $[\neg person(X), \neg männlich(X), \neg kind(Y, X), vater(X)]$

Wenn wir jetzt noch

8 $[\neg vater(Z)]$

hinzufügen, dann können wir die folgende Widerlegung konstruieren:

9	$[\neg person(Z_2), \neg männlich(Z_2), \neg kind(Y_1, Z_2)]$	res(7,8)
10	$[\neg person(tim), \neg männlich(tim)]$	res(6,9)
11	$[\neg person(tim)]$	res(4,11)
12	$[\,]$	res(3,11)

Wie zuvor wurden neue Varianten dadurch gebildet, dass alle in einer Klausel vorkommenden Variablen durch Variablen gleichen Namens aber mit einem neuen Index ersetzt wurden. So wurde beispielsweise im neunten Schritt die in Klausel 7 vorkommenden Variablen mittels der Substitution $\lambda_9 = \{X \mapsto X_1, Y \mapsto Y_1\}$ und die in Klausel 8 vorkommende Variable mittels $\theta_9 = \{Z \mapsto Z_2\}$ umbenannt. Sodann wurde das Unifikationsproblem $\{X_1 \approx Z_2\}$ durch den allgemeinsten Unifikator $\sigma_9 = \{X_1 \mapsto Z_2\}$ gelöst und Klausel 9 berechnet. Im zehnten Schritt wurden die in Klausel 9 vorkommenden Variablen mittels der Substitution $\theta_{10} = \{Y_1 \mapsto Y_3, Z_2 \mapsto Z_3\}$ ersetzt. Da in Klausel 6 keine Variablen vorkommen, konnten wir direkt mit ihr resolvieren und erhielten Klausel 10 unter Verwendung des allgemeinsten Unifikators $\sigma_{10} = \{Y_3 \mapsto anna, Z_3 \mapsto tim\}$. Man beachte, dass

$$(\theta_9 \sigma_9 \theta_{10} \sigma_{10})|_{\{Z\}}$$
$$= (\{Z \mapsto Z_2\}\{X_1 \mapsto Z_2\}\{Y_1 \mapsto Y_3, Z_2 \mapsto Z_3\}\{Y_3 \mapsto anna, Z_3 \mapsto tim\})|_{\{Z\}}$$
$$= \{Z \mapsto tim\}$$

ist und wir durch diese Widerlegung eine Substitution für die in Klausel 8 vorkommende Variable Z gefunden haben. Wir werden später in Kapitel 5 die Klausel 8 als Anfrage an das aus den Klauseln 1 bis 7 bestehende Prolog-Programm betrachten und $\{Z \mapsto tim\}$ als Antwortsubstitution bezeichnen. Die Anfrage, ob es ein Z mit der Eigenschaft, dass Z ein Vater ist, wurde positiv mit tim beantwortet.

Betrachten wir als nächstes ein Beispiel für eine Russel'sche Antinomie. Auf einer kleinen Insel mag der König keine Bärte, und er erlässt ein Dekret, in dem die folgende Aussage steht: „*Jeder männliche Bewohner wird genau dann vom Barbier rasiert, wenn er sich nicht selbst rasiert.*". Der einzige Barbier auf der Insel freute sich zunächst über das Dekret, versprach es doch, viele neue Kunden in sein kleines Geschäft zu bringen. Als er sich noch zufrieden die Hände rieb, schoss ihm plötzlich der Gedanke in den Kopf, wer denn wohl ihn rasiere? Wie immer er es auch anstellte, die Aussage konnte er selbst nicht erfüllen. Die Aussage war unerfüllbar.

Das wollen wir nun mit Hilfe der Resolutionsmethode nachweisen. Dazu formalisieren wir zunächst die Aussage in der Sprache der Prädikatenlogik. Wir benutzen ein Atom $p(X, Y)$, um zu repräsentieren, dass X den Y rasiert. Das Konstantensymbol b mag den Barbier repräsentieren. Die Aussage selbst wird dann durch die Formel:

$$(\forall X)\,(\neg p(X, X) \leftrightarrow p(b, X))$$

repräsentiert. Wir beseitigen zuerst das Äquivalenzsymbol und erhalten die semantisch äquivalente Formel:

$$(\forall X)\,((\neg p(X, X) \rightarrow p(b, X)) \wedge (p(b, X) \rightarrow \neg p(X, X))).$$

Anschließend ersetzen wir die Implikation und erhalten:

$$(\forall X)\,((\neg\neg p(X, X) \vee p(b, X)) \wedge (\neg p(b, X) \vee \neg p(X, X))).$$

Durch Streichen der doppelten Verneinung und Auseinanderdividieren der Variablen erhalten wir eine Formel in Klauselform:

$$(\forall X, Y)\,\langle [p(X, X),\ p(b, X)],\ [\neg p(b, Y),\ \neg p(Y, Y)]\rangle.$$

Um nun die Unerfüllbarkeit dieser Formel nachzuweisen, versuchen wir eine Resolutionswiderlegung zu finden. Wann immer wir aber die Resolutionsregel auf zwei Klauseln mit je zwei Literalen anwenden, entsteht als Resolvente wieder eine Klausel mit zwei Literalen. Dies zeigt uns unmittelbar, dass wir mittels der Resolutionsregel allein eine Widerlegung nicht führen können. Dies ändert sich sofort, wenn wir die Faktorisierungsregel ebenfalls verwenden:

1	$[p(X, X),\ p(b, X)]$	
2	$[\neg p(b, Y),\ \neg p(Y, Y)]$	
3	$[p(b, b)]$	fak(1)
4	$[\neg p(b, b)]$	fak(2)
5	$[\ ]$	res(3,4)

Es ist manchmal hilfreich, die Anzahl der Resolutions- und Faktorisierungsschritte in einer Resolutionsableitung zu zählen. Dazu definieren wir:

Definition 4.50 *Sei* $F = \forall\langle C_1, \ldots, C_n\rangle$ *eine prädikatenlogische Formel in Klauselform und* $S = (C_i \mid 1 \leq i \leq m)$ *eine Resolutionsableitung für* F. *Die Länge von* S *ist* $m - n$.

Zuletzt übernehmen wir noch Definition 3.34 für prädikatenlogische Sätze.

Definition 4.51 *Sei F ein Satz der Prädikatenlogik und G eine Klauselform von ¬F. Ein (prädikatenlogischer) Resolutionsbeweis für F ist eine Resolutionswiderlegung für G. F heißt* Theorem *des Resolutionssystems, wenn es einen Resolutionsbeweis für F gibt. Wir notieren mit $\vdash_r F$, dass F einen Resolutionsbeweis hat.*

Ein Beweis für eine Formel F besteht demnach aus drei Schritten: erstens, der Negation von F, zweitens, der Berechnung einer Klauselform G von $\neg F$ und, drittens, dem Finden einer Resolutionswiderlegung für G. Für das in Abschnitt 4.4.4 betrachtete Beispiel aus der Gruppentheorie haben wir die ersten beiden Schritte bereits ausgeführt. Eine entsprechende Resolutionswiderlegung ist in Abbildung 4.6 dargestellt. Diese Widerlegung habe ich nicht von Hand gefunden, sondern mithilfe eines automatischen Beweissystems. Außerdem habe ich alle Resolventen entfernt, die zwar von dem automatischen Beweissystem erzeugt wurden, aber nicht zur eigentlichen Widerlegung beigetragen haben. Allerdings habe ich die Nummerierung beibehalten, damit der Leser einen Eindruck gewinnt, wie viele Resolutionsschritte das System tatsächlich ausgeführt hat, bevor eine Widerlegung gefunden wurde.

Betrachten wir nun die Formelmenge

$$\mathcal{K} = \{ \quad (nat(a) \wedge \forall(N)(nat(N) \to nat(s(N)))),$$
$$(a \approx a \wedge (\forall X, Y)(s(X) \approx s(Y) \to X \approx Y)),$$
$$(\forall W)(a \not\approx s(W)) \qquad \}$$

und fragen uns, ob $\mathcal{K} \models s(a) \not\approx s(s(a))$ gilt. Gemäß den Sätzen 3.17 und 3.14 gilt das genau dann, wenn

$$(K \to s(a) \not\approx s(s(a)))$$

allgemeingültig beziehungsweise wenn

$$\neg(K \to s(a) \not\approx s(s(a)))$$

unerfüllbar ist, wobei K die verallgemeinerte Konjunktion der in $\mathcal{K}$ vorkommenden Formeln ist. Wenn wir nun die Implikation beseitigen, dann erhalten wir die semantisch äquivalente Formel

$$\neg(\neg K \vee s(a) \not\approx s(s(a))).$$

Wenn wir darauf die de Morgan'schen Regeln anwenden und das abkürzende $\not\approx$ ausschreiben, dann erhalten wir die semantisch äquivalente Formel

$$(\neg\neg K \wedge \neg\neg s(a) \approx s(s(a))).$$

Durch Beseitigung der doppelten Negationen erhalten wir die semantisch äquivalente Formel

$$(K \wedge s(a) \approx s(s(a))).$$

$$
\begin{array}{rll}
1 & [p(X_1, Y_1, g(X_1, Y_2))] & \\
2 & [\neg p(X_2, Y_2, U_2), \neg p(Y_2, Z_2, V_2), \neg p(U_2, Z_2, W_2), p(X_2, V_2, W_2)] & \\
3 & [\neg p(X_3, Y_3, U_3), \neg p(Y_3, Z_3, V_3), \neg p(X_3, V_3, W_3), p(U_3, Z_3, W_3)] & \\
4 & [p(X_4, e, X_4)] & \\
5 & [p(e, X_5, X_5)] & \\
6 & [p(X_6, f(X_6), e)] & \\
7 & [p(f(X_7), X_7, e)] & \\
8 & [p(X_8, X_8, e)] & \\
9 & [p(a, b, c)] & \\
10 & [\neg p(b, a, c)] & \\
11 & [p(X_9, V_2, e), \neg p(Y_9, U_9, V_9), \neg p(X_2, Y_2, U_2)] & \text{res}(2, 8) \\
13 & [p(X_{10}, V_{10}, W_{10}), \neg p(e, Z_{10}, W_{10}), \neg p(X_{10}, Z_{10}, V_{10})] & \text{res}(2, 8) \\
14 & [p(X_{11}, V_{11}, U_{11}), \neg p(Y_{11}, e, V_{11}), \neg p(X_{11}, Y_{11}, U_{11})] & \text{res}(2, 4) \\
40 & [p(X_{12}, e, W_{12}), \neg p(e, X_{12}, W_{12})] & \text{res}(13, 8) \\
43 & [p(X_{13}, V_{13}, Z_{13}), \neg p(X_{13}, Z_{13}, V_{13})] & \text{res}(13, 5) \\
67 & [p(X_{14}, g(X_{14}, Z_{14}), Z_{14})] & \text{res}(43, 1) \\
3239 & [p(e, V_{15}, Y_{15}), \neg p(Y_{15}, e, V_{15})] & \text{res}(14, 5) \\
3325 & [\neg p(Y_{16}, e, a), \neg p(b, Y_{16}, c)] & \text{res}(10, 14) \\
3627 & [\neg p(g(b, c), e, a)] & \text{res}(3325, 67) \\
4630 & [p(e, Z_{17}, X_{17}), \neg p(X_{17}, Z_{17}, e)] & \text{res}(3239, 43) \\
5199 & [p(Z_{18}, e, X_{18}), \neg p(X_{18}, Z_{18}, e)] & \text{res}(40, 4630) \\
5800 & [\neg p(a, g(b, c), e)] & \text{res}(3627, 5199) \\
518609 & [p(a, V_{19}, e), \neg p(b, c, V_{19})] & \text{res}(11, 9) \\
645778 & [p(a, g(b, c), e)] & \text{res}(518609, 1) \\
646029 & [\,] & \text{res}(645778, 5800) \\
\end{array}
$$

Abbildung 4.6: Eine Resolutionswiderlegung.

Diese Formel können wir in Klauselform transformieren (siehe Abschnitt 4.4.4) und erhalten so die folgende Resolutionsableitung:

$$
\begin{array}{rl}
1 & [nat(a)] \\
2 & [\neg nat(N),\ nat(s(N))] \\
3 & [a \approx a] \\
4 & [s(X) \not\approx s(Y),\ X \approx Y] \\
5 & [a \not\approx s(W)] \\
6 & [s(a) \approx s(s(a))] \\
\end{array}
$$

Diese lässt sich zu einer Resolutionswiderlegung erweitern:

$$
\begin{array}{rll}
7 & [a \approx s(a)] & \text{res}(4,6) \\
8 & [\,] & \text{res}(5,7) \\
\end{array}
$$

Somit ist $s(a) \not\approx s(s(a))$ eine logische Konsequenz aus $\mathcal{K}$. Gilt das auch für $s(s(a)) \not\approx s(a)$? Auf den ersten Blick mag es überraschen, dass dem nicht so ist. Auf der anderen Seite haben wir aber durch $\mathcal{K}$ in keinster Weise gefordert, dass $\approx /2$ symmetrisch ist. Wenn wir das wollten, dann müssten wir $\mathcal{K}$ um die Formel $(\forall U, V)\,(U \approx V \rightarrow V \approx U)$ erweitern.

Es ist möglich, die Resolutionsregel auch für beliebige Formeln und nicht nur für Formeln in Klauselform zu definieren (siehe z.B. [Fit96]). Die so entstehenden Resolutionsbeweise sind unter Umständen deutlich kürzer als die Resolutionsbeweise unter Verwendung der Klauselform. Jedoch erschien es mir didaktisch geschickter, mich hier auf eine Anwendung der Resolutionsregel auf Klauseln einzuschränken.

Wenn wir die Definitionen 4.51 und 3.34 miteinander vergleichen, dann sehen wir sehr schnell, dass jede aussagenlogische Formel, die durch einen aussagenlogischen Resolutionsbeweis bewiesen werden kann, auch durch einen prädikatenlogischen Resolutionsbeweis bewiesen werden kann. Die einzige Schwierigkeit liegt in der Tatsache begründet, dass im aussagenlogischen Fall alle Vorkommen der Literale, über die resolviert wird, in den beteiligten Klauseln gestrichen werden. Im prädikatenlogischen Fall lässt sich dies jedoch durch Anwendung der Faktorisierungsregel simulieren (siehe Übungsaufgabe 4–31).

Bevor wir in Abschnitt 4.8 die Korrektheit und Vollständigkeit des Resolutionskalküls nachweisen, wollen wir zunächst noch semantische Tableaus und den Kalkül des natürlichen Schließens für prädikatenlogische Formeln erweitern.

4.6.2 Semantische Tableaus

Auch das in Abschnitt 3.4.2 beschriebene Tableauverfahren lässt sich auf prädikatenlogische Formeln erweitern. Wie schon in der Aussagenlogik, so will ich auch hier das Tableauverfahren für allgemeine, abgeschlossene Formeln vorstellen, und mich nicht auf die Klauselform beschränken.

Wir erinnern uns: Ein Tableau ist ein Baum, dessen Knoten mit Formeln markiert sind. Jeder Ast des Baums repräsentiert die verallgemeinerte Konjunktion der Formeln, mit denen die Knoten in dem Ast markiert sind. Der Baum selbst repräsentiert die verallgemeinerte Disjunktion der Formeln, die die Äste im Baum repräsentieren. Der Baum selbst wird mittels Expansionsregeln solange aufgebaut, bis jeder Ast abgeschlossen ist, d.h. bis in jedem Ast eine Formel und deren Negat vorkommt. Ein abgeschlossenes Tableau ist somit unerfüllbar. Da die Formel, mit der die Wurzel des Baums markiert ist, in jedem Ast eines Tableaus vorkommt, ist dann insbesondere diese Formel unerfüllbar.

Wollen wir das Tableauverfahren auch für prädikatenlogische Formeln anwenden, dann müssen wir im Wesentlichen die in Abbildung 3.8 dargestellten Expansionsregeln für das aussagenlogische Tableauverfahren so erweitern, dass sie mit quantifizierten Formeln umgehen können. Die zusätzlichen Expansionsre-

$$\frac{(\forall X)\, F}{F\{X \mapsto Y\}}$$
mit Y als neue freie Variable

$$\frac{\neg(\exists X)\, F}{\neg F\{X \mapsto Y\}}$$
mit Y als neue freie Variable

$$\frac{(\exists X)\, F}{F\{X \mapsto f(X_1, \ldots, X_n)\}}$$
mit f als neues Skolem-
Funktionssymbol und
$X_1, \ldots, X_n$ als alle in F
frei vorkommende Variablen

$$\frac{\neg(\forall X)\, F}{\neg F\{X \mapsto f(X_1, \ldots, X_n)\}}$$
mit f als neues Skolem-
Funktionssymbol und
$X_1, \ldots, X_n$ als alle in F
frei vorkommende Variablen

Abbildung 4.7: Die zusätzlichen Expansionsregeln des prädikatenlogischen Tableauverfahrens.

geln sind in Abbildung 4.7 dargestellt. Diese zusätzlichen Regeln entsprechen inhaltlich genau den Schritten, die wir bei der Transformation in Klauselform kennen gelernt haben. Universell quantifizierte Variable werden einfach durch neue freie Variable ersetzt, während existenziell quantifizierte Variable durch Skolem-Funktionssymbole ersetzt werden.

Auch die Unifikation spielt beim prädikatenlogischen Tableauverfahren eine entscheidende Rolle. Dazu müssen wir zunächst definieren, was wir unter der Anwendung einer Substitution auf ein Tableau verstehen wollen.

Definition 4.52 *Sei σ eine Substitution und T ein Tableau. Mit $T\sigma$ bezeichnen wir das Tableau, das durch Anwendung von σ auf jede in T vorkommende Formel erhalten wird.*

Definition 4.53 *Sei T ein Tableau für den prädikatenlogischen Satz F und enthalte ein Ast in T die mit den Atomen $p(s_1, \ldots, s_n)$ und $\neg p(t_1, \ldots, t_n)$ markierten Knoten. Wenn das Unifikationsproblem $\{s_1 \approx t_1, \ldots, s_n \approx t_n\}$ mit dem allgemeinsten Unifikator σ lösbar ist, dann ist $T\sigma$ das durch Anwendung der* Tableausubstitutionsregel *erhaltene Tableau.*

Wir können nun den Begriff des Tableaus für prädikatenlogische Formeln formal definieren.

Definition 4.54 *Sei F ein prädikatenlogischer Satz.*

1. *Der Baum, der nur aus dem mit F markierten Knoten besteht, ist ein Tableau* für F.

2. *Wenn B ein Tableau für F ist und B' aus B durch Anwendung einer in den Abbildungen 3.8 und 4.7 dargestellten Expansionsregeln oder durch*

die Tableausubstitutionsregel hervorgegangen ist, dann ist B' ein Tableau für F.

Den Begriff eines abgeschlossenen Tableaus können wir von der Aussagenlogik unmittelbar in die Prädikatenlogik übertragen. Mit anderen Worten, ein Ast eines Tableaus ist abgeschlossen, wenn in ihm eine Formel und deren Negat vorkommt, und ein Tableau ist abgeschlossen, wenn in ihm alle Äste abgeschlossen sind.

Definition 4.55 *Ein* prädikatenlogischer Tableaubeweis *für einen prädikatenlogischen Satz* F *ist ein abgeschlossenes Tableau für* $\neg F$. *F heißt* Theorem des Tableausystems, *wenn es einen Tableaubeweis für* F *gibt. Wir notieren mit* $\vdash_t F$, *dass* F *einen prädikatenlogischen Tableaubeweis hat.*

Abbildung 4.8 zeigt ein Tableau für den Satz

$$\neg(\neg(\exists X)(\forall Y)\, p(X, Y) \vee (\forall Y)(\exists X)\, p(X, Y)).$$

Wenn wir in diesem Tableau die Knoten 6 und 8 betrachten, so ist das korrespondierende Unifikationsproblem $\{a \approx X_2,\ Y_1 \approx b\}$ mit dem allgemeinsten Unifikator $\sigma = \{X_2 \mapsto a,\ Y_1 \mapsto b\}$ lösbar. Wenden wir σ auf das in Abbildung 4.8 dargestellte Tableau an, dann erhalten wir ein abgeschlossenes Tableau und somit einen Tableaubeweis für

$$(\neg(\exists X)(\forall Y)\, p(X, Y) \vee (\forall Y)(\exists X)\, p(X, Y)).$$

Abbildung 4.9 zeigt ein weiteres Tableau. Wenn wir die Zeilen 5 und 9 miteinander vergleichen, dann können die Atome $p(0)$ und $p(X_1)$ durch den allgemeinsten Unifikator $\sigma_1 = \{X_1 \mapsto 0\}$ unifiziert werden. Wenden wir σ_1 auf das Tableau an und vergleichen anschließend die Zeilen 9 und 10, dann können die Atome $p(f(0))$ und $p(X_2)$ mit dem allgemeinsten Unifikator $\sigma_2 = \{X_2 \mapsto f(0)\}$ unifiziert werden. Wenden wir nun σ_2 auf das bisher erhaltene Tableau an, dann stellen wir fest, dass alle Äste abgeschlossen sind und wir somit einen Tableaubeweis für

$$(\neg p(0) \wedge (\forall X)\,(\neg p(X) \vee p(f(X)))) \vee p(f(f(0)))$$

gefunden haben. In diesem Tableaubeweis haben wir die in Zeile 6 vorkommende Formel zweimal expandiert. Der Leser bzw. die Leserin überzeuge sich davon, dass diese zweimalige Expansion notwendig ist, um einen Beweis zu generieren.

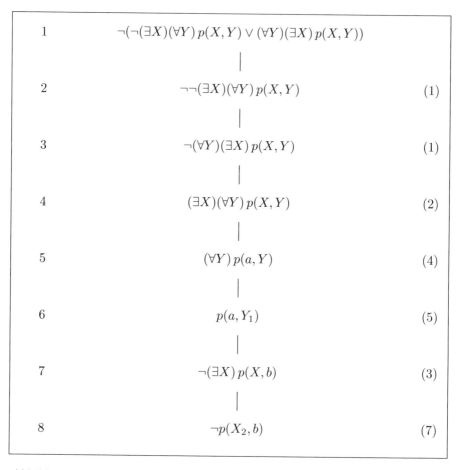

Abbildung 4.8: Ein Tableau für $\neg(\neg(\exists X)(\forall Y)\,p(X,Y) \lor (\forall Y)(\exists X)\,p(X,Y))$.

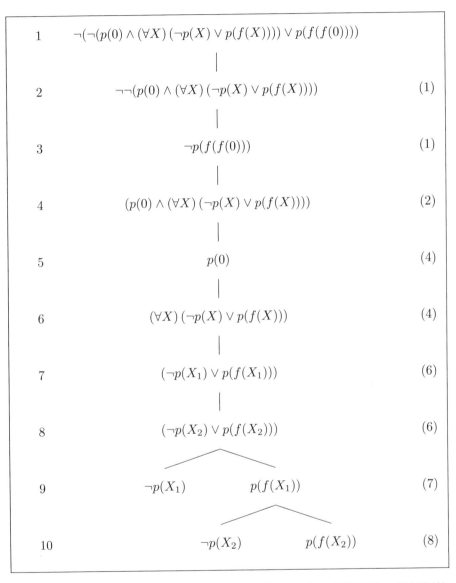

1     $\neg(\neg(p(0) \land (\forall X)\,(\neg p(X) \lor p(f(X)))) \lor p(f(f(0))))$

2     $\neg\neg(p(0) \land (\forall X)\,(\neg p(X) \lor p(f(X))))$ (1)

3     $\neg p(f(f(0)))$ (1)

4     $(p(0) \land (\forall X)\,(\neg p(X) \lor p(f(X))))$ (2)

5     $p(0)$ (4)

6     $(\forall X)\,(\neg p(X) \lor p(f(X)))$ (4)

7     $(\neg p(X_1) \lor p(f(X_1)))$ (6)

8     $(\neg p(X_2) \lor p(f(X_2)))$ (6)

9     $\neg p(X_1)$ $p(f(X_1))$ (7)

10     $\neg p(X_2)$ $p(f(X_2))$ (8)

Abbildung 4.9: Ein Tableau für $\neg(\neg p(0) \land (\forall X)\,(\neg p(X) \lor p(f(X)))) \lor p(f(f(0)))$.

Universelle Quantifizierung

$$\frac{F}{(\forall Y)\,F}\ (\forall I) \qquad\qquad \frac{(\forall Y)\,F}{F\{Y \mapsto t\}}\ (\forall E)$$

Existenzielle Quantifizierung

$$\frac{F\{Y \mapsto t\}}{(\exists Y)\,F}\ (\exists I) \qquad\qquad \frac{(\exists Y)\,F \qquad \overset{\lfloor F \rfloor}{\underset{\vdots}{G}}}{G}\ (\exists E)$$

Abbildung 4.10: Die Ableitungsregeln für die Quantoren im Kalkül des natürlichen Schließens.

4.6.3   Der Kalkül des natürlichen Schließens

Nach dem bisher Gesagten wird es niemand mehr verwundern, dass sich auch der Kalkül des natürlichen Schließens auf prädikatenlogische Formeln erweitern lässt. Wie schon beim Tableauverfahren, so reicht auch hier im Wesentlichen schon die Angabe neuer Ableitungsregeln, die mit den quantifizierten Formeln umgehen können.

Wie schon im aussagenlogischen Fall betrachten wir ein Alphabet mit $\mathcal{R}_n = \mathcal{R} \cup \{[\,]\}$, wobei $[\,]$ nullstellig ist und für alle Interpretationen I gilt: $[\,]^I = \bot$. Als prädikatenlogische Sprache erhalten wir dann $\mathcal{L}(\mathcal{R}_n, \mathcal{F}, \mathcal{V})$.

Bevor wir zu den neuen Ableitungsregeln kommen, möchte ich noch eine notationelle Abkürzung einführen. Sei $t \in \mathcal{T}(\mathcal{F}, \mathcal{V})$ ein Term. Wenn $t \neq Y$, dann repräsentiert $\{Y \mapsto t\}$ nach Definition 4.7 eine Substitution. Wenn $t = Y$, dann repräsentiert $\{Y \mapsto t\}$ hingegen keine Substitution. Um in der Folge Fallunterscheidungen vermeiden zu können, vereinbaren wir in diesem Abschnitt, dass für jede Variable $Y \in \mathcal{V}$ der Ausdruck $\{Y \mapsto Y\}$ als Synonym für die Substitution ε verwendet werden darf. Man beachte, dass ε und somit auch $\{Y \mapsto Y\}$ frei für alle $F \in \mathcal{L}(\mathcal{R}_n, \mathcal{F}, \mathcal{V})$ ist.

Im aussagenlogischen Fall haben wir für die Junktoren jeweils Einführungs- und Eliminationsregeln angegeben. Diese ergänzen wir nun durch die in Abbildung 4.10 dargestellten Eliminations- ($\forall E$ und $\exists E$) und Einführungsregeln ($\forall I$ und $\exists I$) für die Quantoren.

Wir erweitern nun den Begriff der Ableitung im aussagenlogischen Kalkül des natürlichen Schließens (Definition 3.38) entsprechend.

Definition 4.56 *Die Menge der* Ableitungen im Kalkül des natürlichen Schließens *ist die kleinste Menge* $\mathcal{X}$*, die die folgenden Eigenschaften hat.*

1. *Jeder Baum, der nur aus einem einzigen, mit* $F \in \mathcal{L}(\mathcal{R}_n, \mathcal{F}, \mathcal{V})$ *markierten Knoten besteht, ist in* $\mathcal{X}$*.*

2.-6. *wie in Definition 3.38.*

7. *Wenn* $\nabla_F \in \mathcal{X}$ *ist und* Y *nicht frei in einer nicht ausgelösten Hypothese
   von* ∇_F *vorkommt, dann ist*

$$\frac{\nabla_F}{(\forall Y) \, F} \ (\forall I)$$

ein Ableitungsbaum in $\mathcal{X}$*.*

8. *Wenn* $\nabla_{(\forall Y) \, F} \in \mathcal{X}$*,* $t \in \mathcal{T}(\mathcal{F}, \mathcal{V})$ *und* $\{Y \mapsto t\}$ *frei für* F *ist, dann ist*

$$\frac{\nabla_{(\forall Y) \, F}}{F\{Y \mapsto t\}} \ (\forall E)$$

ein Ableitungsbaum in $\mathcal{X}$*.*

9. *Wenn* $\nabla_{F\{Y \mapsto t\}} \in \mathcal{X}$*,* $t \in \mathcal{T}(\mathcal{F}, \mathcal{V})$ *und* $\{Y \mapsto t\}$ *frei für* F *ist, dann
   ist*

$$\frac{\nabla_{F\{Y \mapsto t\}}}{(\exists Y) \, F} \ (\exists I)$$

ein Ableitungsbaum in $\mathcal{X}$*.*

10. *Wenn* $\nabla_{(\exists Y) \, F}$*,* $\nabla_G^F \in \mathcal{X}$ *sind,* j *ein neuer Index ist und* Y *nicht frei
    in* G *oder in einer von* F *verschiedenen, nicht ausgelösten Hypothese
    von* ∇_G^F *vorkommt, dann ist*

$$\frac{\nabla_{(\exists Y) \, F} \qquad \nabla_G^{\lfloor F \rfloor^j}}{G} \ (\exists E)^j$$

ein Ableitungsbaum in $\mathcal{X}$*.*

Die Begriffe der Ableitung einer Formel F aus einer Menge von Formeln
$\{F_1, \ldots, F_m\}$ (siehe Definition 3.39) sowie eines Beweises für F im Kalkül
des natürlichen Schließens (siehe Definition 3.40) übernehmen wir aus der Aussagenlogik.

In der Folge will ich einige Beispiele diskutieren. Zuerst werde ich der Frage
nachgehen, warum die Bedingung bei der Anwendung der Regel $(\forall I)$ (siehe Fall 7. in Definition 4.56) notwendig ist. Betrachten wir dazu die folgende

Ableitung:

$$\frac{\dfrac{\lfloor p(X,0)\rfloor^1}{(\forall X)\,p(X,0)}\;(\forall I)}{\dfrac{(p(X,0)\to(\forall X)\,p(X,0))}{\dfrac{(\forall X)\,(p(X,0)\to(\forall X)\,p(X,0))}{(p(0,0)\to(\forall X)\,p(X,0))}\;(\forall E)}\;(\forall I)}\;(\to I)^1$$

Man beachte, dass bei der von oben betrachteten ersten Anwendung von $(\forall I)$ die Variable X frei in $p(X,0)$ vorkommt und somit die an $(\forall I)$ gestellte Bedingung verletzt, während die von oben betrachtet zweite Anwendung von $(\forall I)$ der Definition 4.56 entspricht. Betrachten wir nun eine Interpretation $I=(\{a,b\},\cdot^I)$ mit $0^I=a$ und $p^I=\{(a,a),\,(b,b)\}$. Dann gilt $[p(0,0)]^I=\top$, aber

$$[(\forall X)\,p(X,0)]^I=\bot.$$

Somit gilt auch:

$$\not\models (p(0,0)\to(\forall X)\,p(X,0)).$$

Ein Kalkül des natürlichen Schließens ohne die Bedingung im Fall 7. der Definition 4.56 wäre nicht korrekt.

Warum ist die Bedingung im Fall 8. der Definition 4.56 notwendig? Betrachten wir dazu die folgende Ableitung:

$$\frac{\dfrac{\lfloor(\forall X)\,\neg(\forall Y)\,p(X,Y)\rfloor^1}{\neg(\forall Y)p(Y,Y)}\;(\forall E)}{((\forall X)\,\neg(\forall Y)\,p(X,Y)\to\neg(\forall Y)\,p(Y,Y))}\;(\to I)^1$$

Bei der Anwendung von $(\forall E)$ ist die Substitution $\{X\mapsto Y\}$ nicht frei für $\neg(\forall Y)\,p(X,Y)$. Sei nun $I=(\{a,b\},\cdot^I)$ eine Interpretation mit $p^I=\{(a,a),(b,b)\}$. Dann gilt zum einen $[(\forall X)\,\neg(\forall Y)\,p(X,Y)]^I=\top$, zum anderen aber $[\neg(\forall Y)\,p(Y,Y))]^I=\bot$. Somit wäre ein Kalkül des natürlichen Schließens ohne die Bedingung im Fall 8. der Definition 4.56 ebenfalls nicht korrekt. Der interessierte Leser bzw. die interessierte Leserin sei aufgefordert zu zeigen, dass auch die Bedingungen in den Fällen 9. und 10. der Definition 4.56 notwendig sind, um die Korrektheit des Kalküls zu erzwingen (siehe Übungsaufgabe 4–32).

Hier sind noch einige weitere Beispiele. Wir finden einen Beweis für $((\forall X)\,F\leftrightarrow F)$, wenn X nicht frei in F vorkommt:

$$\frac{\dfrac{\lfloor(\forall X)\,F\rfloor^1}{F}\;(\forall E)\qquad\dfrac{\lfloor F\rfloor^1}{(\forall X)\,F}\;(\forall I)}{((\forall X)\,F\leftrightarrow F)}\;(\leftrightarrow I)^1$$

Man beachte dabei, dass $\{X\mapsto X\}$ frei für F in $(\forall E)$ ist und dass $X\notin\mathsf{fv}(F)$ in $(\forall I)$ ist.

Ebenso finden wir einen Beweis für $((\exists X)\, F \leftrightarrow F)$, wenn X nicht frei in F vorkommt.

$$\cfrac{\cfrac{\lfloor(\exists X)\, F\rfloor^1 \qquad \lfloor F \rfloor^2}{F}\ (\exists E)^2 \qquad \cfrac{\lfloor F \rfloor^1}{(\exists X)\, F}\ (\exists I)}{((\exists X)\, F \leftrightarrow F)}\ (\leftrightarrow I)^1$$

Man beachte dabei, dass $\{X \mapsto X\}$ frei für F in $(\exists I)$ ist und dass $X \notin \mathsf{fv}(F)$ in $(\exists E)$ ist.

Als letztes Beispiel wird in Abbildung 4.11 gezeigt, dass es einen Beweis für $((\forall X)\, F \leftrightarrow \neg(\exists X)\, \neg F)$ gibt.

Der hier angegebene prädikatenlogische Kalkül des natürlichen Schließens ist korrekt und vollständig bezüglich $\models_u$, d. h. $\vdash_n F$ gilt genau dann, wenn $\models_u F$ gilt (siehe [vD97]). Er ist aber unvollständig bzgl. $\models_e$, wie die folgenden Überlegungen zeigen. Betrachten wir dazu $F = (p(a) \rightarrow p(X))$. Ich zeige zunächst, dass $\models_e F$ gilt. Betrachten wir dazu den existenziellen Abschluss $\mathsf{ecl}(F) = (\exists X)\,(p(a) \rightarrow p(X))$ von F. Sei nun $I = (\mathcal{D}, \cdot^I)$ eine beliebige, aber feste Interpretation. Wenn $[p(a)]^I = \bot$, dann sind F und $\mathsf{ecl}(F)$ unmittelbar wahr. Wenn $[p(a)]^I = \top$, dann ist gemäß Definition 4.23 $a^I \in p^I$. Aber dann gibt es $d \in \mathcal{D}$, nämlich $d = a^I$, mit $d \in p^I$. Somit gilt dann auch $[\mathsf{ecl}(F)]^I = \top$. Als nächstes zeige ich, dass $\not\models_u F$ gilt. Hierzu reicht die Angabe eines Gegenbeispiels. Sei $I = (\{\Box, \Diamond\}, \cdot^I)$ eine Interpretation mit $a^I = \Box$ und $p^I = \{\Box\}$. Dann finden wir $\Diamond \in \mathcal{D}$ und eine Variablenzuordnung $\mathcal{Z}$ bezüglich I mit $[p(a)]^{I,\{X \mapsto \Diamond\}\mathcal{Z}} = \top$ und $[p(X)]^{I,\{X \mapsto \Diamond\}\mathcal{Z}} = \bot$. Da der Kalkül des natürlichen Schließens korrekt und vollständig bzgl. $\models_u$ ist und $\not\models_u F$ gilt, muss auch $\not\vdash F$ gelten.

4.6.4 Weitere Verfahren

In diesem Abschnitt werde ich kurz die Erweiterung der Hilbert-Systeme, des Sequenzenkalküls und der Konnektionsmethode für prädikatenlogische Formeln vorstellen. Auch das DPLL-Verfahren wurde vor kurzem für prädikatenlogische Formeln erweitert. Seine Darstellung würde aber den Rahmen dieses Abschnitts sprengen und ich verweise deshalb auf [Bau00]. Im Gegensatz dazu sind das Testen auf Erfüllbarkeit und binäre Entscheidungsdiagramme lediglich für aussagenlogische Formeln definiert.

Hilbert-Systeme Wir haben in Abschnitt 3.4.4 aussagenlogische Hilbert-Systeme als positive und generierende Kalküle kennen gelernt, in denen es eine Reihe von Axiomenschemata sowie den Modus Ponens als einzige Ableitungsregel gab. Um nun ein solches System für prädikatenlogische Formeln zu erweitern, müssen wir neben einem entsprechend erweiterten Alphabet und einer entsprechend erweiterten Sprache auch neue Axiomenschemata und Ableitungsregeln einführen.

$$
\dfrac{
\dfrac{
[(\exists X)\,\neg F]^2 \qquad
\dfrac{
[(\exists X)\,\neg F]^2 \qquad
\dfrac{
\dfrac{
[\neg F]^1 \qquad \dfrac{[(\forall X)\,F]^4}{F}\,(\forall E)
}{[\,]}\,(\neg E)
}{\neg(\exists X)\,\neg F}\,(f)
}{\neg(\exists X)\,\neg F}\,(\exists E)^1
}{[\,]}\,(\neg E)
}{\neg(\exists X)\,\neg F}\,(\neg I)^2
\qquad
\dfrac{
\dfrac{
\dfrac{
[\neg(\exists X)\,\neg F]^4 \qquad \dfrac{[\neg F]^3}{(\exists X)\,\neg F}\,(\exists I)
}{[\,]}\,(\neg E)
}{F}\,(raa)^3
}{(\forall X)\,F}\,(\forall I)
}{((\forall X)\,F \leftrightarrow \neg(\exists X)\,\neg F)}\,(\leftrightarrow I)^4
$$

Abbildung 4.11: Ein Beweis für $((\forall X)\,F \leftrightarrow \neg(\exists X)\,\neg F)$ im Kalkül des natürlichen Schließens.

Zwei der am häufigsten verwendeten Schemas sind:

$$(S4) \quad ((\forall X)\, F \to F\{X \mapsto t\})$$
$$(S5) \quad ((\forall X)\,(F \to G) \to (F \to (\forall X)\, G))$$

wobei t ein beliebiger abgeschlossener Term ist.

Als neue Ableitungsregel betrachten wir insbesondere die *Generalisierung*

$$\frac{(F \to G\{X \mapsto a\})}{(F \to (\forall X)\, G)} \ \text{Gen} \qquad \frac{(F \to \neg G\{X \mapsto a\})}{(F \to \neg(\exists X)\, G)} \ \text{Gen}$$

wobei a eine neue Konstante ist, die nicht in F oder G vorkommt. Wird die Generalisierung im Rahmen einer Ableitung einer Menge $\mathcal{F}$ von Formeln angewendet, dann darf dieses a auch nicht in $\mathcal{F}$ vorkommen.

Wie in der Aussagenlogik ist eine *Ableitung* in einem prädikatenlogischen Hilbert-System aus einer Menge $\mathcal{F}$ von Formeln eine Folge von Formeln, deren Elemente entweder aus $\mathcal{F}$ sind oder Axiome sind oder durch Anwendung des Modus Ponens oder der Generalisierung auf vorangegangene Elemente der Folge entstanden sind. G ist eine *Folgerung* aus $\mathcal{F}$ in einem prädikatenlogischen Hilbert-System, symbolisch $\mathcal{F} \vdash_h G$, wenn es eine Ableitung aus $\mathcal{F}$ mit G als letzte Zeile gibt. Ein *Beweis* von F in einem prädikatenlogischen Hilbert-System ist eine Ableitung von G aus $\emptyset$.

Als Beispiel betrachten wir die Menge

$$\mathcal{F} = \{(\forall X)\,(p(X) \to q(X)),\ (\forall X)\, p(X)\}.$$

Daraus können wir die folgende Ableitung generieren:

1	$(\forall X)\, p(X)$	$\in \mathcal{F}$
2	$((\forall X)\, p(X) \to p(a))$	$(S4)$
3	$p(a)$	MP$(1, 2)$
4	$(\forall X)\,(p(X) \to q(X))$	$\in \mathcal{F}$
5	$((\forall X)\,(p(X) \to q(X)) \to (p(a) \to q(a)))$	$(S4)$
6	$(p(a) \to q(a))$	MP$(4, 5)$
7	$q(a)$	MP$(3, 6)$
8	$(\forall X)\, q(X)$	Gen(7)

wobei im letzten Schritt die Generalisierungsregel mit $F = \langle\,\rangle$ instanziiert wurde. Folglich gilt $\mathcal{F} \vdash_h (\forall X)\, q(X)$.

Wie schon in der Aussagenlogik, so lässt sich auch in der Prädikatenlogik ein Deduktionstheorem beweisen (siehe z.B. [Fit96]).

Satz 4.57 *(Deduktionstheorem) In jedem prädikatenlogischen Hilbert-System mit den Axiomenschemata (S1) und (S2) sowie dem Modus Ponens und der Generalisierung als Ableitungsregeln gilt:* $\mathcal{F} \cup \{F\} \vdash_h G$ *genau dann, wenn* $\mathcal{F} \vdash_h (F \to G)$.

$$\frac{F\{X \mapsto t\}, \mathcal{F} \vdash \mathcal{G}}{(\forall X)F, \mathcal{F} \vdash \mathcal{G}} \ \forall\mathsf{l} \qquad\qquad \frac{\mathcal{F} \vdash \mathcal{G}, F\{X \mapsto Y\}}{\mathcal{F} \vdash \mathcal{G}, (\forall X)F} \ \forall\mathsf{r}$$

$$\frac{F\{X \mapsto Y\}, \mathcal{G} \vdash \mathcal{F}}{(\exists X)F, \mathcal{G} \vdash \mathcal{F}} \ \exists\mathsf{l} \qquad\qquad \frac{\mathcal{F} \vdash \mathcal{G}, F\{X \mapsto t\}}{\mathcal{F} \vdash \mathcal{G}, (\exists X)F} \ \exists\mathsf{r}$$

Abbildung 4.12: Die Ableitungsregeln für Quantoren des prädikatenlogischen Sequenzenkalküls. In den Regeln ∀r und ∃l darf die Variable Y in der Konklusion der Regeln nicht frei vorkommen.

$$\frac{\dfrac{\rule{6em}{0.4pt}}{p(U),\ p(V) \vdash p(W),\ p(U)} \ \mathsf{ax}}{\dfrac{p(U) \vdash p(W),\ (p(V) \to p(U))}{\dfrac{\vdash (p(U) \to p(W)),\ (p(V) \to p(U))}{\dfrac{\vdash (\forall Y)\,(p(U) \to p(Y)),\ (p(V) \to p(U))}{\dfrac{\vdash (\exists a)(\forall Y)\,(p(a) \to p(Y)),\ (p(V) \to p(U))}{\dfrac{\vdash (\exists a)(\forall Y)\,(p(a) \to p(Y)),\ (\forall Y)\,(p(V) \to p(Y))}{\dfrac{\vdash (\exists a)(\forall Y)\,(p(a) \to p(Y)),\ (\exists a)(\forall Y)\,(p(a) \to p(Y))}{\vdash (\exists a)(\forall Y)\,(p(a) \to p(Y))} \ \mathsf{cr}} \ \exists\mathsf{r}} \ \forall\mathsf{r}} \ \exists\mathsf{r}} \ \forall\mathsf{r}} \to\mathsf{r}} \to\mathsf{r}}$$

Abbildung 4.13: Ein Beweis für $(\exists a)(\forall Y)\,(p(a) \to p(Y))$ im prädikatenlogischen Sequenzenkalkül.

Der Sequenzenkalkül Auch der Sequenzenkalkül lässt sich auf die Prädikatenlogik erweitern. Dazu müssen lediglich die in Abbildung 4.12 dargestellten logischen Regeln für den universellen und den existenziellen Quantor zu dem aussagenlogischen Sequenzenkalkül hinzugefügt werden (siehe Abbildung 3.17). Beweise und Folgerungen sind wie im aussagenlogischen Sequenzenkalkül definiert. Mit $\vdash_s F$ wollen wir notieren, dass die Formel F einen Beweis im prädikatenlogischen Sequenzenkalkül hat. Als Beispiel zeigt Abbildung 4.13 einen Beweis der Formel $(\exists a)(\forall Y)\,(p(a) \to p(Y))$.

Konnektionsmethode Auch die Konnektionsmethode lässt sich auf prädikatenlogische Formeln erweitern. Dabei kommen letztendlich genau die gleichen Techniken zum Einsatz, die auch verwendet wurden, um die aussagenlogische Resolutionsmethode auf prädikatenlogische Formeln zu erweitern: Das Berücksichtigen von Kopien der beteiligten Formeln sowie das Ausnutzen der Unifikation.

Wie schon in Abschnitt 3.4.4 wollen wir die Konnektionsmethode wieder als positiven und analysierenden Kalkül vorstellen, und wieder wollen wir annehmen, dass die Formeln in dualer Klauselform vorliegen. Angenommen wir wollen beweisen, dass aus den Aussagen $p(a)$ und $(\forall X)\,(p(X) \to q(X))$ die Aussage $q(a)$ logisch folgt. Dazu müssen wir die Allgemeingültigkeit der Formel:

$$((p(a) \wedge (\forall X)\,(p(X) \to q(X))) \to q(a))$$

nachweisen. Als duale Klauselform dieser Formel erhalten wir

$$[\neg p(a),\ (p(X) \wedge \neg q(X)),\ q(a)],$$

indem wir die Implikationen ersetzen und doppelte Verneinungen eliminieren. Dabei gehen wir wie üblich davon aus, dass die in der Formel vorkommenden Variablen auseinanderdividiert sind.

Alles was wir in Abschnitt 3.4.4 zur Konnektionsmethode gesagt haben, wird nun auf prädikatenlogische Formeln übertragen. Auch hier zeichnen wir bestimmte Paare von Literalen aus. Eine *Konnektion* ist ein Paar bestehend aus einem positiven und negativen Literal mit gleichem Prädikatssymbol. In unserem Beispiel gibt es zwei solche Paare, nämlich $\{p(X), \neg p(a)\}$ und $\{q(a), \neg q(X)\}$. Wiederum suchen wir nach einer *aufspannenden* Teilmenge der in der Formel vorkommenden Konnektionen. Eine solche Teilmenge repräsentiert dann einen Beweis, wenn es eine Substitution σ gibt, die simultan die Unifikationsprobleme $\{s_1 \approx t_1, \dots, s_n \approx t_n\}$ für alle in dieser Teilmenge vorkommenden Paare $\langle p(s_1, \dots, s_n), \neg p(t_1, \dots, t_n)\rangle$ löst. In unserem Beispiel ist die Menge

$$\{\{p(X),\ \neg p(a)\},\ \{q(a),\ \neg q(X)\}\}$$

aufspannend. Die Substitution $\sigma = \{X \mapsto a\}$ unifiziert sowohl $\{X \approx a\}$ als auch $\{a \approx X\}$, und hat demnach die gewünschten Eigenschaften.

Auch der Begriff einer aufspannenden Teilmenge ist wie in der Aussagenlogik definiert. Dazu bringen wir die Formeln in dualer Klauselform in ihre *Matrixdarstellung*. In unserem Beispiel erhalten wir die folgende Matrix:

$$\begin{array}{ccc} & p(X) & \\ \neg p(a) & \neg q(X) & q(a). \end{array}$$

Wieder betrachten wir alle Pfade, d. h. in unserem Beispiel die beiden Pfade $\{\neg p(a),\ p(X), q(a)\}$ und $\{\neg p(a),\ \neg q(X),\ q(a)\}$. Eine Menge von Konnektionen ist *aufspannend*, wenn jeder Pfad mindestens eine Konnektion der Menge enthält. Dies ist im betrachteten Beispiel der Fall.

Allerdings kommt in der Prädikatenlogik noch ein weiterer Effekt dazu, den wir berücksichtigen müssen. Betrachten wir dazu die Formel

$$((p(X, c) \wedge p(f(Z, b), b)) \vee \neg p(f(a, Y), Y))$$

in dualer Klauselform. Sie enthält zwei Konnektionen, nämlich $\{p(X, c),$ $\neg p(f(a, Y), Y)\}$ und $\{p(f(Z, b), b), \neg p(f(a, Y), Y)\}$. Wenn wir die Formel in ihrer Matrixdarstellung

$$p(X, c)$$
$$p(f(Z, b), b) \quad \neg p(f(a, Y), Y)$$

aufschreiben, dann erkennen wir unmittelbar, dass beide Konnektionen zusammen eine aufspannende Menge bilden. Jedoch gibt es keine Substitution, die sowohl das Unifikationsproblem $\{X \approx f(a, Y), \ c \approx Y\}$ als auch das Unifikationsproblem $\{f(Z, b) \approx f(a, Y), \ b \approx Y\}$ löst, denn im ersten Problem müsste die Variable Y an die Konstante c gebunden werden, im zweiten Problem Y aber an b. Die Formel selbst ist aber allgemeingültig! Was können wir in diesem Fall tun?

Die Lösung beruht darauf, dass wir auch Kopien der beteiligten dualen Klauseln zulassen müssen, wobei wir selbstverständlich die Variablen wieder auseinanderdividieren müssen. Betrachten wir dazu die erweiterte Matrix

$$p(X, c)$$
$$p(f(Z, b), b) \quad \neg p(f(a, Y), Y) \quad \neg p(f(a, Y_1), Y_1).$$

Die Menge $\{\{p(X, c), \ \neg p(f(a, Y), Y)\}, \ \{p(f(Z, b), b), \ \neg p(f(a, Y_1), Y_1)\}\}$ ist aufspannend, und die Substitution $\sigma = \{X \mapsto f(a, c), \ Y \mapsto c, \ Z \mapsto a, \ Y_1 \mapsto b\}$ erfüllt die gewünschte Eigenschaft.

Leider lässt sich beim Nachweis der Allgemeingültigkeit einer Formel in dualer Klauselform nicht vorhersagen, wie viele Kopien einer Klausel im Laufe des Beweises benötigt werden. So bleibt einem nichts anderes übrig, als während der Beweissuche sukzessive die Anzahl der Kopien zu erhöhen.

4.7   Implementierungen von Beweisverfahren

Nachdem nun im letzten Kapitel einige der gängigsten Beweisverfahren der Prädikatenlogik vorgestellt wurden, soll in diesem Abschnitt auf zwei praktische Implementierungen eingegangen werden. Es gibt zwischen den verschiedenen bisher entwickelten automatischen Beweisverfahren bzw. deren unterschiedlichen Implementierungen durchaus gravierende Unterschiede. So finden wir sehr ausgefeilte und technisch komplexe Programme, die aus diesem Grunde sehr viele Codezeilen umfassen, dafür aber auch viele Probleme lösen können. Die Vorstellung eines solchen Programms würde den Rahmen dieses Buches sprengen. Demgegenüber gibt es auch extrem kurze Programme, die zwar nicht alle komplizierten Probleme lösen können, aber dennoch schnell und effizient arbeiten. Die beiden Programme, die im Folgenden vorgestellt werden sollen, sind in diese Kategorie einzuordnen. Sie bestehen aus nur sehr wenigen Zeilen Prolog-Code.

Als erstes wird in Abschnitt 4.7.2 auf das Programm leanTAP eingegangen. Dabei steht „lean" für die Kürze des Programms und „TAP" dafür, dass es sich hier um einen Tableau-basierten Beweiser handelt. Danach folgt in Abschnitt 4.7.3 eine Einführung in das Programm leanCoP, wobei das „CoP" hier indiziert, das dieser Beweiser auf der Konnektionsmethode beruht. Der Grund, warum diese Programme trotz ihrer Kürze so effizient arbeiten, liegt unter anderem darin, dass sie intensiven Gebrauch von den Möglichkeiten machen, die Prolog bietet. So wird beispielsweise die Unifikation in diesen Programmen nicht extra noch einmal neu programmiert, sondern es wird die bereits in Prolog implementierte Unifikation genutzt. Aus diesem Grunde werden im Abschnitt 4.7.1 auch erst noch einige Prolog-Konstrukte erläutert, die für das Verständnis der Programme wichtig sind, aber in Kapitel 2 noch nicht erwähnt wurden, weil sie zu speziell sind. Danach wird jedes der Programme Zeile für Zeile erklärt, und abschließend wird ein Ablaufbeispiel angegeben, anhand dessen die Funktionsweise des Programms dann noch klarer werden sollte. Doch nun zuerst einmal zu den Prolog-Grundlagen.

4.7.1 Prolog-Grundlagen

Darstellung prädikatenlogischer Formeln Zu aller erst befassen wir uns mit der Darstellung prädikatenlogischer Formeln in den Programmen. Zur Darstellung atomarer Formeln werden in beiden Programmen Prolog-Atome verwendet. Das Prädikat $p(0, f(X))$ wird in Prolog wie gehabt durch `p(0,f(X))` dargestellt. Für die Darstellung von Variablen werden ebenfalls Prolog-Variablen verwendet. Die Junktoren werden aber im Gegensatz zu der bisherigen Darstellung auf in Prolog vordefinierte Operatoren abgebildet. Das Negationssymbol $\neg$ wird durch den Prolog-Operator $-/1$ dargestellt, so dass beispielsweise das Literal $\neg p(0, f(X))$ durch $-\texttt{p(0,f(X))}$ repräsentiert wird. In den zu beweisenden Formeln dürfen von den binären Operatoren nur $\vee$ und $\wedge$ verwendet werden. Als Prolog-Darstellung von $\wedge$ verwenden wir einfach den binären Infixoperator $,/2$, mit dem wir ja schon bisher Teilziele konjunktiv miteinander verknüpft habe. Zur Darstellung der Disjunktion verwenden wir den binären Infixoperator $;/2$. Nun fehlen nur noch die Quantoren. Um es uns auch hier einfacher zu machen, setzen wir voraus, dass alle Formeln in Skolem-Normalform vorliegen. Folglich müssen wir uns nur noch Gedanken über die Darstellung des Allquantors machen. Dazu verwenden wir wie bisher den zweistelligen Funktor `all/2`. Wir haben also nun die Voraussetzungen, eine prädikatenlogische Formel als Prolog-Term darzustellen, und veranschaulichen dies hier noch einmal an einem Beispiel: Die Formel

$$\neg(\neg(p(0) \wedge (\forall X)(\neg p(X) \vee p(f(X)))) \vee p(f(f(0))))$$

würde also durch folgenden Prolog-Term dargestellt:

$$-(-(\texttt{p(0)}, \texttt{all}(X, (-\texttt{p(X)}; \texttt{p(f(X))}))); \texttt{p(f(f(0))))}.$$

Diese Darstellung hat den Vorteil, dass die Operatoren bereits alle in Prolog
vordefiniert sind und wir uns deshalb um die Implementierung der Junktoren
nicht weiter kümmern müssen. Außerdem muss die Instanziierung von Variablen, also ihre Bindung an einen Term, nicht extra beachtet werden. Dies wird
auch alles durch die interne Darstellung und Verarbeitung der Prolog-Variablen
realisiert.

Kopieren von Formeln   Die Darstellung einer Formel mittels Prolog-Termen hat noch einen weiteren, nicht zu unterschätzenden Vorteil: Wenn wir
die universellen Quantoren in einer Formel behandeln wollen, müssen Teilformeln instanziiert bzw. Kopien mit neuen Variablen angelegt werden. Zu diesem
Zwecke kann das Systemprädikat `copy_term(In, Out)` verwendet werden. Mit
Hilfe dieses Prädikats wird eine Kopie des Terms `In` angelegt, und mit `Out`
unifiziert. Wenn die beiden Terme `In` und `Out` vor dem Aufruf des Prädikats
keine gemeinsamen Variablen haben, haben sie auch nachher keine gemeinsamen Variablen. Es werden also von den in `In` vorkommenden Variablen richtige
Kopien angelegt, d. h. es werden neue Variablen verwendet, die noch nirgendwo
vorkommen.

Komposition von Teilzielen   Bis jetzt haben wir in Prolog-Klauseln die
Teilziele immer nur konjunktiv verknüpft. Ein Ziel

$$?- \texttt{t1}, ..., \texttt{tn}.$$

ist dann erfolgreich, wenn alle Teilziele bewiesen werden können. Es gibt aber
auch noch andere Möglichkeiten, Teilziele zu verknüpfen, die in den zu betrachtenden Programmen häufig vorkommen. Betrachten wir zunächst die disjunktive Verknüpfung. Dort wollen wir, dass ein Ziel zum Erfolg führt, wenn
wenigstens ein Teilziel bewiesen werden kann. In Prolog wird dies mit dem
jetzt ja schon bekannten Operator ;/2 realisiert. So verbundene Teilziele werden sequentiell untersucht. Sobald ein Teilziel bewiesen werden kann, bricht die
Auswertung sofort ab: Das Ziel ist erfüllt. Die restlichen Teilziele werden dann
nicht mehr untersucht.

Eigentlich würden ja die beiden Möglichkeiten der Komposition reichen, der
Einfachheit halber gibt es aber noch einen Operator zur Komposition von Teilzielen, die Implikation. Sie wird in Prolog durch den binären Infixoperator
−>/2 dargestellt. Es sind zwei wichtige Verwendungen dieses Operators zu
nennen:

1. `G1 −> G2` : Wenn das Teilziel `G1` bewiesen werden kann, dann wähle
   die erste gefundene Lösung, beseitige alle bei der Abarbeitung von `G1`
   generierten Backtracking-Punkte und untersuche Teilziel `G2`. Kann `G2`
   bewiesen werden, dann ist das ganze Ziel bewiesen. Kann `G2` nicht bewiesen werden, dann schlägt das ganze Ziel fehl.

2. `G1 -> G2;G3` : Diese Konstruktion realisiert ein „if-then-else" in Prolog. Das Ziel ist erfolgreich, wenn `G1` und `G2` bewiesen werden können, oder wenn `G1` fehlschlägt und `G3` bewiesen werden kann.

Nun haben wir alle wesentlichen Grundlagen geklärt, um uns dem ersten Theorembeweiser zuwenden zu können.

4.7.2 Der Theorembeweiser leanTAP

Der Theorembeweiser leanTAP ist eine Implementierung des Tableauverfahrens. Dieses Verfahren wurde in Abschnitt 4.6.2 als ein Beweisverfahren vorgestellt, das mit allen prädikatenlogischen Formeln umgehen konnte, in denen nur die binären Operatoren $\land$ und $\lor$ vorkamen. Die Formeln, die leanTAP verarbeiten kann, unterliegen jedoch einer stärkeren Beschränkung, die allerdings einfach zu realisieren ist: Formeln, in denen leanTAP einen Widerspruch finden soll, müssen abgeschlossen und von der Form

$$(\forall X_1) \ldots (\forall X_n)\, F$$

sein, wobei F quantoren-frei und in Negationsnormalform vorliegen muss. Auch Konjunktionen solcher Formeln sind zugelassen. Wir wissen bereits, dass wir jede Formel in diese Form bringen können. Da in dieser Form keine existenziellen Quantoren mehr behandelt werden müssen und Negationen nur direkt vor Literalen vorkommen, müssen natürlich deutlich weniger Fallunterscheidungen behandelt werden. Schauen wir uns nun also die Implementierung dieses Programms an.

Die Implementierung Das Programm leanTAP besteht aus der Definition eines einzigen Prädikats, das den Namen `prove/5` trägt. Dieses Prädikat wird durch fünf Klauseln definiert. Bevor wir uns die Klauseln ansehen, sollten wir uns zuerst über die Stelligkeit des Prädikats klar werden. Dazu müssen wir uns überlegen, was für die Anwendung einer Expansionsregel eigentlich notwendig ist. Wir müssen uns auf alle Fälle merken, inwieweit die Formel bereits zerlegt worden ist, d. h. wir brauchen einen Parameter `Fml`, der die aktuelle Formel enthält, und einen Parameter `UnExp`, der alle noch nicht expandierten Teilformeln enthält. Dann brauchen wir noch eine Liste `Lits` der Literale, die sich auf dem aktuellen Ast des Tableaus befinden, um testen zu können, ob der Ast atomar abgeschlossen ist. Nun müssen wir noch die Besonderheiten der Prädikatenlogik beachten: Es können ja von einer universell quantifizierten Formel jederzeit neue Instanzen erzeugt werden, die dann neue (freie) Variablen enthalten müssen. Dies kann beliebig oft geschehen, in einer Implementierung möchte man aber nur eine bestimmte Höchstzahl an neuen freien Variablen zulassen, da die Komplexität des Beweises sehr schnell in Abhängigkeit von dieser Zahl wächst. Wir brauchen also ein fünfstelliges Prädikat `prove/5`, welches wie folgt aufgerufen wird:

$$\text{prove}(\text{Fml}, \text{UnExp}, \text{Lits}, \text{FreeV}, \text{VarLim}).$$

Dabei ist `FreeV` eine Liste der bis jetzt eingeführten freien Variablen und
`VarLim` die Zahl, die die maximale Länge dieser Liste angibt, also die Höchstzahl an einzuführenden freien Variablen.

Da nun die Aufrufstruktur des Prädikats `prove/5` klar sein sollte, können wir
uns an die Programmklauseln von leanTAP heranwagen. `prove/5` ist induktiv
über den Aufbau der im ersten Argument repräsentierten prädikatenlogischen
Formeln definiert. Wenn wir dort eine Konjunktion vorfinden, dann zerlegen
wir diese, indem wir die erste Teilformel als aktuelle Formel auswählen und die
zweite Teilformel zur Menge der noch nicht zerlegten Formeln dazunehmen.
Eine solche Zerlegung kann aber nur einmal stattfinden, also ergibt sich:

$$\text{prove}((\text{A}, \text{B}), \text{UnExp}, \text{Lits}, \text{FreeV}, \text{VarLim}) :-$$
$$!, \text{prove}(\text{A}, [\text{B}|\text{UnExp}], \text{Lits}, \text{FreeV}, \text{VarLim}).$$

Mit der Disjunktion gehen wir genauso vor, nur ergeben sich hier im Tableau ja
zwei Äste. Dies muss auch im Rumpf der entsprechenden Klausel zum Ausdruck
kommen:

$$\text{prove}((\text{A}; \text{B}), \text{UnExp}, \text{Lits}, \text{FreeV}, \text{VarLim}) :-$$
$$!, \text{prove}(\text{A}, \text{UnExp}, \text{Lits}, \text{FreeV}, \text{VarLim}),$$
$$\text{prove}(\text{B}, \text{UnExp}, \text{Lits}, \text{FreeV}, \text{VarLim}).$$

Es werden also (mit `UnExp` und `Lits`) alle Formeln des bisherigen Astes übernommen und jedes Vorkommen des Prädikats `prove/5` im Rumpf dieser Klausel repräsentiert jetzt einen neuen Ast, in dem eine Teilformel der Disjunktion
vorkommt.

Die Behandlung eines Ausdrucks der Form `all(X, Fml)` wird schon etwas komplizierter. Hier werden dann auch die beiden letzten Parameter verwendet. In
diesem Fall wird erst einmal getestet, ob nicht bereits die maximal erlaubte
Zahl an neuen Variablen erreicht ist. Ist dies nicht der Fall, dann muss eine
neue Kopie der Formel angelegt werden, wobei die durch den Quantor gebundene Variable durch eine neue, freie Variable zu ersetzen ist. Dieses Ersetzen
geschieht, wie man sich sicher bereits denken kann, mit Hilfe des Prädikats
`copy_term/2`, dessen Funktionsweise bereits kurz beschrieben wurde. Der be-
nötigte Aufruf des Prädikats `copy_term/2` sieht wie folgt aus:

$$\text{copy\_term}((\text{X}, \text{Fml}, \text{FreeV}), (\text{X1}, \text{Fml1}, \text{FreeV})).$$

Um nun zu verdeutlichen, was dieser Aufruf eigentlich bewirkt, betrachten wir das folgende Beispiel:

```
?- copy_term((X, ((p(X); r(Y)), q(Z)), [Y]), (X1, Fml1, [Y])).
X  =  _G449
Y  =  _G451
Z  =  _G456
X1 =  _G476
Fml1 = (p(_G476); r(_G451)), q(_G641).
```

Was ist da passiert? Offensichtlich werden die beiden Tripel im Aufruf von `copy_term/2` als die Terme `In` bzw. `Out` interpretiert. Von dem ersten Tripel wird also eine Kopie angelegt und mit dem zweiten Tripel unifiziert. Dadurch müssen beide dieselbe Struktur haben. Was geschieht nun aber mit den Variablen? In Abschnitt 4.7.1 haben wir gelernt, dass die beiden Terme nach dem Aufruf keine gemeinsamen Variablen haben, wenn sie vor dem Aufruf keine hatten. Nun haben die beide Terme aber eine gemeinsame Variable, nämlich `Y`. In diesem Fall wird die Variable `Y` in `Fml1` übernommen, während die Variablen `X` und `Z` durch neue Variablen `_G476` bzw. `_G641` ersetzt werden. Man beachte, dass dabei die korrespondierenden Variablen unifiziert wurden. Mit anderen Worten, alle Vorkommen von `X` in `Fml` wurden durch `_G476` in `Fml1` ersetzt und, analog, wurden alle Vorkommen von `Z` in `Fml` durch `_G641` in `Fml1` ersetzt.

Nachdem nun eine Kopie der Formel angelegt wurde, muss die universell quantifizierte Formel wieder zur Menge der noch nicht zerlegten Formeln hinzugefügt werden, da ja unter Umständen im Beweis noch weitere Kopien davon benötigt werden. Um aber zu verhindern, dass beim nächsten Mal und dann immer wieder dieselbe Formel instanziiert wird, hängen wir diese Formel hinten an die Menge der noch nicht zerlegten Formeln an. Außerdem müssen wir uns noch merken, dass jetzt eine neue freie Variable im Tableau vorkommt. Anschließend können wir im Prinzip zum nächsten Schritt übergehen, wobei die Kopie, die angelegt wurde jetzt die aktuelle Formel ist. Zusammengefasst sieht die Klausel für die Behandlung von universellen Quantoren wie folgt aus:

```
prove(all(X, Fml), UnExp, Lits, FreeV, VarLim) :-
       !, \+length(FreeV, VarLim),
       copy_term((X, Fml, FreeV), (X1, Fml1, FreeV)),
       append(UnExp, [all(X, Fml)], UnExp1),
       prove(Fml1, UnExp1, Lits, [X1|FreeV], VarLim).
```

Somit bleibt noch der Fall zu betrachten, dass das erste Argument von `prove/5` ein Literal ist. Wenn ein Teilziel der Form

```
prove(Fml, UnExp, Lits, FreeV, VarLim)
```

mit keinem der bisher spezifizierten Klauselköpfe unifizierbar ist, dann muss `Fml` ein Literal sein. Hier können wir jetzt versuchen, diesen Ast des Tableaus atomar abzuschließen. Dazu benötigen wir den dritten Parameter von `prove/5`. Das ist die Liste `Lits` aller auf dem aktuellen Ast vorkommenden Literale. Diese Liste durchlaufen wir rekursiv in dem Versuch, ein Element zu finden, das mit dem Negat von `Fml` unifizierbar ist. Hierbei gibt es noch ein kleines Problem. Wenn wir vom Negat eines Literals `Fml` sprechen, dann gibt es zwei Fälle: Wenn `Fml` ein Atom, sagen wir `A`, ist, dann ist das Negat $-$`A`. Wenn `Fml` ein negiertes Atom, sagen wir $-$`A` ist, dann ist das Negat modulo der doppelten Verneinung gemeint, d. h. `A`. Diese Fallunterscheidung wird am günstigsten durch folgenden Prolog-Term realisiert:

$$(\texttt{Fml} = -\texttt{X}; -\texttt{Fml} = \texttt{X}).$$

Hier haben wir also die besagte disjunktive Verknüpfung der Teilziele: Zuerst wird das erste Teilziel untersucht, dieses führt zum Erfolg, wenn `Fml` ein negiertes Atom ist, `X` wird dann an das Atom gebunden. Schlägt das erste Teilziel jedoch fehl, dann kann `Fml` nur ein Atom gewesen. Also wird `X` und $-$`Fml` gebunden. Nachdem dies geschehen ist, ist `X` auf alle Fälle an das zu `Fml` komplementäre Literal (modulo der doppelten Verneinung) gebunden. Nun muss nur noch die Liste `Lits` rekursiv durchlaufen werden: Wenn `X` mit dem Kopf von `Lits` unifizierbar ist, dann ist der entsprechende Ast abgeschlossen, ansonsten müssen wir die anderen Literale untersuchen. Backtracking ist in diesem Fall unerwünscht, da sonst ein doppelt negiertes Literal an `X` gebunden werden könnte. Also reicht hier nicht die einfache konjunktive Verknüpfung, wir verwenden darum an dieser Stelle den Operator $->$ `/2`:

```
prove(Fml, _, [L|Lits], _, _) :-
        (Fml = -X; -Fml = X) ->
        (unify_with_occurs_check(X, L); prove(Fml, [], Lits, _, _)).
```

Im rekursiven Aufruf wird das zweite Argument von `prove/5` mit der leeren Liste instanziiert. Folglich gibt es bei diesem und den gegebenenfalls folgenden Aufrufen keine weiter zerlegbaren Formeln mehr. Wie wir gleich sehen werden, stellt dies sicher, dass hier tatsächlich nur versucht wird, den aktuellen Ast abzuschließen. Zu bemerken ist auch noch, dass wir im Rumpf dieser Klausel den Unifikationsalgorithmus mit Occurs Check aufrufen. Anderweitig wäre der Algorithmus nicht korrekt.

Kommen wir nun zur letzten Klausel. Diese Klausel wird ausgewählt, wenn die aktuelle Formel `Fml` ein Literal ist, also nicht weiter zerlegt werden kann, und der aktuelle Ast noch nicht geschlossen werden kann. Dann wird einfach eine der noch nicht zerlegten Formeln auf dem Ast ausgewählt und weiter zerlegt, während `Fml` der Liste `Lits` hinzugefügt wird. Dies wird ganz einfach wie folgt realisiert:

```
prove(Fml, [F|UnExp], Lits, FreeV, VarLim) :-
        prove(F, UnExp, [Fml|Lits], FreeV, VarLim).
```

Damit wurde das gesamte Programm leanTAP vorgestellt und erklärt. Zur besseren Übersicht ist hier noch einmal die Definition von `prove/5` zusammengefasst:

```
prove((A, B), UnExp, Lits, FreeV, VarLim) :-
       !, prove(A, [B|UnExp], Lits, FreeV, VarLim).
prove((A; B), UnExp, Lits, FreeV, VarLim) :-
       !, prove(A, UnExp, Lits, FreeV, VarLim),
       prove(B, UnExp, Lits, FreeV, VarLim).
prove(all(X, Fml), UnExp, Lits, FreeV, VarLim) :-
       !, \+length(FreeV, VarLim),
       copy_term((X, Fml, FreeV), (X1, Fml1, FreeV)),
       append(UnExp, [all(X, Fml)], UnExp1),
       prove(Fml1, UnExp1, Lits, [X1|FreeV], VarLim).
prove(Fml, _, [L|Lits], _, _) :-
       (Fml = -X; -Fml = X) ->
       (unify_with_occurs_check(X, L); prove(Fml, [], Lits, _, _)).
prove(Fml, [F|UnExp], Lits, FreeV, VarLim) :-
       prove(F, UnExp, [Fml|Lits], FreeV, VarLim).
```

Ein Ablaufbeispiel Nun wollen wir uns mit der Arbeitsweise von leanTAP vertraut machen, indem wir das Programm an einer Formel scheitern lassen (um auch wirklich alle repräsentativen Fälle zu betrachten), und dabei verfolgen, was detailliert passiert. Dazu betrachten wir die Formel

$$((\forall X)(p(X) \wedge q(X)) \wedge (\forall Y)(\neg q(Y) \vee p(Y))).$$

Eine Tableauexpansion für diese Formel ist in Abbildung 4.14 dargestellt. Der linke Ast kann abgeschlossen werden, wenn wir das Tableau mit $\{Y_1 \mapsto X_1\}$ instanziieren. Der rechte Ast lässt sich aber nicht abschließen. Die Formel enthält also keinen Widerspruch und folglich sollte leanTAP mit `No` antworten.

Als entsprechende Prolog-Darstellung der oben diskutierten Formel erhalten wir:

$$(\text{all}(X, (p(X), q(X))), \text{all}(Y, (-q(Y); p(Y))))$$

leanTAP muss nun wie folgt aufgerufen werden:

$$?- \text{prove}(\text{Fml}, [\,], [\,], [\,], \text{VarLim}).$$

Dabei ist `Fml` die zu widerlegende Formel und `VarLim` die maximale Anzahl neuer Variablen, also beispielsweise `VarLim = 2`. Die Listen der noch zu zerlegenden Formeln, der im aktuellen Ast vorkommenden Literale und der neu eingeführten freien Variablen sind initial leer. Sie werden erst im Verlauf der Abarbeitung gefüllt. Sehen wir uns nun die einzelnen Abarbeitungsschritte näher an:

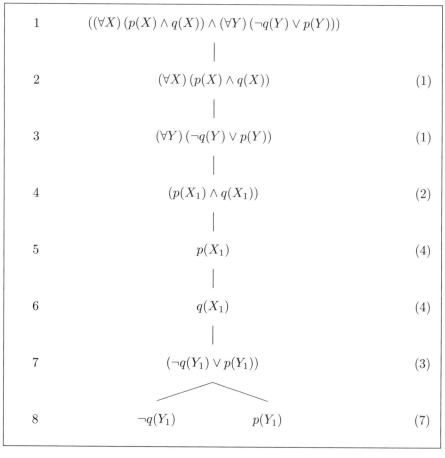

1        $((\forall X)\,(p(X) \wedge q(X)) \wedge (\forall Y)\,(\neg q(Y) \vee p(Y)))$

2                    $(\forall X)\,(p(X) \wedge q(X))$ (1)

3                    $(\forall Y)\,(\neg q(Y) \vee p(Y))$ (1)

4                        $(p(X_1) \wedge q(X_1))$ (2)

5                                $p(X_1)$ (4)

6                                $q(X_1)$ (4)

7                        $(\neg q(Y_1) \vee p(Y_1))$ (3)

8            $\neg q(Y_1)$ $p(Y_1)$ (7)

Abbildung 4.14: Ein Tableau für $((\forall X)(p(X) \wedge q(X)) \wedge (\forall Y)(\neg q(Y) \vee p(Y)))$.

1. In unserem Beispiel ist die Formel eine Konjunktion. Also ist in diesem Falle die erste Klausel des Programms anwendbar und die Konjunktion wird zerlegt. Wir erhalten:

   ```
   ?- prove(all(X,(p(X),q(X))),[all(Y,(-q(Y);p(Y)))],[],[],2).
   ```

2. Jetzt ist das erste Argument eine universell quantifizierte Formel. Also ist die dritte Klausel anwendbar, wodurch der universelle Quantor entfernt und eine Instanz der Teilformel mit neuen Variablen angelegt wird. Dazu wird zuerst geprüft, ob die Liste mit den bisher eingeführten neuen Variablen weniger als 2 Einträge hat. Da dies erfüllt ist, wird von der Formel eine neue Kopie gemacht, diese als aktuelle Formel genommen, und die universell quantifizierte Formel an das Ende des zweiten Arguments

angehängt. Wir erhalten:

$$?-\ \texttt{prove}((\texttt{p(X1)},\texttt{q(X1)}),$$
$$[\texttt{all(Y,}(-\texttt{q(Y)};\texttt{p(Y)}))\texttt{, all(X,}(\texttt{p(X)},\texttt{q(X)}))]\texttt{, [], [X1], 2)}.$$

3. Da das erste Argument jetzt wieder eine Konjunktion ist, zerlegen wir sie mithilfe der ersten Klausel und erhalten:

$$?-\ \texttt{prove(p(X1)},$$
$$[\texttt{q(X1), all(Y,}(-\texttt{q(Y)};\texttt{p(Y)}))\texttt{, all(X,}(\texttt{p(X)},\texttt{q(X)}))]\texttt{, [], [X1], 2)}.$$

4. An dieser Stelle kann das erste Argument nicht mehr weiter zerlegt werden. Also wird untersucht, ob der aktuelle Ast atomar abgeschlossen werden kann. Da aber das dritte Argument noch immer die leere Liste ist, gibt es noch keine weiteren Literale auf dem aktuellen Ast. Folglich greift die vierte Klausel nicht. Lediglich die letzte Klausel ist anwendbar und wir erhalten:

$$?-\ \texttt{prove(q(X1), [all(Y,}(-\texttt{q(Y)};\texttt{p(Y)}))\texttt{, all(X,}(\texttt{p(X)},\texttt{q(X)}))],$$
$$[\texttt{p(X1)], [X1], 2)}. \tag{4.10}$$

5. Da das erste Argument ein Atom ist, wird zunächst versucht, den aktuellen Ast abzuschließen, d. h. die vierte Klausel anzuwenden. Da aber das Negat von $\texttt{q(X1)}$) nicht mit $\texttt{p(X1)}$ unifizierbar ist, wird versucht, das Teilziel

$$\texttt{prove(q(X1), [], [], [X1], 2)}.$$

zu lösen. Dieses schlägt aber unmittelbar fehl, da wegen der leeren Liste als zweitem und drittem Argument weder die vierte noch die fünfte Klausel anwendbar ist. Backtracking führt jetzt dazu, dass leanTAP versucht, auf das Ziel (4.10) die letzte Klausel anzuwenden. Wir erhalten:

$$?-\ \texttt{prove(all(Y,}(-\texttt{q(Y)};\texttt{p(Y)}))\texttt{, [all(X,}(\texttt{p(X)},\texttt{q(X)}))],$$
$$[\texttt{q(X1), p(X1)], [X1], 2)}.$$

6. Wieder ist das erste Argument eine universell quantifizierte Formel. Unter Benutzung der dritten Klausel wird der Quantor beseitigt und wir erhalten:

$$?-\ \texttt{prove}((-\texttt{q(Y1)};\texttt{p(Y1)})\texttt{, [all(X,}(\texttt{p(X)},\texttt{q(X)}))\texttt{, all(Y,}(-\texttt{q(Y)};\texttt{p(Y)}))],$$
$$[\texttt{q(X1), p(X1)], [Y1, X1], 2)}.$$

7. Da jetzt das erste Argument eine Disjunktion ist, zerlegen wir diese mithilfe der zweiten Klausel. Wir erhalten:

$$?-\ \texttt{prove}(-\texttt{q(Y1), [all(X,}(\texttt{p(X)},\texttt{q(X)}))\texttt{, all(Y,}(-\texttt{q(Y)};\texttt{p(Y)}))],$$
$$[\texttt{q(X1), p(X1)], [Y1, X1], 2)},$$
$$\texttt{prove(p(Y1), [all(X,}(\texttt{p(X)},\texttt{q(X)}))\texttt{, all(Y,}(-\texttt{q(Y)};\texttt{p(Y)}))],$$
$$[\texttt{q(X1), p(X1)], [Y1, X1], 2)}.$$

Jedes dieser Teilziele entspricht einem Ast des Tableaus. Wenn diese Teilziele bewiesen werden können, dann sind die entsprechenden Äste des
Tableaus abgeschlossen. Wenn ein Teilziel fehlschlägt, dann kann der entsprechende Ast des Tableaus mit der gegebenen Grenze `VarLim` an neuen
Variablen nicht abgeschlossen werden.

8. Das erste Teilziel führt hier aber sofort zum Erfolg. Die vierte Klausel ist
   anwendbar. Das Negat von $-q(Y1)$, d. h. das Atom $q(Y1)$ ist mit $q(X1)$
   unifizierbar. Zu beachten ist hierbei, dass durch den Aufruf des Unifikationsalgorithmus die Variablen $X1$ und $Y1$ aneinander gebunden werden.
   Mit der Substitution $\{Y1 \mapsto X1\}$, die automatisch auf das gesamte Tableau angewendet wird, erhalten wir:

   $$?-\ \text{prove}(p(X1), [all(X, (p(X), q(X))), all(Y, (-q(Y); p(Y)))],$$
   $$[q(X1), p(X1)], [X1, X1], 2).$$

9. Da hier das erste Argument wieder ein Literal ist, versuchen wir, den
   aktuellen Ast mithilfe der vierten Klausel abzuschließen. Dies gelingt aber
   nicht. Eine Anwendung der fünften Klausel führt zu:

   $$?-\ \text{prove}(all(X, (p(X), q(X))), [all(Y, (-q(Y); p(Y)))],$$
   $$[p(X1), q(X1), p(X1)], [X1, X1], 2).$$

10. An dieser Stelle wird die dritte Klausel zur Instanziierung der universell
    quantifizierten Formel $all(X, (p(X), q(X)))$ aufgerufen. In diesem Fall ist
    aber die Länge der Liste $[X1, X1]$ gleich 2 und somit kann die zweite
    Klausel nicht erfolgreich angewendet werden. Da es nun auch keine Al-
    ternativen mehr für das Backtracking gibt, terminiert der gesamte Aufruf
    mit einem Fehlschlag. Wir wissen damit, dass es keinen Beweis für die
    angegebene Formel gibt, der mit nur zwei neuen Variablen auskommt. Al-
    lerdings könnte es einen Beweis mir drei, vier oder 2000 neuen Variablen
    geben. Dazu muss man `prove/5` in einer Schleife erneut aufrufen und
    dabei das letzte Argument sukzessive erhöhen. Man spricht dann vom
    iterativen Vertiefen, das die Vollständigkeit von leanTAP sicherstellt.

4.7.3   Der Theorembeweiser leanCoP

Bei dem Beweiser leanCoP handelt es sich um eine kompakte und effiziente Implementierung der Konnektionsmethode. Um zu verstehen, was das Programm
genau macht, werde ich noch einmal die wichtigsten Grundzüge der Konnektionsmethode wiederholen und dabei insbesondere auf die Aspekte eingehen, die
für die Implementierung und deren Effizienz relevant sind.

leanCoP implementiert die in Abschnitt 4.6.4 bereits vorgestellte Konnektionsmethode als positiven und analysierenden Kalkül. Die Konnektionsmethode in
dieser Form beruht darauf, in der Matrixdarstellung einer Formel in dualer

Klauselform eine aufspannende Menge von Konnektionen zu suchen. Genauer gesagt, das Verfahren sucht eine Menge von Konnektionen in der Matrix, so dass jeder Pfad durch die Matrix mindestens eine Konnektion aus dieser Menge enthält. Zusätzlich müssen im prädikatenlogischen Fall die durch die Konnektionen der Menge definierten Unifikationsprobleme simultan lösbar sein.

Für die Implementierung ist nun diese aufspannende Menge von Konnektionen selbst relativ uninteressant. Hier geht es nur darum, zu untersuchen, ob eine solche Menge überhaupt existiert. Dann wissen wir ja, dass es einen Beweis gibt. Die Vorgehensweise von leanCoP ist also, alle Pfade der Matrix zu durchsuchen, und festzustellen, ob sich auf dem gerade durchsuchten Pfad wenigstens eine Konnektion befindet. Dazu wird eine Tiefensuche durch die Matrix durchgeführt. Wenn zu einem bestimmten Zeitpunkt ein „Teilpfad" betrachtet wird, der noch keine Konnektion enthält, dann versucht leanCoP den Teilpfad zu verlängern, indem es eine neue duale Klausel hinzuzieht und daraus ein Literal ausgewählt. Nun gibt so viele mögliche Pfadverlängerungen wie es Literale in der neuen dualen Klausel gibt. Die Suchstrategie von leanCoP ist dabei aber zielorientierter. leanCoP versucht immer eine duale Klausel und ein Literal auszuwählen, so dass der aktuelle Teilpfad durch Hinzunahme des Literals eine Konnektion enthält. Wir werden in der Folge sehen, wie leanCoP genau funktioniert.

Die Implementierung leanCoP geht von der Matrixdarstellung einer Formel in dualer Klauselform aus. Diese wird dabei in Prolog als Liste von Listen dargestellt. Eine solche Datenstruktur haben wir ja bereits beim Algorithmus zur Transformation in Klauselform in Abschnitt 3.3.4 kennen gelernt. Da wir hier von prädikatenlogischen Formeln ausgehen, müssen die Formeln skolemisiert sein, die universellen Quantoren werden dann weggelassen und jede frei vorkommende Variable wird implizit als universell quantifiziert angesehen.

Somit bleibt noch die Frage, welche Daten eigentlich für die Ausführung eines Schrittes in der Konnektionsmethode benötigt werden. Auf alle Fälle brauchen wir die Matrixdarstellung der Formel. Wenn wir dann eine Tiefensuche durch die Matrix durchführen, brauchen wir auch noch den bisher beschrittenen Pfad. Wenn wir eine duale Klausel ausgewählt haben, müssen wir uns alle Literale dieser Klausel merken, da sie ja alle möglichen Fortführungen des aktuellen Pfades darstellen.

Diese Informationen über die zu beweisenden Formel reichen im Wesentlichen aus. Allerdings braucht leanCoP wie leanTAP noch einen Parameter, der eine Abbruchbedingung bei der Tiefensuche spezifiziert: In der Prädikatenlogik müssen wir Kopien von (dualen) Klauseln, d. h. hier, Spalten der Matrix, anlegen, um die Vollständigkeit des Verfahrens zu garantieren. Wir wissen aber vorher im Allgemeinen nicht, wie viele Kopien wir letztendlich für den Beweis brauchen werden. In leanCoP wird die Anzahl der Kopien beschränkt, indem initial eine maximale Pfadlänge festgelegt wird. Diese darf nicht überschritten werden, mit der Folge, dass Beweise dann nur eine begrenzte Länge haben können. Auf diese Weise terminiert jeder Aufruf von leanCoP. Um aber die Vollständigkeit zu garantieren, müssen wir leanCoP rekursiv aufrufen und dabei die Pfadlänge iterativ erhöhen, wenn leanCoP bis dahin keinen Beweis gefunden hat.

Kommen wir nun zur Formulierung des eigentlichen Beweisprädikats. leanCoP besteht aus zwei Prädikaten. Das eine dient mehr oder weniger (wir werden das noch genauer sehen) der Aufrufverpackung des zweiten Prädikats. Das zweite führt den eigentlichen Beweis. Dieses zweite Prädikat, genannt `prove/4`, werden wir uns zuerst ansehen. Es hat exakt die Parameter, die wir als notwendig erkannt haben:

$$\mathtt{prove(Cla, Mat, Path, PathLim)}.$$

`Cla` bezeichnet dabei die aktuell ausgewählte duale Klausel, also die Menge der möglichen Pfadfortführungen. `Mat` ist die Matrix, genauer, der Teil der noch nicht durchsucht wurde, da jede Spalte in einem Pfad nur einmal vorkommen darf. `Path` ist die Liste der Literale, die den bis jetzt besuchten Pfad beschreibt. `PathLim` ist die maximale Pfadlänge. Wir geben zunächst die vollständige Definition von `prove/4` an und erklären danach Schritt für Schritt die Funktionsweise des Prädikats.

```
prove([], _, _, _).
prove([L|Cla], Mat, Path, PathLim) : −
      (−X = L; −L = X) −> (member(X, Path);
      append(MA, [C1|MB], Mat), copy_term(C1, C2),
      append(CA, [X|CB], C2), append(CA, CB, C3),
      (C1 == C2 −> append(MB, MA, M1);
      length(Path, K), K < PathLim, append(MB, [C1|MA], M1)),
      prove(C3, M1, [L|Path], PathLim)), prove(Cla, Mat, Path, PathLim).
```

Die erste Klausel ist einfach zu verstehen: Wenn die aktuelle Klausel leer ist, dann ist der Beweis beendet. Die zweite Klausel ist deutlich schwieriger. In diesem Fall finden wir in der ausgewählten Klausel noch mindestens ein Literal `L`, mit dem der aktuelle Pfad `Path` fortgeführt werden kann. Also untersuchen wir zuerst die möglichen Pfade, die dieses Literal enthalten. Erst danach betrachten wir die übrigen Literale der ausgewählten Klausel, was durch das letzte Teilziel der zweiten Klausel realisiert wird.

Aber wie wird jetzt `L` behandelt? Zuerst generieren wir wieder das negierte Literal mit der bereits aus leanTAP bekannten „Fallunterscheidung" ($-X = L; -L = X$). Als Folge davon ist `X` das zu `L` negierte Literal (modulo der doppelten Verneinung). Durch die Implikation wird wiederum ein Backtracking verhindert. Anschließend wird eine zweite Fallunterscheidung getroffen: Im ersten Fall befindet sich ein mit `X` unifizierbares Literal im aktuellen Pfad `Path`. Dann sind wir fertig, da wir für diesen Pfad jetzt eine Konnektion gefunden haben. Dies geschieht durch den Aufruf von `member(X, Path)`. Dabei ist zu beachten, dass `member/2` nicht nur einen Test, ob sich ein Element in einer Liste befindet, durchführt, sondern `member/2` sucht nach einem Element in der Liste `Path`, das mit `X` unifizierbar ist. Existiert ein solches Element, dann wird der Unifikator auf alle Teilziele, also insbesondere auch auf das letzte, angewendet!

An dieser Stelle muss ich auf ein wichtiges technisches Detail hinweisen: Wir setzen hier voraus, dass bei jeder Unifikation der Occurs Check durchgeführt wird. Dies ist in SWI-Prolog aber nicht der Fall und wenn man leanCoP so wie oben beschrieben in SWI-Prolog ablaufen lässt, dann kann es zu Fehlern kommen. Ich werde später die Definition von `prove/4` so modifizieren, dass die kritischen Aufrufe des Unifikationsalgorithmus explizit durch

`unify_with_occurs_check/2`

ausgedrückt werden und somit das Programm auch in SWI-Prolog korrekt abläuft.

Wir kommen jetzt zu dem zweiten Fall der angesprochenen Fallunterscheidung. Befindet sich kein mit `X` unifizierbares Literal im aktuellen Pfad `Path`, dann müssen wir weiter suchen und eine neue duale Klausel auswählen. Hierbei geht leanCoP zielorientiert vor: Es wird eine duale Klausel ausgewählt, die ein Literal enthält, welches mit `X` unifizierbar ist. Dazu zerlegen wir die gegebene Matrix `Mat` mittels `append/3` in zwei Listen `MA` und `MB` sowie die duale Klausel `C1`. Anschließend müssen wir die ausgewählte Klausel `C1` kopieren, was durch das Teilziel `copy_term(C1,C2)` erreicht wird. Aus `C2` muss nun ein Teilziel ausgewählt werden, das mit `X` unifizierbar ist. Dazu zerlegen wir `C2` mittels `append/3` in die Listen `CA` und `CB` sowie eben das mit `X` unifizierbare Literal. Man beachte dabei, dass auch hier die Unifikation eine entscheidende Rolle spielt und der Occurs Check durchgeführt werden muss. Man beachte weiterhin, dass durch Backtracking alle duale Klauseln und alle in der jeweils ausgewählten dualen Klausel vorkommenden Literale gegebenenfalls ausgewählt werden.

Zu diesem Zeitpunkt haben wir aus der Matrix `Mat` eine duale Klausel `C1`, davon die neue Variante `C2` bestimmt, und dann aus `C2` ein Literal `X` ausgewählt. Dabei sind `MA` und `MB` die Reste der Matrix `Mat`, und `CA` und `CB` die Reste der dualen Klausel `C2`. Mittels `append(CA,CB,C3)` fassen wir jetzt die Klauselreste zu `C3` zusammen. Dem interessierten Leser ist sicherlich aufgefallen, dass das Kopieren der dualen Klausel `C1` dann unnötig ist, wenn `C1` abgeschlossen war. In leanCoP wird allerdings von jeder ausgewählten dualen Klausel zunächst eine Kopie angelegt. Allerdings kommt es anschließend zu einer weiteren Fallunterscheidung: Wenn `C1` und `C2` syntaktisch identisch sind (`C1 == C2`), dann wird `C1` aus `Mat` entfernt. Dies lässt wird einfach dadurch realisiert, dass `MA` und `MB` mittels `append/3` zu `M1` zusammengefasst werden. Wenn jedoch `C1` und `C2` syntaktisch verschieden sind, dann muss in `C1` mindestens eine Variable vorkommen. Dies macht es notwendig, in der Folge die gesamte Matrix weiter zu betrachten, da weitere Varianten von `C1` im Beweis verwendet werden können. Dazu setzen wir die Matrix `M1` aus `MB` und `[C1|MA]` zusammen. Andererseits verlängert sich jetzt auch der aktuelle Pfad `Path` um `L`. Dies ist allerdings nur erlaubt, wenn die Abbruchbedingung noch nicht erfüllt ist, was mittels length(Path, K), K < PathLim sichergestellt wird.

Nun kann die ausgewählte duale Klausel neben auch X noch andere Literale enthalten, die ebenfalls mögliche Pfadverlängerungen darstellen. Diese Literale sind nach Konstruktion in C3 zusammengefasst. Wir müssen also prove/4 erneut aufrufen, wobei jetzt C3 die ausgewählte duale Klausel, M1 die Matrix und der aktuelle Pfad der um L verlängerte Pfad Path ist. Die Abbruchbedingung PathLim wird nicht verändert.

Damit ist das Prädikat prove/4 zunächst einmal vollständig beschrieben. Allerdings gibt es noch zwei Aspekte, einen weniger wichtigen und einen wichtigen. Kommen wir zunächst zu dem weniger wichtigen Aspekt. prove/4 hat mehr Argumente als eigentlich notwendig sind. Normalerweise will man nur die duale Klauselform und die maximale Pfadlänge angeben, und dann auf eine Antwort warten. Der viel wichtigere Aspekt ist, dass man beim ersten Aufruf von prove/4 ja auch eine duale Klausel auswählen und die Matrix entsprechend modifizieren muss. leanCoP bedient sich dazu eines „Tricks". Es wählt aus der Matrix eine duale Klausel aus, in der nur Atome vorkommen, fügt dieser Klausel das Literal −! hinzu und ruft prove/4 mit [!] als erstem Argument auf. Dabei ist ! ein Sonderzeichen, das sonst nicht in leanCoP vorkommt und das auch nichts mit dem Cut zu tun hat. Dies alles wird in der Definition von prove/2 zusammengefasst:

```
prove(Mat, PathLim) :−
     append(MA, [C|MB], Mat), \+ member(− _ , C),
     append(MA, MB, M1), prove([!], [[−!|C]|M1], [ ], PathLim).
```

Wie weiter oben bereits erwähnt wurde, müssen wir sicherstellen, dass das Prolog-System, auf dem wir leanCoP ablaufen lassen wollen, die Unifikation mit Occurs Check durchführt. Während man dies in manchen Prolog-Systemen durch Setzen eines Parameters einstellen kann, ist dies in SWI-Prolog etwas umständlicher. Dort müssen wir das Prädikat unify_with_occurs_check/2 explizit verwenden. Dazu erinnern wir uns noch einmal an die Stellen, an denen eine Unifikation mit Occurs Check benötigt wurde: Einmal beim Testen, ob sich ein mit X unifizierbares Literal bereits im aktuellen Pfad befindet, und einmal beim Suchen eines solchen Literals in einer dualen Klausel. In SWI-Prolog müssen wir jetzt eine neue Variable einführen, diese an das zu überprüfende Literal binden, und anschließend explizit unifizieren. Dazu wird das Teilziel member(X, Path) durch

```
member(Y1, Path), unify_with_occurs_check(Y1, X)
```

ersetzt. Auf diese Weise wird der Occurs Check verschoben, Y1 wird sukzessive an jedes Element in der Liste Path gebunden und anschließend werden Y1 und X mit Occurs Check unifiziert. Genauso verfahren wir mit dem Aussuchen des Literals aus der dualen Klausel C2. Hier ersetzen wir append(CA, [X|CB], C2) durch

```
append(CA, [Y2|CB], C2), unify_with_occurs_check(Y2, X)
```

Zusammengefasst erhalten wir den folgenden, „SWI-Prolog fähigen" leanCoP:

```
prove(Mat, PathLim) :−
      append(MA, [C|MB], Mat), \+ member(− _, C),
      append(MA, MB, M1), prove([!], [[−!|C]|M1], [], PathLim).
prove([], _, _, _).
prove([L|Cla], Mat, Path, PathLim) :−
      (−X = L; −L = X) −>
      (member(Y1, Path), unify_with_occurs_check(Y1, X);
      append(MA, [C1|MB], Mat), copy_term(C1, C2),
      append(CA, [Y2|CB], C2), unify_with_occurs_check(Y2, X),
      append(CA, CB, C3),
      (C1 == C2 −> append(MB, MA, M1);
      length(Path, K), K < PathLim, append(MB, [C1|MA], M1)),
      prove(C3, M1, [L|Path], PathLim)), prove(Cla, Mat, Path, PathLim).
```

Ein Ablaufbeispiel Nachdem wir bisher leanCoP theoretisch untersucht haben, wollen wir jetzt dieses Wissen mit einem kurzen Ablaufbeispiel vertiefen. Dazu betrachten wir die schon in Abschnitt 4.6.4 diskutierte Formel

$$((p(U, c) \land p(f(V, b), b)) \lor \neg p(f(a, W), W)),$$

wobei wir hier lediglich die Variablen umbenannt haben. Die Formel ist bereits in dualer Klauselform und wir rufen damit prove/2 auf, wobei wir die maximale Pfadlänge mit 2 festlegen wollen. Wir werden sehen, dass dies ausreicht, um einen Beweis zu finden. Der Aufruf sieht dann wie folgt aus:

$$?− \text{prove}([[p(U, c), p(f(V, b), b)], [−p(f(a, W), W)]], 2).$$

Das Prädikat prove/2 sucht zuerst eine Startklausel aus, die nur Atome enthält. In unserem Beispiel kommt dafür nur $[p(U, c), p(f(V, b), b)]$ in Frage. Danach wird prove/4 aufgerufen:

$$?− \text{prove}([!], [[−!, p(U, c), p(f(V, b), b)], [−p(f(a, W), W)]], [], 2).$$

Dieser Aufruf bewirkt, dass X an −! gebunden wird. Da sich −! nicht auf dem aktuellen Pfad befindet, wird die erste duale Klausel

$$[−!, p(U, c), p(f(V, b), b)]$$

aus der Matrix ausgewählt, kopiert, und das in ihr vorkommende Literal −! gefunden. Da die ausgewählte duale Klausel eine Variable enthält, überprüfen wir ob die Länge des aktuelle Pfads [] noch kleiner als 2 ist. Dies ist der Fall und somit erhalten wir:

$$?− \text{prove}([p(U1, c), p(f(V1, b), b)],$$
$$[[−p(f(a, W), W)], [−!, p(U, c), p(f(V, b), b)]], [!], 2),$$
$$\text{prove}([], [[−!, p(U, c), p(f(V, b), b)], [−p(f(a, W), W)]], [], 2).$$

Jetzt beginnt eigentlich erst die Suche durch die Menge der Pfade. Wir beginnen mit dem Literal $p(U1, c)$ und suchen alle Pfade durch dieses Literal. Insbesondere versuchen wir, ein zu $p(U1, c)$ komplementäres Literal zu finden. Da sich ein solches nicht auf dem aktuellen Pfad [!] befindet, müssen wir eine neue duale Klausel in Betracht ziehen. Dies kann nur eine neue Variante $[-p(f(a, W2), W2)]$ des ersten Elements der aktuellen Matrix sein. Da $-p(U1, c)$ und $-p(f(a, W2), W2)$ mit dem allgemeinsten Unifikator $\{U1 \mapsto f(a, c), W2 \mapsto c\}$ unifizierbar sind, haben wir an dieser Stelle auf dem ersten Pfad schon eine unifizierbare Konnektion gefunden. Mit anderen Worten, alle Pfade, in denen die Literale $p(U1, c)$ und $-p(f(a, W2), W2)$ vorkommen, enthalten eine Konnektion. Unser Aufruf reduziert sich zu:

```
?- prove([], [[-!, p(U, c), p(f(V, b), b)], [-p(f(a, W), W)], [p(f(a, c), c), !], 2),
   prove([p(f(V1, b), b)], [[-p(f(a, W), W)], [-!, p(U, c), p(f(V, b), b)]], [!], 2),
   prove([], [[-!, p(U, c), p(f(V, b), b)], [-p(f(a, W), W)]], [], 2).
```

Das erste Teilziel ist unmittelbar erfüllt und wir erhalten:

```
?- prove([p(f(V1, b), b)], [[-p(f(a, W), W)], [-!, p(U, c), p(f(V, b), b)]], [!], 2),
   prove([], [[-!, p(U, c), p(f(V, b), b)], [-p(f(a, W), W)]], [], 2).
```

Mit anderen Worten, wir betrachten jetzt alle Pfade, in denen $p(f(V1, b), b)$ vorkommt. Dazu müssen wir erneut die duale Klausel $[-p(f(a, W), W)]$ kopieren. Sei $[-p(f(a, W3), W3)]$ die neue Variante. Da die Literale $-p(f(V1, b), b)$ und $-p(f(a, W3), W3)$ mit dem allgemeinsten Unifikator $\{V1 \mapsto a, W3 \mapsto b\}$ unifizierbar sind, haben wir auch auf diesem Pfad eine unifizierbare Konnektion gefunden. Mit anderen Worten, alle Pfade, in denen die Literale $p(f(V1, b), b)$ und $-p(f(a, W3), W3)$ vorkommen, enthalten eine unifizierbare Konnektion. Unser Aufruf reduziert sich zu:

```
?- prove([], [[-!, p(U, c), p(f(V, b), b)][-p(f(a, W), W)]], [p(f(a, b), b), !], 2),
   prove([], [[-p(f(a, W), W)], [-!, p(U, c), p(f(V, b), b)]], [!], 2),
   prove([], [[-!, p(U, c), p(f(V, b), b)], [-p(f(a, W), W)]], [], 2).
```

Da jetzt in allen Teilzielen das erste Argument die leere Liste ist, terminiert dieser Aufruf erfolgreich nach drei weiteren Ableitungsschritten.

Auf diese Art und Weise wird die gesamte Matrix, bzw. werden alle Pfade durch die Matrix, untersucht. Man beachte dabei, dass die Suche abgebrochen wird, sobald eine unifizierbare Konnektion gefunden wurde, was zu einer willkommenen Einschränkung des Suchraums führt.

Obwohl leanCoP sehr kompakt ist, kann es doch eine überraschend große Anzahl von Beweisproblemen lösen und schlägt dabei das eine oder andere Mal sogar weitaus größere Beweissysteme.

4.8 Eigenschaften

In diesem Abschnitt werde ich verschiedene Eigenschaften der Prädikatenlogik, der Herbrand-Interpretationen und der vorgestellten Beweisverfahren nachweisen.

4.8.1 Herbrand-Interpretationen

Ich will zunächst noch einmal auf die in Abschnitt 4.3.3 vorgestellten Herbrand-Interpretationen zurückkommen und ihre Eigenschaften studieren. Betrachten wir dazu die Formel

$$G = (\forall X)(\forall Y) \langle [p(X),\ q(X)],\ [r(f(Y))] \rangle$$

in Klauselform. In ihr kommen das einstellige Funktionssymbol $f/1$ und die einstelligen Relationssymbole $p/1$, $q/1$ und $r/1$ vor. Da bisher noch kein Konstantensymbol vorkommt, fügen wir das Konstantensymbol $a/0$ hinzu. Zusammengefasst betrachten wir also ein Alphabet mit $\mathcal{F} = \{a/0,\ f/1\}$ und $\mathcal{R} = \{p/1,\ q/1,\ r/1\}$. Als Herbrand-Universum erhalten wir somit die Menge:

$$\mathcal{T}(\mathcal{F}) = \{a,\ f(a),\ f(f(a))\ \ldots\}.$$

Darauf aufbauend können wir verschiedene Herbrand-Interpretationen angeben, beispielsweise

$$I_1 = \{p(a),\ q(a),\ r(f(a)),\ p(f(a)),\ q(f(a)),\ r(f(f(a))),\ \ldots\}$$

oder

$$I_2 = \emptyset.$$

Aber nicht alle Interpretationen von Formeln sind notwendigerweise Herbrand-Interpretationen. Betrachten wir dazu eine Interpretation $I_3 = (\mathcal{D}, \cdot^{I_3})$ mit Grundbereich $\mathcal{D} = \{0, 1\}$, die das Konstantensymbol $a/0$ auf 0 abbildet, das Funktionssymbol $f/1$ auf die Funktion $f^*/1 : \mathcal{D} \to \mathcal{D}$ mit $f^*(0) = 1$ und $f^*(1) = 0$ abbildet und die Relationssymbol wie folgt interpretiert:

$$p^I = \{(0)\},\ q^I = \{(0)\},\ r^I = \{(0)\}.$$

Für eine solche Interpretation können wir aber eine Herbrand-Interpretation konstruieren, die die in der folgenden Definition geforderten Eigenschaften erfüllt.

Definition 4.58 *Sei $I = (\mathcal{D}, \cdot^I)$ eine Interpretation. Eine zu I korrespondierende Herbrand-Interpretation J ist eine Herbrand-Interpretation, die die folgende Bedingung erfüllt: Für alle Relationssymbol p/n gilt: $p(t_1, \ldots, t_n)^I = \top$ genau dann, wenn $p(t_1, \ldots, t_n) \in J$, wobei $\{t_1, \ldots, t_n\} \subseteq \mathcal{T}(\mathcal{F})$ gilt.*

Wir können zu jeder vorgegebenen Interpretation eine korrespondierende Herbrand-Interpretation wie folgt konstruieren. Betrachten wir dazu die Interpretation I_3 und die bereits weiter oben betrachtete Formel G in Klauselform. Wir generieren die Menge aller abgeschlossener Atome über dem Herbrand-Universum. Dies ist im vorliegenden Beispiel die Menge:

$$\{r(a),\ p(a),\ q(a),\ r(f(a)),\ p(f(a)),\ q(f(a)),\ r(f(f(a))),\ \ldots\}$$

und evaluieren jedes Element dieser Menge unter I_3. Wir erhalten:

$r(a)$	$p(a)$	$q(a)$	$r(f(a))$	$p(f(a))$	$q(f(a))$	$r(f(f(a)))$	$\ldots$
$\top$	$\top$	$\top$	$\bot$	$\bot$	$\bot$	$\top$	$\ldots$

und somit die zu I_3 korrespondierende Herbrand-Interpretation:

$$J_3 = \{r(a),\ p(a),\ q(a),\ r(f(f(a))),\ \ldots\}.$$

Wozu betrachten wir nun Herbrand-Interpretationen? Um die Allgemeingültigkeit bzw. die Unerfüllbarkeit einer Formel nachzuweisen, müssen wir bis jetzt alle möglichen Interpretationen betrachten. Wir werden sehen, dass es für eine Formel in Klauselform ausreicht, lediglich die Herbrand-Interpretationen zu betrachten, um die Unerfüllbarkeit der Formel nachzuweisen. Natürlich müssen wir das erst noch beweisen. Dabei hilft uns das folgende Lemma, für dessen Beweis ich auf Übungsaufgabe 4–33 verweise.

Lemma 4.59 *Wenn eine Interpretation I Modell für einen prädikatenlogischen Satz F in Skolem-Normalform ist, dann ist auch jede zu I korrespondierende Herbrand-Interpretation ein Modell für F .*

Dieses Lemma hat interessante Konsequenzen. So kann man mit ihm beispielsweise nachweisen, dass es unmöglich ist, die reellen Zahlen in der Prädikatenlogik zu charakterisieren. Denn wollte man dies tun, dann müsste man einen Satz F konstruieren, so dass F genau unter den Interpretationen wahr ist, deren Grundbereich isomorph zu den reellen Zahlen wäre. Angenommen, es gäbe einen solchen Satz. Dann sagt aber Lemma 4.59 in Verbindung mit Satz 4.39, dass dann auch jede korrespondierende Herbrand-Interpretation Modell für F ist. Der einer Herbrand-Interpretation zugrunde liegende Grundbereich, das Herbrand-Universum, ist aber abzählbar, während die Menge der reellen Zahlen überabzählbar ist. Folglich kann es einen solchen Satz F nicht geben.

Satz 4.60 *Ein prädikatenlogischer Satz F in Skolem-Normalform ist genau dann unerfüllbar, wenn er von jeder Herbrand-Interpretation auf den Wahrheitswert $\bot$ abgebildet wird.*

Beweis Der Satz selbst ist eine Äquivalenz. Um ihn zu beweisen, zeigen wir die folgenden beiden Implikationen: (i) Wenn F unerfüllbar ist, dann wird F

von jeder Herbrand-Interpretation auf $\bot$ abgebildet; (ii) Wenn F von jeder Herbrand-Interpretation auf $\bot$ abgebildet wird, dann ist F unerfüllbar.

Implikation (i) gilt unmittelbar: Wenn F unerfüllbar ist, dann wird F von jeder Interpretation auf $\bot$ abgebildet, also insbesondere auch von jeder Herbrand-Interpretation.

Um Implikation (ii) nachzuweisen, nehmen wir an, dass F von jeder Herbrand-Interpretation auf $\bot$ abgebildet wird. Wir nehmen weiterhin an, dass F nicht unerfüllbar ist. Aber dann finden wir eine Interpretation I, die F auf $\top$ abbildet. Sei nun J die zu I korrespondierende Herbrand-Interpretation. Nach Lemma 4.59 wird F durch J auf $\top$ abgebildet. Aber dies ist ein Widerspruch zu der Annahme, dass F von jeder Herbrand-Interpretation auf $\bot$ abgebildet wird. Folglich muss F unerfüllbar sein. $\qquad\Box$

Lemma 4.59 und Satz 4.60 gelten jedoch nur, wenn die Formel F in Skolem-Normalform vorliegt. Dies verdeutlicht das folgende Beispiel. Seien $\mathcal{F} = \{a/0\}$, $\mathcal{R} = \{p/1\}$ und $X \in \mathcal{V}$. Betrachten wir die Formel

$$F = (p(a) \wedge (\exists X)\neg p(X)).$$

Diese Formel ist durch die Interpretation $I = (\{1,2\}, \cdot^I)$ mit $a^I = 1$ und $p^I = \{1\}$ erfüllbar:

$$
\begin{aligned}
(p(a) \wedge (\exists X)\neg p(X))^I &= p(a)^I \wedge^* ((\exists X)\neg p(X))^I \\
&= a^I \in p^I \wedge^* ((\exists X)\neg p(X))^I \\
&= 1 \in \{1\} \wedge^* ((\exists X)\neg p(X))^I \\
&= \top \wedge^* ((\exists X)\neg p(X))^I \\
&= ((\exists X)\neg p(X))^I \\
&= \top,
\end{aligned}
$$

da $2 \notin \{1\}$. Das Herbrand-Universum besteht in diesem Beispiel aber nur aus einem einzigen Element, nämlich $\mathcal{T}(\mathcal{F}) = \{a\}$. Die Menge der Grundatome ist ebenfalls einelementig, nämlich $\{p(a)\}$. Wegen $p(a)^I = \top$ ist die zu I korrespondierende Herbrand-Interpretation $J = \{p(a)\}$. Aber J bildet F auf den Wahrheitswert $\bot$ ab, da wir für die existenziell quantifizierte Variable X nur a einsetzen können und $p(a)^J = \top$ gilt. Die einzige andere Herbrand-Interpretation ist $J' = \emptyset$. Aber auch unter dieser Interpretation wird F auf den Wahrheitswert $\bot$ abgebildet.

Herbrand-Interpretationen erlauben noch weitere schöne Aussagen. So lassen sich Variablenzuordnungen durch Substitutionen ausdrücken. Wenn wir über dem Herbrand-Universum interpretieren, dann wird jeder in einem Ausdruck frei vorkommenden Variablen X ein Element t des Herbrand-Universums zugeordnet. Dies entspricht genau der Anwendung der Substitution $\{X \mapsto t\}$ auf den entsprechenden Ausdruck. Weiterhin gilt für jede Herbrand-Interpretation I und jeden Grundterm t die Gleichung $t^I = t$. Wenn wir uns nun an Lemma 4.25 erinnern, dann erhalten wir damit die Aussage

$$G\{Y \mapsto t\}]^{I,\mathcal{Z}} = [G]^{I,\{Y \mapsto t\}\mathcal{Z}},$$

wobei t ein Grundterm, G eine Formel, Y eine Variable, I eine Herbrand-Interpretation und $\mathcal{Z}$ eine Variablenzuordnung bzgl. I sind. Man beachte dabei, dass jede Substitution der Form $\{Y \mapsto t\}$ frei für jede Formel G ist, wenn t ein Grundterm ist. Als Verallgemeinerung der letzten Aussage erhalten wir die nachfolgende Proposition, zu deren Beweis ich in der Übungsaufgabe 4–34 auffordere.

Proposition 4.61 *Seien $t_1, \ldots, t_n$ (nicht notwendigerweise verschiedene) abgeschlossene Terme, seien $\{X_1, \ldots, X_n\} \subseteq \mathcal{V}$ paarweise verschiedene Variable, sei F eine prädikatenlogische Formel, sei I eine Herbrand-Interpretation und sei $\mathcal{Z}$ eine Variablenzuordnung bzgl. I. Dann gilt: $F^{I,\{X_1 \mapsto t_1\}...\{X_n \mapsto t_n\}\mathcal{Z}} = [F\{X_1 \mapsto t_1, \ldots, X_n \mapsto t_n\}]^{I,\mathcal{Z}}$.*

Wir werden diese Eigenschaft im Beweis des folgenden Satzes ausnützen. Zuvor möchte ich aber noch einmal darauf hinweisen, dass Grundsubstitutionen nur existieren können, wenn im zugrunde liegenden Alphabet mindestens ein Konstantensymbol vorkommt. Ich setze im Folgenden voraus, dass dies der Fall ist. Sollte dies jedoch nicht der Fall sein, so muss wie schon bei Herbrand-Interpretationen auf Seite 185 dem Alphabet ein Konstantensymbol hinzugefügt werden.

Satz 4.62 *Sei $F = \forall \langle C_1, \ldots, C_n \rangle$ ein prädikatenlogischer Satz in Klauselform. F ist genau dann erfüllbar, wenn die Menge*

$$\{C_i\sigma \mid 1 \le i \le n, \ \sigma \text{ ist Grundsubstitution für } C_i\}$$

erfüllbar ist.

Beweis Gemäß Lemma 4.59 und der entsprechenden Erweiterung von Definition 3.15 auf Mengen prädikatenlogischer Formeln genügt es, wenn wir uns auf Herbrand-Interpretationen beschränken. Sei $F = \forall \langle C_1, \ldots, C_n \rangle$ ein prädikatenlogischer Satz in Klauselform. Sei I eine Herbrand-Interpretation und seien $X_1, \ldots, X_l$ alle in $\langle C_1, \ldots, C_n \rangle$ vorkommenden Variablen. Dann gilt:

$I \models F$
gdw.. $\langle C_1, \ldots, C_n \rangle^{I,\{X_1 \mapsto t_1\}...\{X_l \mapsto t_l\}\mathcal{Z}} = \top$
   für alle $t_1, \ldots, t_l \in \mathcal{T}(\mathcal{F})$ und beliebiges $\mathcal{Z}$
gdw.. $[\langle C_1, \ldots, C_n \rangle\{X_1 \mapsto t_1, \ldots, X_l \mapsto t_l\}]^{I,\mathcal{Z}} = \top$
   für alle $t_1, \ldots, t_l \in \mathcal{T}(\mathcal{F})$ (Proposition 4.61)
gdw.. $[\langle C_1, \ldots, C_n \rangle\sigma]^I = \top$
   für alle Grundsubstitutionen σ für $\langle C_1, \ldots, C_n \rangle$
gdw.. $[C_i\sigma]^I = \top$
   für $1 \le i \le n$ und alle Grundsubstitutionen σ für C_i
gdw.. $I \models \{C_i\sigma \mid 1 \le i \le n, \ \sigma \text{ ist Grundsubstitution für } C_i\}$.   □

Als Beispiel betrachten wir ein Alphabet mit $\mathcal{F} = \{a/0,\ s/1\}$, $\mathcal{R} = \{p/1,\ q/1\}$ und $X,\ Y \in \mathcal{V}$. Sei $F = \forall \langle C_1,\ C_2 \rangle$ mit $C_1 = [p(X)]$ und $C_2 = [\neg q(s(Y))]$. Dann erhalten wir:

$$\begin{aligned} G &= \{C_i\sigma \mid 1 \leq i \leq 2,\ \sigma\ \text{Grundsubstitution für}\ C_i\} \\ &= \{[p(a)],\ [p(s(a))],\ \ldots\} \cup \{[\neg q(s(a))],\ [\neg(s(s(a)))],\ \ldots\}. \end{aligned}$$

Offensichtlich gilt für alle Herbrand-Interpretationen I: $I \models F$ genau dann, wenn $I \models G$.

Wenn wir eine (möglicherweise unendlich große) Menge $\mathcal{G}$ von grundinstanziierten Klauseln betrachten und nach ihrer Erfüllbarkeit fragen, dann kann diese Frage auf die aussagenlogische Erfüllbarkeit zurückgeführt werden. Dazu müssen wir nur die in dieser dieser Menge vorkommende Atom eineindeutig mit aussagenlogischen Variablen identifizieren und entsprechend ersetzen. Es ist unmittelbar klar, dass diese so erhaltene Menge genau dann aussagenlogisch erfüllbar ist, wenn G erfüllbar ist. Wir können also über die Betrachtung aller Grundsubstitutionen einen Zusammenhang zwischen der Erfüllbarkeit in der Prädikatenlogik und der Erfüllbarkeit in der Aussagenlogik herstellen.

Diesen Zusammenhang zwischen Prädikaten- und Aussagenlogik wollen wir noch ein wenig genauer betrachten. Sei

$$\mathcal{G} = \{[p(0)],\ [\neg p(s(s(0)))],\ [\neg p(0),\ p(s(0))],\ [\neg p(s(0)),\ p(s(s(0)))]\}.$$

In einem solchen Fall spielt die innere Struktur der Atome keine Rolle mehr. In der Tat können wir eine Bijektion zwischen der Menge der in $\mathcal{G}$ vorkommenden Grundatome und einer (hinreichend großen) Menge von aussagenlogischen Variablen angeben. In unserem Beispiel ist die Menge der in $\mathcal{G}$ vorkommenden abgeschlossenen Atome $\{p(0),\ p(f(0)),\ p(f(f(0)))\}$. Mit $\{p_1,\ p_2,\ p_3\}$ können wir die folgende Bijektion definieren:

$$p(0) \Leftrightarrow p_1,\ p(f(0)) \Leftrightarrow p_2,\ p(f(f(0))) \Leftrightarrow p_3.$$

Durch Anwendung dieser Bijektion auf jedes in $\mathcal{G}$ vorkommende abgeschlossene Atom erhalten wir die folgende Menge aussagenlogischer Formel:

$$\mathcal{G}' = \{[p_1],\ [\neg p_3],\ [\neg p_1,\ p_2],\ [\neg p_2,\ p_3]\}.$$

Sei nun F ein prädikatenlogischer Satz in Klauselform, $\mathcal{G}$ die Menge aller Grundinstanzen der in F vorkommenden Klauseln und $\mathcal{G}'$ die aus $\mathcal{G}$ erhaltenen Menge von aussagenlogischen Formeln indem Grundatome eineindeutig durch aussagenlogische Variable ersetzt werden. Dann lässt sich für jedes prädikatenlogische Modell für F ein aussagenlogisches Modell für $\mathcal{G}'$ konstruieren und umgekehrt (siehe Übungsaufgabe 4–35). Somit sind alle aussagenlogischen Resultate auf $\mathcal{G}'$ und damit auch auf F anwendbar. Genau diese Beziehungen werden wir im folgenden Abschnitt zum Beweis der Korrektheit und Vollständigkeit des Resolutionsverfahrens ausnutzen.

4.8.2 Korrektheits- und Vollständigkeitssätze

Wie schon in Abschnitt 3.6.2, so werde ich auch hier die Korrektheit und die Vollständigkeit des Resolutionsverfahrens explizit beweisen, während ich für die semantischen Tableaus und den Kalkül des natürlichen Schließens die entsprechenden Resultate lediglich nenne.

Bevor ich den eigentlichen Beweis antrete, will ich zunächst zwei Aussagen beweisen, die später sehr hilfreich sein werden. Zum einen werden wir sehen, dass das Hinzufügen einer Resolvente zu einer Formel F in Klauselform eine semantisch äquivalente Formel erzeugt. Zum anderen können Resolutionsableitungen *geliftet* werden, d. h. wenn es eine Resolutionsableitung von $F\sigma$ gibt, dann finden wir auch eine von F.

Lemma 4.63 *(Prädikatenlogisches Resolutionslemma) Sei* $F = \forall \langle C_1, \ldots, C_n \rangle$ *ein prädikatenlogischer Satz in Klauselform mit den Klauseln* C_i, $1 \le i \le n$, *und sei* D *eine Resolvente oder ein Faktor von neuen Varianten von Klauseln aus* F. *Dann gilt* $F \equiv \forall \langle C_1, \ldots, C_n, D \rangle$.

Beweis Gemäß Satz 4.32 gilt: $\forall \langle C_1, \ldots, C_n, D \rangle \equiv (F \wedge \forall D)$. Es genügt folglich zu zeigen, dass für alle Interpretationen I die Beziehung $I \models F$ genau dann gilt, wenn $I \models (F \wedge \forall D)$ gilt. Wir beweisen diese Äquivalenz in zwei Schritten, nämlich (i) die Implikation von rechts nach links und (ii) die Implikation von links nach rechts.

(i) Sei I ein Modell für $F \wedge \forall D$. Da $F \wedge \forall D$ eine Konjunktion ist, muss I auch ein Modell für F sein.

(ii) Sei I ein Modell für F. Wir unterscheiden zwei Fälle in Abhängigkeit davon, ob D (a) eine Resolvente oder (b) ein Faktor ist.

Wir beginnen mit Fall (a). Sei $D = [L_1, \ldots, L_l]\sigma$ eine Resolvente der Klauseln

$$D' = [p(s_1, \ldots, s_k), L_1, \ldots, L_m]$$

und

$$D'' = [\neg p(t_1, \ldots, t_k), L_{m+1}, \ldots, L_l],$$

wobei D' und D'' neue Varianten von in F vorkommenden Klauseln sind und σ ein allgemeinster Unifikator für $\{s_i \approx t_i \mid 1 \le i \le k\}$ ist.

Angenommen, I ist kein Modell für $\forall D$. Dann finden wir eine Variablenzuordnung $\mathcal{Z}$ bezüglich I mit

$$[L_1\sigma]^{I,\mathcal{Z}} \vee^* \ldots \vee^* [L_l\sigma]^{I,\mathcal{Z}} = \bot. \tag{4.11}$$

Da I ein Modell für F ist, muss auch $I \models \forall (D'\sigma)$ und $I \models \forall (D''\sigma)$ gelten. Ergo gilt:

$$[p(s_1, \ldots, s_k)\sigma]^{I,\mathcal{Z}} \vee^* [L_1\sigma]^{I,\mathcal{Z}} \vee^* \ldots \vee^* [L_m\sigma]^{I,\mathcal{Z}} = \top \tag{4.12}$$

und

$$[\neg p(s_1, \ldots, s_k)\sigma]^{I,\mathcal{Z}} \vee^* [L_{m+1}\sigma]^{I,\mathcal{Z}} \vee^* \ldots \vee^* [L_l\sigma]^{I,\mathcal{Z}} = \top. \qquad (4.13)$$

Wegen (4.11) und (4.12) folgt

$$[p(s_1, \ldots, s_k)\sigma]^{I,\mathcal{Z}} = \top. \qquad (4.14)$$

Wegen (4.11) und (4.13) folgt

$$[\neg p(s_1, \ldots, s_k)\sigma]^{I,\mathcal{Z}} = \top. \qquad (4.15)$$

Da σ ein allgemeinster Unifikator für $\{s_i \approx t_i \mid 1 \leq i \leq k\}$ ist, gilt $s_i\sigma = t_i\sigma$ für alle $1 \leq i \leq k$. Zusammen mit (4.14) und (4.15) erhalten wir einen Widerspruch, da ein Atom und sein Negat nicht gleichzeitig wahr sein können. Folglich ist unsere Annahme falsch und I muss auch ein Modell für $\forall D$ sein.

Fall (b) kann auf analoge Weise bewiesen werden (siehe Übungsaufgabe 4–36). □

Als Beispiel betrachten wir die Formel $F = (\forall X, Y)\langle [p(X)], [\neg p(Y), q(Y)] \rangle$ in Klauselform. Als Resolvente von neuen Varianten der beiden Klauseln erhalten wir $[q(Z)]$. Offensichtlich gilt:

$$\forall \langle [p(X)], [\neg p(Y), q(Y)] \rangle \equiv \forall \langle [p(X)], [\neg p(Y), q(Y)], [q(Z)] \rangle.$$

Da ein Resolutionsbeweis in der Regel mehrere Schritte umfasst, müssen wir das Resolutionslemma entsprechend verallgemeinern.

Lemma 4.64 *(Verallgemeinertes Resolutionslemma) Sei $F = \forall \langle C_1, \ldots, C_n \rangle$ ein prädikatenlogischer Satz in Klauselform und $(C_i \mid 1 \leq i \leq m)$ eine Resolutionsableitung für F. Dann gilt $F = \forall \langle C_1, \ldots, C_m \rangle$.*

Beweis Vollständige Induktion über die Länge $k = m - n$ der Resolutionsableitung. Im Induktionsanfang sei $k = 0$. Da in diesem Fall $n = m$ ist, gilt die Aussage unmittelbar. Als Induktionshypothese nehmen wir an, dass die Aussage für k gilt. Im Induktionsschluss betrachten wir nun ein Resolutionsableitung $(C_i \mid 1 \leq i \leq m+1)$ der Länge $k+1$. Gemäß der Induktionshypothese gilt:

$$F \equiv \forall \langle C_1, \ldots, C_m \rangle.$$

Nach Lemma 4.63 gilt:

$$\forall \langle C_1, \ldots, C_m \rangle \equiv \forall \langle C_1, \ldots, C_m, C_{m+1} \rangle.$$

Da $\equiv$ transitiv ist, folgt:

$$F \equiv \forall \langle C_1, \ldots, C_{m+1} \rangle.$$

Die Aussage folgt durch Anwendung des Peano'schen Induktionsaxioms. □

Lemma 4.65 *(Lifting-Lemma) Seien C_1 und C_2 prädikatenlogische Klauseln und σ eine Grundsubstitution für C_1 und C_2.*

1. *Wenn D eine Resolvente von $C_1\sigma$ und $C_2\sigma$ ist, dann gibt es auch eine Resolvente D' von C_1 und C_2 sowie eine Substitution λ, so dass $D'\lambda = D$ gilt.*

2. *Wenn D ein Faktor von $C_1\sigma$ ist, dann gibt es auch einen Faktor D' von C_1 sowie eine Substitution λ, so dass $D'\lambda = D$ gilt.*

Beweis Wir beginnen mit 1. Seien $C_1 = [p(s_1, \ldots, s_k), L_1, \ldots, L_m]$ und $C_2 = [\neg p(t_1, \ldots, t_k), L_{m+1}, \ldots, L_n]$, sowie $p(s_1, \ldots, s_k)\sigma$ und $\neg p(t_1, \ldots, t_n)\sigma$ die Literale, über die bei der Berechnung von D resolviert wurde. Da σ eine Grundsubstitution für C_1 und C_2 ist, gilt $s_i\sigma = t_i\sigma$ für alle $1 \leq i \leq k$ und $D = [L_1, \ldots, L_n]\sigma$. Folglich ist σ ein Unifikator für das Unifikationsproblem $\mathcal{U} = \{s_i \approx t_i \mid 1 \leq i \leq k\}$. Nach Satz 4.45 finden wir einen allgemeinsten Unifikator θ für $\mathcal{U}$ und eine Substitution λ, so dass $\theta\lambda = \sigma$ ist. Aber dann ist $D' = [L_1, \ldots, L_n]\theta$ eine Resolvente für C_1 und C_2 und es gilt:

$$D'\lambda = [L_1, \ldots, L_n]\theta\lambda = [L_1, \ldots, L_n]\sigma = D.$$

Der zweite Fall kann analog bewiesen werden (siehe Übungsaufgabe 4–37). □

Als ein Beispiel betrachten wir die beiden Klauseln $C_1 = [\neg p(W)]$ und $C_2 = [p(f(X)), \neg q(X)]$ sowie die Grundsubstitution $\sigma = \{X \mapsto a, W \mapsto f(a)\}$. Dann erhalten wir $C_1\sigma = [\neg p(f(a))]$ und $C_2\sigma = [p(f(a)), \neg q(a)]$. Als Resolvente von $C_1\sigma$ und $C_2\sigma$ erhalten wir $D = [\neg q(a)]$. Als Resolvente von C_1 und C_2 mit allgemeinstem Unifikator $\theta = \{W \mapsto f(X)\}$ erhalten wir $D' = [\neg q(X)]$. Mit $\lambda = \{X \mapsto a\}$ gilt $D'\lambda = D$ und $\theta\lambda = \sigma$.

Auch das Lifting Lemma 4.65 lässt sich auf Resolutionsableitungen verallgemeinern.

Lemma 4.66 *(Verallgemeinertes Lifting-Lemma) Seien C_j Klauseln und σ_j Grundsubstitutionen für C_j mit $1 \leq j \leq n$. Wenn es eine Resolutionsableitung $(B_i \mid 1 \leq i \leq m)$ für $\langle C_1\sigma_1, \ldots, C_n\sigma_n \rangle$ gibt, dann gibt es auch eine Resolutionsableitung $(B_i' \mid 1 \leq i \leq m)$ für $\forall \langle C_1, \ldots, C_n \rangle$ und eine Folge $(\lambda_i \mid 1 \leq i \leq m)$ von Substitutionen mit $B_i'\lambda_i = B_i$ für alle $1 \leq i \leq m$.*

Beweis Vollständige Induktion über die Länge $l = m - n$ der Ableitung $(B_i \mid 1 \leq i \leq m)$. Im Induktionsanfang ist $l = 0$. In diesem Fall ist $n = m$ und die Aussage folgt mit $B_i' = C_i$ und $\lambda_i = \sigma_i$ für alle $1 \leq i \leq n$.

Als Induktionshypothese nehmen wir an, dass die Aussage für l gilt. Im Induktionsschritt betrachten wir eine Resolutionsableitung $(B_i \mid 1 \leq i \leq m + 1)$

der Länge $l + 1$. Gemäß der Induktionshypothese finden wir eine Resolutions-ableitung $(B'_i \mid 1 \leq i \leq m)$ der Länge l für $\forall \langle C_1, \ldots, C_n \rangle$ und eine Folge $(\lambda_i \mid 1 \leq i \leq m)$ von Substitutionen mit $B'_i \lambda_i = B_i$ für alle $1 \leq i \leq m$. Wir unterscheiden nun zwei Fälle in Abhängigkeit davon ob B_{m+1} ein Faktor oder eine Resolvente ist.

Sei im ersten Fall B_{m+1} die Resolvente von B_j und B_k mit $j, k \leq m$. Ergo finden wir B'_j und λ_j mit

$$B'_j \lambda_j = B_j.$$

Sei B''_j neue Variante von B'_j. Dann gibt es eine Substitution θ_j mit

$$B''_j \theta_j = B'_j.$$

Insgesamt gilt:

$$B_j = B'_j \lambda_j = (B''_j \theta_j) \lambda_j = B''_j (\theta_j \lambda_j).$$

Analog finden wir B''_k, λ_k und θ_k mit

$$B_k = B'_k \lambda_k = (B''_k \theta_k) \lambda_k = B''_k (\theta_k \lambda_k).$$

Da B''_j und B''_k neue Varianten sind gilt:

$$\mathsf{dom}((\theta_j \lambda_j)|_{Var(B''_j)}) \cap \mathsf{dom}((\theta_k \lambda_k)|_{Var(B''_k)}) = \emptyset.$$

Mit $\sigma = (\theta_j \lambda_j)|_{Var(B''_j)} \cup (\theta_k \lambda_k)|_{Var(B''_k)}$ erhalten wir:

$$B''_j \sigma = B_j$$

und

$$B''_k \sigma = B_k.$$

Gemäß Lifting-Lemma 4.65 finden wir eine Resolvente B'_{m+1} von B''_j und B''_k sowie eine Substitution λ_{m+1} mit $B'_{m+1} \lambda_{m+1} = B_{m+1}$. Zusammen mit der Induktionshypothese erhalten wir die Resolutionsableitung $(B'_i \mid 1 \leq i \leq m+1)$ und die Folge $(\lambda_i \mid 1 \leq i \leq m+1)$ mit $B'_i \lambda_i = B_i$ für alle $1 \leq i \leq m+1$. Eine Anwendung des Peano'schen Induktionsaxioms liefert das Ergebnis.

Der zweite Fall, d. h. B_{m+1} ist ein Faktor, kann analog behandelt werden (siehe Übungsaufgabe 4–38). □

Als erstes Beispiel betrachten wir die Klauseln

$$[\neg p(W)], \ [p(f(X)), \neg q(X)], \ [q(g(Y)), \neg r(Y)], \ [r(Z)]$$

mit $\sigma = \{W \mapsto f(g(a)), \ X \mapsto g(a), \ Y \mapsto a, \ Z \mapsto a\}$ und erhalten die folgenden Ableitungen:

B_1	$[\neg p(f(g(a)))]$	B'_1	$[\neg p(W)]$	
B_2	$[p(f(g(a))), \neg q(g(a))]$	B'_2	$[p(f(X)), \neg q(X)]$	
B_3	$[q(g(a)), \neg r(a)]$	B'_3	$[q(g(Y)), \neg r(Y)]$	
B_4	$[r(a)]$	B'_4	$[r(Z)]$	
B_5	$[\neg q(g(a))]$	B'_5	$[\neg q(X_2)]$	res(1,2)
B_6	$[\neg r(a)]$	B'_6	$[\neg r(Y_3)]$	res(3,5)
B_7	$[]$	B'_7	$[]$	res(4,6)

Als zweites Beispiel betrachten wir die Klauseln

$$[p(a)], \ [\neg p(X), p(f(X))], \ [\neg p(Y), p(f(Y))], \ [\neg p(f(f(a)))]$$

mit $\sigma = \{X \mapsto a, \ Y \mapsto f(a)\}$ und erhalten die folgenden Ableitungen:

B_1	$[p(a)]$	B_1'	$[p(a)]$	
B_2	$[\neg p(a), p(f(a))]$	B_2'	$[\neg p(X), p(f(X))]$	
B_3	$[\neg p(f(a)), p(f(f(a)))]$	B_3'	$[\neg p(Y), p(f(Y))]$	
B_4	$[\neg p(f(f(a)))]$	B_4'	$[\neg p(f(f(a)))]$	
B_5	$[\neg p(a), p(f(f(a)))]$	B_5'	$[\neg p(X_1), p(f(f(X_1)))]$	res(2,3)
B_6	$[p(f(f(a)))]$	B_6'	$[p(f(f(a)))]$	res(1,5)
B_7	$[]$	B_7'	$[]$	res(4,6)

Man beachte dabei, dass es sich bei B_2' und B_3' um Varianten handelt.

Sei nun F eine verallgemeinerte Konjunktion grundinstanziierter Klauseln, z. B.,

$$F = \langle[p(a)], \ [\neg p(f(f(a)))], \ [\neg p(a), \ p(f(a))], \ [\neg p(f(a)), \ p(f(f(a)))]\rangle.$$

Sei $\mathcal{G}$ die Menge der in F vorkommenden abgeschlossenen Atome, d. h.

$$\mathcal{G} = \{p(a), \ p(f(a)), \ p(f(f(a)))\}.$$

Sei $\mathcal{Y}$ eine Menge aussagenlogischer Variablen mit $|\mathcal{Y}| = |\mathcal{G}|$, beispielsweise

$$\mathcal{Y} = \{p_1, \ p_2, \ p_3\}.$$

Dann finden wir eine Bijektion zwischen $\mathcal{G}$ und $\mathcal{Y}$, beispielsweise

$$p(a) \Leftrightarrow p_1, \ p(f(a)) \Leftrightarrow p_2, \ p(f(f(a))) \Leftrightarrow p_3.$$

Damit können wir F in eine aussagenlogische Formel umschreiben:

$$F' = \langle[p_1], \ [\neg p_3], \ [\neg p_1, \ p_2], \ [\neg p_2, \ p_3]\rangle.$$

Somit sind alle aussagenlogischen Resultate auf F' und damit auch auf F anwendbar. Wir wollen diese Beobachtung im Beweis des folgenden Satzes ausnützen.

Satz 4.67 *(Resolutionssatz) Sei* $F = \forall \langle C_1, \ldots, C_l \rangle$ *ein prädikatenlogischer Satz in Klauselform.* F *ist genau dann unerfüllbar, wenn es eine Resolutionswiderlegung für* F *gibt.*

Beweis Diese Äquivalenz zeigen wir in zwei Teilschritten: (i) Wenn es eine Resolutionswiderlegung für F gibt, dann ist F unerfüllbar. (ii) Wenn F unerfüllbar ist, dann gibt es eine Resolutionswiderlegung für F.

(i) Angenommen, $(C_i \mid 1 \le i \le m)$ ist eine Resolutionswiderlegung für F. Gemäß Lemma 4.64 gilt dann

$$F \equiv \forall \langle C_1, \ldots, C_m \rangle.$$

Wegen Satz 4.32 gilt

$$F \equiv \forall \langle C_1, \ldots, C_m \rangle \equiv \langle \forall C_1, \ldots \forall C_m \rangle.$$

Da $C_m = [\,]$ ist, finden wir $\forall C_m \equiv [\,]$. Wegen Satz 3.19, der ja auch für prädikatenlogische Formeln gilt, folgt $F \equiv [\,]$. Ergo ist F unerfüllbar.

(ii) Angenommen, F ist unerfüllbar. Nach Satz 4.62 ist dann die Menge

$$\mathcal{G} = \{C_i \sigma \mid 1 \le i \le l,\ \sigma \text{ Grundsubstitution für } C_i\}$$

unerfüllbar. Sei $\mathcal{Y}$ eine Menge aussagenlogischer Variablen mit $|\mathcal{Y}| = |\mathcal{G}|$. Jedem in $\mathcal{G}$ vorkommenden Grundatom können wir eineindeutig eine aussagenlogische Variable in $\mathcal{Y}$ zuordnen, wodurch wir eine Menge von aussagenlogischen Klauseln $\mathcal{G}'$ erhalten, die unerfüllbar ist. Wegen Korollar 3.46 gibt es eine endliche Teilmenge $\mathcal{G}'' \subseteq \mathcal{G}'$, die unerfüllbar ist. Wegen der Sätze 3.14 und 3.49 gibt es dann eine aussagenlogische Resolutionswiderlegung für $\mathcal{G}''$. In dieser Resolutionswiderlegung können wir die aussagenlogischen Variablen gemäß der oben genannten eineindeutigen Zuordnung wieder durch prädikatenlogische Grundatome ersetzen. Wenn in jedem Resolutionsschritt der aussagenlogischen Resolutionswiderlegung genau jeweils ein Literal in den zu resolvierenden Klauseln gestrichen wurde (siehe die ersten beiden Schritte in Definition 3.32), dann erhalten wir so eine prädikatenlogische Resolutionswiderlegung für eine endliche Teilmenge von $\mathcal{G}$. Wenn in einem Resolutionsschritt der aussagenlogischen Resolutionsableitung $n > 1$ Literale in einer der zu resolvierenden Klauseln gestrichen wurden, dann müssen zusätzlich $n - 1$ Faktorisierungsschritte eingefügt werden um mehrfache Vorkommen eines Literals in einer Klausel zu beseitigen. So erhalten wir auch in diesem Fall eine prädikatenlogische Resolutionswiderlegung für ein endliche Teilmenge von $\mathcal{G}$. Sei $\{D_j \sigma_j \mid 1 \le j \le m\}$ diese endliche Teilmenge. Wegen Lemma 4.66 gibt es dann auch eine prädikatenlogische Resolutionswiderlegung für $\forall \langle D_1, \ldots, D_m \rangle$. Nach Konstruktion ist jedes D_j, $1 \le j \le m$, Variante einer in F vorkommenden Klausel. Nach Beseitigung von Varianten aus $\{D_j \mid 1 \le j \le m\}$ finden wir auch eine Resolutionswiderlegung für F. $\qquad \square$

Die Vorgehensweise in dem zweiten Teil dieses Beweises wollen wir uns noch anhand zweier Beispiels verdeutlichen. Dazu betrachten wir zunächst die Formel

$$F = \forall \langle [p(a)],\ [\neg p(X),\ p(f(X))],\ [\neg p(f(f(a)))] \rangle$$

in Klauselform. Wir vermuten, dass F unerfüllbar ist und es folglich eine Resolutionswiderlegung für F gibt. Wenn wir dem oben genannten Beweis folgen, dann müssen wir zunächst die Menge $\mathcal{G}$ aller Grundinstanzen von in F vorkommenden Klauseln betrachten. In diesem Beispiel ist

$$\mathcal{G} = \{ \ [p(a)], \ [\neg p(f(f(a)))], $$
$$[\neg p(a), \ p(f(a))], \ [\neg p(f(a)), \ p(f(f(a)))], \ldots \ \}.$$

In dieser Menge können die Grundatome eineindeutig durch aussagenlogische Variable ersetzt werden und wir erhalten:

$$\mathcal{G}' = \{ \ [p_1], \ [\neg p_3], $$
$$[\neg p_1, \ p_2], \ [\neg p_2, \ p_3], \ldots \ \}.$$

$\mathcal{G}'$ selbst ist abzählbar unendlich, jedoch reicht es aus, eine endliche Teilmenge von $\mathcal{G}'$ zu finden, die aussagenlogisch unerfüllbar ist. Sei

$$\mathcal{G}'' = \{ \ [p_1], \ [\neg p_3], $$
$$[\neg p_1, \ p_2], \ [\neg p_2, \ p_3] \ \}$$

diese Teilmenge. Wir finden die folgende aussagenlogische Resolutionswiderlegung für $\mathcal{G}''$:

1	$[p_1]$	
2	$[\neg p_1, \ p_2]$	
3	$[\neg p_2, \ p_3]$	
4	$[\neg p_3]$	
5	$[p_2]$	res(1,2)
6	$[p_3]$	res(3,5)
7	$[]$	res(4,6)

In dieser Widerlegung können die aussagenlogischen Variable gemäß der obigen eineindeutigen Abbildung wieder durch prädikatenlogische Grundatome ersetzt werden und wir erhalten so eine prädikatenlogische Resolutionswiderlegung:

1	$[p(a)]$	
2	$[\neg p(a), \ p(f(a))]$	
3	$[\neg p(f(a)), \ p(f(f(a)))]$	
4	$[\neg p(f(f(a)))]$	
5	$[p(f(a))]$	res(1,2)
6	$[p(f(f(a)))]$	res(3,5)
7	$[]$	res(4,6)

Auf diese Widerlegung können wir das verallgemeinerte Lifting-Lemma 4.66 anwenden und wir erhalten so:

1	$[p(a)]$	
2	$[\neg p(X), \ p(f(X))]$	
3	$[\neg p(Y), \ p(f(Y))]$	
4	$[\neg p(f(f(a)))]$	
5	$[p(f(a))]$	res(1,2)
6	$[p(f(f(a)))]$	res(3,5)
7	$[]$	res(4,6)

Die Klauseln 2 und 3 in dieser Widerlegung sind Varianten. Deshalb kann eine gestrichen werden und wir erhalten so eine Resolutionswiderlegung für F:

1	$[p(a)]$	
2	$[\neg p(X),\ p(f(X))]$	
4	$[\neg p(f(f(a)))]$	
5	$[p(f(a))]$	res(1,2)
6	$[p(f(f(a)))]$	res(2,5)
7	$[\ ]$	res(4,6)

Dabei wurde zur Berechnung der Klausel 5 zunächst eine neue Variante $[\neg p(X_1),\ p(f(X_1))]$ der Klausel 2' ausgewählt und anschließend die Atome $p(X_1)$ und $p(a)$ mit dem allgemeinster Unifikator $\{X_1 \mapsto a\}$ unifiziert. Bei der Berechnung der Klausel 6 wurde erneut eine neue Variante $[\neg p(X_2),\ p(f(X_2))]$ der Klausel 2 ausgewählt und anschließend die Atome $p(X_2)$ und $p(f(a))$ mit dem allgemeinsten Unifikator $\{X_1 \mapsto f(a)\}$ unifiziert.

Die mehrfache Verwendung der Klausel 2 ist dabei absolut notwendig, um die Unerfüllbarkeit von F zu zeigen. Leider kann man einer Formel F im allgemeinen nicht ansehen, wie oft jede in F vorkommende Klausel zum Beweis der Unerfüllbarkeit von F benötigt wird. Hier kann man nur raten bzw. die Zahl der verwendeten neuen Varianten jeder Klausel sukzessive während der Beweissuche vergrößern.

Als zweites Beispiel betrachten wir die Formel

$$F = \forall\, \langle [p(X), p(Y)], [\neg p(f(a))] \rangle.$$

In diesem Fall erhalten wir als Menge $\mathcal{G}$ aller Grundinstanzen:

$$\{[\neg p(f(a))],\ [p(a), p(a)],\ [p(a), p(f(a))], [p(f(a)), p(a)], [p(f(a)), p(f(a))], \ldots\}.$$

Wieder ersetzen wir Grundatome durch aussagenlogische Variable und erhalten so:

$$\mathcal{G}' = \{[\neg p_2],\ [p_1, p_1],\ [p_1, p_2],\ [p_2, p_1],\ [p_2, p_2], \ldots\}.$$

Offensichtlich ist

$$\mathcal{G}'' = \{[\neg p_2],\ [p_2, p_2]\}$$

eine endliche Teilmenge von $\mathcal{G}'$ und wir finden die folgende aussagenlogische Resolutionsableitung für $\mathcal{G}'$:

1	$[\neg p_2]$	
2	$[p_2, p_2]$	
3	$[\ ]$	res(1,2)

Man beachte, dass in dem einzigen Resolutionsschritt beide Vorkommen der aussagenlogischen Variable p_2 in der zweiten Klausel gestrichen wurden. Wenn

wir nun die aussagenlogischen Variablen wieder durch Grundatome ersetzen,
dann erhalten wir:

$$
\begin{array}{lll}
1 & [\neg p(f(a))] & \\
2 & [p(f(a)), p(f(a))] & \\
3 & [\,] & \text{res}(1,2)
\end{array}
$$

Dies ist aber nun keine korrekte prädikatenlogische Resolutionsableitung. Vielmehr müssen wir einen Faktorisierungsschritt einfügen, um eines der beiden
Vorkommen des Grundatoms $p(f(a))$ in der zweiten Klausel zu beseitigen,
und erhalten dann eine korrekte prädikatenlogische Resolutionsableitung:

$$
\begin{array}{lll}
1 & [\neg p(f(a))] & \\
2 & [p(f(a)), p(f(a))] & \\
2' & [p(f(a))] & \text{fak}(2) \\
3 & [\,] & \text{res}(1,2')
\end{array}
$$

Hierauf können wir nun das verallgemeinerte Lifting-Lemma 4.66 anwenden
und erhalten so eine Resolutionswiderlegung für F:

$$
\begin{array}{lll}
1 & [\neg p(f(a))] & \\
2 & [p(X), p(Y)] & \\
2' & [p(X)] & \text{fak}(2) \\
3 & [\,] & \text{res}(1,2')
\end{array}
$$

Satz 4.68 *(Korrektheit und Vollständigkeit des Resolutionsverfahrens) Sei F
ein prädikatenlogischer Satz. $\models F$ gilt genau dann, wenn $\vdash_r F$ gilt.*

Beweis Wir zeigen die Äquivalenz von $\models F$ und $\vdash_r F$ in zwei Schritten:
(i) Wenn $\vdash_r F$ gilt, dann gilt auch $\models F$ *(Korrektheit)*. (ii) Wenn $\models F$ gilt,
dann gilt auch $\vdash_r$ *(Vollständigkeit)*.

(i) Wenn $\vdash_r F$ gilt, dann gibt es eine Resolutionsableitung von G, wobei G
   eine Klauselform von $\neg F$ ist. Gemäß Satz 4.67 ist G dann unerfüllbar.
   Wegen Satz 4.39 ist dann auch $\neg F$ unerfüllbar und somit F allgemeingültig, d. h. $\models F$ gilt.

(ii) Wenn $\models F$ gilt, dann ist F allgemeingültig und folglich $\neg F$ unerfüllbar.
   Sei G eine Klauselform von $\neg F$. Eine solche Klauselform existiert immer
   und ist nach Satz 4.39 ebenfalls unerfüllbar. Wegen Satz 4.67 finden wir
   dann eine Resolutionswiderlegung für G. Mit anderen Worten, es gilt
   $\vdash_r F$.   □

Wie finden wir nun Beweise für einen prädikatenlogischen Satz mithilfe des
Resolutionsverfahrens? Zuerst müssen wir den Satz negieren und anschließend
eine Klauselform des negierten Satzes erzeugen. Die Beweissuche selbst ist ein

Suchverfahren. Ausgehend von dem negierten Satz in Klauselform werden solange Resolventen und Faktoren erzeugt, bis die leere Klausel abgeleitet werden
kann. Dabei legt eine *Strategie* fest, welche Resolventen und Faktoren konkret
in jedem Schritt berechnet werden. Eine Strategie sollte *fair* sein. Was genau
bedeutet das? Wenn ein Beweis existiert, dann sollte die leere Klausel auch in
endlicher Zeit abgeleitet werden. Ich habe bereits betont, dass man einem zu
beweisenden Satz im Allgemeinen nicht ansehen kann, wie oft jede seiner Klauseln in einem Beweis verwendet wird. Fairness kann in diesem Zusammenhang
nur heißen, dass grundsätzlich jede Klausel in einer Beweissuche beliebig oft
zur Resolventen- bzw. Faktorenbildung herangezogen wird. Eine faire Strategie
besteht beispielsweise darin, in jedem Schritt alle möglichen Resolventen einer
Formel in Klauselform zu berechnen und der Formel hinzuzufügen. Angenommen, unsere Formel bestehe aus den folgenden Klauseln:

$$
\begin{array}{ll}
1 & [p(a)] \\
2 & [\neg p(X),\ p(f(X))] \\
3 & [\neg p(f(f(a)))]
\end{array}
$$

In diesem Fall existieren keine Faktoren und wir berechnen alle möglichen Resolventen:

$$
\begin{array}{lll}
4 & [p(f(a))] & \text{res}(1,2) \\
5 & [\neg p(X_2),\ p(f(f(X_2)))] & \text{res}(2,2) \\
6^* & [\neg p(X_5),\ p(f(f(X_5)))] & \text{res}(2,2) \\
7 & [\neg p(f(a))] & \text{res}(2,3)
\end{array}
$$

Man beachte dabei, dass es zwei Möglichkeiten gibt, Klausel 2 mit sich selbst
zu resolvieren. Hier sind die beiden erhaltenen Resolventen 5 und 6 Varianten
voneinander, im Allgemeinen ist dies aber nicht der Fall. Im nächsten Schritt
berechnen wir jetzt alle möglichen Resolventen zwischen den Klauseln 1 bis 7:

$$
\begin{array}{lll}
8^* & [p(f(a))] & \text{res}(1,2) \\
9 & [p(f(f(a)))] & \text{res}(1,5) \\
10^* & [p(f(f(a)))] & \text{res}(1,6) \\
11^* & [\neg p(X_{10}),\ p(f(f(X_{10})))] & \text{res}(2,2) \\
12^* & [\neg p(X_{13}),\ p(f(f(X_{13})))] & \text{res}(2,2) \\
13^* & [\neg p(f(a))] & \text{res}(2,3) \\
14^* & [p(f(f(a)))] & \text{res}(2,4) \\
15^* & [\neg p(X_{16}),\ p(f(f(f(X_{16}))))] & \text{res}(2,5) \\
16^* & [\neg p(X_{19}),\ p(f(f(f(X_{19}))))] & \text{res}(2,5) \\
17^* & [\neg p(X_{20}),\ p(f(f(f(X_{20}))))] & \text{res}(2,6) \\
18^* & [\neg p(X_{23}),\ p(f(f(f(X_{23}))))] & \text{res}(2,6) \\
19 & [\neg p(a)] & \text{res}(2,7) \\
20^* & [\neg p(a)] & \text{res}(3,5) \\
21^* & [\neg p(a)] & \text{res}(3,6) \\
22^* & [p(f(f(a)))] & \text{res}(4,2) \\
23 & [p(f(f(f(a))))] & \text{res}(4,5) \\
24^* & [p(f(f(f(a))))] & \text{res}(4,6) \\
25 & [\,] & \text{res}(4,7)
\end{array}
$$

An diesem Beispiel fällt sofort auf, dass die gewählte Strategie *Redundanzen*
enthält. So werden manche Klauseln mehrfach generiert. Andere Klauseln wiederum sind Varianten. Nun kann man versuchen, eine Strategie zu finden, die
Redundanzen vermeidet. Beispielsweise könnte sich eine Strategie merken, welche Klauseln bereits miteinander resolviert wurden, um dies in den folgenden
Schritten nicht noch einmal zu tun. In unserem Beispiel würden so die Klauseln 8 und 11-13 nicht mehr berechnet. Grundsätzlich müssen dabei zwei Dinge
berücksichtigt werden: Zum einen kostet eine intelligentere Strategie häufig
Zeit und Speicherplatz. Zum anderen werden im Allgemeinen trotzdem noch
Redundanzen in der Beweissuche vorkommen. Viele automatische Beweissysteme sind deshalb dazu übergegangen, nach jedem Beweisschritt Redundanzen
explizit zu eliminieren. So könnten wir in unserem Beispiel die mehrfach vorkommenden Klauseln 8, 10, 13, 14, 20-22 und 24 streichen. Ebenso könnten wir
die Varianten 6, 11, 12 und 15-18 streichen. Zusammengefasst können alle mit *
markierten Klauseln eliminiert werden. Im Allgemeinen können noch weitere
Klauseln eliminiert werden. Auf die entsprechend komplexeren Eliminations-
techniken möchte ich in dieser Einführung jedoch nicht eingehen. In Kapitel 5
werden wir im Zusammenhang mit einer bestimmten Klasse von Klauseln, den
so genannten Horn-Klauseln, noch eine spezielle Strategie für die Beweissuche
kennen lernen.

An dem gerade betrachteten Beispiel lässt sich auch gut eine unfaire Strategie
demonstrieren. Ausgehend von den Klauseln 1-3 definieren wir eine Strategie,
die beginnend mit Klausel 1 zuerst nur Resolventen mit Klausel 2 betrachtet.
Wir erhalten dann:

$$
\begin{array}{lll}
4' & [p(f(a))] & \mathrm{res}(1,2) \\
5' & [p(f(f(a)))] & \mathrm{res}(4',2) \\
6' & [p(f(f(f(a))))] & \mathrm{res}(5',2) \\
\vdots & \vdots & \vdots
\end{array}
$$

Diese Strategie wird immer neue Klauseln generieren, die alle verschieden von
der leeren Klausel sind. Die Strategie ist unfair, da Klausel 3 nicht in Betracht
gezogen wird. Sie findet keinen Beweis.

Auch die beiden anderen in Kapitel 4.6 explizit dargestellten Beweisverfahren,
die semantischen Tableaus und der Kalkül des natürlichen Schließens, sind
korrekt und vollständig. Wie schon im aussagenlogischen Fall verzichte ich auch
hier auf die Präsentation der Beweise und verweise auf die Literatur ([Fit96]
bzw. [vD97]).

Satz 4.69 *(Korrektheit und Vollständigkeit des prädikatenlogischen Tableau-*
verfahrens) Sei F *ein prädikatenlogischer Satz.* $\models F$ *gilt genau dann, wenn*
$\vdash_t F$ *gilt.*

Satz 4.70 *(Korrektheit und Vollständigkeit des prädikatenlogischen Kalküls des natürlichen Schließens) Sei F ein prädikatenlogischer Satz. $\models F$ gilt genau dann, wenn $\vdash_n F$ gilt.*

Neben den hier als Sätze explizit formulierten Korrektheits- und Vollständigkeitsaussagen sind auch Hilbert-Systeme, der Sequenzenkalkül und die Konnektionsmethode im prädikatenlogischen Fall korrekt und vollständig.

4.8.3 Der Endlichkeitssatz

In der Aussagenlogik haben wir in Satz 3.45 gesehen, dass eine Menge $\mathcal{G}$ von aussagenlogischen Formeln genau dann erfüllbar ist, wenn jede endliche Teilmenge von $\mathcal{G}$ erfüllbar ist. Auch dieses Endlichkeits- oder Kompaktheitsresultat lässt sich auf prädikatenlogische Formeln erweitern.

Satz 4.71 *(Endlichkeitssatz der Prädikatenlogik) Sei $\mathcal{G}$ ein Menge prädikatenlogischer Sätze. $\mathcal{G}$ ist genau dann erfüllbar, wenn jede endliche Teilmenge von $\mathcal{G}$ erfüllbar ist.*

Der Beweis stellt uns vor ein Problem. Alle in diesem Kapitel bisher bewiesenen Aussagen beziehen sich auf (einzelne) Formeln der Prädikatenlogik. Eine Formel ist ein endliches syntaktisches Konstrukt. Beim Endlichkeitssatz interessieren uns aber gerade unendlich große Mengen von Formeln. Um diesen Satz formal beweisen zu können, müssten wir die meisten der bisher in diesem Kapitel bewiesenen Resultate auf Mengen von Formeln ausweiten. So müssten wir beispielsweise zeigen, dass auch in einer möglicherweise unendlich großen Menge von Formeln die Variablen auseinanderdividiert werden können (siehe Übungsaufgabe 4–39). Dies ist zwar grundsätzlich möglich, würde jedoch den Rahmen dieses Buches sprengen. Ich begnüge mich daher mit einer Beweisskizze für diesen Satz und nehme zunächst an, dass das einer prädikatenlogische Sprache $\mathcal{L}(\mathcal{R}, \mathcal{F}, \mathcal{V})$ zugrunde liegende Alphabet mindestens ein Konstantensymbol enthält. Sollte dies nicht der Fall sein, so muss – wie schon im Abschnitt 4.3.3 – der Menge $\mathcal{F}$ ein Konstantensymbol hinzugefügt werden.

Beweisskizze Sei $\mathcal{G}$ eine Menge von Sätzen. Um den Satz 4.71 zu beweisen, genügt es, die beiden folgenden Implikationen zu beweisen: (i) Wenn $\mathcal{G}$ erfüllbar ist, dann ist auch jede endliche Teilmenge von $\mathcal{G}$ erfüllbar. (ii) Wenn jede endliche Teilmenge von $\mathcal{G}$ erfüllbar ist, dann ist auch $\mathcal{G}$ erfüllbar.

Aussage (i) folgt unmittelbar aus der Definition der Erfüllbarkeit von Mengen: Wenn $\mathcal{G}$ erfüllbar ist, dann ist jede Teilmenge von $\mathcal{G}$ erfüllbar, also insbesondere auch jede endliche.

Zum Beweis von (ii) nehme ich an, dass jede endliche Teilmenge von $\mathcal{G}$ erfüllbar, $\mathcal{G}$ selbst aber unerfüllbar ist. Wie in Abschnitt 4.4.4 dargelegt, können wir jeden Satz der Prädikatenlogik so in eine Klauselform transformieren, dass die

Unerfüllbarkeit erhalten bleibt. Sei $\mathcal{G}_0$ die Menge der (universell abgeschlossenen) Klauseln, die wir erhalten, wenn wir jeden in $\mathcal{G}$ vorkommenden Satz in
Klauselform transformieren. Da $\mathcal{G}$ unerfüllbar ist, muss auch $\mathcal{G}_0$ unerfüllbar
sein. Ich behaupte, dass die folgenden Aussagen gelten:

1. Sei $\mathcal{G}_1$ die Menge aller Grundinstanzen der in $\mathcal{G}_0$ vorkommenden Ma-
    trizen. Dann ist $\mathcal{G}_1$ unerfüllbar, wenn $\mathcal{G}_0$ unerfüllbar ist (siehe Übungs-
    aufgabe 4–40).

2. Sei $\mathcal{A}$ die Menge der in $\mathcal{G}_1$ vorkommenden (abgeschossenen) Atome,
    $\mathcal{R}'$ eine abzählbar unendliche Menge von aussagenlogischen Variablen
    und sei f eine Einbettung von $\mathcal{A}$ in $\mathcal{R}'$. Weiterhin sei $\mathcal{G}_2$ die Menge
    aussagenlogischer Klauseln, die wir aus $\mathcal{G}_1$ erhalten indem wir alle in $\mathcal{G}_1$
    vorkommenden Grundatome gemäß f durch aussagenlogische Variablen
    ersetzen. Dann ist $\mathcal{G}_2$ genau dann aussagenlogisch unerfüllbar, wenn $\mathcal{G}_1$
    prädikatenlogisch unerfüllbar ist (siehe Übungsaufgabe 4–41).

Auf $\mathcal{G}_2$ können wir Korollar 3.46 des aussagenlogischen Endlichkeitssatzes 3.45
anwenden und finden so eine endliche Teilmenge $\mathcal{G}_3$ von $\mathcal{G}_2$, die aussagenlogisch unerfüllbar ist. Gemäß Satz 3.49 finden wir dann eine aussagenlogische
Resolutionswiderlegung für $\mathcal{G}_3$. Wenn wir alle in dieser Widerlegung vorkommenden aussagenlogischen Variablen mittels der oben verwendeten Einbettung
f in prädikatenlogische Grundatome „zurückübersetzen" und gegebenenfalls –
wie im Beweis von Satz 4.32 – notwendige Faktorisierungsschritte einfügen,
dann erhalten wir so eine prädikatenlogische Resolutionswiderlegung für ei-
ne endliche Teilmenge $\mathcal{G}_4$ von $\mathcal{G}_1$. Durch Anwendung des verallgemeinerten
Lifting-Lemmas 4.66 erhalten wir eine Resolutionswiderlegung für eine endli-
che Teilmenge $\mathcal{G}_5$ von $\mathcal{G}_0$. Gemäß Satz 4.67 ist $\mathcal{G}_5$ unerfüllbar. Wir suchen nun
eine Teilmenge $\mathcal{G}_6$ von $\mathcal{G}$, in dem wir für jede in $\mathcal{G}_5$ vorkommende (universell
abgeschlossene) Klausel $\forall C$ einen Satz $F \in \mathcal{G}$ wählen, so dass C in der Klauselform von F vorkommt. Da $\mathcal{G}_5$ endlich ist, muss auch $\mathcal{G}_6$ endlich sein. Weil
$\mathcal{G}_5$ eine unerfüllbare Teilmenge von (universell abgeschlossenen) Klauseln ist,
die in der Klauselform der Konjunktion der in $\mathcal{G}_6$ vorkommenden Formeln ist,
muss auch $\mathcal{G}_6$ unerfüllbar. Dies steht aber im Widerspruch zu der Annahme,
dass $\mathcal{G}_6$ als endliche Teilmenge von $\mathcal{G}$ erfüllbar sein muss. $\square$

Der Endlichkeitssatz hat ein Reihe interessanter Konsequenzen. So kann man
mit seiner Hilfe beispielsweise zeigen, dass die Eigenschaft einer Menge, endlich
zu sein, nicht in der Prädikatenlogik formuliert werden kann. Zum einen gibt
es zwar Sätze, die unter jeder Interpretation mit endlichem Grundbereich als
falsch interpretiert werden, aber Modelle über einem unendlichen Grundbereich
haben (siehe Übungsaufgabe 4–42). Die Umkehrung dieser Aussage gilt leider
nicht. Es gibt keinen Satz, der unter Interpretation mit endlichem Grundbereich
erfüllbar ist, aber unter jeder Interpretation mit unendlichem Grundbereich
als falsch interpretiert wird. Dies lässt sich wie folgt nachweisen. Sei der Satz
G unter Interpretationen mit beliebig großem endlichen Grundbereich wahr

und nehmen wir an, dass das Relationssymbol $p/2$ in G nicht vorkommt. Sei weiterhin

$$F_1 = (\neg p(a, b) \land (\forall X)\,(p(X, a) \lor p(X, b))).$$

Es lässt sich leicht verifizieren, dass F_1 unter jeder Interpretation mit einelementigem Grundbereich falsch ist, während es Interpretationen mit zwei- und mehrelementigem Grundbereich gibt, unter denen F_1 wahr ist. Der Satz F_1 drückt also aus, dass es mindestens zwei Dinge gibt. Analog lassen sich für jedes $i > 1$ Sätze F_i angeben, die ausdrücken, dass es mindestens $i + 1$ Dinge geben muss (siehe Übungsaufgabe 4–43). Sei nun

$$\mathcal{H} = \{G\} \cup \bigcup_{i \in \mathbb{N}^+} \{F_i\}.$$

Da der Satz G unter Interpretationen mit beliebig großen endlichen Grundbereichen wahr ist, muss auch jede endliche Teilmenge von $\mathcal{H}$ erfüllbar sein. Nach Satz 4.71 muss dann auch $\mathcal{H}$ erfüllbar sein. Aber jedes Modell für $\mathcal{H}$ muss einen unendlich großen Grundbereich haben. Folglich hat insbesondere auch G ein Modell mit unendlich großem Grundbereich.

4.8.4 Der Unentscheidbarkeitssatz

Wir wollen uns jetzt der Frage widmen, ob die Prädikatenlogik erster Stufe entscheidbar ist. Dazu betrachten wir Ja/Nein-Probleme, also solche Fragen, die nur mit „ja" oder „nein" beantwortet werden können. Ein sehr einfaches Ja/Nein-Problem ist beispielsweise die Frage, ob ein vorgelegtes endliches Wort über einem gegebenen Alphabet ein Palindrom ist. Dies ist dann der Fall, wenn das Wort von links nach rechts oder von rechts nach links gelesen identisch ist, wie das beispielsweise bei dem Wort „uhu" der Fall ist.

Eine Klasse von Ja/Nein-Fragen ist *entscheidbar*, wenn es ein effektives Verfahren gibt, das für jede Frage der Klasse nach endlicher Zeit terminiert (also ein Algorithmus ist) und die Frage korrekt mit „ja" oder „nein" beantwortet. Beispielsweise könnte uns interessieren ob Worte über einem gegebenen Alphabet Palindrome sind. Ein mögliches effektives Verfahren, um festzustellen, ob es sich bei einem vorgelegten Wort um ein Palindrom handelt, besteht darin, eine Kopie des Wortes zuerst umzudrehen und dann Zeichen für Zeichen mit dem gegebenen Wort zu vergleichen (siehe auch Übungsaufgabe 4–44). Ein weiteres Beispiel ist die Frage, ob aussagenlogische Formeln über einem gegebenen Alphabet allgemeingültig sind. Auch diese Frage ist entscheidbar: Durch Anlegen einer Wahrheitswertetabelle kann für jede aussagenlogische Formel in endlicher Zeit entschieden werden, ob sie allgemeingültig ist oder nicht.

Leider gilt diese Aussage nicht mehr für die Prädikatenlogik. Diese ist unentscheidbar. Aber was heißt das genau? In der Prädikatenlogik können wir effektive Verfahren angeben – wie beispielsweise das Resolutionsverfahren – mit den folgenden Eigenschaften: Wenn das Verfahren mit einer allgemeingültigen

Formel aufgerufen wird, dann terminiert es in endlicher Zeit und antwortet mit „ja". Wird es jedoch mit einer widerlegbaren Formel aufgerufen, dann terminiert es entweder in endlicher Zeit und antwortet mit „nein" oder es läuft unendlich lange. Nun könnte man auf die Idee kommen, dass die Resolutionsmethode schlichtweg nicht das geschickteste Verfahren ist, um festzustellen, ob eine gegebene prädikatenlogische Formel allgemeingültig ist oder nicht, und man die Resolutionsmethode „nur" noch zu einem Entscheidungsverfahren weiter entwickeln oder eben gleich ein besseres Verfahren in diesem Sinne finden muss. Wie wir aber in diesem Abschnitt sehen werden, ist das nicht möglich.

Probleme, welche die oben beschriebenen Eigenschaften der Resolutionsmethode für die Prädikatenlogik haben, sind *unentscheidbar*, aber *semientscheidbar*. Mit anderen Worten, ist eine Frage mit „ja" beantwortbar, dann findet man diese Antwort auch in endlicher Zeit, ist die Frage aber mit „nein" beantwortbar, dann findet man diese Antwort oder das Verfahren läuft unendlich lange. Es gibt in der Informatik eine ganze Reihe von Problemen, die diese Eigenschaft haben. Die bekanntesten sind vielleicht das *Halteproblem der Turing-Maschinen*, das *Akzeptanzproblem von Zwei-Zähler Maschinen* und das *Post'sche Korrespondenzproblem*. Letzteres möchte ich hier kurz darstellen, da ich es zum Beweis der Unentscheidbarkeit der Prädikatenlogik verwenden werde.

Eine *Post'sche Korrespondenzaufgabe* besteht aus einem mindestens zwei-elementigen Alphabet Σ, einer natürlichen Zahl n und zwei Listen der Länge n von Worten über Σ. Als Beispiel sei $\Sigma = \{0, 1\}$, $n = 3$ und die beiden Listen seien

$$[010, 00, 100] \text{ sowie } [10, 000, 10].$$

Das *Post'sche Korrespondenzproblem* besteht nun in der Frage, ob es eine Folge von natürlichen Zahlen $(i_1, \ldots, i_k)$ mit $i_j \leq n$ für alle $j \geq 1$ gibt, so dass die Konkatenation bestehend aus dem i_1-ten, i_2-ten, usw. Wort aus der ersten Liste und die Konkatenation bestehend aus den entsprechenden Worten aus der zweiten Liste identisch sind. Wenn eine solche Folge von natürlichen Zahlen existiert, dann wird sie *Lösung* des Post'schen Korrespondenzproblems genannt. In dem oben diskutierten kleinen Beispiel gibt es mehrere Lösungen: Mit der Folge $(2, 1)$ erhalten wir die Konkatenation

$$00010 \ (= \ 00 \cdot 010 = 000 \cdot 10)$$

bestehend aus den jeweils zweiten und ersten Wort der beiden gegebenen Listen, wobei $\cdot / 2$ die Konkatenation von Worten ist. Mit der Folge $(3, 2)$ erhalten wir die Konkatenation

$$10000 \ (= \ 100 \cdot 00 = 10 \cdot 000)$$

bestehend aus den jeweils dritten und zweiten Wort der beiden gegebenen Listen.

Satz 4.72 *Das Post'sche Korrespondenzproblem ist unentscheidbar.*

Ich werde diesen Satz hier nicht beweisen, sondern verweise auf [Pos46]. Er wird jedoch benutzt, um den folgenden Satz zu beweisen:

Satz 4.73 *(Unentscheidbarkeit der Prädikatenlogik) Sei $\mathcal{G}$ eine Menge prädikatenlogischer Sätze und F ein prädikatenlogischer Satz. Die Frage, ob $\mathcal{G} \models F$ gilt, ist unentscheidbar.*

Beweis: Ich werde im Folgenden zeigen, dass das Post'sche Korrespondenzproblem entscheidbar ist, wenn die Prädikatenlogik entscheidbar ist. Die Aussage folgt dann unmittelbar aus Satz 4.72.

Um den angesprochenen Zusammenhang zwischen dem Post'schen Korrespondenzproblem und der Prädikatenlogik nachzuweisen betrachten wir ein konkretes Post'sches Korrespondenzproblem

$$P = (\Sigma, \ n, \ [\alpha_1, \ldots, \alpha_n], \ [\beta_1, \ldots, \beta_n])$$

mit $\Sigma = \{0, \ 1\}$. Wir konstruieren eine prädikatenlogische Formel G_P, so dass G_P genau dann allgemeingültig ist, wenn P eine Lösung besitzt.

Zur Konstruktion der Formel G_P benötigen wir ein Konstantensymbol $a/0$, zwei Funktionssymbole $f_0/1$ und $f_1/1$ und ein Prädikatssymbol $p/2$. Zur Vereinfachung führen wir noch die folgende Abkürzung ein:

$$f_{\sigma_1 \ldots \sigma_m}(X) := f_{\sigma_m}(\ldots (f_{\sigma_1}(X)) \ldots),$$

wobei $\sigma_i \in \{0, 1\}$ für alle $1 \leq i \leq m$ ist. Damit definieren wir:

$$G_P \quad = \quad ((\bigwedge_{i=1}^{n} p(f_{\alpha_i}(a), f_{\beta_i}(a))) \tag{4.16}$$

$$\wedge (\forall X, Y) \, (p(X, Y) \to \bigwedge_{i=1}^{n} p(f_{\alpha_i}(X), f_{\beta_i}(Y)))) \tag{4.17}$$

$$\to \ (\exists Z) \, p(Z, Z)) \tag{4.18}$$

Wir zeigen nun (i) wenn G_P allgemeingültig ist, dann hat P eine Lösung und (ii) wenn P eine Lösung hat, dann ist G_P allgemeingültig.

Zu (i): Sei G_P allgemeingültig und I eine Interpretation über dem Grundbereich $D = \{0, 1\}^*$ mit:

$$
\begin{aligned}
a^I &= \epsilon, \text{ das leere Wort,} \\
f_0^I &= \text{die einstellige Funktion „konkateniere 0 rechts“,} \\
f_1^I &= \text{die einstellige Funktion „konkateniere 1 rechts“,} \\
p^I &= \{(\alpha_{i_1} \ldots \alpha_{i_k}, \ \beta_{i_1} \ldots \beta_{i_k}) \mid 1 \leq i_j \leq n, \ 1 \leq j \leq k, \\
&\quad (i_1, \ldots, i_k) \text{ ist nicht-leere Folge natürlicher Zahlen}\}.
\end{aligned}
$$

Da G_P allgemeingültig ist, muss G_P auch unter I wahr sein. Wir zeigen zunächst, dass die Teilformeln (4.16) und (4.17) wahr sind und schließen daraus, dass auch (4.18) wahr sein muss. Dazu betrachten wir zunächst die Teilformel (4.16):

$$[\bigwedge_{i=1}^{n} p(f_{\alpha_i}(a), f_{\beta_i}(a))]^I = p(f_{\alpha_1}(a), f_{\beta_1}(a))^I \wedge^* \ldots \wedge^* p(f_{\alpha_n}(a), f_{\beta_n}(a))^I = \top,$$

da für alle $1 \leq i \leq n$ gilt:

$$(f_{\alpha_i}(a)^I, \ f_{\beta_i}(a)^I) = (f_{\alpha_i}^I(a^I), \ f_{\beta_i}^I(a^I)) = (\epsilon \cdot \alpha_i, \ \epsilon \cdot \beta_i) \in p^I.$$

Betrachten wir nun die Teilformel (4.17). Wir zeigen, dass für alle $\alpha, \ \beta \in D$ gilt: wenn $p(X,Y)^{I,\mathcal{Z}} = \top$, dann ist auch $[\bigwedge_{i=1}^{n} p(f_{\alpha_i}(X), f_{\beta_i}(Y))]^{I,\mathcal{Z}} = \top$, wobei $\mathcal{Z} = \{X \mapsto \alpha, \ Y \mapsto \beta\}$ ist. Sei also $p(X,Y)^{I,\mathcal{Z}} = \top$, d.h. $(\alpha, \beta) \in p^I$. Dann existieren $k \in \mathbb{N}$ und $i_1, \ldots, i_k \in \mathbb{N}$ mit $\alpha = \alpha_{i_1} \ldots \alpha_{i_k}$ und $\beta = \beta_{i_1} \ldots \beta_{i_k}$ gemäß der Definition von p^I. Aber dann finden wir:

$$\begin{aligned} &[\bigwedge_{i=1}^{n} p(f_{\alpha_i}(X), f_{\beta_i}(Y))]^{I,\mathcal{Z}} \\ &= p(f_{\alpha_1}(X), f_{\beta_1}(Y))^{I,\mathcal{Z}} \wedge^* \ldots \wedge^* p(f_{\alpha_n}(X), f_{\beta_n}(Y))^{I,\mathcal{Z}} \\ &= \top, \end{aligned}$$

da für alle $1 \leq i \leq n$ gilt:

$$\begin{aligned} (f_{\alpha_i}(X)^{I,\mathcal{Z}}, \ f_{\beta_i}(Y)^{I,\mathcal{Z}}) &= (f_{\alpha_i}^I(X^{\mathcal{Z}}), \ f_{\beta_i}^I(Y^{\mathcal{Z}})) \\ &= (\alpha_{i_1} \ldots \alpha_{i_k} \alpha_i, \ \beta_{i_1} \ldots \beta_{i_k} \beta_i) \in p^I. \end{aligned}$$

Da die Teilformeln (4.16) und (4.17) als auch G_P selbst unter I wahr sind, muss auch die Teilformel (4.18) unter I wahr sein. Das bedeutet aber, es gibt ein $\gamma \in D$, so dass $p(Z,Z)^{I,\{Z \mapsto \gamma\}}$ wahr ist, d.h. $(\gamma, \gamma) \in p^I$. Gemäß der Definition von p^I gibt es dann eine nicht-leere Sequenz von natürlichen Zahlen $i_1, \ldots, i_k$, so dass

$$\epsilon \alpha_{i_1} \ldots \alpha_{i_k} = \gamma = \epsilon \beta_{i_1} \ldots \beta_{i_k} \tag{4.19}$$

ist. Somit hat das Post'sche Korrespondenzproblem P eine Lösung.

Zu (ii): Angenommen P habe die Lösung $(i_1, \ldots, i_k)$, d.h.

$$\alpha_{i_1} \ldots \alpha_{i_k} = \beta_{i_1} \ldots \beta_{i_k} = \gamma.$$

Wir zeigen, dass dann für jede Interpretation I von G_P gilt: wenn die Teilformeln (4.16) und (4.17) unter I wahr sind, dann ist auch die Teilformel (4.18) unter I wahr. Daraus folgt unmittelbar, dass G_P für jede Interpretation wahr ist, d.h. G_P ist allgemeingültig.

Sei I eine beliebige Interpretation, so dass die Teilformeln (4.16) und (4.17) unter I wahr sind. Wir beweisen nun mittels Induktion über l, der Länge der nicht-leeren Sequenz $(i_1, \ldots, i_l)$ von natürlichen Zahlen $1 \leq i_j \leq n$, dass

$$p(f_{\alpha_{i_1} \ldots \alpha_{i_l}}(a), f_{\beta_{i_1} \ldots \beta_{i_l}}(a))^I \tag{4.20}$$

unter I wahr ist.

Im Induktionsanfang nehmen wir $l = 1$ an. Dann gilt

$$p(f_{\alpha_{i_1}}(a), f_{\beta_{i_1}}(a))^I = \top,$$

da dies eine Teilformel der Konjunktion (4.16) ist und (4.16) unter I wahr ist.

Im Induktionsschritt nehmen wir an, die Aussage gelte für l. Sodann müssen wir zeigen, dass

$$p(f_{\alpha_{i_1} \ldots \alpha_{i_l} \alpha_{i_{l+1}}}(a), f_{\beta_{i_1} \ldots \beta_{i_l} \beta_{i_{l+1}}}(a))^I \qquad (4.21)$$

wahr ist, wobei $1 \le i_{l+1} \le n$ ist. Da (4.20) wahr ist und I ein Modell für die Teilformel (4.17) ist, folgt unmittelbar, dass auch (4.21) wahr ist.

Im Induktionsschluss gilt nun insbesondere für die Lösung $i_1, \ldots, i_k$ von P, dass

$$p(f_{\alpha_{i_1} \ldots \alpha_{i_k}}(a), f_{\beta_{i_1} \ldots \beta_{i_k}}(a))^I = \top.$$

Mit (4.19) ergibt sich nun $p(f_\gamma(a), f_\gamma(a))^I = \top$. Somit ist auch Teilformel (4.18) unter I wahr. □

Für das vor diesem Satz diskutierten Beispiel P eines Post'schen Korrespondenzproblems erhalten wir die folgende Formel G_P:

$$\begin{aligned}
&(\langle p(f_{010}(a), f_{10}(a)), \ p(f_{00}(a), f_{000}(a)), \ p(f_{100}(a), f_{10}(a)), \\
&\quad (\forall X)(\forall Y)\,(p(X, Y) \to \\
&\qquad\qquad \langle p(f_{010}(X), f_{10}(Y)), \ p(f_{00}(X), f_{000}(Y)), \ p(f_{100}(X), f_{10}(Y))\rangle)\rangle) \\
&\to (\exists Z)\,p(Z, Z))
\end{aligned}$$

In Übungsaufgabe 4–45 werden interessierte Leser aufgefordert, die Allgemeingültigkeit dieser Formel mittels der Resolutionsmethode zu zeigen.

Man beachte weiterhin, dass wir für den Beweis des Satzes lediglich ein Konstantensymbol, zwei einstellige Funktionssymbole und ein zweistelliges Prädikatssymbol brauchen. Somit erhalten wir die Unentscheidbarkeit schon für eine relativ eingeschränkte Klasse von prädikatenlogischen Formeln.

4.9 Literaturhinweise

Die in diesem Kapitel diskutierten Resultate finden sich in einer Reihe von Lehrbüchern wieder. Insbesondere gehen die bereits in Abschnitt 3.7 genannten Lehrbücher [EFT96, Sch95a, Fit96, vD97] alle auch auf die Prädikatenlogik ein.

Das Unifikations- und das Resolutionsprinzip wurden so erstmals in [Rob65] beschrieben, auch wenn sich grundlegende Ideen bereits in Jacques Herbrand's Dissertation finden (siehe dazu auch meine Bemerkungen in Kapitel 1). Der hier diskutierte Unifikationsalgorithmus geht jedoch auf [MM82] zurück. Bei jeder Arbeit bezüglich Unifikation empfiehlt es sich jedoch, die grundlegenden Definitionen genau anzusehen. Hier gibt es doch sehr feine, aber wichtige Unterschiede, die in [LMM88] detailliert diskutiert werden.

Das in diesem Kapitel vorgestellte Resolutionsprinzip ist das grundsätzliche Verfahren. Ohne weitere Differenzierung wäre es jedoch zu wenig effizient, um praktisch eingesetzt werden zu können. Seit 1965 wurden deshalb eine Reihe von Verfeinerungen vorgestellt. Viele davon sind bereits in [CL90] diskutiert. Jedoch empfehle ich interessierten Lesern und Leserinnen einen Blick in die aktuellen Proceedings of the International Conference on Automated Deduction (CADE), in denen jedes Jahr die neuesten Ergebnisse vorgestellt werden. Im Rahmen der CADE Tagungen finden auch immer Wettbewerbe zwischen den besten Hochleistungsbeweisern der Welt statt, so dass man dort einen guten Überblick über den Stand der Forschung erhält.

Die vorgestellten Theorembeweiser leanTab und leanCoP sind in [BP95] bzw. [OB00] beschrieben. Dort finden Sie auch Hinweise auf andere Beweissysteme.

Kapitel 5

Grundlagen der Logikprogrammierung

*Mit dem in den vorangegangenen Kapiteln erworbenen Wissen kann
jetzt das Verhalten so genannter „deklarativer" Logikprogramme formal bestimmt werden. In diesem Kapitel wird gezeigt, dass Klauseln nicht nur deklarativ im Sinne der Semantik der Prädikatenlogik, sondern auch operational im Sinne einer prozeduralen Programmiersprache verstanden werden können. Dies erlaubt, den logischen
Folgerungsbegriff auf das erfolgreiche Abarbeiten von Logikprogram-
men zu reduzieren. Der im Kapitel 2 rein syntaktisch eingeführten
Logikprogrammiersprache wird auf diese Weise eine Semantik zugeordnet.*

Wir haben im vorangegangenen Kapitel gesehen, dass wir logische Konsequenzen durch geeignete Beweisverfahren nachweisen können. Aber was hat das
alles mit Programmierung zu tun? In der Tat dauerte es rund eine Dekade,
bis aus der dem Resolutionsprinzip zugrunde liegenden Idee eine Logikprogrammiersprache entstand. Viele Wissenschaftler beschäftigten sich nach 1965,
der Publikation von J. Alan Robinson's Arbeit über das Resolutionsprinzip,
mit Fragen der Verfeinerung der Resolution. Wie kann man den Suchraum
eines Resolutionsbeweisers einschränken, ohne dass dabei die Vollständigkeit
des Verfahrens verletzt wird? Eine bahnbrechende Idee war hierbei die Beschränkung auf eine gewisse Klasse von Klauseln. Klauseln dieser Klasse sind
so charakterisiert, dass bis auf höchstens ein Literal alle anderen in der Klausel vorkommenden Literale negierte Atome sind. Diese Klasse von Klauseln hat
viele schöne Eigenschaften: Zum einen kann die Resolutionsregel zum Nachweis
der Unerfüllbarkeit einer entsprechenden Formel stark eingeschränkt werden,
was eine effiziente Implementierung ermöglicht. Zum zweiten ist es möglich,
gewisse Klauseln dieser Klasse als Prozeduren zu betrachten und somit einen

engen Zusammenhang zwischen Logik und der prozeduralen Programmierung herzustellen. Zum dritten kann gezeigt werden, dass bereits diese Klasse berechnungstechnisch adäquat ist, d. h. sich in ihr alles ausdrücken lässt, was mit einem Computer überhaupt berechnet werden kann.

Ich will in diesem Kapitel die im letzten Paragrafen angesprochene Klasse von Klauseln definieren, einige ihrer Eigenschaften beweisen und den Zusammenhang zur Programmierung herstellen. Dazu definiere ich im Abschnitt 5.1 zunächst die *definiten Programme*. Diese Programme werden mittels *definiter Ziele* aufgerufen. Ein Beweis der Unerfüllbarkeit eines definiten Programms zusammen mit einem definiten Ziel ist dann nichts anderes als die Abarbeitung des Programms. Dazu werde ich eine modelltheoretische, eine fixpunkttheoretische und eine operationale Semantik für definite Programme einführen und nachweisen, dass die Semantiken äquivalent sind. Die operationale Semantik beruht auf der *SLD-Resolution* und ich werde die Korrektheit wie auch die Vollständigkeit der SLD-Resolution zeigen. Die SLD-Resolutionsregel ist aber nichts anderes als der Abarbeitungsmechanismus, der in Prolog-Systemen angewendet wird und den wir in Kapitel 2 kennen gelernt haben.

Obwohl die Klasse der definiten Programme und der definiten Ziele berechnungstechnisch adäquat ist, so zeigt sich doch sehr schnell, dass sich manche Dinge nur umständlich darin ausdrücken lassen. Insbesondere kann man in definiten Programmen explizit keine negativen Aussagen machen. Die Klasse der definiten Programme und definiten Ziele wird daher im Abschnitt 5.2 um eine besondere Art der Negation erweitert: der *Negation als Fehlschlag*. Wie bereits in Abschnitt 2.6 erwähnt, handelt es sich hierbei nicht um die klassische Negation. Wenn wir die SLD-Resolutionsregel um die Negation als Fehlschlag erweitern, dann erhalten wir die *SLDNF-Resolutionsregel*, deren Eigenschaften in der Folge diskutiert werden. Wie bereits in den anderen Kapiteln auch, so runden Literaturhinweise in Abschnitt 5.3 die Darstellung der Grundlagen der Logikprogrammierung ab.

5.1   Definite Programme

5.1.1   Grundbegriffe

Wir wollen in diesem Abschnitt die *definiten Programme* betrachten. Definite Programme sind letztendlich nichts anderes als verallgemeinerte Konjunktionen einer bestimmten Klasse von prädikatenlogischen Klauseln. Somit ist das einem definiten Programm zugrunde liegende Alphabet einfach das Alphabet der Prädikatenlogik.

Nach Definition 3.27 ist eine Klausel eine verallgemeinerte Disjunktion von Literalen, d. h. eine Klausel ist von der Form:

$$[A_1, \ldots, A_n, \neg B_1, \ldots, \neg B_m], \tag{5.1}$$

wobei die A_i, $1 \leq i \leq n$, und die B_j, $1 \leq j \leq m$, Atome sind. Die A_i heißen auch *positive* Literale und die $\neg B_j$ *negative* Literale. Wir werden in der Folge verschiedene spezielle Formen von Klauseln definieren.

Definition 5.1 *Eine* definite Programmklausel *ist eine Klausel, in der genau ein positives Literal vorkommt. Eine* Einerklausel *oder ein* Fakt *ist eine definite Programmklausel, in der keine negativen Literale vorkommen.*

Bezogen auf (5.1) ist eine definite Programmklausel eine Klausel, für die $n = 1$ gilt, und eine Einerklausel ist eine Klausel, für die $n = 1$ und $m = 0$ gilt. Definite Programmklauseln haben also die Form:

$$[A, \neg B_1, \ldots, \neg B_m],$$

wobei ich zur Vereinfachung den Index beim positiven Literal A weglassen habe. Da

$$\begin{aligned} [A, \neg B_1, \ldots, \neg B_m] &= (A \vee [\neg B_1, \ldots, \neg B_m)) \\ &\equiv (A \vee \neg \langle B_1, \ldots, B_m \rangle) \\ &\equiv (A \leftarrow \langle B_1, \ldots, B_m \rangle) \end{aligned}$$

gilt, notieren wir in der Folge definite Programmklauseln in der Form

$$A \leftarrow \langle B_1, \ldots, B_m \rangle.$$

Im Fall $m = 1$ wollen wir darüber hinaus die spitzen Klammern weg lassen und kurz

$$A \leftarrow B_1$$

schreiben. Eine Einerklausel $[A]$ wollen wir in der Folge aus analogen Gründen mit

$$A$$

notieren.

Definition 5.2 *Sei* $A \leftarrow \langle B_1, \ldots, B_m \rangle$ *eine definite Programmklausel. Dann heißt* A Kopf *und* $\langle B_1, \ldots, B_m \rangle$ Rumpf *der Programmklausel.*

Definition 5.3 *Ein* definites Programm *ist ein Satz* $\forall \langle C_1, \ldots, C_l \rangle$ *in Klauselform, wobei jedes* C_j, $1 \leq j \leq l$, *eine definite Programmklausel ist.*

Auch hier wollen wir der Einfachheit halber vereinbaren, dass wir beim Aufschreiben eines definiten Programms die Programmklauseln einfach untereinander notieren und dabei sowohl die Quantoren, die spitzen Klammern als auch Kommas weglassen. Als Beispiel betrachten wir das folgende definite Programm:

$append([\,], L, L)$
$append([K|R], L, [K|L']) \leftarrow append(R, L, L')$

$shuffle(L, [\,], L)$
$shuffle(L, [K|R], S) \leftarrow$
$\qquad\qquad \langle append(L_1, L_2, L), shuffle(L_2, R, S'), append(L_1, [K|S'], S)\rangle.$

Dabei repräsentieren $[\,]$ und $[K|R]$ Listen wie in Abschnitt 2.4.1. Informell gesprochen hängt $append/3$ zwei Listen aneinander, während $shuffle/3$ zwei Listen ineinander mischt: einige Elemente der ersten Liste, dann einige Elemente der zweiten Liste, dann wieder einige Elemente der ersten Liste, und so weiter.

Definition 5.4 *Sei $\mathcal{P}$ ein definites Programm. Die universell abgeschlossene Konjunktion aller in $\mathcal{P}$ vorkommenden Programmklauseln, in deren Kopf das Prädikatssymbol q vorkommt, heißt* Definition von q.

Das oben betrachtete Programm besteht folglich aus Definitionen für *append* und *shuffle*.

Definition 5.5 *Ein* definites Ziel *ist eine Klausel, in der nur negative Literale vorkommen. Jedes dieser negativen Literale wird* Teilziel *genannt.*

Definite Ziele haben also die Form:

$$[\neg B_1, \ldots, \neg B_m]$$

mit $m \geq 0$. Verglichen mit (5.1) sind es Klauseln, für die $n = 0$ gilt. Im Fall $m = 0$ wollen wir wie gehabt von der *leeren* Klausel sprechen, die wir wie bisher mit $[\,]$ notieren. Wegen

$$
\begin{aligned}
[\neg B_1, \ldots, \neg B_m] &\equiv ([\,] \vee [\neg B_1, \ldots, \neg B_m]) \\
&\equiv ([\,] \vee \neg\langle B_1, \ldots, B_m\rangle) \\
&\equiv ([\,] \leftarrow \langle B_1, \ldots, B_m\rangle)
\end{aligned}
$$

wollen wir definite Ziele in der Folge mit

$$\leftarrow \langle B_1, \ldots, B_m\rangle$$

abkürzen. Man beachte, dass die leere Klausel ebenfalls ein definites Ziel ist.

Wie schon in den vergangenen Kapiteln interessieren uns insbesondere die logischen Konsequenzen eines definiten Programms. Beispielsweise könnten wir fragen, ob es eine aus $[a, b, c]$ und $[1, 2, 3]$ zusammengemischte Liste X gibt, so dass $\textit{shuffle}\,([a, b, c], [1, 2, 3], X)$ logisch aus dem oben betrachteten kleinen Beispielprogramm folgt. Wir wollen in der Folge den allgemeinen Fall diskutieren. Sei $\mathcal{P} = \forall\,\langle C_1, \ldots, C_l \rangle$ ein definites Programm. Angenommen, wir möchten gerne wissen, ob

$$\mathcal{P} \models \exists\,\langle B_1, \ldots, B_m \rangle \tag{5.2}$$

gilt. Wegen Satz 3.17 ist dies äquivalent zu der Frage, ob

$$(\mathcal{P} \rightarrow \exists\,\langle B_1, \ldots, B_m \rangle) \tag{5.3}$$

allgemeingültig ist. (5.3) wiederum ist wegen Satz 3.14 äquivalent zu der Frage, ob

$$\neg(\mathcal{P} \rightarrow \exists\,\langle B_1, \ldots, B_m \rangle) \tag{5.4}$$

unerfüllbar ist. Wegen

$$
\begin{aligned}
(5.4) \quad &\equiv \quad \neg(\neg\mathcal{P} \vee \exists\,\langle B_1, \ldots, B_m \rangle) &&\text{(Satz 3.19)} \\
&\equiv \quad (\neg\neg\mathcal{P} \wedge \neg\exists\,\langle B_1, \ldots, B_m \rangle) &&\text{(Satz 3.19)} \\
&\equiv \quad (\mathcal{P} \wedge \forall\,\neg\langle B_1, \ldots, B_m \rangle) &&\text{(Satz 4.32)} \\
&\equiv \quad (\mathcal{P} \wedge \forall\,[\neg B_1, \ldots, \neg B_m]) &&\text{(Satz 3.19)} \\
&\equiv \quad (\mathcal{P} \wedge \forall\,(\leftarrow \langle B_1, \ldots, B_m \rangle)) &&\text{(Satz 3.19)} \\
&\equiv \quad \forall\,\langle C_1, \ldots, C_l, \leftarrow \langle B_1, \ldots, B_m \rangle\rangle &&\text{(Satz 4.32)}
\end{aligned}
$$

reduziert sich also (5.2) auf die Frage, ob

$$\forall\,\langle C_1, \ldots, C_l, \leftarrow \langle B_1, \ldots, B_m \rangle\rangle$$

unerfüllbar ist. Mit anderen Worten, wir müssen herausfinden, ob eine definites Programm zusammen mit einem definiten Ziel unerfüllbar ist.

Definition 5.6 *Eine* Horn-Klausel *ist eine definite Programmklausel oder ein definites Ziel.*

Wir beschränken uns also in diesem Kapitel auf Horn-Klauseln und wollen untersuchen, welche Eigenschaften die entsprechende Logik hat.

5.1.2 Semantik

In diesem Abschnitt werden wir die Semantik von definiten Programmen kennen lernen, und zwar die übliche, auf Herbrand-Interpretationen beruhende Semantik.

Sei $\mathcal{P} = \forall\,\langle C_1, \ldots, C_l \rangle$ ein definites Programm und $\leftarrow \langle B_1, \ldots, B_m \rangle$ ein definites Ziel. Wir sind insbesondere an der Frage interessiert, ob

$$\mathcal{P} \models \exists\,\langle B_1, \ldots, B_m \rangle \tag{5.5}$$

gilt oder, äquivalent, ob

$$\forall \langle C_1, \dots, C_l, \leftarrow \langle B_1, \dots, B_m \rangle \rangle \tag{5.6}$$

unerfüllbar ist. Da die Menge der Horn-Klauseln eine Teilmenge der Menge der Klauseln ist, ist die Semantik eines definiten Programms, eines definiten Ziels und der logischen Konsequenzrelation $\models /2$ bereits in Abschnitt 4.3 definiert worden. Deshalb gilt (5.5), wenn wir nachweisen können, dass alle Herbrand-Modelle von $\mathcal{P}$ auch Modelle für $\exists \langle B_1, \dots, B_m \rangle$ sind. Wir werden in der Folge aber sehen, dass definite Programme eine viel schönere Eigenschaft haben: Wir müssen nur ein einziges Herbrand-Modell betrachten.

Sei $\mathcal{L}(\mathcal{R}, \mathcal{F}, \mathcal{V})$ die dem definiten Programm $\mathcal{P}$ zugrunde liegende Sprache. Ich will mir in diesem Abschnitt die Freiheit erlauben, das Alphabet nicht jeweils explizit anzugeben. Jedoch wollen wir vereinbaren, dass in dem, einem definiten Programm $\mathcal{P}$ zugrunde liegenden Alphabet mindestens die Symbole vorkommen, die auch in $\mathcal{P}$ vorkommen, und dass es in $\mathcal{F}$ mindestens ein Konstantensymbol gibt. Die letzte Bedingung ist notwendig, damit wir Herbrand-Interpretationen betrachten können.

Sei $\mathcal{T}(\mathcal{F})$ die Menge der abgeschlossenen Terme. Diese Menge wird häufig auch Herbrand-Universum genannt. Sei $\mathcal{A}(\mathcal{R}, \mathcal{F})$ die Menge aller abgeschlossenen Atome. Diese Menge wird häufig auch *Herbrand-Basis* genannt. Wir erinnern uns an die am Ende von Abschnitt 4.3.3 eingeführte abkürzende Schreibweise für Herbrand-Interpretationen. Dort wurde festgelegt, dass jede Menge abgeschlossener Atome eineindeutig eine Herbrand-Interpretation repräsentiert. Dann ist jedes $I \subseteq \mathcal{A}(\mathcal{R}, \mathcal{F})$ eine Herbrand-Interpretation und $2^{\mathcal{A}(\mathcal{R}, \mathcal{F})}$ ist die Menge aller Herbrand-Interpretationen.

Betrachten wir dazu ein Alphabet mit $\mathcal{R} = \{p/1,\ q/1\}$ und $\mathcal{F} = \{a/0,\ b/0\}$. In diesem Fall besteht das Herbrand-Universum $\mathcal{T}(\mathcal{F})$ lediglich aus den Konstanten $a/0$ und $b/0$. Die Herbrand-Basis $\mathcal{A}(\mathcal{R}, \mathcal{F})$ besteht aus den abgeschlossenen Atomen $p(a)$, $p(b)$, $q(a)$ und $q(b)$. Es gibt insgesamt 16 verschiedene Herbrand-Interpretationen, die in Abbildung 5.1 dargestellt sind. Dabei wurden die Herbrand-Interpretationen bezüglich der Teilmengenrelation $\subseteq /2$ angeordnet.

Zu dem genannten Alphabet sei jetzt das folgende definite Programm $\mathcal{P}$ gegeben:

$$p(a)$$
$$q(b).$$

Es lässt sich leicht nachrechnen, dass sowohl $\mathcal{A}(\mathcal{R}, \mathcal{F})$,

$$I_1 = \{p(a),\ p(b),\ q(b)\}$$

als auch

$$I_2 = \{p(a),\ q(a),\ q(b)\}$$

Modelle für $\mathcal{P}$ sind. Interessanterweise sind aber auch $I_1 \cap I_2 = \{p(a),\ q(b)\}$ ein Modell für $\mathcal{P}$. Dies ist kein Zufall, wie die folgende Proposition zeigt.

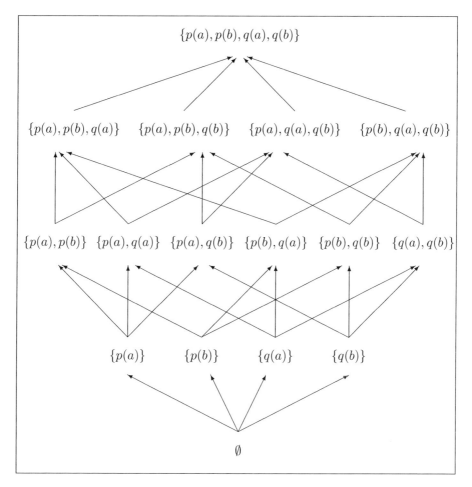

Abbildung 5.1: Die Menge der Herbrand-Interpretationen zur Herbrand-Basis $\{p(a),\ p(b),\ q(a),\ q(b)\}$. Jeder Pfeil $\rightarrow$ entspricht dabei der Teilmengenrelation $\subseteq$.

Proposition 5.7 *Sei* $\mathcal{P}$ *ein definites Programm und sei* $\mathcal{M}$ *eine nicht-leere Menge von Herbrand-Modellen von* $\mathcal{P}$. *Dann ist* $\bigcap_{I \in \mathcal{M}} I$ *ebenfalls ein Herbrand-Modell für* $\mathcal{P}$.

Beweis Sei $\mathcal{M}$ eine nicht-leere Menge von Herbrand-Modellen für das definite Programm $\mathcal{P}$. Nach Konstruktion ist $\bigcap_{I \in \mathcal{M}} I$ wiederum eine Herbrand-Interpretation für $\mathcal{P}$. Somit müssen wir noch zeigen, dass $\bigcap_{I \in \mathcal{M}} I$ auch ein Modell für $\mathcal{P}$ ist. Angenommen $\bigcap_{I \in \mathcal{M}} I$ ist kein Modell für $\mathcal{P}$. Dann gibt es eine Grundinstanz $A \leftarrow \langle B_1, \ldots, B_m \rangle$ einer definiten Klausel in $\mathcal{P}$, so dass $\{B_1, \ldots, B_m\} \subseteq \bigcap_{I \in \mathcal{M}} I$ und $A \notin \bigcap_{I \in \mathcal{M}} I$. Dann muss es aber ein $I \in \mathcal{M}$ geben, so dass $\{B_1, \ldots, B_m\} \subseteq I$ und $A \notin I$. Folglich ist I kein Modell für $\mathcal{P}$, was einen Widerspruch zur initialen Annahme darstellt. Ergo ist $\bigcap_{I \in \mathcal{M}} I$ ein Modell für $\mathcal{P}$.   □

Offensichtlich ist für jedes definite Programm $\mathcal{P}$ die Herbrand-Basis $\mathcal{A}(\mathcal{R}, \mathcal{F})$ ein Modell. Somit ist die Menge aller Herbrand-Modelle für $\mathcal{P}$ nicht leer. Nach Proposition 5.7 ist der Durchschnitt aller Herbrand-Modelle für $\mathcal{P}$ wiederum ein Modell, das wir als *kleinstes Herbrand-Modell* bezeichnen und mit $M_{\mathcal{P}}$ notieren wollen.

Kehren wir nun zu dem weiter oben betrachteten Beispiel zurück. I_1 und I_2 sind Modelle für $\mathcal{P}$. Weiterhin sind $\mathcal{A}(\mathcal{R}, \mathcal{F})$ und

$$I_3 = \{p(a),\ q(a)\}$$

Modelle für $\mathcal{P}$. Man kann leicht nachrechnen, dass alle anderen in Abbildung 5.1 gezeigten Interpretationen keine Modelle für $\mathcal{P}$ sind. Wegen

$$I_3 = \mathcal{A}(\mathcal{R}, \mathcal{F}) \cap I_1 \cap I_2 \cap I_3$$

ist I_3 das kleinste Herbrand-Modell für $\mathcal{P}$ ist.

Sobald wir Klauseln mit mehr als einem positiven Literal zulassen, gilt Proposition 5.7 nicht mehr. Betrachten wir beispielsweise die Klausel $[p_1,\ p_2]$, dann sind $\{p_1\}$ und $\{p_2\}$ Modelle für diese Klausel, aber $\{p_1\} \cap \{p_2\} = \emptyset$ ist kein Modell für $[p_1,\ p_2]$.

Kehren wir nun zu der Frage zurück, die wir uns zu Beginn dieses Abschnitts gestellt haben, nämlich ob (5.5) gilt. Eigentlich müssten wir ja alle Modelle für $\mathcal{P}$ ansehen. Aber Proposition 5.7 sagt uns, dass wenn

$$\exists \langle B_1, \ldots, B_m \rangle$$

im kleinsten Herbrand-Modell $M_{\mathcal{P}}$ des definiten Programms $\mathcal{P}$ gilt, dann gilt $\exists \langle B_1, \ldots, B_m \rangle$ in jedem Modell.

Satz 5.8 *Sei* $\mathcal{P}$ *ein definites Programm. Dann gilt:*

$$M_{\mathcal{P}} = \{A \mid A \in \mathcal{A}(\mathcal{R}, \mathcal{F})\ und\ \mathcal{P} \models A\}.$$

Beweis Die folgenden Äquivalenzen gelten:

$$
\begin{array}{llll}
\mathcal{P} \models A & \text{gdw.} & \models (\mathcal{P} \rightarrow A) & \text{(Satz 3.17)} \\
& \text{gdw.} & \neg(\mathcal{P} \rightarrow A) \text{ ist unerfüllbar} & \text{(Satz 3.14)} \\
& \text{gdw.} & \neg(\neg \mathcal{P} \vee A) \text{ ist unerfüllbar} & \text{(Satz 3.19)} \\
& \text{gdw.} & (\mathcal{P} \wedge \neg A) \text{ ist unerfüllbar} & \text{(Satz 3.19)} \\
& \text{gdw.} & (\mathcal{P} \wedge \neg A) \text{ hat keine Herbrand-Modelle} & \text{(Satz 4.60)} \\
& \text{gdw.} & \neg A \text{ ist falsch unter allen Herbrand-Modellen von } \mathcal{P} & \\
& \text{gdw.} & A \text{ ist wahr unter allen Herbrand-Modellen von } \mathcal{P} & \\
& \text{gdw.} & A \in M_{\mathcal{P}}. & \square
\end{array}
$$

Mit anderen Worten, das kleinste Herbrand-Modell $M_{\mathcal{P}}$ eines definiten Programms $\mathcal{P}$ charakterisiert dieses Programm modelltheoretisch umfassend. Bevor wir uns daran machen zu überlegen, wie wir $M_{\mathcal{P}}$ berechnen können, wollen wir zunächst den Begriff einer Antwortsubstitution einführen. Dazu erinnern wir uns, dass die Funktion fv angewendet auf eine Formel G die in G frei vorkommenden Variablen berechnet.

Definition 5.9 *Sei $\mathcal{P}$ ein definites Programm und sei G eine Zielklausel. Eine Substitution σ heißt* Antwortsubstitution *für $\mathcal{P}$ und G, wenn* $\mathsf{dom}(\sigma) \subseteq \mathsf{fv}(G)$.

Betrachten wir dazu das Programm $\mathcal{P}$ mit den definiten Klauseln

$$
\begin{array}{l}
p(a) \\
q(X) \leftarrow p(X)
\end{array}
$$

und die Zielklausel $G = \; \leftarrow q(X)$. Dann sind ε, $\{X \mapsto a\}$, $\{X \mapsto b\}$ und $\{X \mapsto Y\}$ Antwortsubstitutionen für $\mathcal{P}$ und G.

Nicht jede dieser Antwortsubstitutionen würden wir als Antwort auf die Frage, ob $(\exists X)\, q(X)$ eine logische Konsequenz von $\mathcal{P}$ ist, akzeptieren. So ist beispielsweise $q(X)\{X \mapsto b\} = q(b)$ keine logische Konsequenz von $\mathcal{P}$. Um dies zu sehen, muss man sich nur die Interpretation $I = \{p(a),\; q(a)\}$ ansehen. Offensichtlich ist I ein Modell für $\mathcal{P}$. Da $q(b) \notin I$ ist, schließen wir auf $q(b)^I = \bot$. Somit ist I Modell für $\mathcal{P}$, aber nicht Modell für $q(b)$.

Definition 5.10 *Sei $\mathcal{P}$ ein definites Programm, sei G die definite Zielklausel $\leftarrow \langle B_1, \ldots, B_m \rangle$ und θ eine Antwortsubstitution für $\mathcal{P}$ und G. θ ist eine* korrekte Antwortsubstitution *für $\mathcal{P}$ und G, wenn $\mathcal{P} \models \forall \langle B_1\theta, \ldots, B_m\theta \rangle$.*

In dem kleinen Beispiel, das wir schon oben diskutiert haben, sehen wir sofort, dass $\{X \mapsto a\}$ eine korrekte Antwortsubstitution ist. $\{X \mapsto b\}$ ist keine korrekte Antwortsubstitution, wie wir bereits oben nachgewiesen haben. Ist ε eine korrekte Antwortsubstitution? Nach Definition 5.10 ist sie das, wenn

$$
\mathcal{P} \models (\forall X)\, q(X)
$$

gilt. Diese Bedingung ist aber offensichtlich nicht erfüllt. Aus einem vergleichbaren Grund ist auch $\{X \mapsto Y\}$ keine korrekte Antwortsubstitution.

Der Leser bzw. die Leserin möge beachten, dass wir uns in Definition 5.10 nicht auf das kleinste Herbrand-Modell zurückziehen können, wenn wir bestimmen wollen, ob

$$\mathcal{P} \models \forall \langle B_1\theta, \dots, B_m\theta \rangle$$

gilt. Diese Frage ist äquivalent zu der Frage, ob

$$\mathcal{P} \wedge \neg\forall \langle B_1\theta, \dots, B_m\theta \rangle$$

unerfüllbar ist. Nun ist $\neg\forall \langle B_1\theta, \dots, B_m\theta \rangle$ nicht notwendigerweise eine Klausel und daher reicht es nicht aus, ausschließlich Herbrand-Interpretationen zu betrachten (siehe Übungsaufgabe 5–1).

Der Begriff einer korrekten Antwortsubstitution ist eine deklarative Beschreibung dessen, was wir als Antwort von einem Prolog-System auf eine Anfrage an ein definites Programm erwarten. Nun antwortet ein Prolog-System aber manchmal auch mit No. Eine solche Antwort ist dann *korrekt*, wenn das definite Programm $\mathcal{P}$ zusammen mit der Zielklausel G erfüllbar ist.

5.1.3   Fixpunktsemantik

Wir wollen uns in dem folgenden Abschnitt mit der Frage beschäftigen, ob und wie das kleinste Modell $M_{\mathcal{P}}$ eines definiten Programms $\mathcal{P}$ berechnet werden kann. Dazu werden wir später mit jedem definiten Programm $\mathcal{P}$ eine Funktion $T_{\mathcal{P}}$ assoziieren und nachweisen, dass sie einen Fixpunkt besitzt. Zunächst müssen wir aber einige Grundbegriffe und Grundtechniken aus dem Bereich der Verbände und der Fixpunkttheorie kennen lernen.

Eine *binäre Relation* R über einer Menge $\mathcal{S}$ ist eine Teilmenge von $\mathcal{S} \times \mathcal{S}$. Eine binäre Relation R über einer Menge $\mathcal{S}$ ist eine *partielle Ordnung*, wenn sie reflexiv, antisymmetrisch und transitiv ist, d. h. wenn die folgenden Bedingungen erfüllt sind:

1. Für alle $X \in \mathcal{S}$ gilt: $(X, X) \in R$ (*Reflexivität*).

2. Für alle $X, Y \in \mathcal{S}$ gilt: wenn $(X, Y) \in R$ und $(Y, X) \in R$, dann $X = Y$ (*Antisymmetrie*).

3. Für alle $X, Y, Z \in \mathcal{S}$ gilt: wenn $(X, Y) \in R$ und $(Y, Z) \in R$, dann $(X, Z) \in R$ (*Transitivität*).

Als ein Beispiel können wir die Herbrand-Basis $\mathcal{A}(\mathcal{R}, \mathcal{F})$ eines definiten Programms $\mathcal{P}$ betrachten. Dies ist eine Menge abgeschlossener Atome. Mit $2^{\mathcal{A}(\mathcal{R},\mathcal{F})}$ wollen wir die Potenzmenge von $\mathcal{A}(\mathcal{R}, \mathcal{F})$ bezeichnen, die die Menge aller Teilmengen von $\mathcal{A}(\mathcal{R}, \mathcal{F})$ ist. Mit anderen Worten, $2^{\mathcal{A}(\mathcal{R},\mathcal{F})}$ ist die

Menge aller Herbrand-Interpretationen für $\mathcal{P}$. Über $2^{\mathcal{A}(\mathcal{R},\mathcal{F})}$ können wir die Teilmengenrelation $\subseteq /2$ wie üblich definieren. Die Teilmengenrelation ist eine partielle Ordnung über $2^{\mathcal{A}(\mathcal{R},\mathcal{F})}$, da sie reflexiv, antisymmetrisch und transitiv ist, wie man leicht nachrechnen kann.

Definition 5.11 *Sei $\mathcal{S}$ eine Menge, über der eine partielle Ordnung $\leq$ definiert ist. $X \in \mathcal{S}$ heißt* obere Schranke *für eine Teilmenge $\mathcal{S}' \subseteq \mathcal{S}$, wenn $Y \leq X$ für alle $Y \in \mathcal{S}'$ gilt. $X \in \mathcal{S}$ heißt* untere Schranke *für eine Teilmenge $\mathcal{S}' \subseteq \mathcal{S}$, wenn $X \leq Y$ für alle $Y \in S'$ gilt.*

Definition 5.12 *Sei $\mathcal{S}$ eine Menge, über der eine partielle Ordnung $\leq$ definiert ist. $X \in \mathcal{S}$ heißt* kleinste obere Schranke *für eine Teilmenge $\mathcal{S}' \subseteq \mathcal{S}$, wenn X eine obere Schranke für $\mathcal{S}'$ ist und $X \leq Y$ für alle oberen Schranken Y von $\mathcal{S}'$ gilt. $X \in \mathcal{S}$ heißt* größte untere Schranke *für eine Teilmenge $\mathcal{S}' \subseteq \mathcal{S}$, wenn X eine untere Schranke für $\mathcal{S}'$ ist und $Y \leq X$ für alle unteren Schranken Y von $\mathcal{S}'$ gilt.*

Wenn die kleinste obere Schranke einer Menge $\mathcal{S}'$ existiert, dann ist sie eindeutig bestimmt. In diesem Fall wollen wir sie mit $\mathsf{lub}(\mathcal{S}')$[1] notieren. Wenn die größte untere Schranke einer Menge $\mathcal{S}'$ existiert, dann ist sie ebenfalls eindeutig bestimmt. In diesem Fall wollen wir sie mit $\mathsf{glb}(\mathcal{S}')$[2] notieren.

Kommen wir noch einmal zu dem auf Seite 284 diskutierten Beispiel zurück. Sei $\mathcal{S}' = \{I_1,\ I_2,\ I_3\}$. Dann sind $I_3 = \{p(a),\ q(a)\}$, $\{p(a)\}$, $\{q(a)\}$ und $\emptyset$ untere Schranken für $\mathcal{S}'$, wobei I_3 die größte untere Schranke für $\mathcal{S}'$ ist.

Definition 5.13 *Sei $\mathcal{S}$ eine Menge, über der eine partielle Ordnung $\leq$ definiert ist. $(\mathcal{S}, \leq)$ ist ein* vollständiger Verband, *wenn für jede Teilmenge $\mathcal{S}' \subseteq \mathcal{S}$ sowohl $\mathsf{lub}(\mathcal{S}')$ als auch $\mathsf{glb}(\mathcal{S}')$ existieren.*

Die Menge aller Herbrand-Interpretationen $2^{\mathcal{A}(\mathcal{R},\mathcal{F})}$ über einem definiten Programm zusammen mit der Teilmengenrelation $\subseteq /2$ bildet einen vollständigen Verband. In Abbildung 5.1 ist er für ein kleines Beispiel dargestellt.

Definition 5.14 *Sei $(\mathcal{S}, \leq)$ ein vollständiger Verband und sei $T : \mathcal{S} \rightarrow \mathcal{S}$ eine Abbildung. T ist* monoton, *wenn $T(X) \leq T(Y)$ für alle $X \leq Y$ gilt.*

Definition 5.15 *Sei $(\mathcal{S}, \leq)$ ein vollständiger Verband und sei $\mathcal{S}' \subseteq \mathcal{S}$. $\mathcal{S}'$ ist* gerichtet, *wenn jede endliche Teilmenge von $\mathcal{S}'$ eine obere Schranke besitzt, die Element von $\mathcal{S}'$ ist.*

---

[1] *lub* steht für *least upper bound*, der englischen Bezeichnung für die kleinste obere Schranke.

[2] *glb* steht für *greatest lower bound*, der englischen Bezeichnung für die größte untere Schranke.

Betrachten wir erneut die Menge $\mathcal{S}' = \{I_1,\ I_2,\ I_3\}$. Diese Menge ist gerichtet, während beispielsweise die Menge $\{\{p(a)\},\ \{q(a)\}\}$ nicht gerichtet ist.

Definition 5.16 *Sei* $(\mathcal{S}, \leq)$ *ein vollständiger Verband und sei* $T : \mathcal{S} \to \mathcal{S}$ *eine Abbildung.* T *ist* stetig, *wenn für jede gerichtete Teilmenge* $\mathcal{S}' \subseteq \mathcal{S}$ *gilt:* $T(\mathsf{lub}(\mathcal{S}')) = \mathsf{lub}(\{T(I) \mid I \in \mathcal{S}'\})$.

In der Literatur ist es üblich anstelle von $\{T(I) \mid I \in \mathcal{S}'\}$ kurz $T(\mathcal{S}')$ zu schreiben. Deshalb werde ich in der Folge diese Abkürzung ebenfalls verwenden.

Definition 5.17 *Sei* $(\mathcal{S}, \leq)$ *ein vollständiger Verband und sei* $T : \mathcal{S} \to \mathcal{S}$ *eine Abbildung.* $\mathcal{S}' \subseteq \mathcal{S}$ *ist ein* Fixpunkt *von* T, *wenn* $T(\mathcal{S}') = \mathcal{S}'$ *gilt.* $\mathcal{S}' \subseteq \mathcal{S}$ *ist der* kleinste Fixpunkt *von* T, *wenn für alle Fixpunkte* $\mathcal{S}''$ *von* T *gilt:* $\mathcal{S}' \leq \mathcal{S}''$.

Die folgende Proposition folgt unmittelbar aus einem Resultat, das Alfred Tarski 1955 zeigen konnte [Tar55].

Proposition 5.18 *Sei* $(\mathcal{S}, \leq)$ *ein vollständiger Verband und sei* $T : \mathcal{S} \to \mathcal{S}$ *eine monotone Abbildung. Dann besitzt* T *einen kleinsten Fixpunkt, den wir mit* $\mathsf{lfp}(T)$ [3] *bezeichnen wollen. Weiterhin gilt:*

$$\mathsf{lfp}(T) = \mathsf{glb}(\{\mathcal{S}' \mid T(\mathcal{S}') = \mathcal{S}'\}) = \mathsf{glb}(\{\mathcal{S}' \mid T(\mathcal{S}') \leq \mathcal{S}'\}).$$

Der kleinste Fixpunkt einer Abbildung T über einem vollständigen Verband $(\mathcal{S}, \leq)$ kann aber auch noch anders charakterisiert werden. Dazu benötigen wir die folgende Definition.

Definition 5.19 *Sei* $(\mathcal{S}, \leq)$ *ein vollständiger Verband und sei* $T : \mathcal{S} \to \mathcal{S}$ *eine monotone Abbildung. Wir definieren*

$$\begin{aligned} T \uparrow 0 &= \mathsf{glb}(\mathcal{S}), \\ T \uparrow (n+1) &= T(T \uparrow n), \quad \textit{wenn } n \in \mathbb{N} \textit{ ist.} \end{aligned}$$

Das folgende Resultat findet sich beispielsweise in [Sto77], wird aber häufig Kleene zugeschrieben.

Proposition 5.20 *Sei* $(\mathcal{S}, \leq)$ *ein vollständiger Verband und sei* $T : \mathcal{S} \to \mathcal{S}$ *eine stetige Abbildung. Dann gilt:* $\mathsf{lfp}(T) = \mathsf{lub}(\{T \uparrow n \mid n \in \mathbb{N}\})$.

Wir haben jetzt alles beisammen, um uns der Aufgabe, das kleinste Modell $M_{\mathcal{P}}$ eines definiten Programms $\mathcal{P}$ mit Methoden der Fixpunkttheorie zu charakterisieren, zuzuwenden. Sei also $\mathcal{P}$ ein definites Programm und $\mathcal{A}(\mathcal{R}, \mathcal{F})$ die dazugehörige Herbrand-Basis. Die Menge $2^{\mathcal{A}(\mathcal{R}, \mathcal{F})}$ aller Herbrand-Interpretationen

---

[3] lfp steht für *least fixed point*, der englischen Bezeichnung für den kleinsten Fixpunkt.

über der Herbrand-Basis $\mathcal{A}(\mathcal{R}, \mathcal{F})$ zusammen mit der Teilmengenrelation $\subseteq /2$ bildet einen vollständigen Verband. Abbildung 5.1 zeigt diesen Verband für ein einfaches definites Programm. Die größte untere Schranke einer Teilmenge $S' \subseteq 2^{\mathcal{A}(\mathcal{R},\mathcal{F})}$ ist dabei der Durchschnitt aller in S' vorkommenden Herbrand-Interpretationen. Die kleinste obere Schranke einer Teilmenge $S' \subseteq 2^{\mathcal{A}(\mathcal{R},\mathcal{F})}$ ist die Vereinigung aller in S' vorkommenden Herbrand-Interpretationen.

Definition 5.21 *Sei* $\mathcal{P}$ *ein definites Programm und sei* I *eine Herbrand-Interpretation. Die Abbildung* $T_{\mathcal{P}} : 2^{\mathcal{A}(\mathcal{R},\mathcal{F})} \to 2^{\mathcal{A}(\mathcal{R},\mathcal{F})}$ *ist wie folgt definiert:*

$$T_{\mathcal{P}}(I) = \{A \mid A \leftarrow \langle B_1, \dots, B_m \rangle \text{ ist die Grundinstanz einer Klausel in } \mathcal{P} \text{ und } \{B_1, \dots, B_m\} \subseteq I\}.$$

Betrachten wir als Beispiel das folgende definite Programm $\mathcal{P}$:

$$p(a)$$
$$r(f(f(X))) \leftarrow p(X)$$
$$r(f(Y)) \leftarrow r(Y).$$

Dann gilt:

$$\begin{aligned} T_{\mathcal{P}}(\emptyset) &= \{p(a)\}, \\ T_{\mathcal{P}}(\{p(a)\}) &= \{p(a),\ r(f(f(a)))\}, \\ T_{\mathcal{P}}(\{p(a),\ r(f(f(a)))\}) &= \{p(a),\ r(f(f(a))),\ r(f(f(f(a))))\}. \end{aligned}$$

Es ist leicht zu sehen, dass $T_{\mathcal{P}}$ monoton ist (siehe Übungsaufgabe 5–2). Etwas schwieriger ist es, nachzuweisen, dass $T_{\mathcal{P}}$ auch stetig ist.

Proposition 5.22 *Sei* $\mathcal{P}$ *ein definites Programm. Dann ist* $T_{\mathcal{P}}$ *stetig.*

Beweis Nach Definition 5.16 müssen wir zeigen, dass

$$T_{\mathcal{P}}(\mathsf{lub}(\mathcal{S})) = \mathsf{lub}(T_{\mathcal{P}}(\mathcal{S}))$$

für jede gerichtete Teilmenge $\mathcal{S} \subseteq 2^{\mathcal{A}(\mathcal{R},\mathcal{F})}$ gilt. Die folgenden Äquivalenzen gelten:

$A \in T_{\mathcal{P}}(\mathsf{lub}(\mathcal{S}))$
gdw. $A \leftarrow \langle B_1, \dots, B_m \rangle$ ist Grundinstanz einer Klausel in $\mathcal{P}$
       und $\{B_1, \dots, B_m\} \subseteq \mathsf{lub}(\mathcal{S})$ (Definition 5.21)
gdw. $A \leftarrow \langle B_1, \dots, B_m \rangle$ ist Grundinstanz einer Klausel in $\mathcal{P}$
       und $\{B_1, \dots, B_m\} \subseteq I$, für ein $I \in \mathcal{S}$ (Übungsaufgabe 5–3)
gdw. $A \in T_{\mathcal{P}}(I)$ für ein $I \in \mathcal{S}$ (Definition 5.21)
gdw. $A \in \mathsf{lub}(T_{\mathcal{P}}(\mathcal{S}))$.   □

Des weiteren können die Herbrand-Modelle eines definiten Programms $\mathcal{P}$ mittels $T_{\mathcal{P}}$ charakterisiert werden.

Proposition 5.23 *Sei $\mathcal{P}$ ein definites Programm und sei I eine Herbrand-Interpretation für $\mathcal{P}$. Dann ist I genau dann ein Modell für $\mathcal{P}$, wenn $T_{\mathcal{P}}(I) \subseteq I$ ist.*

Beweis Die folgenden Äquivalenzen gelten:

I ist Modell für $\mathcal{P}$

gdw.   für jede Grundinstanz $A \leftarrow \langle B_1, \ldots, B_m \rangle$ einer Klausel in $\mathcal{P}$
          gilt, dass wenn $\{B_1, \ldots, B_m\} \subseteq I$ ist, dann ist auch $A \in I$
                                                                      (Übungsaufgabe 5–4)

gdw. $T_{\mathcal{P}}(I) \subseteq I$.   (Definition 5.21)

$\square$

Betrachten wir dazu noch einmal das definite Programm $\mathcal{P}$ mit den Klauseln

$$p(a)$$
$$q(X) \leftarrow p(X).$$

Die Interpretation $\{p(a),\ q(a),\ q(b)\}$ ist ein Modell für $\mathcal{P}$ ist. In der Tat gilt auch:

$$T_{\mathcal{P}}(\{p(a),\ q(a),\ q(b)\}) = \{p(a),\ q(a)\} \subseteq \{p(a),\ q(a),\ q(b)\}.$$

Dagegen ist beispielsweise $\{q(b),\ p(b)\}$ kein Modell für $\mathcal{P}$. In diesem Fall gilt:

$$T_{\mathcal{P}}(\{q(b),\ p(b)\}) = \{p(a),\ q(b)\} \not\subseteq \{q(b),\ p(b)\}.$$

Mit den bisher erzielten Resultaten gelingt es jetzt, das kleinste Modell $M_{\mathcal{P}}$ eines definiten Programms $\mathcal{P}$ als kleinsten Fixpunkt von $T_{\mathcal{P}}$ zu charakterisieren.

Satz 5.24 *Sei $\mathcal{P}$ ein definites Programm. Dann gilt:*

$$M_{\mathcal{P}} = \mathsf{lfp}(T_{\mathcal{P}}) = \mathsf{lub}(\{T_{\mathcal{P}} \uparrow n \mid n \in \mathbb{N}\}).$$

Beweis Die folgenden Gleichungen gelten:

$$
\begin{aligned}
M_{\mathcal{P}} &= \mathsf{glb}(\{I \mid I \text{ ist Herbrand-Modell für } \mathcal{P}\}) \\
&= \mathsf{glb}(\{I \mid T_{\mathcal{P}}(I) \subseteq I\}) && \text{(Proposition 5.23)} \\
&= \mathsf{lfp}(T_{\mathcal{P}}) && \text{(Proposition 5.18)} \\
&= \mathsf{lub}(\{T_{\mathcal{P}} \uparrow n \mid n \in \mathbb{N}\}). && \text{(Propositionen 5.20 und 5.22)}
\end{aligned}
$$

$\square$

Betrachten wir als Beispiel erneut das definite Programm $\mathcal{P}$ mit den Klauseln

$$p(a)$$
$$r(f(f(X))) \leftarrow p(X)$$
$$r(f(Y)) \leftarrow r(Y).$$

Bis $n = 2$ haben wir $T_\mathcal{P} \uparrow n$ ja bereits ausgerechnet. Es ist leicht einzusehen, dass

$$\mathsf{lfp}(T_\mathcal{P}) = \{p(a)\} \cup \{r(f^i(a)) \mid i \geq 2\}$$

ist, wobei $f^i(a)$ für die i-malige Anwendung des Funktionssymbols f auf das Konstantensymbol a steht.

5.1.4 SLD-Resolution

Bisher haben wir zwei Charakterisierungen für die Semantik eines definiten Programms $\mathcal{P}$ kennen gelernt, nämlich das kleinste Herbrand-Modell $M_\mathcal{P}$ und den kleinsten Fixpunkt $\mathsf{lfp}(T_\mathcal{P})$. In diesem Abschnitt wollen wir uns jetzt um die Frage kümmern, wie wir ausrechnen können, dass ein definites Programm $\mathcal{P}$ zusammen mit einem definiten Ziel G unerfüllbar ist. Dazu werden wir zunächst eine operationale Charakterisierung für die Semantik von $\mathcal{P}$ angeben und zeigen, dass sie äquivalent zu $M_\mathcal{P}$ und $\mathsf{lfp}(T_\mathcal{P})$ ist. Diese operationale Charakterisierung hilft uns dann, die Korrektheit und Vollständigkeit des eingesetzten Beweisverfahrens zu beweisen.

Zunächst aber sollten wir uns fragen, warum wir uns hier überhaupt noch Gedanken über Beweisverfahren machen. Da die in einem definiten Programm $\mathcal{P}$ und einem definiten Ziel $G = \leftarrow \langle B_1, \ldots, B_m \rangle$ vorkommenden Horn-Klauseln eine Teilmenge der Klauseln sind, könnten wir natürlich sofort alle im Abschnitt 4.6 diskutierten Verfahren einsetzen. Wählen wir beispielsweise das Resolutionsverfahren, dann sagt uns Satz 4.67, dass $(\mathcal{P} \wedge \forall G)$ genau dann unerfüllbar ist, wenn es eine Resolutionswiderlegung für $(\mathcal{P} \wedge \forall G)$ gibt, bzw. Satz 4.68, dass

$$\models (\mathcal{P} \to \exists \langle B_1, \ldots, B_m \rangle)$$

genau dann gilt, wenn

$$\vdash_r (\mathcal{P} \to \exists \langle B_1, \ldots, B_m \rangle)$$

gilt.

Es gibt mindestens zwei Gründe, warum wir mit diesen Resultaten nicht ganz zufrieden sein sollten:

1. Da die Menge der Horn-Klauseln eine echte Teilmenge der Menge der Klauseln ist, können wir hoffen, dass ein speziell auf Horn-Klauseln zugeschnittenes Beweisverfahren effizienter als das allgemeine Resolutionsverfahren ist. In der Tat wird sich herausstellen, dass wir das Resolutionsverfahren sehr stark einschränken können.

2. Wir sind nicht nur daran interessiert, ob $\exists \langle B_1, \ldots, B_m \rangle$ eine logische Konsequenz aus $\mathcal{P}$ ist, sondern uns interessiert insbesondere auch, für

welche Substitutionen für die in $\langle B_1, \ldots, B_m \rangle$ vorkommenden Variablen dies gilt. Wenn wir uns beispielsweise fragen, ob

$$(\exists X)\ \mathit{shuffle}\,([a, b, c], [1, 2, 3], X)$$

logisch aus dem zu Beginn des Kapitels vorgestellten Programm zum Mischen von Listen folgt, dann sind wir im Allgemeinen mit der Antwort „ja" nicht ganz zufrieden. Wir möchten schon gerne wissen, wie eine zusammengemischte Liste aussieht. Beispielsweise wäre $\{X \mapsto [a, 1, 2, b, 3, c]\}$ eine Antwort, die uns gefallen sollte. Wir erwarten also, dass uns das Beweisverfahren auch (korrekte) Antwortsubstitutionen generiert.

Demzufolge werden wir uns in diesem Abschnitt insbesondere zwei Fragen widmen: Wie sieht eine geeignete Verfeinerung der Resolution zum Nachweis der Unerfüllbarkeit von $(\mathcal{P} \wedge \forall G)$ aus? Wie können wir Antwortsubstitutionen generieren, die korrekt und vollständig sind? Dabei bedeutet *Vollständigkeit* hier informell gesprochen, dass auch alle korrekten Antwortsubstitutionen berechnet werden.

Die hier von mir getroffene Wahl des Resolutionsverfahrens als Beweisverfahren ist in einer gewissen Weise zufällig. Ich hätte mich genauso gut für eine Verfeinerung des Tableauverfahrens oder der Konnektionsmethode entscheiden können. Aber in diesem Buch wurde bisher schon immer das Resolutionsverfahren am ausführlichsten diskutiert und außerdem bauen die meisten Prolog-Systeme unmittelbar auf dem in der Folge entwickelten Resolutionsverfahren auf.

Zuvor möchte ich aber noch einmal kurz auf die Unifikation zurück kommen. Bisher haben wir nur Terme unifiziert. Die Unifikation lässt sich aber leicht auf Atome erweitern.

Definition 5.25 *Zwei Atome* $p(s_1, \ldots, s_n)$ *und* $q(t_1, \ldots, t_m)$ *sind genau dann* unifizierbar, *wenn* $p = q$ *und* $n = m$ *sind sowie das Unifikationsproblem* $\big\{s_i \approx t_i \mid 1 \leq i \leq n\big\}$ *lösbar ist.*

Alle bekannten Resultate für die Unifikation von Termen können unmittelbar auf die Unifikation von Atomen übertragen werden. Insbesondere gilt der Unifikationssatz 4.45 auch für Atome: Wenn zwei Atome $p(s_1, \ldots, t_n)$ und $q(t_1, \ldots, t_m)$ unifizierbar sind, dann gibt es einen allgemeinsten Unifikator für diese Atome, der durch Anwendung des Unifikationsalgorithmus auf $\big\{s_i = t_i \mid 1 \leq i \leq n\big\}$ berechnet werden kann. Mit anderen Worten, die Relationssymbol p/n und q/m werden im Zuge der Unifikation wie Funktionssymbol behandelt.

Definition 5.26 *Sei* $G = {} \leftarrow \langle B_1, \ldots, B_m \rangle$ *ein definites Ziel und sei* $C = A \leftarrow \langle A_1, \ldots, A_n \rangle$ *eine definite Programmklausel. Wenn* B_i *und* A *mit dem allgemeinsten Unifikator* θ *unifizierbar sind, dann heißt*

$$G' = {} \leftarrow \langle B_1, \ldots, B_{i-1}, A_1, \ldots, A_n, B_{i+1}, \ldots, B_m \rangle \theta$$

SLD-Resolvente *von G und C bezüglich* B_i. *Das Teilziel* B_i *heißt* ausgewähltes *Teilziel*.

„SLD" ist ein Akronym für den englischen Ausdruck „*linear resolution with
selection function on definite clauses*". Die Bedeutung von „*linear*" wird klar,
sobald der Begriff einer SLD-Ableitung definiert ist. Der Begriff „*selection function*" deutet darauf hin, dass wir in einem definiten Ziel ein Teilziel auswählen
dürfen, über das wir resolvieren wollen. Diese Auswahl trifft – wie wir in der
Folge noch sehen werden – eine *Selektionsfunktion*. „*Definite clauses*" weist
darauf hin, dass wir es hier mit definiten Programmklauseln zu tun haben.

Definition 5.27 *Sei* $\mathcal{P} = \forall \langle C_1, \dots, C_l \rangle$ *ein definites Programm und sei die
Klausel* $G = \leftarrow \langle B_1, \dots, B_m \rangle$ *ein definites Ziel.*

1. *Eine Ableitung* $(D_i \mid 1 \leq i \leq n)$ *von* $\forall \langle C_1, \dots, C_l, \leftarrow \langle B_1, \dots, B_m \rangle \rangle$
   ist eine SLD-Ableitung *von* $\mathcal{P}$ *und* G*, wenn die folgenden Bedingungen
   erfüllt sind:*

   (a) *für alle* $1 \leq j \leq l$ *gilt:* $D_j = C_j$,

   (b) $D_{l+1} = G$ *und*

   (c) *für alle* $j > l+1$ *gilt:* D_j *ist SLD-Resolvente von* D_{j-1} *und einer
       neuen Variante einer Klausel aus* $\{D_1, \dots, D_l\}$.

2. *Eine SLD-Ableitung von* $\mathcal{P}$ *und* G *heißt* SLD-Widerlegung *von* $\mathcal{P}$ *und
   G, wenn die letzte Klausel leer ist. Wir nennen eine SLD-Widerlegung
   auch eine* erfolgreiche *SLD-Ableitung.*

3. *Eine endliche SLD-Ableitung* schlägt fehl*, wenn das letzte Ziel ungleich
   der leeren Klausel ist und es keine SLD-Resolvente von diesem Ziel und
   einer neuen Variante einer Klausel aus* $\{D_1, \dots, D_l\}$ *bezüglich eines ausgewählten Teilziel gibt.*

Wir sehen nun, warum eine SLD-Ableitung „*linear*" genannt wird. SLD-Resolventen werden immer nur zwischen dem zuletzt berechneten Ziel und einer neu-
en Variante einer Programmklausel gebildet. So ist es nicht erlaubt, dass zwei
Programmklauseln miteinander resolviert werden. Auch ist es nicht erlaubt,
frühere Ziele erneut zur Resolventenbildung herbeizuziehen. SLD-Ableitungen
sind somit stark eingeschränkte Resolutionsableitungen (vgl. Definition 4.49).

In der Literatur ist es durchaus üblich, bei SLD-Ableitungen auf die Angabe der Programmklauseln zu verzichten. In diesem Fall wird Punkt 1.(a) der
Definition 5.27 gestrichen und aus 1.(b) und 1.(c) werden:

(b') $D_1 = G$ *und*

(c') *für alle* $j > 1$ *gilt:* D_j *ist SLD-Resolvente von* D_{j-1} *und einer neuen
    Variante einer Klausel aus* $\mathcal{P}$.

Betrachten wir erneut das Programms $\mathcal{P}$ mit den Klauseln

$$p(a)$$
$$r(f(f(X))) \leftarrow p(X)$$
$$r(f(Y)) \leftarrow r(Y)$$

und das definiten Ziel $\leftarrow r(f(f(f(Z))))$. Wir können die folgende SLD-Widerlegung konstruieren:

$$
\begin{array}{lll}
1 & p(a) & \\
2 & r(f(f(X))) \leftarrow p(X) & \\
3 & r(f(Y)) \leftarrow r(Y) & \\
4 & \leftarrow r(f(f(f(Z)))) & \text{initiales Ziel} \quad (5.7) \\
5 & \leftarrow r(f(f(Z))) & \text{res(4,3) mit } \{Y_1 \mapsto f(f(Z))\} \\
6 & \leftarrow p(X_2) & \text{res(5,2) mit } \{Z \mapsto X_2\} \\
7 & [] & \text{res(6,1) mit } \{X_2 \mapsto a\}
\end{array}
$$

Dabei wurden neue Varianten von Klausel – wie üblich – durch Indizierung der in den Klauseln vorkommenden Variablen gebildet. Man beachte auch, dass SLD-Ableitungen unendlich lang sein können. Eine solche unendlich lange SLD-Ableitung erhält man beispielsweise, wenn wir beginnend mit dem definite Ziel $\leftarrow r(Z)$ Ziele immer nur mit neuen Varianten der letzte Programmklausel $r(f(Y)) \leftarrow r(Y)$ resolvieren:

$$
\begin{array}{lll}
1 & p(a) & \\
2 & r(f(f(X))) \leftarrow p(X) & \\
3 & r(f(Y)) \leftarrow r(Y) & \\
4 & \leftarrow r(Z) & \text{initiales Ziel} \\
5 & \leftarrow r(Y_1) & \text{res(4,3) mit } \{Z \mapsto f(Y_1)\} \\
6 & \leftarrow r(Y_2) & \text{res(5,3) mit } \{Y_1 \mapsto f(Y_2)\} \\
7 & \ldots &
\end{array}
$$

Andererseits schlägt eine SLD-Ableitung für $\mathcal{P}$ und $\leftarrow \langle p(b), r(Z) \rangle$ fehl, da sie bei ausgewähltem Teilziel $p(b)$ nicht fortgesetzt werden kann. Die Definition für p besteht nur aus dem Fakt $p(a)$ und das Unifikationsproblem $\{a \approx b\}$ ist nicht lösbar. Dabei spielt es keine Rolle, dass mit dem anderen Teilziel $r(Z)$ die Ableitung fortgesetzt werden könnte. Um das Ziel lösen bzw. eine SLD-Widerlegung konstruieren zu können, müsste nach endliche Zeit auch das Teilziel $p(b)$ gelöst werden, und das gelingt in keinem Fall.

Man beachte auch, dass in SLD-Ableitungen keine Faktorisierungsregel angewendet wird. Ich erinnere an dieser Stelle auch an die Definition 4.50, in der die Länge einer Resolutionsableitung definiert wurde. Diese ist auch auf SLD-Ableitungen anwendbar. Die in Definition 5.27 betrachtete Ableitung $(D_i \mid 1 \leq i \leq n)$ hat die Länge $n - l - 1$.

Definition 5.28 *Sei $\mathcal{P}$ ein definites Programm, seien B_i, $1 \leq i \leq m$, Atome und sei $F = (\mathcal{P} \rightarrow \exists \langle B_1, \ldots, B_m \rangle)$. Ein* SLD-Resolutionsbeweis *für F ist* *eine SLD-Widerlegung für* $\mathcal{P}$ *und* $\leftarrow \langle B_1, \ldots, B_m \rangle$. *Wir notieren mit* $\vdash_{sld} F$, *dass* F *einen SLD-Resolutionsbeweis hat.*

Wir können nun ein operationales Analogon zu dem kleinsten Modell $M_{\mathcal{P}}$ und dem kleinsten Fixpunkt $\mathsf{lfp}(T_{\mathcal{P}})$ eines definiten Programms $\mathcal{P}$ definieren.

Definition 5.29 *Sei* $\mathcal{P}$ *ein definites Programm. Die* Erfolgsmenge $S_{\mathcal{P}}$ *von* $\mathcal{P}$ *ist definiert als*

$$S_{\mathcal{P}} = \{ A \in \mathcal{A}(\mathcal{R}, \mathcal{F}) \mid \vdash_{sld} (\mathcal{P} \rightarrow A) \}.$$

Wenn wir noch einmal die in (5.7) dargestellte SLD-Abbildung betrachten, dann sind dort die verwendeten allgemeinsten Unifikatoren aufgelistet. Wenn wir diese Substitutionen miteinander kombinieren und anschließend die so erhaltene Substitution auf die Menge $\{Z\}$ beschränken, dann erhalten wir:

$$
\begin{aligned}
&(\{Y_1 \mapsto f(f(Z))\} \{Z \mapsto Y_2\} \{Y_2 \mapsto a\})|_{\{Z\}} \\
=\ &\{Y_1 \mapsto f(f(a)),\ Z \mapsto a,\ Y_2 \mapsto a\}|_{\{Z\}} \\
=\ &\{Z \mapsto a\}.
\end{aligned}
$$

Wir haben so das Analogon zu einer korrekten Antwortsubstitution berechnet.

Definition 5.30 *Sei* $\mathcal{P}$ *ein definites Programm und sei* G *ein definites Ziel, so dass es eine SLD-Widerlegung für* $\mathcal{P}$ *und* G *der Länge* k *gibt. Sei* $(\theta_i \mid 1 \le i \le k)$ *die Folge der in dieser Ableitung verwendeten allgemeinsten Unifikatoren. Dann heißt* $(\theta_1 \ldots \theta_k)|_{\mathsf{fv}(G)}$ berechnete Antwortsubstitution *von* $\mathcal{P}$ *und* G.

5.1.5 Eigenschaften

Wie schon in den vorangegangenen Kapiteln interessiert uns hier vor allem die Korrektheit und die Vollständigkeit der SLD-Resolution. Wir haben in der Definition der SLD-Resolution gesehen, dass wir in dem definiten Ziel ein Teilziel auswählen können. Wir werden in diesem Abschnitt sehen, dass diese Auswahl *don't care* nichtdeterministisch ist. Neben weiteren Eigenschaften werden dann die SLD-Ableitungsbäume vorgestellt und faire Suchstrategien diskutiert.

Korrektheit der SLD-Resolution

Da jede SLD-Widerlegung eine Resolutionswiderlegung gemäß Definition 4.49 ist, folgt aus Satz 4.67, dass $(\mathcal{P} \wedge \forall G)$ unerfüllbar ist, wenn es eine SLD-Widerlegung für ein definites Programm $\mathcal{P}$ und ein definites Ziel G gibt. Die SLD-Resolution ist also korrekt. Wie oben dargelegt, sind wir aber an einer stärkeren Aussage interessiert, die die Antwortsubstitutionen mit einbezieht.

Satz 5.31 *(Starke Korrektheit der SLD-Resolution) Sei $\mathcal{P}$ ein definites Programm und sei G ein definites Ziel. Dann ist jede berechnete Antwortsubstitution für $\mathcal{P}$ und G auch eine korrekte Antwortsubstitution für $\mathcal{P}$ und G.*

Beweis Sei $\mathcal{P}$ ein definites Programm, sei G das definite Ziel $\leftarrow \langle B_1, \dots, B_m \rangle$ und sei $(\theta_i \mid 1 \leq i \leq k)$ die Folge der in der SLD-Ableitung von $\mathcal{P}$ und G verwendeten allgemeinsten Unifikatoren. Gemäß Definition 5.10 müssen wir zeigen, dass

$$\mathcal{P} \models \forall \langle B_1(\theta_1 \dots \theta_k)|_{\mathsf{fv}(G)}, \dots, B_m(\theta_1 \dots \theta_k)|_{\mathsf{fv}(G)} \rangle$$

gilt. Wegen $B_i(\theta_1 \dots \theta_k)|_{\mathsf{fv}(G)} = B_i\theta_1 \dots \theta_k$, $1 \leq i \leq m$, genügt es zu zeigen, dass

$$\mathcal{P} \models \forall \langle B_1\theta_1 \dots \theta_k, \dots, B_m\theta_1 \dots \theta_k \rangle$$

gilt. Letzteres geschieht in der Folge durch Induktion über die Länge k der SLD-Widerlegung von $\mathcal{P}$ und G.

Induktionsanfang: Sei $k = 1$. In diesem Fall muss G die Form $\leftarrow B$ haben und wir finden eine neue Variante A einer Klausel in $\mathcal{P}$, so dass B und A mit dem allgemeinsten Unifikator θ_1 lösbar sind. Aber dann gilt auch $\mathcal{P} \models \forall B\theta_1$.

Induktionsschritt: Die Aussage gelte für k (*Induktionshypothese*). Sei $(\theta_i \mid 1 \leq i \leq k+1)$ die Folge der in der SLD-Widerlegung von $\mathcal{P}$ und G mit Länge $k+1$ verwendeten allgemeinsten Unifikatoren. Wir betrachten die Berechnung der ersten SLD-Resolvente G_1 in dieser Ableitung. Sei B_j das ausgewählte Teilziel und $A \leftarrow \langle A_1, \dots, A_n \rangle$ die neue Variante der in diesem Schritt verwendeten Programmklausel. Dann ist

$$
\begin{aligned}
G_1 &= \leftarrow \langle B_1, \dots, B_{j-1}, A_1, \dots, A_n, B_{j+1}, \dots, B_m \rangle\theta_1 \\
&= \leftarrow \langle B_1\theta_1, \dots, B_{j-1}\theta_1, A_1\theta_1, \dots, A_n\theta_1, B_{j+1}\theta_1, \dots, B_m\theta_1 \rangle
\end{aligned}
$$

und es gibt eine SLD-Widerlegung von $\mathcal{P}$ und G_1 der Länge k mit den allgemeinsten Unifikatoren $\theta_2, \dots, \theta_{k+1}$. Sei $\gamma = \theta_2 \dots \theta_{k+1}$.

Nach der Induktionshypothese gilt:

$$\mathcal{P} \models \forall \langle B_1\theta_1\gamma, \dots, B_{j-1}\theta_1\gamma, A_1\theta_1\gamma, \dots, A_n\theta_1\gamma, B_{j+1}\theta_1\gamma, \dots, B_m\theta_1\gamma \rangle. \quad (5.8)$$

Insbesondere gilt dann auch:

$$\mathcal{P} \models \forall \langle A_1\theta_1\gamma, \dots, A_n\theta_1\gamma \rangle$$

Da $A \leftarrow \langle A_1, \dots, A_n \rangle$ Variante einer in $\mathcal{P}$ vorkommenden Klausel ist, gilt folglich auch:

$$\mathcal{P} \models \forall A\theta_1\gamma.$$

Wegen $A\theta_1\gamma = B_j\theta_1\gamma$ folgt dann aus (5.8):

$$\mathcal{P} \models \forall \langle B_1\theta_1\gamma, \dots, B_m\theta_1\gamma \rangle.$$

Eine Anwendung des Peano'schen Induktionsaxioms liefert das gewünschte Ergebnis. □

Aus diesem Satz folgt unmittelbar, dass die Erfolgsmenge eines definiten Programms eine Teilmenge des kleinsten Herbrand-Modells dieses Programms ist.

Korollar 5.32 *Sei $\mathcal{P}$ ein definites Programm. Dann gilt $S_\mathcal{P} \subseteq M_\mathcal{P}$.*

Beweis: Sei $A \in S_\mathcal{P}$. Wegen Satz 5.31 gilt $\mathcal{P} \models A$. Aber dann gilt wegen Satz 5.8 auch $A \in M_\mathcal{P}$. □

Vollständigkeit der SLD-Resolution

Nachdem wir die Korrektheit der SLD-Resolution nachgewiesen haben, wollen wir uns jetzt der Frage nach der Vollständigkeit der SLD-Resolution zuwenden.

Lemma 5.33 *Sei $\mathcal{P}$ ein definites Programm, sei $\mathcal{P}_g$ die Menge aller Grundinstanzen von Klauseln in $\mathcal{P}$ und sei $k \in \mathbb{N}$. Wenn $A \in T_\mathcal{P} \uparrow k$ dann gibt es eine endliche Menge $\mathcal{P}'_g \subseteq \mathcal{P}_g$ und eine SLD-Widerlegung von $\mathcal{P}'_g$ und $\leftarrow A$.*

Beweis Wir beweisen die Aussage mittels Induktion über k.

Induktionsanfang: Angenommen, $A \in T_\mathcal{P} \uparrow 1$. Dann ist A eine Grundinstanz eines Faktes in $\mathcal{P}$ und die Aussage gilt unmittelbar.

Induktionsschritt: Die Aussage gelte für k (*Induktionshypothese*). Angenommen, $A \in T_\mathcal{P} \uparrow (k+1)$ (*Induktionsannahme*). Dann finden wir die Grundinstanz

$$A \leftarrow \langle B_1, \ldots, B_n \rangle \tag{5.9}$$

einer Klausel in $\mathcal{P}$, so dass $\{B_1, \ldots, B_n\} \subseteq T_\mathcal{P} \uparrow k$. Durch n-fache Anwendung der Induktionshypothese finden wir für alle $1 \leq h \leq n$ eine endliche Menge $\mathcal{P}'_{g,h} \subseteq \mathcal{P}_g$ und eine SLD-Widerlegung für $\mathcal{P}'_{g,h}$ und $\leftarrow B_h$. Die so gefundenen Mengen und SLD-Widerlegungen können wir kombinieren und erhalten so eine endliche Menge $\bigcup_{h=1}^n \mathcal{P}'_{g,h} \subseteq \mathcal{P}_g$ und eine SLD-Widerlegung für $\bigcup_{h=1}^n \mathcal{P}'_{g,h}$ und $\leftarrow \langle B_1, \ldots, B_n \rangle$. Aber dann gibt es auch eine endliche Menge $\{(5.9)\} \cup \bigcup_{h=1}^n \mathcal{P}'_{g,h} \subseteq \mathcal{P}_g$ und eine SLD-Widerlegung für $\{(5.9)\} \cup \bigcup_{h=1}^n \mathcal{P}'_{g,h}$ und $\leftarrow A$. Eine Anwendung des Peano'schen Induktionsprinzips vervollständigt den Beweis. □

In Korollar 5.32 hatten wir bereits gezeigt, dass die Erfolgsmenge eines definiten Programms in dem kleinsten Modell des Programms enthalten ist. Jetzt können wir sogar die Gleichheit von Erfolgsmenge und kleinstem Modell nachweisen.

Satz 5.34 *Sei $\mathcal{P}$ ein definites Programm. Dann ist $S_\mathcal{P} = M_\mathcal{P}$.*

Beweis Seien $\mathcal{P}$ ein definites Programm und $\mathcal{P}_g$ die Menge aller Grundinstanzen von Klauseln in $\mathcal{P}$. Wegen Korollar 5.32 müssen wir nur noch nachweisen, dass $M_\mathcal{P} \subseteq S_\mathcal{P}$ gilt. Angenommen, $A \in M_\mathcal{P}$. Wegen Satz 5.24 finden wir dann ein $k \in \mathbb{N}$, so dass $A \in T_\mathcal{P} \uparrow k$ gilt. Nach Lemma 5.33 finden wir eine endliche Menge $\mathcal{P}'_g \subseteq \mathcal{P}_g$ und eine SLD-Widerlegung für $\mathcal{P}'_g$ und $\leftarrow A$. Wir können darauf das verallgemeinerte Lifting-Lemma 4.66 anwenden und finden so eine Resolutionswiderlegung für $\mathcal{P}$ und $\leftarrow A$. Nach der im Beweis von Lemma 4.66 gewählten Konstruktion ist dies wiederum eine SLD-Resolutionswiderlegung. Folglich ist $A \in S_\mathcal{P}$. $\qquad\square$

Satz 5.35 *(SLD-Resolutionssatz) Sei $\mathcal{P}$ ein definites Programm und sei G ein definites Ziel. Wenn $(\mathcal{P} \wedge \forall G)$ unerfüllbar ist, dann gibt es eine SLD-Widerlegung für $\mathcal{P}$ und G.*

Beweis Seien $\mathcal{P}$ ein definites Programm, $\mathcal{P}_g$ die Menge aller Grundinstanzen von Klauseln in $\mathcal{P}$ und G das definite Ziel $\leftarrow \langle A_1, \ldots, A_n \rangle$. Wenn $(\mathcal{P} \wedge \forall G)$ unerfüllbar ist, dann finden wird eine Grundsubstitution θ für G, so dass $\{A_1\theta, \ldots, A_n\theta\} \subseteq M_\mathcal{P}$. Wegen Satz 5.24 gilt dann auch $\{A_1\theta, \ldots, A_n\theta\} \subseteq \mathsf{lfp}(T_\mathcal{P})$, d. h. wir finden für alle $1 \leq h \leq n$ ein $k \in \mathbb{N}$ mit $A_h \in T_\mathcal{P} \uparrow k$. Nach Lemma 5.33 finden wir dann für alle $1 \leq h \leq n$ eine endliche Menge $\mathcal{P}'_{g,h} \subseteq \mathcal{P}_g$ und eine SLD-Widerlegung für $\mathcal{P}'_{g,h}$ und $\leftarrow A_h\theta$. Aber dann gibt es auch eine endliche Menge $\bigcup_{h=1}^n \mathcal{P}'_{g,h} \subseteq \mathcal{P}_g$ und eine SLD-Widerlegung für $\bigcup_{h=1}^n \mathcal{P}'_{g,h}$ und $\leftarrow \langle A_1\theta, \ldots, A_n\theta \rangle$. Eine Anwendung des verallgemeinerten Lifting-Lemmas 4.66 führt zum gewünschten Resultat. $\qquad\square$

Somit haben wir das Analogon zu Satz 4.67 bewiesen. Von hier ist es nur noch ein kleiner Schritt zur Vollständigkeit der SLD-Resolution.

Satz 5.36 *(Vollständigkeit der SLD-Resolution)*
Sei $\mathcal{P}$ ein definites Programm, seien B_i, $1 \leq i \leq m$, Atome und sei $F = (\mathcal{P} \to \exists \langle B_1, \ldots, B_m \rangle)$. Wenn $\models F$ gilt, dann gilt auch $\vdash_{sld} F$.

Beweis Wenn $\models F$, dann ist F allgemeingültig und folglich $\neg F$ unerfüllbar. Wegen $\neg F \equiv (\mathcal{P} \wedge \forall(\leftarrow \langle B_1, \ldots, B_m \rangle)$ und Satz 5.35 gibt es dann eine SLD-Widerlegung für $\mathcal{P}$ und $\leftarrow \langle B_1, \ldots, B_m \rangle$. Somit gilt $\vdash_{sld} F$. $\qquad\square$

Aber wir waren ja darüber hinaus an einem Vollständigkeitsresultat bezüglich der Antwortsubstitutionen interessiert. Wir können nicht erwarten, dass wir eine exakte Umkehrung von Satz 5.31 beweisen können, wie das folgende Beispiel zeigt. Sei $\mathcal{P}$ ein definites Programm, das lediglich aus dem Fakt $p(X)$ besteht, und sei G das definite Ziel $\leftarrow p(Y)$. Wenn das Konstantensymbol a ein Element des zugrunde liegenden Alphabets ist, dann ist $\theta = \{Y \mapsto a\}$ eine korrekte Antwortsubstitution. Aber diese Antwortsubstitution wird niemals berechnet, da im Zuge der Berechnung einer SLD-Widerlegung für $\mathcal{P}$ und G der allgemeinste Unifikator für das Unifikationsproblem $\{X_1 \approx Y\}$ bestimmt werden muss, wobei X_1 die Variable ist, die bei der Variantenbildung von $p(X)$ die Variable X ersetzt. Der von uns in Abschnitt 4.5 entwickelte Unifikationsalgorithmus liefert entweder $\sigma_1 = \varepsilon$ oder $\sigma_2 = \{Y \mapsto X_1\}$, je nachdem wie die dort zu treffende nicht-deterministische Entscheidung ausfällt. Beide Substitutionen sind berechnete Antwortsubstitutionen für $\mathcal{P}$ und G, und ungleich θ. Aber in beiden Fällen $(i = 1, 2)$ finden wir eine Substitution λ_i, so dass $(\sigma_i \lambda_i)|_{\mathcal{W}} = \theta$ gilt, wobei $\mathcal{W}$ die Menge der in G vorkommenden Variablen ist, d. h. $\mathcal{W} = \{Y\}$. Diese Beobachtung ist kein Zufall, sondern gilt immer, wie wir in der Folge zeigen werden.

Lemma 5.37 *Sei $\mathcal{P}$ ein definites Programm und sei A ein Atom. Wenn $\mathcal{P} \models \forall A$ gilt, dann gibt es eine SLD-Widerlegung von P und $\leftarrow A$ mit der berechneten Antwortsubstitution ε.*

Beweis Sei $\mathsf{fv}(A) = \{X_1, \ldots, X_n\}$ und seien $c_1, \ldots, c_n$ n verschiedene Konstantensymbole, die weder in $\mathcal{P}$ noch in A vorkommen. Sei weiterhin $\theta = \{X_i \mapsto c_i \mid 1 \le i \le n\}$. Wenn $\mathcal{P} \models \forall A$ gilt, dann gilt auch $\mathcal{P} \models A\theta$. Da $A\theta$ nach Konstruktion abgeschlossen ist, muss wegen Satz 5.8 $A\theta \in M_\mathcal{P}$ gelten. Wegen Theorem 5.34 gilt dann auch $A\theta \in S_\mathcal{P}$, d. h. wir finden eine SLD-Widerlegung für $\mathcal{P}$ und $\leftarrow A\theta$ mit der berechneten Antwortsubstitution ε. Da die c_i weder in $\mathcal{P}$ noch in A vorkommen, können wir in dieser SLD-Widerlegung jedes Vorkommen von c_i durch X_i ersetzen und erhalten so eine SLD-Widerlegung für $\mathcal{P}$ und $\leftarrow A$ mit der berechneten Antwortsubstitution ε. $\qquad \square$

Zur Illustration dieser Aussage betrachten wir das definite Programm $\mathcal{P}$ mit den Klauseln

$$p(X, Y)$$
$$q(X, Y) \leftarrow p(X, Y)$$

und das Atom $q(W_1, W_2)$. Sei $\theta = \{W_1 \mapsto c_1, \ W_2 \mapsto c_2\}$. Offensichtlich gilt $\mathcal{P} \models (\forall W_1)(\forall W_2)\, q(W_1, W_2)$ und wir können die folgende SLD-Widerlegung von $\mathcal{P}$ und $\leftarrow q(W_1, W_2)\theta$ konstruieren:

1	$p(X, Y)$	
2	$q(X, Y) \leftarrow p(X, Y)$	
3	$\leftarrow q(c_1, c_2)$	
4	$\leftarrow p(c_1, c_2)$	res(3,2) mit $\{X_1 \mapsto c_1, \ Y_1 \mapsto c_2\}$
5	$[\,]$	res(4,1) mit $\{X_2 \mapsto c_1, \ Y_2 \mapsto c_2\}$

Wenn wir in dieser SLD-Widerlegung jedes Vorkommen von c_1 durch W_1 und jedes Vorkommen von c_2 durch W_2 ersetzen, dann erhalten wir die gesuchte SLD-Widerlegung von $\mathcal{P}$ und $\leftarrow q(W_1, W_2)$:

$$
\begin{array}{lll}
1 & p(X,Y) & \\
2 & q(X,Y) \leftarrow p(X,Y) & \\
3 & \leftarrow q(W_1,W_2) & \\
4 & \leftarrow p(W_1,W_2) & \text{res(3,2) mit } \{X_1 \mapsto W_1,\ Y_1 \mapsto W_2\} \\
5 & [\,] & \text{res(4,1) mit } \{X_2 \mapsto W_1,\ Y_2 \mapsto W_2\}
\end{array}
$$

Als nächstes beweise ich ein Resultat, das dem verallgemeinerten Lifting-Lemma 4.66 ähnlich ist. Allerdings wird hier eine Substitution nur auf die initiale Zielklausel und nicht auf alle Klauseln angewendet, und die Substitution muss nicht notwendigerweise eine Grundsubstitution ein.

Lemma 5.38 *Sei $\mathcal{P}$ ein definites Programm, sei G ein definites Ziel und sei θ eine Substitution, so dass es eine SLD-Widerlegung von $\mathcal{P}$ und $G\theta$ der Länge l gibt. Sei $(\theta_h \mid 1 \leq h \leq l)$ die Folge der darin verwendeten allgemeinsten Unifikatoren. Dann gibt es Substitution λ und eine SLD-Widerlegung von $\mathcal{P}$ und G der Länge l, so dass $\theta\theta_1 \ldots \theta_l = \sigma_1 \ldots \sigma_l \lambda$ gilt, wobei $(\sigma_h \mid 1 \leq h \leq l)$ die Folge der in der SLD-Widerlegung von $\mathcal{P}$ und G verwendeten allgemeinsten Unifikatoren ist.*

Beweis Der Beweis erfolgt durch Induktion über die Länge l der SLD-Widerlegung von $\mathcal{P}$ und G.

Induktionsanfang: Sei $l = 1$. In diesem Fall muss G die Form $\leftarrow B$ haben, und wir finden eine neue Variante A einer Klausel in $\mathcal{P}$, so dass $A = A\theta$ und $B\theta\theta_1 = A\theta_1 = A\theta\theta_1$ gelten. Da θ_1 ein Unifikator für $B_1\theta$ und $A\theta$ ist, gibt es nach Satz 4.45 auch einen allgemeinsten Unifikator σ_1 für B und A und eine Substitution λ, so dass $\theta\theta_1 = \sigma_1\lambda$ gilt. Somit gilt die Aussage in diesem Fall.

Induktionsschritt: Die Aussage gelte für l (*Induktionshypothese*). Angenommen, es gibt eine SLD-Widerlegung für $\mathcal{P}$ und $G'\theta'$ der Länge $l + 1$ (*Induktionsannahme*). Sei $(\theta_h \mid 1 \leq h \leq l + 1)$ die Folge der darin verwendeten Unifikatoren und sei $G' = \leftarrow \langle B_1, \ldots, B_m \rangle$.

Wir betrachten zunächst den ersten Schritt dieser Widerlegung. Sei $B_i\theta'$ das ausgewählte Teilziel und $C = A \leftarrow \langle A_1, \ldots, A_n \rangle$ die in diesem Schritt verwendete neue Variante einer Klausel in $\mathcal{P}$. Wie im Induktionsanfang gelten $C\theta = C$ und $B_i\theta\theta_1 = A\theta\theta_1$. Gemäß Satz 4.45 finden wir dann auch einen allgemeinsten Unifikator σ_1 für B_i und A und eine Substitution θ, so dass $\theta'\theta_1 = \sigma_1\theta$ gilt.

Sei G die SLD-Resolvente von G und C. Gemäß der Induktionsannahme gibt es eine SLD-Widerlegung von $\mathcal{P}$ und $G\theta$ der Länge l, wobei $(\theta_h \mid 2 \leq h \leq l + 1)$ die Folge der darin verwendeten Unifikatoren ist. Wegen der Induktionshypothese finden wir eine Substitution λ und eine SLD-Widerlegung für $\mathcal{P}$ und G der Länge l, so dass $\theta\theta_2 \ldots \theta_{l+1} = \sigma_2 \ldots \sigma_{l+1}\lambda$ gilt, wobei $(\sigma_h \mid 2 \leq h \leq l + 1)$ die Folge der darin verwendeten allgemeinsten Unifikatoren ist. Aber dann gibt es auch eine SLD-Widerlegung von $\mathcal{P}$ und G' der

Länge $l + 1$, wobei $(\sigma_h \mid 1 \leq h \leq l + 1)$ die Folge der darin verwendeten allgemeinsten Unifikatoren ist. Weiterhin gilt:

$$\sigma_1 \sigma_2 \ldots \sigma_{l+1} \lambda = \sigma_1 \theta \theta_2 \ldots \theta_{l+1} = \theta' \theta_1 \theta_2 \ldots \theta_{l+1}.$$

Eine Anwendung des Peano'schen Induktionsaxioms liefert das gewünschte Ergebnis. $\qquad\qquad\qquad\qquad\qquad\qquad\qquad\qquad\qquad\qquad\qquad\qquad$ $\square$

Dieses Resultat möchte ich anhand eines kleinen Beispiels veranschaulichen. Dazu betrachten wir das vom Anfang dieses Kapitels bekannte Definition für $append$, das definite Ziel $\leftarrow append(X, Y, [V, W])$ und die Substitution $\theta = \{V \mapsto a, W \mapsto b\}$. Wir erhalten die folgende SLD-Widerlegung von $append$ und $\leftarrow append(X, Y, [V, W])\theta = \leftarrow append(X, Y, [a, b])$:

1	$append([\,], L, L)$	
2	$append([K|R], L, [K|M]) \leftarrow append(R, L, M)$	
3	$\leftarrow append(X, Y, [a, b])$	
4	$\leftarrow append(R_1, Y, [b])$	res(3,2) mit θ_1
5	$\leftarrow append(R_2, Y, [\,])$	res(4,2) mit θ_2
6	$[\,]$	res(5,1) mit θ_3

wobei

$$\begin{aligned} \theta_1 &= \{X \mapsto [a|R_1], L_1 \mapsto Y, K_1 \mapsto a, M_1 \mapsto [b]\}, \\ \theta_2 &= \{R_1 \mapsto [b|R_2], L_2 \mapsto Y, K_2 \mapsto b, M_2 \mapsto [\,]\}, \\ \theta_3 &= \{R_2 \mapsto [\,], Y \mapsto [\,], L_3 \mapsto [\,]\} \end{aligned}$$

sind. Gemäß der Konstruktion im Beweis von Lemma 5.38 finden wir dann auch die folgende SLD-Ableitung:

1	$append([\,], L, L)$	
2	$append([K|R], L, [K|M]) \leftarrow append(R, L, M)$	
3	$\leftarrow append(X, Y, [V, W])$	
4	$\leftarrow append(R_1, Y, [W])$	res(3,2) mit σ_1
5	$\leftarrow append(R_2, Y, [\,])$	res(4,2) mit σ_2
6	$[\,]$	res(5,1) mit σ_3

wobei

$$\begin{aligned} \sigma_1 &= \{X \mapsto [V|R_1], L_1 \mapsto Y, K_1 \mapsto V, M_1 \mapsto [W]\}, \\ \sigma_2 &= \{R_1 \mapsto [W|R_2], L_2 \mapsto Y, K_2 \mapsto W, M_2 \mapsto [\,]\}, \\ \sigma_3 &= \{R_2 \mapsto [\,], Y \mapsto [\,], L_3 \mapsto [\,]\} \end{aligned}$$

sind. Jetzt gelten

$$\begin{aligned} \theta\theta_1\theta_2\theta_3 = \{ &V \mapsto a, \ W \mapsto b, \ X \mapsto [a, b], \ Y \mapsto [\,], \\ &K_1 \mapsto a, \ R_1 \mapsto [b], \ L_1 \mapsto [\,], \ M_1 \mapsto [b], \\ &K_2 \mapsto b, \ R_2 \mapsto [\,], \ L_2 \mapsto [\,], \ K_2 \mapsto b, \ M_2 \mapsto [\,]\} \end{aligned}$$

und

$$\sigma_1\sigma_2\sigma_3 \;=\; \{X \mapsto [V, W],\; Y \mapsto [\,],$$
$$K_1 \mapsto V,\; R_1 \mapsto [W],\; L_1 \mapsto [\,],\; M_1 \mapsto [W],$$
$$K_2 \mapsto W,\; R_2 \mapsto [\,],\; L_2 \mapsto [\,],\; K_2 \mapsto W,\; M_2 \mapsto [\,]\}$$

Mit $\lambda = \{V \mapsto a,\; W \mapsto b\}$ finden wir die gesuchte Substitution, so dass $\theta\theta_1\theta_2\theta_3 = \sigma_1\sigma_2\sigma_3\lambda$ gilt.

Satz 5.39 *(Starke Vollständigkeit der SLD-Resolution)*
Sei $\mathcal{P}$ ein definites Programm und sei G ein definites Ziel. Zu jeder korrekten Antwortsubstitution θ für $\mathcal{P}$ und G gibt es eine berechnete Antwortsubstitution σ für $\mathcal{P}$ und G und eine Substitution λ, so dass $\theta = (\sigma\lambda)|_{\mathsf{fv}(G)}$.

Beweis Sei G das definite Ziel $\leftarrow \langle B_1, \ldots, B_m \rangle$. Da θ korrekt ist, gilt $\mathcal{P} \models \forall \langle B_1\theta, \ldots, B_m\theta \rangle$. Wegen Lemma 5.37 finden wir dann für alle $1 \leq i \leq n$ SLD-Widerlegungen für $\mathcal{P}$ und $\leftarrow B_i\theta$ mit ε als berechneter Antwortsubstitution. Diese SLD-Widerlegungen können zu einer SLD-Widerlegung von $\mathcal{P}$ und $G\theta$ mit ε als berechneter Antwortsubstitution kombiniert werden.

Sei $(\theta_h \mid 1 \leq h \leq l)$ die Folge der in dieser SLD-Widerlegung verwendeten allgemeinsten Unifikatoren. Da ε die in dieser SLD-Widerlegung berechnete Antwortsubstitution ist, gilt $\theta = (\theta\theta_1 \ldots \theta_l)|_{\mathsf{fv}(G)}$. Weiterhin finden wir wegen Lemma 5.38 dann auch eine Substitution λ und eine SLD-Widerlegung von $\mathcal{P}$ und G, so dass $\theta\theta_1 \ldots \theta_l = \sigma_1 \ldots \sigma_l\lambda$ gilt, wobei $(\sigma_h \mid 1 \leq i \leq l)$ die Folge der in dieser SLD-Widerlegung verwendeten allgemeinsten Unifikatoren ist. Mit $\sigma = (\sigma_1 \ldots \sigma_l)|_{\mathsf{fv}(G)}$ gilt dann auch:

$$\theta = (\theta\theta_1 \ldots \theta_l)|_{\mathsf{fv}(G)} = (\sigma_1 \ldots \sigma_l\lambda)|_{\mathsf{fv}(G)} = (\sigma\lambda)|_{\mathsf{fv}(G)},$$

womit das Resultat bewiesen ist.   □

Was müssen wir tun, wenn wir nun ein definites Programm $\mathcal{P}$ und ein definites Ziel G gegeben haben und wissen wollen, ob es eine SLD-Widerlegung für $\mathcal{P}$ und G gibt? Nun ja, wir müssen solange alle möglichen SLD-Ableitungen für $\mathcal{P}$ und G generieren bis wir eine SLD-Widerlegung gefunden haben. In jedem Schritt gilt es dabei zwei Entscheidungen zu treffen: (i) Welches Teilziel sollen wir auswählen? (ii) Welche definite Programmklausel sollen wir auswählen? In den nächsten beiden Abschnitten werden wir sehen, dass es sich bei (i) um eine *don't care* nicht-deterministische, bei (ii) um eine *don't know* nicht-deterministische Auswahl handelt.

Unabhängigkeit von der Selektionsfunktion

Ich habe schon bei der Definition einer SLD-Resolvente kurz von einer Selektionsfunktion gesprochen. Jetzt will ich den Begriff formal einführen.

Definition 5.40 *Eine* Selektionsfunktion *ist eine Abbildung von der Menge der definiten Ziele in die Menge der Atome, so dass der Wert der Funktion für ein gegebenes definites Ziel ein in diesem Ziel vorkommendes Atom ist.*

In Prolog-Systemen wird meist das erste in einer Zielklausel vorkommende Atom selektiert. Eine solche Selektionsfunktion kann schnell und effizient implementiert werden. Wünschenswert wäre es, Teilziele auszusuchen, die schnell zu einer Widerlegung oder zu einem Fehlschlag führen. Jedoch ist eine solche Auswahl meist erheblich aufwändiger zu realisieren als sich nach rein syntaktischen Kriterien für ein Teilziel zu entscheiden.

Definition 5.41 *Sei $\mathcal{P}$ ein definites Programm, sei G ein definites Ziel und sei* sel *eine Selektionsfunktion. Eine* SLD-Ableitung für $\mathcal{P}$ *und* G *bezüglich* sel *ist eine SLD-Ableitung für $\mathcal{P}$ und G in der die Selektionsfunktion* sel *verwendet wird, um Teilziele auszuwählen.*

Man beachte, dass dies eine Einschränkung bezüglich des bisherigen SLD-Ableitungsbegriffs ist, da bei einem mehrfach vorkommenden Ziel immer dasselbe Teilziel ausgewählt wird. Wenn wir eine solche Einschränkung machen, dann stellt sich sofort die Frage, ob die SLD-Resolution mit dieser Einschränkung immer noch (stark) vollständig ist. Die (starke) Korrektheit gilt natürlich weiterhin.

Bevor wir uns an die Untersuchung dieser Frage machen, sei noch kurz vermerkt, dass wir in der Folge natürlich auch von SLD-Widerlegungen, SLD-Beweisen, berechneten Antwortsubstitution jeweils bezüglich einer Selektionsfunktion sprechen wollen.

Wir werden sehen, dass die starke Vollständigkeit der SLD-Resolution auch dann erhalten bleibt, wenn wir eine Selektionsfunktion benutzen. Zum Beweis dieser Aussage benötigen wir das folgende Lemma.

Lemma 5.42 *Sei $\mathcal{P}$ ein definites Programm und sei G_0 ein definites Ziel, so dass $\mathcal{P}$ und G eine SLD-Ableitung besitzt. Seien*

$$G_0 = \leftarrow \langle B_1, \ldots, B_{i-1}, B_i, B_{i+1}, \ldots, B_{j-1}, B_j, B_{j+1}, \ldots, B_m \rangle,$$
$$G_1 = \leftarrow \langle B_1, \ldots, B_{i-1}, D_1, B_{i+1}, \ldots, B_{j-1}, B_j, B_{j+1}, \ldots, B_m \rangle \theta_1,$$
$$G_2 = \leftarrow \langle B_1, \ldots, B_{i-1}, D_1, B_{i+1}, \ldots, B_{j-1}, D_2, B_{j+1}, \ldots, B_m \rangle \theta_1 \theta_2,$$

die ersten drei Zielklauseln dieser Ableitung, wobei G_1 die Resolvente von G_0 und einer Programmklausel $A_1 \leftarrow D_1$ bezüglich B_i und θ_1 ist, G_2 die Resolvente von G_1 und einer Programmklausel $A_2 \leftarrow D_2$ bezüglich $B_j \theta_1$ und θ_2 ist und D_1 sowie D_2 die Rümpfe der verwendeten Programmklauseln sind. Dann gibt es eine SLD-Ableitung von P und G_0 mit den ersten Zielkauseln G_0, G_1' und G_2', wobei G_1' die Resolvente von G_0 und $A_2 \leftarrow D_2$ bezüglich B_j und σ_1 ist, G_2' die Resolvente von G_1 und $A_1 \leftarrow D_1$ bezüglich $B_i \sigma_1$ ist und σ_2 ist und σ_1 sowie σ_2 die dabei verwendeten allgemeinsten Unifikatoren sind. Weiterhin gilt $\theta_1 \theta_2 \sim \sigma_1 \sigma_2$.

306 KAPITEL 5. GRUNDLAGEN DER LOGIKPROGRAMMIERUNG

Beweis Wir zeigen zunächst, dass B_j und A_2 unifizierbar sind. Wegen $B_j\theta_1\theta_2 = A_2\theta_1\theta_2$ und Satz 4.45 finden wir einen allgemeinsten Unifikator σ_1 für B_j und A_2 und eine Substitution λ_1, so dass gilt:

$$\theta_1\theta_2 = \sigma_1\lambda_1 \tag{5.10}$$

Wir zeigen jetzt, dass $B_i\sigma_1$ und A_1 unifizierbar sind. Da $B_i\theta_1\theta_2 = A_1\theta_1\theta_2$ gilt, folgt wegen (5.10) auch $B_i\sigma_1\lambda_1 = A_1\sigma_1\lambda_1$. Da durch σ_1 nur Variablen gebunden werden, die in G_0 oder $A_2 \leftarrow D_2$ vorkommen und die verwendeten Programmklauseln jeweils neue Variante von Klauseln aus $\mathcal{P}$ sind, gilt $A_1\sigma_1 = A_1$. Somit erhalten wir $B_i\sigma_1\lambda_1 = A_1\lambda_1$. Mit anderen Worten, λ_1 ist ein Unifikator für $B_i\sigma_1$ und A_1. Wegen Satz 4.45 finden wir dann einen allgemeinsten Unifikator σ_2 für $B_i\sigma_1$ und A_1 sowie eine Substitution λ_2, so dass $\lambda_1 = \sigma_2\lambda_2$. Zusammen mit (5.10) gilt:

$$\theta_1\theta_2 = \sigma_1\sigma_2\lambda_2. \tag{5.11}$$

Somit gibt es eine SLD-Ableitung von $\mathcal{P}$ und G in der, wie gefordert, die Auswahl der Teilziele bei der Berechnung der ersten beiden Resolventen gegenüber der gegebenen SLD-Ableitung vertauscht ist.

Wir müssen jetzt noch zeigen, dass $\theta_1\theta_2 \sim \sigma_1\sigma_2$ gilt. Nach Definition 4.43 müssen wir dazu noch zeigen, dass es eine Substitution μ_2 gibt, so dass

$$\theta_1\theta_2\mu_2 = \sigma_1\sigma_2 \tag{5.12}$$

ist. Zusammen mit (5.11) gilt dann die gewünschte Behauptung.

$\sigma_1\sigma_2$ ist ein Unifikator für B_i und A_1. Da θ_1 aber der allgemeinste Unifikator für B_i und A_1 ist, finden wir eine Substitution μ_1, so dass

$$\theta_1\mu_1 = \sigma_1\sigma_2 \tag{5.13}$$

gilt. Wegen $B_j\theta_1\mu_1 = B_j\sigma_1\sigma_2 = A_2\sigma_1\sigma_2 = A_2\theta_1\mu_1 = A_2\mu_1$ ist μ_1 ein Unifikator für $B_j\theta_1$ und A_2. Dabei gilt die letzte Gleichheit, weil $A_2 \leftarrow D_2$ eine neue Variante ist und θ_1 nur Variablen bindet, die in G_0 oder $A_1 \leftarrow D_1$ vorkommen. Da θ_2 der allgemeinste Unifikator für $B_j\theta$ und A_2 ist, gibt es eine Substitution μ_2, so dass $\mu_1 = \theta_2\mu_2$ gilt. Zusammen mit Gleichung (5.13) erhalten wir Gleichung (5.12). □

Als Beispiel betrachten wir das definite Programm $\mathcal{P}$ mit den Klauseln:

$$append([\,], L, L)$$
$$append([K|R], L, [K|M]) \leftarrow append(R, L, M)$$

$$length([\,], 0)$$
$$length([K|R], s(N)) \leftarrow length(R, N).$$

Wie bisher hängt *append* informell betrachtet zwei Listen aneinander, während *length* die Länge einer Liste berechnet. Dabei werden Listen wie gewohnt repräsentiert, während die natürlichen Zahlen mit Hilfe der Konstanten $0/0$ und des einstelligen Funktionssymbols $s/1$ repräsentiert werden. Sei nun

$$G_0 = \leftarrow append(X, Y, [a, b, c]) \wedge length(X, s(0))$$

unser initiales Ziel, d. h. wir suchen nach einer Zerlegung der Liste $[a, b, c]$ in Listen X und Y, so dass die Länge von X gleich $s(0)$ ist. Ausgehend von diesem Ziel können wir eine SLD-Ableitung finden, bei der im ersten Schritt das erste und im zweiten Schritt das zweite in G_0 vorkommende Teilziel ausgewählt wird:

$$\begin{aligned}
G_1 &= \leftarrow append(R_1, Y, [b, c]) \wedge length([a|R_1], s(0)), \\
G_2 &= \leftarrow append(R_1, Y, [b, c]) \wedge length(R_1, 0),
\end{aligned}$$

$$\begin{aligned}
C_1 &= append([K_1|R_1], L_1, [K_1|M_1]) \leftarrow append(R_1, L_1, M_1), \\
C_2 &= length([K_2|R_2], s(N_2)) \leftarrow length(R_2, N_2),
\end{aligned}$$

$$\begin{aligned}
\theta_1 &= \{X \mapsto [a|R_1], \ L_1 \mapsto Y, \ K_1 \mapsto a, \ M_1 \mapsto [b, c]\}, \\
\theta_2 &= \{K_2 \mapsto a, \ R_2 \mapsto R_1, \ N_2 \mapsto 0\}.
\end{aligned}$$

Wir können aber alternativ auch zuerst das zweite und dann das erste in G_0 vorkommende Teilziel auswählen und erhalten so:

$$\begin{aligned}
G'_1 &= \leftarrow append([K_2|R_2], Y, [a, b, c]) \wedge length(R_2, 0), \\
G'_2 &= \leftarrow append(R_2, Y, [b, c]) \wedge length(R_2, 0),
\end{aligned}$$

$$\begin{aligned}
C_2 &= length([K_2|R_2], s(N_2)) \leftarrow length(R_2, N_2), \\
C_1 &= append([K_1|R_1], L_1, [K_1|M_1]) \leftarrow append(R_1, L_1, M_1),
\end{aligned}$$

$$\begin{aligned}
\sigma_1 &= \{X \mapsto [K_2|R_2], \ N_2 \mapsto 0\}, \\
\sigma_2 &= \{K_2 \mapsto a, \ K_1 \mapsto a, \ R_1 \mapsto R_2, \ L_1 \mapsto Y, \ M_1 \mapsto [b, c]\}.
\end{aligned}$$

Man beachte, dass bei dieser SLD-Ableitung die Folge der neuen Varianten von Programmklauseln gegenüber der ersten SLD-Ableitung vertauscht ist. Die Komposition $\theta_1\theta_2$ ergibt sich dann als

$$\{K_1 \mapsto a, \ K_2 \mapsto a, \ L_1 \mapsto Y, \ M_1 \mapsto [b, c], \ N_2 \mapsto 0, \ R_2 \mapsto R_1, \ X \mapsto [a|R_1]\}$$

und die Komposition $\sigma_1\sigma_2$ als

$$\{K_1 \mapsto a, \ K_2 \mapsto a, \ L_1 \mapsto Y, \ M_1 \mapsto [b, c], \ N_2 \mapsto 0, \ R_1 \mapsto R_2, \ X \mapsto [a|R_2]\}.$$

Ein Vergleich der beiden Kompositionen zeigt, dass Sie sich lediglich in der Bindung für R_1 bzw. R_2 unterscheiden. Mit

$$\lambda_2 = \{R_2 \mapsto R_1\}$$

und
$$\mu_2 = \{R_1 \mapsto R_2\}$$

erhalten wir (5.11) bzw. (5.12). $\theta_1\theta_2$ und $\sigma_1\sigma_2$ sind also Varianten.

Unter wiederholter Anwendung von Lemma 5.42 können wir die Unabhängigkeit der SLD-Resolution von der Selektionsfunktion beweisen (siehe Übungsaufgabe 5–5).

Satz 5.43 *Sei $\mathcal{P}$ ein definites Programm und sei G ein definites Ziel, so dass es eine SLD-Widerlegung von $\mathcal{P}$ und G mit berechneter Antwortsubstitution θ gibt. Dann existiert für jede Selektionsfunktion* sel *eine SLD-Widerlegung von $\mathcal{P}$ und G bezüglich* sel *mit berechneter Antwortsubstitution σ, so dass $\sigma \sim \theta$ gilt.*

Zusammen mit Satz 5.39 erhalten wir somit das folgende Resultat:

Satz 5.44 *Sei $\mathcal{P}$ ein definites Programm, sei G ein definites Ziel und sei* sel *eine Selektionsfunktion. Zu jeder korrekten Antwortsubstitution θ für $\mathcal{P}$ und G gibt es eine berechnete Antwortsubstitution σ für $\mathcal{P}$ und G bezüglich* sel *und eine Substitution λ, so dass $\theta = \sigma\lambda|_{\mathsf{fv}(G)}$.*

Wie bereits erwähnt können wir eine Selektionsfunktion wählen, die für jedes definite Ziel jeweils das erste Teilziel auswählt. Das ist genau die Selektionsfunktion, die Prolog verwendet. Satz 5.44 sagt uns, dass wir so eine SLD-Widerlegung finden können, vorausgesetzt es gibt überhaupt eine SLD-Widerlegung von $\mathcal{P}$ und G.

Weitere Eigenschaften

In Satz 4.73 haben wir gelernt, dass die Prädikatenlogik unentscheidbar ist. Definite Programme stellen eine Einschränkung gegenüber der Prädikatenlogik dar, so dass wir uns die Frage der Unentscheidbarkeit neu stellen müssen.

Satz 5.45 *Sei $\mathcal{P}$ ein definites Programm und sei G ein definites Ziel. Die Frage, ob $(\mathcal{P} \wedge G)$ unerfüllbar ist, ist unentscheidbar.*

Es war für einige Zeit ein Sport, das kürzeste definite Programm anzugeben, für das dieser Satz bereits gilt. In der Tat reicht bereits ein Programm mit einem Fakt und einer weiteren definiten Klausel aus (siehe [HW93]), um die Unentscheidbarkeit nachzuweisen. Glücklicherweise ist die Frage, ob $(\mathcal{P} \wedge G)$ unerfüllbar ist, jedoch semientscheidbar. Mit anderen Worten, wenn $(\mathcal{P} \wedge G)$ unerfüllbar ist, dann finden wir eine SLD-Widerlegung von $\mathcal{P}$ und G. Ist $(\mathcal{P} \wedge G)$ jedoch erfüllbar, dann kann es passieren, dass unser Beweiser unendlich lange läuft.

Ich habe zu Beginn dieses Abschnitts erwähnt, dass mittels definiter Programme und definiter Ziele alles ausgedrückt werden kann, was überhaupt mit einem Computer berechnet werden kann. Dies lässt sich formal als folgender Satz formulieren, der in [SS82] bewiesen wurde.

Satz 5.46 *Jede partiell rekursive Funktion kann mittels eines definiten Programms berechnet werden.*

Als dritter weiterer Eigenschaft möchte ich mich der *Monotonie* zuwenden. Sie sagt aus, dass logische Konsequenzen aus einem definiten Programm erhalten bleiben, wenn dem Programm weitere Klauseln hinzugefügt werden.

Satz 5.47 *Seien $\mathcal{P}$ und $\mathcal{P}'$ definite Programme und sei G ein Ziel. Wenn $\mathcal{P} \models G$ gilt, dann gilt auch $\mathcal{P} \cup \mathcal{P}' \models G$.*

Beweis Der Beweis folgt unmittelbar aus der Tatsache, dass die Anzahl der Modelle eines definiten Programms gleich bleibt oder sinkt, wenn dem Programm weitere Klauseln hinzugefügt werden. □

Diese Eigenschaft ist nun keine Besonderheit der definiten Programme, sondern sie gilt für alle bisher in diesem Buch betrachteten Logiken. Ich habe sie nur deshalb an dieser Stelle erwähnt, da die in Abschnitt 5.2 betrachtete Logik nicht mehr monoton ist.

SLD-Ableitungsbäume

Wir müssen uns jetzt noch der Frage zuwenden, wie wir mit der zweiten zu treffenden nicht-deterministischen Entscheidung umgehen wollen, nämlich der Frage, welche Programmklausel wir auswählen wollen. Im Allgemeinen gibt es mehrere Programmklauseln, deren Köpfe mit dem ausgewählten Teilziel eines definiten Ziels unifizierbar sind. Um garantiert eine SLD-Widerlegung zu finden, wenn es eine gibt, müssen wir alle Möglichkeiten in Betracht ziehen. Dazu definieren wir den SLD-Ableitungsbaum. Er legt den Suchraum fest, den ein SLD-Beweiser durchsuchen muss.

Definition 5.48 *Ein* SLD-Ableitungsbaum *für ein definites Programm $\mathcal{P}$ und ein definites Ziel G ist ein Baum, der die folgenden Bedingungen erfüllt:*

1. *Jeder Knoten des Baums ist mit einem definiten Ziel markiert.*

2. *Die Wurzel des Baums ist mit G markiert.*

3. *Sei K ein mit $G' = \leftarrow \langle B_1, \dots, B_m \rangle$ markierter Knoten, B_j das ausgewählte Teilziel und $\mathcal{G}$ die Menge aller SLD-Resolventen von G' und*

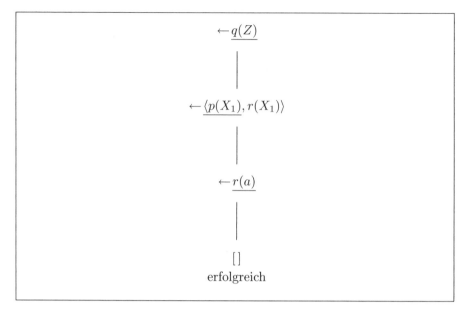

Abbildung 5.2: Ein SLD-Ableitungsbaum, in dem jeweils das erste Teilziel eines definiten Ziels ausgewählt wurde.

definiten Klauseln aus $\mathcal{P}$ bezüglich B_j. Dann hat K genau für jede in $\mathcal{G}$ vorkommende SLD-Resolvente G'' einen Nachfolger, der mit G'' markiert ist.

Zum besseren Verständnis der Darstellung von SLD-Ableitungsbäumen treffen wir die folgende Vereinbarung, wobei wir uns daran erinnern, dass in diesem Kapitel definite Programme einfach als Tabelle definiter Klauseln dargestellt werden. Wir probieren die definiten Klauseln von oben nach unten und ordnen die möglichen SLD-Resolventen von links nach rechts im SLD-Ableitungsbaum an. Als Beispiel betrachten wir das definite Programm $\mathcal{P}$, das aus den Klauseln

$$q(X) \leftarrow \langle p(X), r(X) \rangle$$
$$p(a)$$
$$r(a)$$
$$r(f(Y)) \leftarrow r(Y)$$

besteht, und das definite Ziel $\leftarrow q(Z)$. Wenn wir uns für die Selektionsfunktion entscheiden, die das jeweils erste Teilziel in einem definiten Ziel auswählt, dann erhalten wir den in Abbildung 5.2 dargestellten SLD-Ableitungsbaum, wobei das jeweils ausgewählte Teilziel unterstrichen ist. Dagegen zeigt Abbildung 5.3 einen SLD-Ableitungsbaum für dasselbe definite Programm und Ziel, bei dem jeweils das letzte in einem Ziel vorkommende Teilziel ausgewählt wurde.

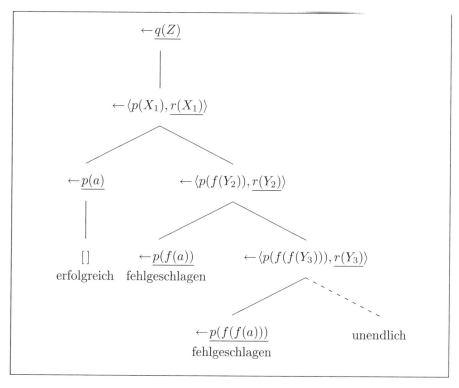

Abbildung 5.3: Ein SLD-Ableitungsbaum, in dem jeweils das letzte Teilziel eines definiten Ziels ausgewählt wurde.

Das Beispiel zeigt, dass SLD-Ableitungsbäume in Abhängigkeit der Selektionsfunktion für ein und dasselbe definite Programm und Ziel sehr unterschiedlich aussehen können. Dabei repräsentiert jeder Ast in einem SLD-Ableitungsbaum eine SLD-Ableitung. Nachdem SLD-Ableitungen erfolgreich, fehlschlagend oder unendlich sein können, gibt es auch entsprechende Äste in den SLD-Ableitungsbäumen. Wir wollen einen Ast, der einer erfolgreichen SLD-Ableitung entspricht, *erfolgreich* nennen. Wir wollen einen Ast, der einer fehlgeschlagenen SLD-Ableitung entspricht, *fehlgeschlagen* nennen. Wir wollen einen Ast, der einer unendlichen SLD-Ableitung entspricht, *unendlich* nennen.

Sei $\mathcal{P}$ ein definites Programm und sei G ein definites Ziel. Unabhängig davon, welche Selektionsfunktion wir auswählen, wissen wir aus Satz 5.44, dass der SLD-Ableitungsbaum für $\mathcal{P}$ und G mindestens einen erfolgreichen Ast haben muss, wenn $(\mathcal{P} \wedge G)$ unerfüllbar ist. Es gilt also einen solchen erfolgreichen Ast zu finden. Dazu muss gegebenenfalls der gesamte SLD-Ableitungsbaum durchsucht werden. Die Art und Weise, in der ein SLD-Beweiser dies tut, wird durch seine *Suchstrategie* festgelegt. Wie schon im allgemeinen Resolutionsverfahren wollen wir eine Suchstrategie *fair* nennen, wenn jede SLD-Resolvente nach endlicher Zeit berechnet wird. Eine faire Suchstrategie ist die *Breitensuche*. Dabei werden sukzessive zuerst alle SLD-Resolventen, die in einer Tiefe d des SLD-Ableitungsbaums vorkommen, generiert, bevor eine SLD-Resolvente, die in der Tiefe $d+1$ des SLD-Ableitungsbaums vorkommt, betrachtet wird. Leider erfordert die Breitensuche nicht nur exponentielle Zeit, sondern auch exponentiellen Platz, so dass sie in praktischen Anwendungen keine Rolle spielt.

Ich will an dieser Stelle nicht auf weitere faire Suchstrategien eingehen. In fast allen Prolog Systemen kommt die *Tiefensuche* zum Einsatz, wobei die SLD-Ableitungsbäume von links nach rechts durchlaufen werden. Mit anderen Worten, zuerst wird der am weitesten links stehende Ast eines SLD-Ableitungsbaums durchsucht, dann der diesem Ast am nächsten stehende und so weiter, bis der am weitesten rechts stehende Ast erreicht wird. Dieses Verfahren erfordert zwar auch exponentielle Zeit, hat aber nur linearen Platzbedarf. Leider ist diese Suchstrategie nicht fair, da sie erfolgreiche Äste, die rechts von einem unendlichen Ast im SLD-Suchbaum liegen, nie besucht. Mit anderen Worten, ein auf der Tiefensuche basierender SLD-Beweiser ist unvollständig. Trotzdem haben die meisten Prolog Systeme diese Suchstrategie gewählt, da sie sich effizient implementieren lässt. Das Problem der Fairness wird dabei einfach den Programmierern überlassen. Sie müssen sicherstellen, dass ein erfolgreicher Ast des SLD-Ableitungsbaums links vor dem ersten unendlichen Ast liegt, wenn es überhaupt einen erfolgreichen Ast gibt.

5.2 Normale Programme

5.2.1 Grundbegriffe

Wir haben uns in dem zurückliegenden Abschnitt mit der Frage beschäftigt, ob

$$\mathcal{P} \models \exists \langle B_1, \ldots, B_m \rangle$$

gilt, wobei $\mathcal{P}$ ein definites Programm und $B_1, \ldots, B_m$ Atome waren. Mit anderen Worten, wir können bisher nur positive logische Konsequenzen aus einem logischen Programm ziehen. Was machen wir aber, wenn wir zeigen wollen, dass etwas nicht gilt?

Betrachten wir dazu einen kleinen Ausschnitt aus dem Fahrplan der Deutschen Bundesbahn. Das definite Programm $\mathcal{P}$, das aus den Klauseln

$$abfahrt(\textit{leipzig}, 7{:}15)$$
$$abfahrt(\textit{berlin}, 7{:}17) \tag{5.14}$$
$$abfahrt(\textit{prag}, 7{:}18)$$

besteht, könnte den Abfahrtsplan der Züge vom Dresdener Hauptbahnhof in der Zeit von 7:15h bis 7:20h repräsentieren. Um 7:15h fährt ein Zug nach Leipzig, um 7:17h nach Berlin und um 7:18h nach Prag. Weitere Informationen habe ich der Einfachheit halber weggelassen. Können wir daraus folgern, dass um 7:16 kein Zug nach Nürnberg fährt, d. h. gilt

$$\mathcal{P} \models \neg abfahrt(nürnberg, 7{:}16)?$$

Leider gilt das nicht (siehe Übungsaufgabe 5–6). Diese Situation ist durchaus typisch. Nehmen wir als weiteres Beispiel die Personaldatenbank eines kleinen Betriebs. Auch da möchten wir aus der Tatsache, dass eine Name nicht in der Datenbank auftaucht, schließen können, dass die betreffende Person in dem Betrieb nicht arbeitet.

Wie können wir das Problem lösen? Eine naive Idee ist es, die negative Information positiv auszudrücken und so dem Programm hinzuzufügen. In dem zuerst genannten Beispiel könnten wir mittels des Faktes

$$keine\_abfahrt(nürnberg, 7{:}16)$$

ausdrücken, dass um 7:16h kein Zug nach Nürnberg fährt. Theoretisch ist das vielleicht machbar, praktisch aber völlig inakzeptabel.

Eine andere Idee ist es, das definite Programm als eine unvollständige Definition zu verstehen, die noch ergänzt werden muss. In dem oben diskutierten Programm wird *abfahrt* definiert. Wir könnten diese Definition zu

$$\forall\,(abfahrt(X,Y) \leftarrow [(X \approx leipzig \wedge Y \approx 7{:}15),$$
$$(X \approx berlin \wedge Y \approx 7{:}17),$$
$$(X \approx prag \wedge Y \approx 7{:}18)])$$

umschreiben und sehen, dass hier eigentlich nur der „wenn"-Teil der Definition für *abfahrt* spezifiziert ist. Vervollständigen wir diese Spezifikation durch Hinzufügen des „genau-dann"-Teils, dann erhalten wir die Äquivalenz

$$\forall\,(abfahrt(X,Y) \leftrightarrow [(X \approx leipzig \wedge Y \approx 7{:}15),$$
$$(X \approx berlin \wedge Y \approx 7{:}17), \qquad (5.15)$$
$$(X \approx prag \wedge Y \approx 7{:}18)]).$$

Ergänzen wir diese Formel noch durch eine geeignete Definition für $\approx$, dann können wir in der Tat auf negative logische Konsequenzen schließen.

Dieser Prozess wird *Vervollständigung* genannt. Wir werden in diesem Abschnitt sehen, wie genau die Vervollständigung berechnet wird, wie mit einem vervollständigten Programm gerechnet wird und welche Eigenschaften solche Programme haben. Zunächst aber müssen wir die Klasse der Programme erweitern, da wir jetzt ja auch negative Teilziele zulassen wollen.

Definition 5.49 *Eine* (normale) Programmklausel *ist eine Klausel der Form* $A \leftarrow \langle L_1, \ldots, L_m \rangle$, *wobei* A *ein Atom und* $L_1, \ldots, L_m$ *Literale sind.*

Definition 5.50 *Ein* (normales) Programm *ist eine verallgemeinerte Konjunktion von Programmklauseln.*

Definition 5.51 *Ein* (normales) Ziel *ist eine Klausel der Form* $\leftarrow \langle L_1, \ldots, L_m \rangle$, *wobei* $L_1, \ldots, L_m$ *Literale sind.*

Wir sehen sofort, dass jede definite Klausel auch eine Programmklausel, jedes definite Programm auch ein normales Programm und jedes definite Ziel auch ein normales Ziel ist. Aus diesem Grund wollen wir in diesem Abschnitt auch eine Reihe von Begriffen aus dem letzten Abschnitt 5.1 übernehmen, ohne dass ich dafür die Definitionen explizit angebe. Wir wollen insbesondere wieder vom Kopf oder Rumpf einer Programmklausel, von den Teilzielen eines normalen Ziels, der Definition eines Relationssymbols oder einer Antwortsubstitution sprechen.

5.2.2 Semantik

Zur Definition der Semantik eines normalen Programms vervollständigen wir dieses Programm zunächst. Sei

$$p(t_1, \ldots, t_n) \leftarrow \langle L_1, \ldots, L_m \rangle \tag{5.16}$$

eine Programmklausel in einem normalen Programm $\mathcal{P}$. Wir setzen weiterhin voraus, dass das binäre Relationssymbol $\approx /2$ in $\mathcal{P}$ nicht vorkommt. Im ersten Schritt wird (5.16) zu

$$p(X_1, \ldots, X_n) \leftarrow \langle X_1 \approx t_1, \ldots, X_n \approx t_n, L_1, \ldots, L_m \rangle \tag{5.17}$$

transformiert, wobei $X_1, \ldots, X_n$ neue Variablen sind. In einem zweiten Schritt wird (5.17) zu

$$p(X_1, \ldots, X_n) \leftarrow (\exists Y_1) \ldots (\exists Y_k) \langle X_1 \approx t_1, \ldots, X_n \approx t_n, L_1, \ldots, L_m \rangle \tag{5.18}$$

transformiert, wobei $Y_1, \ldots, Y_k$ alle in (5.16) vorkommenden Variablen sind.

Nehmen wir an, die Definition für p bestehe aus l Programmklauseln. Wenn wir die soeben beschriebene Transformation für alle Programmklauseln in der Definition für p durchführen, dann erhalten wir die folgenden Formeln:

$$p(X_1, \ldots, X_n) \leftarrow E_1,$$
$$\vdots$$
$$p(X_1, \ldots, X_n) \leftarrow E_l,$$

wobei jedes E_i in einer Form wie in 5.18 dargestellt ist. Die *vervollständigte Definition* von p ist dann die Formel

$$\forall \, (p(X_1, \ldots, X_n) \leftrightarrow [E_1, \ldots, E_l])$$

In dem oben diskutierten Beispiel sehen wir, dass (5.15) die vervollständigte Definition von (5.14) darstellt. Ein weiteres Beispiel ist das Programm $\mathcal{P}$, das aus den folgenden Programmklauseln besteht:

$$even\,(0)$$
$$even\,(s(s(Y))) \leftarrow even\,(Y).$$

Mit diesem Programm wollen wir die geraden natürlichen Zahlen berechnen, wobei wir natürliche Zahlen mit Hilfe der Konstanten $0/0$ und der Nachfolgerfunktion $s/1$ darstellen. Die vervollständigte Definition von $even\,/1$ ist

$$(\forall X)\,(even\,(X) \leftrightarrow (X \approx 0 \vee (\exists Y)\,(X \approx s(s(Y)) \wedge even\,(Y)))).$$

In einem Programm $\mathcal{P}$ können Relationssymbole vorkommen, die in $\mathcal{P}$ selbst nicht definiert sind. Sei p/n ein solches Symbol. Dann heißt

$$(\forall X_1)\ldots(\forall X_n)\,\neg p(X_1,\ldots,X_n)$$

vervollständigte Definition von p. Als Beispiel betrachten wir ein Programm $\mathcal{P}$ mit folgenden Klauseln:

$$vogel\,(zwitschi),$$
$$fliegt\,(Y) \leftarrow \langle vogel\,(Y), \neg abnormal\,(Y)\rangle.$$

Die vervollständigten Definitionen von $vogel\,/1$ und $fliegt\,/1$ sind

$$(\forall X)\,(vogel\,(X) \leftrightarrow X \approx zwitschi),$$
$$(\forall X)\,(fliegt\,(X) \leftrightarrow (\exists Y)\,\langle X \approx Y, vogel\,(Y), \neg abnormal\,(Y)\rangle),$$

während

$$(\forall X)\,\neg abnormal\,(X)$$

die vervollständigte Definition für $abnormal$ ist.

Nun kommt in der vervollstandigten Definition das neue Relationssymbol $\approx /2$ vor und wir haben noch nicht spezifiziert, was genau die Bedeutung dieses Zeichens sein soll. Sei $\mathcal{E}$ die verallgemeinerte Konjunktion der folgenden Formeln, wobei wir $\neg s \approx t$ mit $s \not\approx t$ abkürzen und $\forall F$ wieder den universellen Abschluss von F darstellt:

$a \not\approx b$,
 für alle Paare a, b von verschiedenen Konstantensymbolen,
$\forall f(X_1,\ldots,X_n) \not\approx g(Y_1,\ldots,Y_m)$,
 für alle Paare f/n, g/m von verschiedenen Funktionssymbolen,
$\forall f(X_1,\ldots,X_n) \not\approx a$,
 für jedes Konstantensymbol $a/0$ und jedes Funktionssymbol f/n,
$\forall t \not\approx X$,
 für alle Terme t, in denen die Variable X vorkommt,
$\forall ([X_1 \not\approx Y_1,\ldots,X_n \not\approx Y_n] \rightarrow f(X_1,\ldots,X_n) \not\approx f(Y_1,\ldots,Y_n))$,
 für alle Funktionssymbol f/n,

$$\forall\, X \approx X,$$

$$\forall\, (\langle X_1 \approx Y_1, \ldots, X_n \approx Y_n\rangle \to f(X_1, \ldots, X_n) \approx f(Y_1, \ldots, Y_n)),$$
für alle Funktionssymbol f/n,

$$\forall\, (\langle X_1 \approx Y_1, \ldots, X_n \approx Y_n, p(X_1, \ldots, X_n)\rangle \to p(Y_1, \ldots, Y_n)),$$
für alle Relationssymbol p/n inkl. $\approx /2$

Die letzten drei Formeln bzw. Formelschemata sind die üblichen *Axiome der Gleichheit*. Aus ihnen lassen sich beispielsweise die Symmetrie und die Transitivität der Gleichheit ableiten (siehe Übungsaufgabe 5–7). Die ersten fünf Formelschemata beschränken die Menge der Interpretationen, die $\mathcal{E}$ auf den Wahrheitswert $\top$ abbilden. So fordert beispielsweise das erste Formelschema zusammen mit $\forall\, X \approx X$, dass verschiedene Konstantensymbole auf verschiedene Objekte im Grundbereich der Interpretationen abgebildet werden.

An dieser Stelle sei noch einmal darauf hingewiesen, dass wir uns gerade Gedanken machen, wie die Semantik eines normalen Programms aussehen soll. So sollen die Formeln in $\mathcal{E}$ nicht etwa einem Programm hinzugefügt werden, so dass ein Beweiser die logischen Konsequenzen ausrechnen kann. Der noch zu entwickelnde Beweiser für normale Programme wird $\mathcal{E}$ respektieren ohne über Formeln aus $\mathcal{E}$ explizit zu resolvieren.

Definition 5.52 *Die* Vervollständigung *eines normalen Programms* $\mathcal{P}$ *ist die verallgemeinerte Konjunktion der vervollständigten Definition aller in* $\mathcal{P}$ *vorkommenden Relationssymbol zusammen mit den Formeln in* $\mathcal{E}$. *Wir wollen in der Folge die Vervollständigung von* $\mathcal{P}$ *mit* comp($\mathcal{P}$) *notieren.*

Die Semantik eines normalen Programms kann nun als die Semantik des vervollständigten Programms definiert werden. Insbesondere können wir damit auch den Begriff der korrekten Antwortsubstitution von definiten auf normale Programme übertragen.

Definition 5.53 *Sei* $\mathcal{P}$ *ein normales Programm, sei* $G = \leftarrow \langle L_1, \ldots, L_m\rangle$ *ein normales Ziel und sei* θ *eine Antwortsubstitution für* $\mathcal{P}$ *und* G. θ *ist* korrekt, *wenn* $comp\,(\mathcal{P}) \models \forall\, \langle L_1, \ldots, L_m\rangle\theta$.

Sei $\mathcal{P}$ das normale Programm (5.14) in unserem Abfahrtsbeispiel. Dann besteht comp($\mathcal{P}$) gerade aus $\mathcal{E}$ und der Formel (5.15). Es ist leicht nachzuvollziehen, dass

$$comp(\mathcal{P}) \models (\exists X)\, abfahrt(prag, X)$$

gilt. In der Tat lässt sich für definite Programme zeigen, dass jede korrekte Antwortsubstitution gemäß der Definition 5.10 auch eine korrekte Antwortsubstitution gemäß der Definition 5.53 ist und umgekehrt (siehe [Llo93]). Aber jetzt gilt auch

$$comp(\mathcal{P}) \models \neg abfahrt(nürnberg, 7{:}16), \qquad (5.19)$$

d. h. wenn wir das vervollständigte Programm betrachten, dann erhalten wir auch die gewünschten negativen logische Konsequenzen.

In der Folge wollen wir uns mit der Frage beschäftigen, wie wir negative logische Konsequenzen eines vervollständigten normalen Programms ausrechnen können. Dazu müssen wir die SLD-Resolution passend erweitern.

5.2.3 SLDNF-Resolution

In diesem Abschnitt suchen wir nach einem Beweisverfahren, das die logischen Konsequenzen der Vervollständigung comp($\mathcal{P}$) eines normalen Programms $\mathcal{P}$ ausrechnet. Da es sich bei comp($\mathcal{P}$) um eine prädikatenlogische Formel handelt, könnte grundsätzlich jedes in Abschnitt 4.6 genannte Beweisverfahren diese Aufgabe lösen. Dann müssten aber auch alle in comp($\mathcal{P}$) vorkommenden Formeln an einem Beweis explizit beteiligt werden. Insbesondere müssten auch die in $\mathcal{E}$ und in den vervollständigten Definitionen vorkommenden Formeln explizit in den Beweis mit eingebunden werden. Dies würde nicht nur die Effizienz des Verfahrens sehr negativ beeinflussen, sondern auch die Nähe zur prozeduralen Programmierung wäre damit verloren.

Deshalb wurde versucht, die SLD-Resolutionsregel so zu erweitern, dass sie zum einen nur die in $\mathcal{P}$ vorkommenden Programmklauseln explizit verwendet und zum andern mit negativen Teilzielen umgehen kann. Wir wollen die neue Regel *SLDNF-Resolution* nennen, wobei „*NF*" für *Negation als Fehlschlag* steht. Die Gründe dafür werden nach der folgenden Erklärung hoffentlich klar sein. Diese Regel lässt sich informell auf den ersten Blick relativ einfach beschreiben. Sei $\mathcal{P}$ ein normales Programm, sei G ein normales Ziel und sei L das durch eine Selektionsfunktion ausgewählte Teilziel aus G. Die *SLDNF-Resolvente* wird nun wie folgt berechnet.

- Wenn L ein Atom ist, dann berechne die Resolvente wie bei der SLD-Resolution.

- Wenn L das negierte abgeschlossene Atom $\neg A$ ist, dann versuche eine SLDNF-Widerlegung von $\mathcal{P}$ und $\leftarrow A$ zu finden. Existiert diese Widerlegung, dann ist G fehlgeschlagen. Kann in endlicher Zeit gezeigt werden, dass diese Widerlegung nicht existiert, dann entferne L aus G. Das so erhaltene normale Ziel ist die SLDNF-Resolvente von G.

Diese informelle Beschreibung spiegelt unmittelbar das in Abschnitt 2.6 geschilderte Verhalten eines Prolog-Systems wider, wenn es auf ein negatives Teilziel trifft.

Auf den zweiten Blick offenbart sich aber ein nicht so ganz einfaches Problem. Bei der Beschreibung einer SLDNF-Resolvente mussten wir auf den Begriff der SLDNF-Widerlegung zurückgreifen, den wir eigentlich erst dann richtig definieren können, wenn wir den Begriff der SLDNF-Resolvente festgelegt haben.

Wir haben es hier also mit einer wechselseitig rekursiven Definition zu tun und die erfordert eine gewisse Vorsicht.

Definition 5.54 *Sei* $G = \leftarrow \langle L_1 \ldots, L_m \rangle$ *ein normales Ziel und sei* $C = A \leftarrow \langle M_1, \ldots, M_n \rangle$ *eine neue Variante einer Programmklausel. Wenn* L_i, $1 \leq i \leq m$, *ein Atom ist und* L_i *und* A *mit dem allgemeinsten Unifikator* θ *unifizierbar sind, dann ist* $\leftarrow \langle L_1, \ldots, L_{i-1}, M_1, \ldots, M_n, L_{i+1}, \ldots, L_m \rangle \theta$ *das aus* G *und* C *mittels* θ *abgeleitete Ziel. Das Teilziel* L_i *heißt ausgewähltes Teilziel.*

Diese Definition entspricht der einer SLD-Resolvente. Nur dürfen hier die nicht-ausgewählten Teilziele auch negativ sein und auch im Rumpf der Programm-klausel dürfen negative Teilziele vorkommen. Wie schon bei der SLD-Resolution kann auch hier aus den abgeleiteten Zielen eine Folge gebildet werden, die ge-gebenenfalls mit dem leeren Ziel endet.

Definition 5.55 *Sei* $\mathcal{P}$ *ein normales Programm und sei* G *ein normales Ziel. Eine* SLDNF-*Widerlegung mit Rang* 0 *von* $\mathcal{P}$ *und* G *ist eine Folge* $(G_i \mid 1 \leq i \leq n)$ *von normalen Zielen, die den folgenden Bedingungen genügt:*

1. $G_0 = G$,

2. *für alle* $1 \leq j \leq n$ *gilt:* G_j *ist ein aus* G_{j-1} *und einer neuen Variante einer Klausel aus* $\mathcal{P}$ *abgeleitetes Ziel, und*

3. $G_n = [\,]$.

Definition 5.56 *Sei* $\mathcal{P}$ *ein normales Programm und sei* G *ein normales Ziel. Ein* endlich fehlschlagender SLDNF-Baum mit Rang 0 *für* $\mathcal{P}$ *und* G *ist ein Baum mit den folgenden Eigenschaften:*

1. *Der Baum ist endlich und jeder Knoten in ihm ist mit einem nicht-leeren normalen Ziel markiert.*

2. *Die Wurzel des Baums ist mit* G *markiert.*

3. *An jedem Knoten im Baum wurde ein positives Teilziel ausgewählt.*

4. *Sei* K *ein mit* $G' = \leftarrow \langle L_1, \ldots, L_m \rangle$ *markierter Knoten, sei* L_j, $1 \leq j \leq m$, *das ausgewählte Teilziel und* $\mathcal{G}$ *die Menge der aus* G *und den Programmklauseln aus* $\mathcal{P}$ *abgeleiteten Ziele. Dann hat* K *genau für jedes in* $\mathcal{G}$ *vorkommende Ziel* G'' *einen Nachfolger, der mit* G'' *markiert ist.*

Ein endlich fehlschlagender SLDNF-Ableitungsbaum mit Rang 0 entspricht damit einem SLD-Ableitungsbaum, in dem alle Äste fehlschlagen. Jedoch dür-fen auch hier normale Ziele und normale Programmklauseln verwendet werden, aber alle ausgewählten Teilziele müssen Atome sein.

Definition 5.57 *Sei* $\mathcal{P}$ *ein normales Programm und sei* G *ein normales Ziel. Eine* SLDNF-*Widerlegung mit Rang* $k+1$ *von* $\mathcal{P}$ *und* G *ist eine Folge* $(G_i \mid 1 \leq i \leq n)$ *von normalen Zielen, die den folgenden Bedingungen genügt:*

1. $G_0 = G$,

2. *für alle* $1 \leq i \leq n$ *gilt:*

   (a) G_i *ist das aus* G_{i-1} *und einer neuen Variante einer in* $\mathcal{P}$ *vorkommenden Programmklausel oder*

   (b) $G_{i-1} = \leftarrow \langle L_1, \ldots, L_m \rangle$, *das ausgewählte Literal* L_j, $1 \leq j \leq m$, *ist ein abgeschlossenes, negatives Literal der Form* $\neg A$ *und es gibt einen endlich fehlschlagenden SLDNF-Ableitungsbaum mit Rang* k *für* $\mathcal{P}$ *und* $\leftarrow A$;
   in diesem Fall ist $G_i = \leftarrow \langle L_1, \ldots, L_{j-1}, L_{j+1}, \ldots, L_m \rangle$,

3. $G_n = [\,]$.

Die entscheidende Bedingung in der Definition einer SLDNF-Ableitung mit Rang $k+1$ ist dabei, dass man dabei nur endlich fehlschlagende SLDNF-Ableitungsbäume mit Rang k verwendet.

Definition 5.58 *Sei* $\mathcal{P}$ *ein normales Programm und sei* G *ein normales Ziel. Ein* endlich fehlschlagender SLDNF-*Baum mit Rang* $k+1$ *für* $\mathcal{P}$ *und* G *ist ein Baum mit den folgenden Eigenschaften:*

1. *Der Baum ist endlich und jeder Knoten in ihm ist mit einem nicht-leeren normalen Ziel markiert.*

2. *Die Wurzel des Baums ist mit* G *markiert.*

3. *Sei* K *ein mit* $G' = \leftarrow \langle L_1, \ldots, L_m \rangle$ *markierter Knoten und* L_j, $1 \leq j \leq m$, *das ausgewählte Teilziel.*

   (a) *Wenn* L_j *ein Atom ist, dann sei* $\mathcal{G}$ *die Menge der aus* G *und den Programmklauseln aus* $\mathcal{P}$ *ableitbaren Ziele. In diesem Fall hat* K *genau für jedes in* $\mathcal{G}$ *vorkommende Ziel* G'' *einen Nachfolger, der mit* G'' *markiert ist.*

   (b) *Wenn* L_j *das abgeschlossenen negative Literal* $\neg A_j$ *ist und es einen endlich fehlschlagenden SLDNF-Ableitungsbaum mit Rang* k *für* $\mathcal{P}$ *und* $\leftarrow A$ *gibt, dann hat* K *nur einen Nachfolger, der mit* $\leftarrow \langle L_1, \ldots, L_{i-1}, L_{i+1}, \ldots, L_m \rangle$ *markiert ist*

Definition 5.59 *Ein normales Programm* $\mathcal{P}$ *und ein normales Ziel* G *haben eine* SLDNF-*Widerlegung, wenn es ein* $k \in \mathbb{N}$ *und eine SLDNF-Widerlegung mit Rang* k *von* $\mathcal{P}$ *und* G *gibt.*

Wir erinnern uns an das Fahrplanbeispiel vom Beginn dieses Abschnitts. Seien $\mathcal{P}$ das aus den Klausel (5.14) bestehende normale Programm und

$$G_0 \;=\; \leftarrow \neg abfahrt(n\ddot{u}rnberg, 7{:}16).$$

Da G_0 nur ein Teilziel besitzt, können wir nur dieses auswählen. Das Teilziel selbst ist negativ und abgeschlossen. Folglich müssen wir überprüfen, ob es einen endlich fehlschlagenden SLDNF-Ableitungsbaum für $\mathcal{P}$ und

$$\leftarrow abfahrt(n\ddot{u}rnberg, 7{:}16)$$

gibt. Das Atom $abfahrt(n\ddot{u}rnberg, 7{:}16)$ ist jedoch mit keinem Fakt aus $\mathcal{P}$ unifizierbar, folglich ist der nur aus dem mit $\leftarrow abfahrt(n\ddot{u}rnberg, 7{:}16)$ markierten Knoten bestehende SLDNF-Ableitungsbaum bereits endlich fehlschlagend. Dieser Baum hat Rang 0. Somit erhalten wir $G_1 = [\,]$ und damit auch eine SLDNF-Widerlegung für $\mathcal{P}$ und G_0 mit Rang 1.

Mit Hilfe des jetzt definierten Begriffs einer SLDNF-Ableitung können wir den Begriff der berechneten Antwortsubstitution auch für normale Programme und normale Ziele festlegen.

Definition 5.60 *Sei $\mathcal{P}$ ein normales Programm und sei G ein normales Ziel, so dass es eine SLDNF-Widerlegung von $\mathcal{P}$ und G gibt. Sei $\theta_1, \ldots, \theta_n$ die Folge der in dieser Ableitung verwendeten Substitution. Dann heißt $(\theta_1 \ldots \theta_n)|_{\mathsf{fv}(G)}$* berechnete Antwortsubstitution *für $\mathcal{P}$ und G.*

5.2.4   Eigenschaften

In diesem Abschnitt sollen einige Eigenschaften normaler Programme, deren Vervollständigung und der SLDNF-Resolution angesprochen werden.

Erfüllbarkeit   Jedes definite Programm ist erfüllbar. Insbesondere ist die entsprechende Herbrand-Basis immer ein Modell für das definite Programm. Dies gilt auch für normale Programme (siehe Übungsaufgabe 5–8). Bei der Vervollständigung werden aber zu einem erfüllbaren normalen Programm weitere Formeln konjunktiv hinzugefügt. Wie wir schon gesehen haben, können dadurch Modelle eliminiert werden. Kann es passieren, dass wir dabei alle Modelle eliminieren? Leider ja, wie das folgende Beispiel zeigt. Sei $\mathcal{P}$ das normale Programm, das nur aus der Programmklausel $p \leftarrow \neg p$ besteht. Diese ist semantisch äquivalent zu $(p \vee \neg\neg p) \equiv (p \vee p) \equiv p$ und damit erfüllbar. Die vervollständigte Definition von p ist aber die unerfüllbare Formel $(p \leftrightarrow \neg p)$ und somit ist auch $\mathsf{comp}(\mathcal{P})$ unerfüllbar.

Korrektheit   SLDNF-Resolution ist korrekt in dem Sinne, dass jede berechnete Antwortsubstitution für ein normales Programm und ein normales Ziel auch eine korrekte Antwortsubstitution ist.

Satz 5.61 *Sei $\mathcal{P}$ ein normales Programm und sei G ein normales Ziel. Jede berechnete Antwortsubstitution für $\mathcal{P}$ und G ist eine korrekte Antwortsubstitution für $\mathrm{comp}(\mathcal{P})$ und G.*

Auf den Beweis dieses Satzes will ich hier nicht näher eingehen, sondern verweise dazu auf [Cla78]. Der Beweis ist im Wesentlichen eine Verallgemeinerung des Beweises der Korrektheit der SLD-Resolution. Allerdings kann man jetzt aus der Tatsache, dass ein Unifikationsproblems $\{s_i \approx t_i \mid 1 \le i \le n\}$ nicht lösbar ist, auf $\mathcal{E} \models \neg \exists (s_1 \approx t_1 \wedge \ldots \wedge s_n \approx t_n)$ schließen. Dies ist die zentrale Eigenschaft, um negative Teilziele positiv beantworten zu können.

Vollständigkeit Es gibt eine Reihe einfacher Beispiele, die zeigen, dass die SLDNF-Resolution unvollständig ist. Betrachten wir dazu das Programm $\mathcal{P}$, das nur aus den Programmklauseln $p \leftarrow q$, $p \leftarrow \neg q$ und $q \leftarrow q$ besteht. Wenn wir die Definitionen für p und q vervollständigen, dann erhalten wir $(p \leftrightarrow (q \vee \neg q))$ und $(q \leftrightarrow q)$. Da $(q \vee \neg q)$ allgemeingültig ist, ist die erste Äquivalenz semantisch äquivalent zu p. Somit gilt $\mathrm{comp}(P) \models p$ und folglich ist ε eine korrekte Antwortsubstitution für $\mathcal{P}$ und $\leftarrow p$. Auf der anderen Seite gibt es aber keine SLDNF-Widerlegung für $\mathcal{P}$ und $\leftarrow p$ (siehe Übungsaufgabe 5–9).

Ein anderes Beispiel liefert das Programm $\mathcal{P}$, das nur aus den Klauseln $p(a)$ und $q(b)$ besteht. Wenn wir die Zielklausel $\leftarrow \neg p(X)$ betrachten, dann können wir keinen einzigen Ableitungsschritt ausführen, da als einziges auswählbares Teilziel nur $\neg p(X)$ in Frage kommt, dieses Teilziel aber nicht abgeschlossen ist. Es ist aber leicht zu sehen, dass $\{X \mapsto b\}$ eine korrekte Antwortsubstitution für $\mathcal{P}$ und $\leftarrow \neg p(X)$ ist. Dazu müssen wir nur die vervollständigten Definitionen $(p(X) \leftrightarrow X \approx a)$ und $(q(X) \leftrightarrow X \approx b)$ für p und q betrachten. Wegen $\mathcal{E}$ gilt dann $\mathrm{comp}(\mathcal{P}) \models \neg p(b)$.

Nun könnte man auf die Idee kommen, die Bedingung, dass ein ausgewähltes negatives Literal abgeschlossen sein muss, einfach fallen zu lassen. Die folgende Überlegung zeigt aber, dass dies grundsätzlich nicht funktionieren kann. Sei $\mathcal{P}$ ein normales Programm und A ein Atom. Ein SLD- bzw. ein SLDNF-Beweiser versucht über die Unifikation die in einem Ziel $\leftarrow A$ vorkommenden Variablen so mittels einer Substitution θ zu instantiieren, dass gerade $\mathrm{comp}(\mathcal{P}) \models \forall A\theta$ gilt. Wenn wir aber das Ziel $\leftarrow \neg A$ betrachten, dann sollte der Beweiser die in A vorkommenden Variablen so instantiieren, dass $\mathrm{comp}(\mathcal{P}) \models \forall (\neg A\theta)$ gilt. Das bedeutet aber nichts anderes, als dass hier der Unifikationsalgorithmus eine Substitution σ für die in einem Unifikationsproblem $\mathcal{U}$ vorkommenden Variablen zu finden, so dass ein $\mathcal{U}\sigma$ unlösbar ist. Dies aber ist genau das Gegenteil dessen, wofür der Unifikationsalgorithmus entwickelt wurde.

Wie wir gesehen haben, ist die SLDNF-Resolution unvollständig. Somit bleibt uns nichts anderes übrig als nach Bedingungen für normale Programme und normale Ziele zu suchen, so dass die Vollständigkeit der SLDNF-Resolution für diese Programme und Ziele gezeigt werden kann. Hierzu gibt es in der Literatur ausführliche Ansätze, deren Darstellung hier den Rahmen dieses Buches deutlich sprengen würde.

Unabhängigkeit von der Selektionsfunktion In SLD-Beweisern spielt es keine Rolle, welche Selektionsfunktion verwendet wird. Sind ein definites Programm und ein definites Ziel unerfüllbar, dann findet dieser Beweiser eine SLD-Widerlegung unabhängig davon, welche Selektionsfunktion verwendet wird. Auch diese Eigenschaft geht bei SLDNF-Beweisern leider verloren wie das folgende Beispiel zeigt. Sei $\mathcal{P}$ ein Programm, das nur aus den Programmklauseln $p \leftarrow p \wedge q$ und $r \leftarrow \neg p$ besteht und sei G das Ziel $\leftarrow r$. Dann gibt es eine SLDNF-Widerlegung unter Verwendung der Selektionsfunktion, die immer das letzte Teilziel eines Zieles auswählt, während bei Verwendung der Selektionsfunktion, die immer das erste Teilziel eines Zieles auswählt, keine SLDNF-Widerlegung gefunden werden kann.

Auch in diesem Fall gibt es eine Reihe von Arbeiten in der Literatur, die sich mit der Frage beschäftigen, welche Selektionsfunktionen garantiert zu einer SLDNF-Widerlegung führen, so überhaupt eine existiert.

Monotonie Das Rechnen bezüglich vervollständigter normaler Programme führt zu einem nicht-monotonen Verhalten. Wir hatten zuvor in Satz 5.47 gesehen, dass bei Hinzufügen von weiteren definiten Klauseln $\mathcal{P}'$ zu einem definiten Programm $\mathcal{P}$ die logischen Konsequenzen aus $\mathcal{P}$ erhalten wurden. Dies gilt jetzt nicht mehr. Betrachten wir dazu erneut das normale Programm (5.14) und fügen diesem Programm das Fakt *abfahrt*(*nürnberg*, 7:16) hinzu. Sei $\mathcal{P}'$ das so erweiterte Programm. Der Leser bzw. die Leserin sind aufgefordert, selbst zu verifizieren, dass jetzt comp$(\mathcal{P}') \not\models \neg abfahrt(nürnberg, 7:16)$ gilt. Ein Vergleich mit (5.19) zeigt unmittelbar, dass die Logik jetzt nicht-monoton ist.

5.3 Literaturhinweise

Eine hervorragende Darstellung definiter Programme, deren Wurzeln in der Logik, sowie des Übergangs von definiten Programmen zum Programmieren in Prolog ist das Buch von Krzysztof R. Apt [Apt97]. Als Standardwerk für die Grundlagen der Logikprogrammierung wird heute vielfältig das Buch [Llo93] von John W. Lloyd angesehen. Dort werden insbesondere auch normale Programme und die SLDNF-Resolution ausführlich diskutiert und ihre Eigenschaften nachgewiesen.

Die in diesem Kapitel präsentierten Resultate selbst gehen auf verschiedene Arbeiten zurück. Robert A. Kowalski und D. Kuehner betrachteten zuerst die Einschränkung der Resolution auf lineare Resolution mit Selektionsfunktion [KK71]. R. Hill nannte diese Einschränkung für Horn-Klauseln noch LUSH-Resolution in [Hil74]. Marten H. van Emden und Robert A. Kowalski zeigten in [vEK76] unter anderem, dass das kleinste Modell eines definiten Programms $\mathcal{P}$ sowie der kleinste Fixpunkt der mit einem solchen Programm assoziierten Funktion $T_{\mathcal{P}}$ genau die logischen Konsequenzen des Programms charakterisiert. Die Charakterisierung der logischen Konsequenzen eines definiten Programms durch dessen Erfolgsmenge wurde erstmals in [AE82] beschrieben. Robert Hill konnte in [Hil74] zeigen, dass es eine SLD-Widerlegung von einem definiten Programm $\mathcal{P}$ und einem Ziel G gibt, wenn $(\mathcal{P} \wedge G)$ unerfüllbar ist. Hill zeigte auch die Unabhängigkeit von der Selektionsfunktion. Korrekte und berechnete Antwortsubstitutionen wurden in [Cla79] von Keith L. Clark eingeführt. Die Negation als Fehlschlag wurde auch von Keith L. Clark in [Cla78] erstmals studiert, der auch die Korrektheit der SLDNF-Resolution bewies.

Ein sehr schöner Übersichtsartikel über die Eigenschaften von Horn Klauseln ist [Hod93]. Die SLDNF-Resolution und ihre Beziehung zu anderen nicht-monotonen Formalismen ist in [She98] beschrieben. Beide Arbeiten sind in den Reihe „Handbook of Logic in Artificial Intelligence and Logic Programming" erschienen. Dieses Handbuch enthält darüber hinaus viele sehr interessante Arbeiten im Umfeld zu den in diesem Buch diskutierten Themen.

Viele der in diesem Abschnitt erzielten Resultate lassen sich auf definite und normale Programme mit Gleichheit erweitern. Die Gleichheit wird dabei in die Berechnung der Unifikatoren eingebaut und wir sprechen dann von SLDE- bzw. SLDENF-Resolution (siehe [Höl89] und [She92]).

Kapitel 6

Ausblick

In den bisherigen Kapiteln konnte nur eine kompakte Einführung gegeben werden. Das Gebiet der Logik und der Logikprogrammierung ist aber sehr viel reichhaltiger. Darum sollen hier einige Erweiterungen kurz angesprochen werden. Dazu zählen unter anderem die Prädikatenlogik höherer Stufe, Gleichheit und funktionale Programmierung, Abduktion und Induktion, nicht-monotone Logiken, mehrwertige Logiken, modale und temporale Logiken sowie substrukturelle Logiken.

Bis hierhin wurden die Grundlagen der Logik und der Logikprogrammierung gelegt, aber damit ist das Gebiet bei weitem noch nicht erschöpfend behandelt. Viele Themen wurden entweder nur kurz angesprochen oder noch gar nicht berührt. So haben wir zwar einige kleine Prolog-Programme angesehen und uns die Grundprinzipien von Prolog verdeutlicht, aber um richtig Programmieren zu lernen, muss ich auf die weiterführende Literatur beziehungsweise auf weiterführende Kurse verweisen.

Andere wichtige Themen sind beispielsweise die Terminierung oder die partielle Auswertung von Programmen. Bei der Terminierung interessiert man sich für die Frage, ob man einem Programm und einer Eingabe ansehen kann, dass das Programm bei dieser Eingabe garantiert terminiert. Bei der partiellen Auswertung eines Programms geht es darum, Teile eines Programms im Vorfeld eines Aufrufs und unabhängig von einer konkreten Eingabe auszuwerten, und so zu effizienteren Programmen zu kommen.

In jüngster Zeit hat es auch einen gewissen Paradigmenwechsel in der Logikprogrammierung gegeben. Während bisher die Suche nach korrekten Antwortsubstitutionen im Vordergrund stand, werden heute vermehrt Systeme betrachtet, bei denen die Suche nach Modellen die zentrale Aufgabe ist.

Die Implementierung von Logik-Programmiersprachen und automatischen bzw. semiautomatischen Beweisern wurde überhaupt nicht angesprochen. Jeder, der sich ernsthaft mit dieser Frage beschäftigt, findet sich unmittelbar auf der Systemebene wieder. In der Tat beschäftigen sich die Entwickler von Hochleistungsbeweisern heute vor allem auch mit der Frage, wie sie ein relativ langsames Speichermedium so mit den immer schneller werdenden Prozessoren koppeln, dass Beweise auch schnell gefunden werden.

Die Anwender drückt der Schuh auch noch an einer ganz anderen Stelle. Beweissysteme versuchen ja, die Relation $\mathcal{F} \models G$ zu bestimmen. Dabei war bei den in der Vergangenheit betrachteten Problemen meist die Menge $\mathcal{F}$ relativ klein, so dass Suchstrategien und Heuristiken zum Durchlaufen der Suchräume anhand von $\mathcal{F}$ optimiert werden konnten. Dafür waren die gefundenen Beweise durchaus schwierig. Die Firma INTEL hat aber in jüngster Zeit viele Anwendungsprobleme, in denen $\mathcal{F}$ sehr groß ist, während für einen konkreten Beweis nur wenige Elemente aus $\mathcal{F}$ benötigt werden und der Beweis selbst einfach ist. Aber welche Elemente werden konkret benötigt? Es gibt nicht wenige Wissenschaftler, die angesichts dieser Tatsache verstärkt fordern, Techniken aus dem Gebiet der Intellektik, wie beispielsweise automatische Lernverfahren oder intelligente Planungssysteme, verstärkt in diesem Umfeld einzusetzen.

Aber auch in der Logik selbst musste ich einige Themen aussparen. So spielt beispielsweise die Gleichheitsrelation in vielen Anwendungen eine wichtige Rolle. Assoziativität und Kommutativität von Relationen sind häufig vorkommende Eigenschaften. Nun lassen sich solche Eigenschaften in der Prädikatenlogik zwar unmittelbar repräsentieren, aber die Gleichheitsrelation selbst ist reflexiv, symmetrisch und transitiv. Sobald wir diese Formeln einem Beweissystem explizit vorlegen, explodiert meist sofort der Suchraum. Viele Ableitungen sind dann irrelevant oder redundant. Diese zu erkennen und zu vermeiden erfordert eine Vielzahl weitergehender Techniken und Methoden.

Auf der anderen Seite ist die Behandlung der Gleichheitsrelation die Grundlage für die funktionale Progammierung. Funktionen lassen sich unmittelbar als Gleichungen spezifizieren, wie das folgende Beispiel zeigt. Mit

$$
\begin{aligned}
0 + Y &= Y \\
s(X) + Y &= s(X + Y)
\end{aligned}
$$

wird die infix geschriebene Funktion $+/2$ über den natürlichen Zahlen rekursiv definiert. Die natürlichen Zahlen selbst sind dabei durch die Konstante 0 und die Nachfolgerfunktion $s/1$ gegeben. Ein solches funktionales Programm können wir etwa mittels des Funktionsaufrufs $s(0) + s(s(0))$ aufrufen. Als Wert würden wir dann

$$
\underline{s(0) + s(s(0)} = s(\underline{0 + s(s(0))}) = s(s(s(0)))
$$

erhalten, wobei in jedem Schritt die unterstrichene Zeichenreihe entsprechend ersetzt wurde.

Funktionale Programme zeichnen sich aber auch noch durch die Eigenschaft aus, dass Funktionen selbst Argumente von Funktionen sein dürfen oder dass der Wert eines Funktionsaufrufs selbst wieder eine Funktion sein darf. Als Beispiel betrachten wir die Gleichungen:

$$map\,(G, [\,]) \quad = \quad [\,]$$
$$map\,(G, [K|T]) \quad = \quad [G(K), map\,(G, T)].$$

Hier wird eine Funktion G rekursiv auf alle Elemente einer Liste angewendet. Dabei ist G selbst eine Variable, die erst zum Zeitpunkt des Aufrufs von map instantiiert wird. Wollen wir dies in der Logik modellieren, dann müssen wir ebenfalls Funktionsvariable einführen. Wir verlassen damit die Prädikatenlogik und kommen zur Logik höherer Stufe.[1] Dort werden im Allgemeinen nicht nur Funktionsvariable, sondern auch Prädikatsvariable zugelassen. Grundsätzlich kann ich in einer Logik höherer Stufe nicht mehr berechnen als in der Prädikatenlogik, aber viele Dinge lassen sich dort geschickter darstellen.

Die Beziehung $\mathcal{F} \models G$ ist ja erst einmal nichts anderes als eine infix geschriebene binäre Relation $\models$ zwischen einer Menge $\mathcal{F}$ von Formeln und einer Formel G. Bisher war in allen betrachteten Fällen $\mathcal{F}$ gegeben, während G manchmal gegeben war und manchmal nicht. Was passiert aber, wenn $\mathcal{F}$ nicht oder nur teilweise bekannt ist. Solche Fälle treten durchaus in praktischen Anwendungen auf. Betrachten wir als sehr einfaches Szenario einen autonomen Agenten, dessen Wissensbasis $\mathcal{F}$ – hier ein definites Programm – mit der folgenden Definition für nasses Gras ausgestattet ist:

$$gras\_ist\_nass \leftarrow es\_hat\_geregnet$$
$$gras\_ist\_nass \leftarrow rasensprenger\_war\_an.$$

$\mathcal{F}$ selbst enthalte aber keine Definition für die nullstelligen Prädikatssymbole *es_hat_geregnet* oder *rasensprenger_war_an*. Nun stellen wir uns vor, der autonome Agent rollt morgens in den Garten und stellt über einen Sensor fest, dass das Gras nass ist. Er kann sich dies aber nicht erklären, da $\mathcal{F} \not\models$ *gras_ist_nass*. Ein rationaler Agent, der nach einer Erklärung sucht, sollte nach einem $\mathcal{F}'$ suchen, so dass $\mathcal{F} \cup \mathcal{F}' \models$ *gras_ist_nass* gilt. Dieser Prozess heißt Abduktion und ist beispielsweise bei der Suche nach Erklärungen für in einem System aufgetretene Fehler sehr hilfreich.

Aber auch in anderen Bereichen muss man die passenden Erweiterungen von $\mathcal{F}$ suchen. Wir haben in diesem Buch mehrere Induktionsbeweise geführt und dabei verschiedene Induktionsaxiome verwendet. Erst durch Hinzunahme eines passenden Induktionsaxioms konnten wir die Beweise abschließen. Da rekursiv definierte Strukturen überall in der Informatik vorkommen und man induktive Beweise führen muss, sobald man Aussagen über diese Strukturen machen will, möchte man auch induktive Beweise gern automatisieren. Dieser Prozess heißt Induktion und ist der Gegenstand eines sehr aktiven Forschungsgebiets.

Sobald wir versuchen, Alltagswissen in einem Rechner zu repräsentieren und Schlüsse daraus zu ziehen, müssen wir Annahmen treffen. Diese Annahmen können sich später als falsch erweisen und müssen dann revidiert werden. Das

---

[1] Die Prädikatenlogik wird oft auch als Logik erster Stufe bezeichnet.

bedeutet aber auch, dass die Schlüsse, die wir unter solchen Annahmen getroffen haben, dann nicht mehr gelten. Unser System ist demnach nicht-monoton. Wir haben in diesem Buch ein Verfahren zum Umgang mit nicht-monotonem Verhalten, nämlich die Negation als Fehlschlag, kennen gelernt. Die Negation als Fehlschlag löst aber leider nicht alle Probleme des Alltagsschließens und viele weitere Verfahren werden zurzeit diskutiert.

In diesem Zusammenhang spielen auch die mehrwertigen Logiken eine wichtige Rolle. Mehrwertige Logiken sind Logiken, die nicht nur über den Wahrheitswerten $\top$ und $\bot$ interpretiert werden, sondern deren Interpretationen darüberhinaus auch noch auf andere Werte, wie beispielsweise ein „weiß nicht", abbilden können.

In modalen Logiken wird über mögliche Welten geschlossen. Eine Welt ist durch eine Menge von Formeln charakterisiert, die in ihr gültig sind. Eine Erreichbarkeitsrelation legt fest, welche Welten von einer gegebenen Welt aus erreichbar sind. Weitere Junktoren ermöglichen es, Aussagen über die in einer erreichbaren Welt gültigen Formeln zu machen. So legt beispielsweise die Formel $\Box\, F$ fest, dass in jeder erreichbaren Welt F gilt, während die Formel $\Diamond\, F$ besagt, dass F in einer erreichbaren Welt gilt. Solche Logiken sind sehr hilfreich, wenn man Eigenschaften von dynamischen Systemen beweisen will. Die Zustände eines solchen Systems werden als Welten modelliert und mittels Formeln der Form $\Box\, F$ kann dann die Eigenschaft, dass es zu jedem Zustand einen Nachfolgerzustand gibt, modelliert werden.

Temporale Logiken ermöglichen es, zusätzlich auch noch Zeiten zu modellieren, zu denen bestimmte Formeln gültig sind, bzw. zeitliche Abhängigkeiten auszudrücken.

In jüngster Zeit sind substrukturelle Logiken wie beispielsweise die lineare Logik oder der Kalkül der Strukturen ins Zentrum der Forschung gerückt. Substrukturelle Logiken sind Logiken, in denen es neben den üblichen Junktoren auch noch Operatoren gibt, die nicht idempotent sind und mit denen sich das Kopieren von Formeln kontrollieren lässt. Damit lassen sich Ressourcen deutlich besser modellieren als in klassischen Logiken.

Meist völlig außer acht lassen musste ich auch die vielfältigen Anwendungen von Methoden und Techniken der Logik. Ich will zum Abschluss auch nur drei Anwendungen kurz nennen. Firmen wie INTEL oder AMD unternehmen nach schweren Pannen bei der Entwicklung ihrer Prozessoren besondere Anstrengungen, um korrekte Hardware und Hardware-nahe Programme zu entwickeln. Die NASA konzentriert sich nach schlechten Erfahrungen in der Vergangenheit besonders auch auf die Entwicklung korrekter Programme zur Steuerung ihrer Weltraumunternehmen. AIRBUS Industries musste erkennen, dass bei Anwendung herkömmlicher Validierungstechniken die Software des AIRBUS A380 erst nach dem Ende seiner erwarteten Lebensdauer validiert wäre. In allen drei Beispielen kommen heute Techniken und Methoden zum Einsatz, die sich aus dem Gebiet der Logik ableiten.

Literaturverzeichnis

[AE82]   K. R. Apt and M. H. Van Emden. Contributions to the theory of
            logic programming. *Journal of the ACM*, 29:841–862, 1982.

[And97]   H. R. Andersen. An introduction to binary decision diagrams. Lec-
            ture Notes `http://www.itu.dk/people/hra/notes-index.html`,
            October 1997.

[Apt97]   K. R. Apt. *From Logic to Logic Programming*. Prentice Hall, Lon-
            don, 1997.

[Bau00]   P. Baumgartner. FDPLL – a first–order davis–putnam–logeman–
            loveland procedure. In D. McAllester, editor, *Automated Deduction
            — CADE 17*, volume 1831 of *Lecture Notes in Artificial Intelligence*,
            Springer, Berlin, 2000.

[BE93]   W. Bibel and E. Eder. Methods and calculi for automated de-
            duction. In *Handbook of Logic in Artificial Intelligence and Logic
            Programming*, volume 1, pages 67–182. Oxford University Press,
            Oxford, 1993.

[Bet55]   E.W. Beth. Semantic entailment and formal derivability. *Meded-
            lingen der Koninklijke Nederlandse Akademie van Wetenschappen*,
            18(13):309–342, 1955.

[Bib92]   W. Bibel. *Deduktion – Automatisierung der Logik*. Handbuch der
            Informatik. Oldenbourg, München, 1992.

[BP95]   B. Beckert and J. Posegga. leanTAP: Lean tableau–based deducti-
            on. *Journal of Automated Reasoning*, 15:339–358, 1995.

[Bra87]   I. Bratko. *Prolog — Programmierung für Künstliche Intelligenz*.
            Addison-Wesley, Reading, Ma., 1987.

[CL90]   L. Chang and R. C. T. Lee. *Symbolic Logic and Mechanical Theorem
            Proving*. Academic Press, New York, 1990.

[Cla78]   K. L. Clark. Negation as failure. In H. Gallaire and J. Minker, editors, *Logic and Databases*, pages 293–322. Plenum, New York, 1978.

[Cla79]   K. L. Clark. Predicate logic as a computational formalism. Technical Report 79/59 TOC, Department of Computing, Imperial College, London, 1979.

[CM81]   W. F. Clocksin and C. S. Mellish. *Programming in Prolog*. Springer-Verlag, Berlin, 1981.

[DEDC96]   P. Deransart, A. Ed-Dbali, and L. Cervoni. *Prolog: The Standard. Reference Manual*. Springer, Berlin, 1996.

[DM79]   N. Dershowitz and Z. Manna. Proving termination with multiset orderings. *Communications of the ACM*, 22:465–475, 1979.

[Ede85]   E. Eder. An implementation of a theorem prover based on the connection method. In W. Bibel and B. Petkoff, editors, *Artificial Intelligence, Methodology, Systems, Applications (AIMSA'84)*, pages 121–128, 1985.

[EFT96]   H.-D. Ebbinghaus, J. Flum, and W. Thomas. *Einführung in die mathematische Logik*. Spektrum Akademischer Verlag, Heidelberg, 4th edition, 1996.

[Fit96]   M. Fitting. *First–Order Logic and Automated Theorem Proving*. Springer, Berlin, 2nd edition, 1996.

[Fuc90]   N. E. Fuchs. *Kurs in Logischer Programmierung*. Angewandte Informatik. Springer, Berlin, 1990.

[Fuc97]   N. E. Fuchs. Logische Programmierung. In P. Rechenberg and G. Pomberger, editors, *Informatik–Handbuch*, chapter D7, pages 461–478. Carl Hanser Verlag, München, 1997.

[Fur98]   U. Furbach. Tableaux and connection calculi — introduction. In W. Bibel and P.H. Schmitt, editors, *Automated Deduction — A Basis for Applications*, volume 8 of *Applied Logic Series*, pages 1–10. Kluwer Academic Publishers, Dordrecht, 1998.

[Gen35]   G. Gentzen. Untersuchungen über das logische Schließen. *Mathematische Zeitschrift*, 39:176–210 und 405–431, 1935.

[GKSS08]   C.P. Gomes, H. Kautz, A. Sabharwal, and B. Selman. Satisfiability solvers. In F. van Harmelin, V. Lifschitz, and B. Porter, editors, *Handbook of Knowledge Representation*, pages 89–134. Elsevier, Amsterdam, 2008.

[GLT89]   J.-Y. Girard, Y. Lafont, and P. Taylor. *Proofs and Types*. Number 7 in Cambridge Tracts in Theoretical Computer Science. Cambridge University Press, Cambridge, 1989.

[GS98]   H.-P. Gumm and M. Sommer. *Einführung in die Informatik*. Oldenbourg, München, 3rd edition, 1998.

[Han87]   M. Hanus. *Problemlösen mit Prolog*. Teubner, Stuttgart, 1987.

[Hil74]   R. Hill. LUSH resolution and its completeness. Technical Report DCI Memo 78, Department of Artificial Intelligence, University of Edinburgh, 1974.

[Hod93]   W. Hodges. Logical features of horn clauses. In D. M. Gabbay, C. J. Hogger, and J. A. Robinson, editors, *Handbook of Logic in Artificial Intelligence and Logic Programming*, volume I, pages 449–503. Oxford Science Publications, Oxford, 1993.

[Hog90]   C. J. Hogger. *Essentials of Logic Programming*. Clarendon Press, Oxford, 1990.

[Höl89]   S. Hölldobler. *Foundations of Equational Logic Programming*, volume 353 of *Lecture Notes in Artificial Intelligence*. Springer, Berlin, 1989.

[HS05]   H.H. Hoos and T. Stützle. *Stochastic Local Search*. Morgan Kaufmann / Elsevier, San Francisco, 2005.

[HW93]   P. Hanschke and J. Würtz. Satisfiability of the smallest binary program. Technical Report RR-93-09, Deutsches Forschungszentrum für Künstliche Intelligenz, Saarbrücken, 1993.

[Jaś34]   S. Jaśkowski. On the rules of suppositions in formal logic. *Studia Logica*, 1, 1934. Reprinted in S. McCall: Polish Logic 1920-1939, Oxford, Oxford University Press, 232-258 (1967).

[KB86]   H. Kleine-Büning. *Prolog — Grundlagen und Anwendungen*. Teubner, Stuttgart, 1986.

[KK71]   R.A. Kowalski and D. Kuehner. Linear resolution with selection function. *Artificial Intelligence*, 2:227–260, 1971.

[Llo93]   J. W. Lloyd. *Foundations of Logic Programming*. Springer, Berlin, 1993.

[LMM88]   J. L. Lassez, M. Maher, and K. Marriot. Unification revisited. In J. Minker, editor, *Foundations of Deductive Databases and Logic Programming*, pages 587–625. Morgan Kaufmann, Los Altos, CA, 1988.

[Mit05]   D.G. Mitchell. A SAT solver primer. *EATCS Bulletin*, 85:112–133, 2005.

[MM82]   A. Martelli and U. Montanari. An efficient unification algorithm. *ACM Transactions on Programming Languages and Systems*, 4:258–282, 1982.

[NM95]   U. Nilsson and J. Małuszynski. *Logic, Programming and Prolog*. Wiley, Chichester, 1995.

[OB00]   J. Otten and W. Bibel. leanCoP: Lean connection-based theorem proving. In *Third International Workshop on First-Order Theorem Proving*, Universität Koblenz-Landau, 2000. Research Report 5/2000. Verfügbar auch als Technischer Bericht AIDA-00-03, Fachgebiet Intellektik, Fachbereich Informatik, TU Darmstadt.

[O'K91]   R. A. O'Keefe. *The Craft of Prolog*. MIT Press, Cambridge, 1991.

[Pel99]   F. J. Pelletier. A history of natural deduction and elementary logic textbooks. *History and Philosophy of Logic*, 20:1–31, 1999.

[Pos46]   E. L. Post. A variant of a recursively unsolvable problem. *Bulletin of the American Mathematical Society*, 52:264–268, 1946.

[PS87]   F. C. N. Pereira and S. M. Shieber. *Prolog and Natural-Language Processing*. Number 10 in CSLI Lecture Notes. CSLI/SRI International, Menlo Park, 1987.

[Rob65]   J. A. Robinson. A machine–oriented logic based on the resolution principle. *Journal of the ACM*, 12:23–41, 1965.

[Rob00]   J. A. Robinson. Computational logic: Memories of the past and challenges for the future. In J. Lloyd et. al., editor, *Proceedings of the First International Conference on Computational Logic*, volume 1861 of *Lecture Notes in Artificial Intelligence*, pages 1–24, Springer, Berlin, 2000.

[Sch95a]   U. Schöning. *Logik für Informatiker*. Spektrum Akademischer Verlag, Heidelberg, 4th edition, 1995.

[Sch95b]   U. Schöning. *Theoretische Informatik – kurzgefaßt*. Spektrum Akademischer Verlag, Heidelberg, 2nd edition, 1995.

[She92]   J. C. Shepherdson. SLDNF–resolution with equality. *Journal of Automated Reasoning*, 8:297–306, 1992.

[She98]   J.C. Shepherdson. Negation as failure, completion and stratification. In D.M. Gabbay, C.J. Hogger, and J.A. Robinson, editors, *Handbook of Logic in Artificial Intelligence and Logic Programming*, volume 5, pages 355–419. Clarendon Press, Oxford, 1998.

[Sho94]   Y. Shoham. *Artificial Intelligence Techniques in Prolog.* Morgan Kaufmann, San Mateo, 1994.

[Sie87]   J. Siekmann. Geschichte und Anwendungen. In K.H. Bläsius und H.-J. Bürckert, editor, *Deduktionssysteme*, chapter I, pages 3–21. Oldenbourg, München, 1987.

[SLM92]   B. Selman, H. Levesque, and D. Mitchell. A new method for solving hard satisfiability problems. In *Proceedings of the AAAI National Conference on Artificial Intelligence*, pages 440–446, Menlo Park, 1992. AAAI Press.

[Smu68]   R. Smullyan. *First-Order Logic.* Dover Publications, New York, 1968.

[SS82]   J. Sebelik and P. Stepanek. Horn clause programs for recursive functions. In K.L. Clark and S.-Å. Tärnlund, editors, *Logic Programming*, pages 324–340. Academic Press, New York, 1982.

[SS86]   L. Sterling and E. Shapiro. *The Art of Prolog.* MIT Press, Cambridge, 1986.

[Sto77]   J. E. Stoy. *Denotational Semantics.* MIT Press, Cambridge, 1977.

[SW83]   J. Siekmann and G. Wrightson. *Automation of Reasoning: Classical Papers on Computational Logic.* Springer, Berlin, 1983. 2 Volumes.

[Tar55]   A. Tarski. A lattice theoretic fixpoint theorem and its applications. *Pacific Journal of Mathematics*, 5:285–309, 1955.

[vD97]   D. van Dalen. *Logic and Structure.* Springer, Berlin, 3rd edition, 1997.

[vEK76]   M. H. van Emden and R. A. Kowalski. The semantics of predicate logic as a programming language. *Journal of the ACM*, 23(4):733–742, 1976.

[vH77]   J. van Heijenoort, editor. *From Frege to Gödel. A Source Book in Mathematical Logic, 1879-1931.* Harvard University Press, Cambridge, 3rd edition, 1977.

[Wie00]   J. Wielemaker. *SWI-Prolog 3.3. Reference Manual.* University of Amsterdam, Department of Social Science Informatics (SWI), Amsterdam, 2000.

Index

Abbildung, 178
abgeschlossen, 116
  atomar, 118
Ableitung
  Hilbert-System, 132, 235
  natürliches Schließen, 126, 231
  Relation
    $\vdash_r$, 154
    $\vdash_s$, 135, 236
    $\vdash_t$, 116, 159, 227
    $\vdash_h$, 133, 235
    $\vdash_n$, 127
    $\vdash_r$, 109, 223
    $\vdash_{sld}$, 297
  SLD-, 295, 311
    bezüglich sel , 305
    erfolgreiche, 295
Ableitungsbaum, 21
  SLD-, 309
Abschluss
  existenzieller, 189
  universeller, 189
Äquivalenz, 76
  semantische, 62, 86, 191
Äquivalenzrelation, 86
allgemeiner als, 208
allgemeingültig, 80, 188
Alphabet, 61, 63, 130, 280
  Aussagenlogik, 65
  Prädikatenlogik, 163
analytical engine, 5
Anfrage, 18, 32, 95
  leere, 32
Annahme, 123
  ausgelöste, 123
Antinomie, 221

Antisymmetrie, 288
Antwortsubstitution, 25
  berechnete, 297
  korrekte, 287
Argument, 31
Ast
  erfolgreicher, 311
  fehlgeschlagener, 311
  unendlicher, 311
Atom, 165
  aussagenlogisches, 65
  Prolog-, 31
aufspannend, 137, 237
Ausdruck
  arithmetischer, 38, 66
auseinanderdividiert, 193
Aussagenlogik, 4, 61
Axiom, 131

Backtracking, 15, 21
  Punkt, 55
BDD, 146
  geordnetes, 146
  reduziertes, 146
Bedeutung, 179
Bedingung, 21, 145
Begriffsschrift, 4
Beschränkung, 169
Beweis
  Hilbert-System, 133, 235
  natürliches Schließen, 127
  Sequenzenkalkül, 135, 236
  SLD-Resolutions-, 296
  Tableau, 227
Beweisbarkeit, 131
Beweistheorie, 136

Bezeichner
    $M_\mathcal{P}$, 286
    $S_\mathcal{P}$, 297
    $\mathcal{A}(\mathcal{R}, \mathcal{F})$, 288
    $\mathcal{F}_S$, 198
    $\mathcal{L}$, 164, 198
    $\mathcal{L}(\mathcal{R}, \mathcal{F}, \mathcal{V})$, 164, 284
    $\mathcal{P}$, 283
    $\mathcal{R}$, 65
    $\mathcal{R}_F$, 73
    $\mathcal{R}_n$, 119
    $\mathcal{S}_F$, 73
    Λ , 64
    Σ , 63
    Σ^* , 63
    σ_X , 173
binär, 38
Bindung, 45, 213
Box-Modell, 25
Breitensuche, 312

calculus ratiocinator, 3
Constraint, 11
Cut, 53
    grüner, 55
    roter, 56

Datenbank, 18
Datenlogik, 16
Deduktionssysteme, 8
Deduktionstheorem, 133, 235
Definition, 282
    vervollständigte, 314
deklarativ, 16, 59
Disjunktion, 76
    verallgemeinerte, 93
Domäne, 169, 179
DPLL-Verfahren, 137

Einerklausel, 281
Einerklauselregel, 138
Einerliteralregel, 138
Element
    Formel in Klauselform, 94
    Klausel, 94

Endlichkeitssatz, 149, 151, 271
Entscheidbarkeit, 273
Entscheidungsbaum, 101, 146
Entscheidungsdiagramm, 145
Entscheidungsverfahren, 113
erfüllbar, 80, 83, 188
Erfüllbarkeitstest, 140
Erfolgsmenge, 297
Ersetzungstheorem, 89
Expansionsregel, 115

Fairness, 311
Fakt, 18, 281
    Prolog-, 32
Faktor, 219
Faktorisierungsregel, 219
Fehlschlag, 295
Fifth Generation Project, 11
Fixpunkt, 290
Folgerung, 235
    Hilbert-System, 133
    Sequenzenkalkül, 135, 236
Formalisierung, 1
Formel
    abgeschlossene, 169
    atomare, 65, 165
    aussagenlogische, 65
    prädikatenlogische, 165
Funktion, 178
    $+/2$, 66, 180, 326
    $+2/1$, 72
    $+^*$, 75
    $-/2$, 66, 180
    $-^*$, 75
    $F_\perp/1$, 143
    $T_\mathcal{P}/1$, 288, 291
    $\text{add}_m/1$, 180
    $\text{conc}/2$, 180
    $\text{dom}/1$, 169
    ecl , 189
    fv , 189
    $\text{flip}/2$, 143
    $\text{glb}/1$, 289
    $\text{laenge}/1$, 72, 73
    $\text{lfp}/1$, 290

lub/1 , 289
rang/3 , 144
ucl , 189
$\cdot/2$, 274
$\cdot^{I}/1$, 179, 180
$\cdot^{\mathcal{Z}}/1$, 179
$\cdot^{I,\mathcal{Z}}/1$, 179
$\cdot^{\{X \mapsto d\}\mathcal{Z}}/1$, 179
$\div/2$, 66
$\div^{*}$, 75
$\times/2$, 66
$\times^{*}$, 75
$l/1$, 213
$p/1$, 180
$s/1$, 67, 180, 315, 326
$v/1$, 213
$[\,]/0$, 33
berechenbar, 5
primitiv rekursiv, 5
rekursiv, 5
Funktionssymbol, 163
Funktor, 31

gdw., 83
Geltungsbereich, 30
Generalisierung, 235
gerichtet, 289
Gleichheit, 39
Gleichung, 207
Grundbereich, 179
Grundinstanz, 39, 170

Hauptsatz, 135
Herbrand-Basis, 284, 288
Herbrand-Interpretation, 284
Herbrand-Modell, 286
Herbrand-Universum, 7, 185, 255, 284
Hilbert-System, 132, 233
Hypothese, 123
    ausgelöste, 123

Implikation, 76
Induktion
    Schleifen, 99
    strukturelle, 166

Formeln, 67
Listen, 68
natürliche Zahlen, 68
Wörter, 68
Induktionsbeweis, 9
Instanz, 170
    Grund-, 173
    Regel, 120
Intellektik, 3
Interpretation, 4, 62
    aussagenlogische, 77
    Herbrand-, 177, 185, 255
        korrespondierende, 255
    prädikatenlogische, 179
    Standard-, 80
inverse Methode, 8
iteratives Vertiefen, 248, 250

Ja/Nein-Problem, 273
Junktor, 64
    $ite/3$, 145
    $\leftrightarrow/2$, 65, 164
    $\neg/1$, 65, 164
    $\rightarrow/2$, 65, 164
    $\vee/2$, 65, 164
    $\wedge/2$, 65, 164

Kalkül, 3, 131
    analysierender, 132
    generierender, 132
    korrekter, 131
    negativer, 132
    positiver, 132
    Sequenzen-, 7
    vollständiger, 131
Kalkülbildung, 3
Klausel, 93, 203
    Horn-, 9, 283
    leere, 94, 282
    Programm-, 32, 313
Klauselform, 94, 203
Klauselgraphverfahren, 8
Kommentar, 18
Kompaktheit, 149, 271
Komposition, 170, 209

Konjunktion, 76
   verallgemeinerte, 93
Konklusion, 21, 119
Konnektion, 137
Konnektionsmethode, 8, 136, 236
Konsequenz
   aussagenlogische, 84
   logische, 4, 130
   prädikatenlogische, 188
   Relation
      $\models$, 83, 154, 159, 188
      $\models_e$, 190
      $\models_u$, 190
Konstantensymbol, 18, 31, 164
Kontraktion, 135
Kontraposition, 123
Kopf, 21, 32, 33, 281
Korrektheit, 110
   natürliches Schließen, 271
   Tableauverfahren, 270

Länge
   Resolutionsableitung, 222
leanCoP, 248
leanTAP, 241
Lemma, 129
   Lifting, 262
lingua characteristica, 3
Liste, 33
   leere, 33
Listennotation, 34
Literal, 93, 203
   negatives, 281
   positives, 281
Logik, 61, 130
   erster Stufe, 9
   höherer Stufe, 9
   zweiwertige, 74

Matrix, 194, 203
Matrixdarstellung, 137
Matrixmethode, 8
Mechanisierung, 3
mgu, 209
Modell, 62, 83, 188

modus ponens, 123, 132
monoton, 289
Monotonie, 309, 322
Multimenge, 53, 100

NAND, 76
Negation, 76
   als Fehlschlag, 19, 57, 317
Nichtdeterminismus
   don't care, 92, 100, 209, 304
   don't know, 92, 100, 304
NOR, 76
Normalform, 62
   disjunktive, 94
   if-then-else, 101, 145
   konjunktive, 94
   Negations-, 91
   Pränex-, 194
   Skolem-, 198

Occurs-Check, 46
Operator, 37
   deklaration, 38
   Infix-, 38
   mathematischer, 38
   Postfix-, 38
   Präfix-, 38
Ordnung, partielle, 288
OTTER, 8

Palindrom, 273
Parameter, formaler, 10
Pfad, 137
Plankalkül, 6
Position, 70, 88, 167
Post'sche Korrespondenzaufgabe, 274
Post'sches Korrespondenzproblem, 274
Potenzmenge, 288
Prädikat, rekursives, 28
Prädikatenlogik, 4, 161
Prädikatssymbol, 18, 164
Präfixnotation, 38
Präzedenzzahl, 38
Principia Mathematica, 4
Programm

definites, 281

   normales, 313

   Prolog-, 32

Programmklausel, 18, 95

   definite, 281

Programmverifikation, 100

Prolog, 9

   Definition

      append/3, 36

      arg/3, 43

      assert/1, 50

      asserta/1, 50

      atom/1, 41

      atomic/1, 41

      bagof/3, 52

      copy_term/2, 240, 242

      clause/2, 51

      clauseform/2, 102, 112

      component/2, 103

      components/3, 103

      compound/1, 41

      consult/1, 18, 50

      elternteil/2, 27

      pclauseform/2, 204

      float/1, 41

      functor/3, 42

      gensym/2, 202

      halt/0, 19

      ile/3, 59

      integer/1, 41

      is/2, 39

      junctor/1, 197

      length/2, 40

      liste/2, 34

      maennlich/1, 18

      matrix/2, 204

      max1/3, 54

      max2/3, 55

      max3/3, 55

      max4/3, 56

      max5/3, 56

      member/2, 35

      mutter/1, 18

      naive_reverse/2, 37

      nl/0, 49

nonvar/1, 41

not_occurs_in/2, 47

not_occurs_in_list/2, 48

\\+ /1, 57

number/1, 41

op/3, 38

person/2, 33

praenex/2, 196

praenexnf/1, 196

proof/1, 112

prove/2, 252

prove/4, 250

prove/5, 241

qfree/1, 196

quantor/1, 197

read/1, 49

remove/2, 103

resolutionproof/1, 112

retract/1, 51

retractall/1, 51

fail/0, 58

setof/3, 53

skolemize/3, 202

tab/1, 50

tochter/1, 21

trace/0, 27

transform/2, 102

true/0, 51

unify/2, 46

unify_list/2, 46

nodebug/0, 27

var/1, 41

vater/1, 18

vorfahre/2, 27

vorfahre1/2, 29

weiblich/1, 18

write/1, 48

not/1, 57

!/0, 53

Funktor

   ./2, 33

   all/2, 195, 239

   geb/3, 33

   some/2, 195

II, 11

Operator
  $-/1$, 239
  $;/2$, 240
  $</2$, 39
  $==/2$, 44
  $=:=/2$, 39
  $=</2$, 39
  $=../2$, 43
  $=/2$, 44
  $=\backslash=/2$, 39
  $>/2$, 39
  $>=/2$, 39
  and$/2$, 102
  neg$/1$, 102
  or$/2$, 102
  $\backslash==/2$, 44
  $,/2$, 239
  $->/2$, 240
  $;/2$, 239
  Programm, 18
prozedural, 16, 56, 59
Prozedurkopf, 10
Prozedurrumpf, 10
Punktnotation, 34

Quantor, 164
  $\exists$, 164
  $\forall$, 164
  existenzieller, 164
  universeller, 164

Rang, 100
Redundanz, 158, 270
Redundanzelimination, 270
Reflexivität, 86, 288
Regel, 21
  Einführung
    $\exists I$, 230
    $\forall I$, 230
    Äquivalenz, 123
    Disjunktion, 123
    Implikation, 119
    Konjunktion, 121
    Negation, 121
  Elimination

$\exists E$, 230
$\forall E$, 230
Äquivalenz, 123
Disjunktion, 123
Konjunktion, 121
Negation, 121
falsum, 121
logische, 135
Prolog, 32
reductio ad absurdum, 121
strukturelle, 135
Rekursion
  strukturelle
    Formeln, 69
    Listen, 71
    natürliche Zahlen, 72
    Zeichenreihen, 72
Rekursion, strukturelle, 166
rekursiv, 27
Relation, 178
  $>/2$, 214
  $append/3$, 282
  $even/1$, 315
  $shuffle/3$, 282
  $\approx/2$, 207, 314
  $\equiv/2$, 86, 191
  $\geq/2$, 208
  $\dot{\cup}$, 53
  $\sim/2$, 209
  $\subseteq/2$, 284, 289
  $\succ/2$, 101, 213
  binäre, 288
Relationssymbol, 18, 65, 163
Resolution, 7, 62, 105
  Ableitung, 108, 219
  aussagenlogische, 108
  Beweis, 109, 223
  Korrektheit, 154, 268
  Lemma, 152, 260
  lineare, 9
  prädikatenlogische, 218
  SL-, 9
  SLD-, 317
  SLDNF-, 317
  Vollständigkeit, 154, 268

Widerlegung, 108, 219
Resolutionssatz, 264
Resolvente, 108, 218
    SLD-, 295
    SLDNF-, 317
Rest, 33
Robbinsche Vermutung, 8
Rumpf, 21, 32, 281

sat-solver, 143
Satz, 169
Schleifeninvariante, 99
Schließen
    natürliches, 7, 62, 118, 131, 230
        Korrektheit, 159
        Vollständigkeit, 159
Schlussfolgerung, 119
Schnitt, 135
Schranke, 289
Selektionsfunktion, 295, 305
Semantik, 61
Semientscheidbarkeit, 274
Semientscheidungsverfahren, 163
Sequenz, 133
Sequenzenkalkül, 130, 133, 236
Skolem
    Funktionssymbol, 198
    Konstantensymbol, 198
    Normalform, 198
        duale, 202
SLD-Widerlegung, 295
SLDNF-Baum, 318, 319
SLDNF-Widerlegung, 318, 319
Sprache, 61, 130
Spur, 26
Stelligkeit, 31, 164
stetig, 290
Strategie, 110, 157, 269
Struktur, 75
Strukturprädikate, 40
Substitution, 7, 20, 44, 169
    Antwort-, 20, 287
        berechnete, 320
        korrekte, 316
    frei für, 174

Grund-, 170, 173
leere, 45, 169
Subsumptionsregel, 138, 158
Suche
    stochastische, lokale, 143
    systematische, 142
Suchstrategie, 311
Suchverfahren, 111
Syllogismus, 1
Symmetrie, 86
Syntax, 61
System Q, 9

Tableau, 115, 226
    abgeschlossenes, 227
    Beweis, 116
    Korrektheit, 159
    semantisches, 6, 114, 131, 225
    striktes, 118
    Substitutionsregel, 226
    Verfahren, 62
    Vollständigkeit, 159
Tautologie, 80
Tautologieregel, 138
Teilformel, 73
    Position, 88
Term
    abgeschlossener, 164
    grundinstanziierter, 164
    prädikatenlogischer, 164
    Prolog-, 31
    zusammengesetzter, 31
Terminierung, 29
    schwache, 100
    starke, 100
Terminierungsregel, 138
Theorem, 227
    Resolutionssystem, 109, 223
    Tableausystem, 116
Tiefensuche, 312
Tracing, 25
    `Call`, 25
    `Exit`, 25
    `Fail`, 25
    `Redo`, 25

Transformation
    definitorische, 90
    erfüllbarkeitserhaltende, 201
    gültigkeitserhaltende, 202
Transitivität, 86, 288
Turing
    Halteproblem, 274
    Maschine, 5
    Test, 6
Typbestimmung, 41

unär, 38
Unentscheidbarkeit, 273
Unentscheidbarkeitssatz, 275
unerfüllbar, 80, 84, 188
Ungleichheit, 39
Unifikation, 7, 44
    Atom, 294
Unifikationsalgorithmus, 46
Unifikationsproblem, 44, 207
    lösbares, 207
Unifikator, 207
    allgemeinster, 209
unifizierbar, 44
    simultan, 207

Variable, 19, 163
    anonyme, 34
    aussagenlogische, 64
    logische, 15
    Nicht-, 41
    Prolog-, 31
Variablenumbenennung, 30
Variablenzuordnung, 179
Variante, 176, 209
    neue, 176

Verband, vollständiger, 289
Vergleichsoperatoren, 39
Vervollständigung, 316
Vollständigkeit, 110, 294
    natürliches Schließen, 271
    Prädikatenlogik, 5
    Tableauverfahren, 270
von Neumann-Computer, 6
Vorbedingung, 119
Vorkommen, 70
    freies, 168
    gebundenes, 168

Wahrheitswerte, 62, 76
Wahrheitswertetabelle, 81
Warren'sche abstrakte Maschine, 11
Wert, 20
widerlegbar, 80, 84, 188
Wort, 63
    leeres, 64

Zahlen, 31
    natürliche, 67
Zeichen, 63
Zeichenreihe, 63
    leere, 64
Ziel, 32
    abgeleitetes, 318
    definites, 282
    leeres, 32
    normales, 314
    Teil-, 24, 32, 282
        ausgewähltes, 295, 318
Zwei-Zähler Maschine, 274